PARIS

2 0 0 4

■ *Sélection d'hôtels et de restaurants*

Selection of hotels and restaurants ■

PARIS

2

Cher lecteur,

Le Guide Michelin Paris vous propose,
dans chaque catégorie de confort et de prix,
une sélection des meilleurs hôtels et restaurants.
Cette sélection est effectuée par une équipe
d'inspecteurs, professionnels de formation
hôtelière, qui sillonnent le pays toute l'année
pour visiter de nouveaux établissements
et ceux déjà cités afin d'en vérifier la qualité
et la régularité des prestations.
Salariés Michelin, les inspecteurs travaillent
en tout anonymat et en toute indépendance.

Les équipements et services sont signalés
par des symboles, langage international
qui vous permet de voir en un coup d'œil
si un hôtel dispose, par exemple, d'un parking
ou d'une piscine. Pour bien profiter
de cette très riche source d'information,
plongez-vous dans l'introduction.
Un texte décrivant l'atmosphère
de l'hôtel ou du restaurant complète
ces renseignements.

L'inscription dans le guide est totalement
gratuite. Chaque année, les hôteliers
et restaurateurs cités remplissent
le questionnaire qui leur est envoyé,
nous fournissant les dates d'ouverture
et les prix pour l'année à venir.
Près de 100 000 informations
sont mises à jour pour chaque édition
(nouveaux établissements, changements
de tarif, dates d'ouverture).

Une grande aide vient aussi des commentaires
des lecteurs avec près de 45 000 lettres
et Email par an, pour toute l'Europe.

Merci d'avance pour votre participation
et bon voyage avec le Guide Michelin 2004.

Consultez le Guide Michelin sur
www.Viamichelin.fr
et écrivez-nous à :
leguidemichelin-france@fr.michelin.com

Sommaire

MICHELIN - Éditions des Voyages
46, Av. de Breteuil, 75324 PARIS CEDEX 07
Tél. 01 45 66 12 34 - Fax : 01 45 66 13 54
www.ViaMichelin.com
Boutique Michelin :
32, Av. de l'Opéra, 75002 PARIS
Tél. 01 42 68 05 20 - Fax : 01 47 42 10 50

Comprendre

Pour faciliter votre séjour à Paris,
ce Guide vous propose une sélection d'hôtels
et restaurants, classés selon leur confort
et cités par ordre de préférence
dans chaque catégorie.

Catégories

🏨🏨🏨	XXXXX	*Grand luxe et tradition*
🏨🏨🏨	XXXX	*Grand confort*
🏨🏨	XXX	*Très confortable*
🏨🏨	XX	*De bon confort*
🏨	X	*Assez confortable*
sans rest.		*L'hôtel n'a pas de restaurant*
	avec ch.	*Le restaurant possède des chambres*

Agrément et tranquillité

Certains établissements se distinguent dans le guide
par les symboles rouges indiqués ci-après.
Le séjour dans ces hôtels se révèle particulièrement
agréable ou reposant.
Cela peut tenir d'une part au caractère de l'édifice,
au décor original, au site, à l'accueil
et aux services qui sont proposés,
d'autre part à la tranquillité des lieux.

🏨🏨🏨 à 🏨	*Hôtels agréables*
XXXXX à X	*Restaurants agréables*
⏀	*Hôtel très tranquille ou isolé et tranquille*
⏀	*Hôtel tranquille*
⬿ Notre-Dame	*Vue exceptionnelle*
⬿	*Vue intéressante ou étendue*

Installation

30 ch	*Nombre de chambres*
	Ascenseur
	Air conditionné (dans tout ou partie de l'établissement)
TV	*Télévision dans la chambre*
	Chambres réservées aux non-fumeurs
	Prise Modem dans la chambre
	Chambres accessibles aux personnes à mobilité réduite
	Repas servis au jardin ou en terrasse
	Wellness centre : bel espace de bien-être et de relaxation
	Salle de remise en forme
	Piscine : de plein air ou couverte
	Jardin de repos – Parc
	Tennis à l'hôtel
25 à 150	*Salles de conférences : capacité maximum*
	Restaurant proposant un service voiturier (pourboire d'usage)
	Garage dans l'hôtel (généralement payant)
P	*Parking réservé à la clientèle*
P	*Parking clos réservé à la clientèle*
	Accès interdit aux chiens (dans tout ou partie de l'établissement)
M	*Station de métro la plus proche de l'hôtel ou du restaurant (à Paris)*
fermé 3 août au 15 sept.	*Période de fermeture, communiquée par l'hôtelier En l'absence de mention, l'établissement est ouvert toute l'année.*

La table

Les étoiles

*Certains établissements méritent d'être signalés
à votre attention pour la qualité de leur cuisine.
Nous les distinguons par les étoiles de bonne table.
Nous indiquons, pour ces établissements,
trois spécialités culinaires qui pourront orienter
votre choix.*

❀❀❀

10

Une des meilleures tables, vaut le voyage

*On y mange toujours très bien, parfois merveilleusement.
Grands vins, service impeccable, cadre élégant...
Prix en conséquence.*

❀❀

16

Table excellente, mérite un détour

*Spécialités et vins de choix...
Attendez-vous à une dépense en rapport.*

❀

58

Une très bonne table dans sa catégorie

*L'étoile marque une bonne étape
sur votre itinéraire.
Mais ne comparez pas l'étoile d'un établissement
de luxe à prix élevés avec celle d'une petite maison
où à prix raisonnables, on sert également
une cuisine de qualité.*

*Consultez la liste des **étoiles de bonne table**
❀❀❀, ❀❀, ❀ pages 40 à 42.*

 Le "Bib Gourmand" _____

42 Repas soignés à prix modérés

*Vous souhaitez parfois trouver des tables
plus simples, à prix modérés ; c'est pourquoi
nous avons sélectionné des restaurants proposant,
un repas soigné, pour un rapport qualité-prix
particulièrement favorable.*
Ces restaurants sont signalés par le **"Bib Gourmand"**
et Repas.
Ex. Repas 23/31.

Consultez la liste des **"Bib Gourmand"** *pages 43 et 44.*

Voir aussi ✍ page 11.

 La carte des vins _____

Carte offrant un choix particulièrement attractif

*Parmi les restaurants que nous avons sélectionnés,
dans toutes les catégories, certains proposent une
carte des vins particulièrement attractive. Mais
attention à ne pas comparer la carte présentée par
le sommelier d'un grand restaurant avec celle
d'une auberge dont le patron se passionne pour les
vins de sa région.*

Les vins et les mets : voir p. 34 à 37.

Les prix

Les prix indiqués dans ce guide ont été
établi en automne 2003.
Ils sont susceptibles de modifications,
notamment en cas de variations
des prix des biens et des services.

Ils s'entendent taxes et service compris.
Aucune majoration ne doit figurer sur votre note,
sauf éventuellement la taxe de séjour.

A l'occasion de certaines manifestations
commerciales, culturelles ou sportives, les prix
demandés par les hôteliers peuvent être
sensiblement majorés.

Les hôtels et restaurants figurent en gros caractères
lorsque les hôteliers nous ont donné tous leurs prix
et se sont engagés, sous leur propre responsabilité,
à les appliquer aux touristes de passage porteurs
de notre guide.

En dehors de la saison touristique et des périodes
de salons, certains établissements proposent
des conditions avantageuses, renseignez-vous
lors de votre réservation.

Entrez à l'hôtel le guide à la main, vous montrerez
ainsi qu'il vous conduit là en confiance.

Repas

enf. 9	*Prix du menu pour enfants*
⍝	*Établissement proposant un menu simple à moins de 15 €*

Repas à prix fixe :

Repas *(11)*	*Prix d'un repas composé d'un plat principal, accompagné d'une entrée ou d'un dessert, généralement servi au déjeuner en semaine*
15 (déj.)	*Menu servi au déjeuner uniquement*
16/25	*Prix du menu : minimum 16 €, maximum 25 €*
15,50/25	*Menu à prix fixe minimum 15,50 € non servi les fins de semaine et jours fériés*
bc	*Boisson comprise*
♀	*Vin servi au verre*
⚱	*Vin de table en carafe*

Repas à la carte

Repas carte 24 à 48	*Le premier prix correspond à un repas normal comprenant : entrée, plat principal et dessert. Le 2ᵉ prix concerne un repas plus complet (avec spécialité) comprenant : deux plats, fromage et dessert (boisson non comprise)*

Les prix

Chambres

ch 61/110 — *Prix minimum 61 € pour une chambre d'une personne, prix maximum 110 € pour une chambre de deux personnes*

29 ch ☕ 70/120 — *Prix des chambres petit déjeuner compris*

☕ 11 — *Prix du petit déjeuner (généralement servi dans la chambre)*

suites — *Se renseigner auprès de l'hôtelier*

Demi-pension

1/2 P 72/108 — *Prix minimum et maximum de la demi-pension (chambre, petit déjeuner et un repas) par personne et par jour, en saison.*
Il est indispensable de s'entendre par avance avec l'hôtelier pour conclure un arrangement définitif.

Les arrhes

Certains hôteliers demandent le versement d'arrhes. Il s'agit d'un dépôt-garantie qui engage l'hôtelier comme le client. Bien faire préciser les dispositions de cette garantie.

Cartes de paiement

AE ⓓ GB JCB — *Cartes de paiement acceptées par l'établissement : American Express – Diners Club – Carte Bancaire (Visa, Eurocard, Mastercard) – Japan Credit Bureau*

Michelin en un coup d'œil

O Notre mission :
Contribuer au progrès de la mobilité
des personnes et des biens en facilitant
la liberté, la sécurité, l'efficacité et le
plaisir de se déplacer

O Notre métier :
**acteur clé de l'innovation
dans 3 domaines majeurs**
• les pneumatiques
• les services d'aide au voyage
• les systèmes d'aide à la mobilité

**O Leader mondial
des pneumatiques
avec 19,2 % du marché**

**O Une présence commerciale
dans plus de 170 pays**

**O Une implantation
industrielle au cœur
des marchés**
74 sites dans 18 pays produisent
chaque année :
• 190 millions de pneumatiques
• 22 millions de cartes et guides

**O Des équipes
hautement qualifiées**
Près de 125 000 employés
de toutes cultures,
dont 4 000 chercheurs.

Dear Reader

The Michelin Guide Paris offers a selection of the best hotels and restaurants in many categories of comfort and price. It is compiled by a team of professionally trained inspectors who travel the country visiting new establishments as well as those already listed in the guide. Their mission is to check the quality and consistency of the amenities and service provided by the hotels and restaurants throughout the year. The inspectors are full-time Michelin employees and their assessments, made anonymously, are therefore completely impartial and independent.

The amenities found in each establishment are indicated by symbols, an international language which enables you to see at a glance whether a hotel has, for example, a car park or swimming pool. To take full advantage of the wealth of information contained in the guide, consult the introduction. A short descriptive text complements the symbols.

Entry in the Michelin Guide is completely free of charge and every year the proprietors of those establishments listed complete a questionnaire giving the opening times and prices for the coming year. Nearly 100,000 pieces of information are updated for each annual edition.

Our readers also contribute through the 45,000 letters and e-mails received annually commenting on hotels and restaurants throughout Europe.

Thank you for your support and please continue to send us your comments. We hope you enjoy travelling with the Michelin Guide 2004.

Consult the Michelin Guide at
www.Viamichelin.fr
and write to us at:
leguidemichelin-france@fr.michelin.com

Contents

How to use this guide

Categories _____

Peaceful atmosphere and setting

Hotel facilities _____

Cuisine _____

Prices _____

Glossary of menu terms _____

In order to make your stay in Paris easier, this Guide offers a selection of hotels and restaurants which have been categorised by level of comfort and listed in order of preference within each category.

Categories

🏨	𝕏𝕏𝕏𝕏𝕏	Luxury in the traditional style
🏨	𝕏𝕏𝕏𝕏	Top class comfort
🏨	𝕏𝕏𝕏	Very comfortable
🏨	𝕏𝕏	Comfortable
🏠	𝕏	Quite comfortable
sans rest.		No restaurant in the hotel
	avec ch.	The restaurant also offers accommodation

Peaceful atmosphere and setting

Certain establishments are distinguished in the guide by the red symbols shown below.

Your stay in such hotels will be particularly pleasant or restful, owing to the character of the building, its decor, the setting, the welcome and services offered, or simply the peace and quiet to be enjoyed there.

🏨 to 🏠	Pleasant hotels
𝕏𝕏𝕏𝕏𝕏 to 𝕏	Pleasant restaurants
⑤	Very quiet or quiet, secluded hotel
⑤	Quiet hotel
≤ Notre-Dame	Exceptional view
≤	Interesting or extensive view

Hotel facilities

30 rm	Number of rooms
|\$|	Lift (elevator)
▤	Air conditioning (in all or part of the hotel)
TV	Television in room
⇥	Rooms reserved for non-smokers
☎	Modem point in the bedrooms
♿	Bedrooms accessible to those with restricted mobility
☂	Meals served in garden or on terrace
⑦	Wellness centre : an extensive facility for relaxation and wellbeing
⅃	Exercise room
⌇ ⌇	Outdoor or indoor swimming pool
🌳 🍂	Garden – Park
✗	Hotel tennis court
♟ 25 à 150	Equipped conference hall (minimum and maximum capacity)
⌾♟	Restaurant offering valet parking (tipping customary)
🚗	Hotel garage (additional charge in most cases)
P	Car park for customers only
P	Enclosed car park for customers only
⬧	Dogs are excluded from all or part of the hotel
M	Nearest underground station to the hotel or restaurant (in Paris)
fermé 3 août au 15 sept.	Dates when closed, as indicated by the hotelier. Where no date or season is shown, establishments are open all year round

Cuisine

Stars

*Certain establishments deserve to be brought to your attention for the particularly fine quality of their cooking. **Michelin stars** are awarded for the standard of meals served.*
For each of these restaurants we indicate three culinary specialities to assist you in your choice.

🏵🏵🏵   Exceptional cuisine, worth a special journey

10   *One always eats here extremely well, sometimes superbly. Fine wines, faultless service, elegant surroundings. One will pay accordingly!*

🏵🏵   Excellent cooking, worth a detour

16   *Specialities and wines of first class quality. This will be reflected in the price.*

🏵   A very good restaurant in its category

58   *The star indicates a good place to stop on your journey. But beware of comparing the star given to an expensive «de luxe» establishment to that of a simple restaurant where you can appreciate fine cuisine at a reasonable price.*

Please refer to the list of **star-rated restaurants** *🏵🏵🏵, 🏵🏵, 🏵 pp 40 to 42.*

 ## The "Bib Gourmand" _____

Good food at moderate prices

*You may also like to know of other restaurants
with less elaborate, moderately priced menus
that offer good value for money and serve
carefully prepared meals.*
In the guide such establishments are indicated by
the **"Bib Gourmand"** *and* Repas *just before
the price of the menu : for example* Repas 23/31.

Please refer to the list of the **"Bib Gourmand"** *p 43 and
44.*

See also ⊗ *on page 23.*

 ## Wine list _____

A particularly interesting wine list

*Some of the restaurants we have chosen, across all
categories, offer a particularly interesting wine list.
Beware, however, of comparing the list presented by
the sommelier of a grand restaurant with that of a
simple inn where the owner has a passion for wine.*

Food and wine : see pp 34 to 37

Prices

Prices quoted are valid for autumn 2003.
They are subject to alteration
if goods and service costs are revised.

The rates include tax and service
and no extra charge should appear on your bill,
with the possible exception of visitor's tax.

When commercial, cultural or sporting events are
taking place, the hotel rates are likely to be
considerably higher.

Hotels and restaurants in bold type have supplied
details of all their rates and have assumed
responsibility for maintaining them
for all travellers in possession of this guide.

Certain establishments offer special rates apart
from during high season and major exhibitions.
Ask when booking.

Your recommendation is self-evident
if you always walk into a hotel Guide in hand.

Meals

enf. 9	*Price of children's menu*
⌘	*Establishment serving a simple menu for less than 15 €*

Set meals

Repas *(11)*	*Price for a 2 course meal, generally served weekday lunchtimes*
15 (déj.)	*Set meal served only at lunch time*
16/25	*Lowest 16 € and highest 25 € prices for set meals*
15,50/25	*The cheapest set meal 15,50 € is not served on Saturdays, Sundays or public holidays*
bc	*House wine included*
♀	*Wine served by the glass*
♨	*Table wine by the carafe*

«A la carte» meals

Repas carte 24 à 48	*The first figure is for a plain meal and includes first course, main dish of the day with vegetables and dessert. The second figure is for a fuller meal (with «spécialité») and includes starter, main course, cheese and dessert (drinks not included)*

Prices

Rooms

ch 61/110   *Lowest price* 61 € *for a single room and highest price* 110 € *for a double.*

29 ch ⌂ 70/120   *Price includes breakfast*

⌂ 11   *Price of continental breakfast (generally served in the bedroom)*

suites   *Enquire at hotel for rates*

Half board

1/2 P 72/108   *Lowest and highest prices of half board (room, breakfast and a meal) per person, per day in the season. It is advisable to agree on terms with the hotelier before arriving.*

Deposits

Some hotels will require a deposit, which confirms the commitment of customer and hotelier alike. Make sure the terms of the agreement are clear.

Credit cards

AE ⓪ GB JCB   *Credit cards accepted by the establishment : American Express – Diners Club – Carte Bancaire (includes Eurocard, MasterCard and Visa) – Japan Credit Bureau*

Michelin, acteur majeur de la mobilité

O Tourisme Camionnette
- N° 1 mondial,
  leader des pneus de haute technologie

O Poids Lourd
- N° 1 mondial,
  l'innovation au service du monde du transport

O Génie Civil
- N° 1 mondial du pneu radial Génie Civil

O Engins Agricoles
- N° 1 européen

O Deux Roues
- N° 1 européen

O Avion
- N° 1 mondial du pneu avion radial

O Editions des Voyages et ViaMichelin
- N° 1 européen de l'édition touristique

Données 2003

Glossary
of menu terms

This section provides translations and explanations of many terms commonly found on French menus. It will also give visitors some idea of the specialities listed under the "starred" restaurants which we have recommended for fine food. Far be it from us, however, to spoil the fun of making your own inquiries to the waiter, as, indeed, the French do when confronted with a mysterious but intriguing dish!

A

Agneau – *Lamb*
Aiguillette (caneton or **canard)** – *Thin, tender slice of duckling, cut lengthwise*
Ail – *Garlic*
Andouillette – *Sausage made of pork or veal tripe*
Artichaut – *Artichoke*
Avocat – *Avocado pear*

B

Ballotine – *A variety of galantine (white meat moulded in aspic)*
Bar – *Sea bass (see* Loup au Fenouil*)*
Barbue – *Brill*
Baudroie – *Burbot*
Béarnaise – *Sauce made of butter, eggs, tarragon, vinegar served with steaks and some fish dishes*
Belons – *Variety of flat oyster with delicate flavor*
Beurre blanc – *"White butter", a sauce made of butter whisked with vinegar and shallots, served with pike and other fish*
Bœuf bourguignon – *Beef stewed in red wine*
Bordelaise (à la) – *Red wine sauce with shallots and bone marrow*
Boudin grillé – *Grilled pork blood-sausage*
Bouillabaisse – *A soup of fish and, sometimes, shellfish, cooked with garlic, parsley, tomatoes, olive oil, spices, onions and saffron. The fish and the soup are served separately. A Marseilles speciality*
Bourride – *Fish chowder prepared with white fish, garlic, spices, herbs and white wine, served with* aïoli
Brochette (en) – *Skewered*

Caille – Quail

Calamar – Squid

Canard à la rouennaise – Roast or fried duck, stuffed with its liver

Canard à l'orange – Roast duck with oranges

Canard aux olives – Roast duck with olives

Carré d'agneau – Rack of lamb (loin chops)

Cassoulet – Casserole dish made of white beans, condiments, served (depending on the recipe) with sausage, pork, mutton, goose or duck

Cèpes – Variety of mushroom

Cerfeuil – Chervil

Champignons – Mushrooms

Charcuterie d'Auvergne – A region of central France, Auvergne is reputed to produce the best country-prepared pork-meat specialities, served cold as a first course

Charlotte – A moulded sponge cake although sometimes made with vegetables

Chartreuse de perdreau – Young partridge cooked with cabbage

Châtaigne – Chestnuts

Châteaubriand – Thick, tender cut of steak from the heart of the fillet or tenderloin

Chevreuil – Venison

Chou farci – Stuffed cabbage

Choucroute garnie – Sauerkraut, an Alsacian speciality, served hot and "garnished" with ham, frankfurters, bacon, smoked pork, sausage and boiled potatoes. A good dish to order in a brasserie

Ciboulette – Chives

Civet de gibier – Game stew with wine and onions (civet de lièvre = jugged hare)

Colvert – Wild duck

Confit de canard or d'oie – Preserved duck or goose cooked in its own fat sometimes served with cassoulet

Coq au vin – Chicken (literally, "rooster") cooked in red wine sauce with onions, mushrooms and bits of bacon

Coques – Cockles

Coquilles St-Jacques – Scallops

Cou d'oie farci – Stuffed goose neck

Coulis – Thick sauce

Couscous – North African dish of semolina (crushed wheat grain) steamed and served with a broth of chick-peas and other vegetables, a spicy sauce, accompanied by chicken, roast lamb and sausage.

Crêpes – Thin, light pancakes

Crevettes – Shrimps

Croustades – Small moulded pastry (puff pastry)

Crustacés – Shellfish

D

Daube (Bœuf en) – *Beef braised with carrots and onions in red wine sauce*
Daurade – *Sea bream*

E

Écrevisses – *Fresh water crayfish*
Entrecôte marchand de vin – *Rib steak in a red wine sauce with shallots*
Escalope de veau – *(Thin) veal steak, sometimes served* panée, *breaded, as with* Wiener Schnitzel
Escargot – *Snails, usually prepared with butter, garlic and parsley*
Estragon – *Tarragon*

F

Faisan – *Pheasant*
Fenouil – *Fennel*
Feuillantine – *See* feuilleté
Feuilleté – *Flaky puff pastry used for making pies or tarts*
Filet de bœuf – *Fillet (tenderloin) of beef*
Filet mignon – *Small, round, very choice cut of meat*
Flambé(e) – *"Flamed", i.e., bathed in brandy, rum, etc., which is then ignited*
Flan – *Baked custard*
Foie gras au caramel poivré – *Peppered caramelized goose or duck liver*
Foie gras d'oie or de canard – *Liver of fatted geese or ducks, served fresh* (frais) *or in* pâté
Foie de veau – *Calf's liver*
Fruits de mer – *Seafood*

G

Gambas – *Prawns*
Gibier – *Game*
Gigot d'agneau – *Roast leg of lamb*
Gingembre – *Ginger*
Goujon or goujonnette de sole – *Small fillets of fried sole*
Gratin (au) – *Dish baked in the oven to produce thin crust on surface*
Gratinée – *See : onion soup under* soupe à l'oignon
Grenadin de veau – *Veal tournedos*
Grenouilles (cuisses de) – *Frogs' legs, often served* à la provençale
Grillades – *Grilled meats, mostly steaks*

H

Homard – *Lobster*
Homard à l'américaine or à l'armoricaine – *Lobster sauted in butter and olive oil, served with a sauce of tomatoes, garlic, spices, white wine and cognac*
Huîtres – *Oysters*

J

Jambon – *Ham (raw or cooked)*
Jambonnette de barbarie – *Stuffed leg of Barbary duck*
Joue de bœuf – *A very tasty piece of beef, literally the cheek of the beef*
Julienne – *Vegetables, fruit, meat or fish cut up in small sticks*

L

Lamproie – *Lamprey, often served* à la bordelaise
Langoustines – *Large prawns*
Lapereau – *Young rabbit*
Lièvre – *Hare*
Lotte – *Monkfish*
Loup au fenouil – *In the south of France, sea bass with fennel (same as* bar*)*

M

Magret – *Duck steak*
Marcassin – *Young wild boar*
Mariné – *Marinated*
Marjolaine – *A pastry of different flavors often with a chocolate base*
Marmite dieppoise – *Fish soup from Dieppe*
Matelote d'anguilles or de lotte – *Eel or monkfish stew with red wine, onions and herbs*
Méchoui – *A whole roasted lamb*
Merlan – *Whiting*
Millefeuille – *Napoleon, vanilla slice*
Moelle (à la) – *With bone marrow*
Morilles – *Morel mushroom*
Morue fraîche – *Fresh cod*
Mouclade – *Mussels prepared without shells, in white wine and shallots with cream sauce and spices*
Moules farcies – *Stuffed mussels (usually filled with butter, garlic and parsley)*
Moules marinières – *Mussels steamed in white wine, onions and spices*

N

Nage (à la) – *A court-bouillon with vegetables and white wine*
Nantua – *Sauce made with fresh water crayfish tails and served with quenelles fish, seafood, etc.*
Navarin – *Lamb stew with small onions, carrots, turnips and potatoes*
Noisettes d'agneau – *Small, round, choice morsels of lamb*

O

Œufs brouillés – *Scrambled eggs*
Œufs en meurette – *Poached eggs in red wine sauce with bits of bacon*
Œufs sur le plat – *Fried eggs, sunnyside up*

Omble chevalier – *Fish : Char*
Omelette soufflée – *Souffled omelette*
Oseille – *Sorrel*
Oursin – *Sea urchin*

P

Paëlla – *A saffron-flavored rice dish made with a mixture of seafood, sausage, chicken and vegetables*
Palourdes – *Clams*
Panaché de poissons – *A selection of different kinds of fish*
Pannequet – *Stuffed* crêpe
Pâté – *Also called terrine. A common French hors-d'œuvre, a kind of cold, sliced meat loaf which is made from pork, veal, liver, fowl, rabbit or game and seasoned appropriately with spices. Also served hot in pastry crust* (en croûte)
Paupiette – *Usually, slice of veal wrapped around pork or sausage meat*
Perdreau – *Young partridge*
Petit salé – *Salt pork tenderloin, usually served with lentils or cabbage*
Petits-gris – *Literally, "small grays"; a variety of snail with brownish, pebbled shell*
Pétoncles – *Small scallops*
Pieds de mouton Poulette – *Sheep's feet in cream sauce*
Pigeonneau – *Young pigeon*
Pintade – *Guinea fowl*
Piperade – *A Basque dish of scrambled eggs and cooked tomato, green pepper and Bayonne ham*
Plateau de fromages – *Tray with a selection of cheeses made from cow's or goat's milk (see* cheeses)
Poireaux – *Leek*
Poivron – *Red or green pepper*
Pot-au-feu – *Beef soup which is served first and followed by a joint of beef cooked in the soup, garnished with vegetables*
Potiron – *Pumpkin*
Poule au pot – *Boiled chicken and vegetables served with a hot broth*
Poulet à l'estragon – *Chicken with tarragon*
Poulet au vinaigre – *Chicken cooked in vinegar*
Poulet aux écrevisses – *Chicken with crayfish*
Poulet de Bresse – *Finest breed of chicken in France, grain-fed*
Pré-salé – *A particularly fine variety of lamb raised on salt marshes near the sea*
Provençale (à la) – *With tomato, garlic and parsley*

Q

Quenelles de brochet – *Fish-balls made of pike;* quenelles *are also made of veal or chicken forcemeat*
Queue de bœuf – *Oxtail*
Quiche lorraine – *Hot custard pie flavored with chopped bacon and baked in an unsweetened pastry shell*

R

Ragoût – *Stew*
Raie aux câpres – *Skate fried in butter garnished with capers*
Ris de veau – *Sweetbreads*
Rognons de veau – *Veal kidneys*
Rouget – *Red mullet*

S

St-Jacques – *Scallops, as* coquilles St-Jacques
St-Pierre – *Fish : John Dory*
Salade niçoise – *A first course made of lettuce, tomatoes, celery, olives, green pepper, cucumber, anchovy and tuna, seasoned to taste. A favorite hors-d'œuvre*
Sandre – *Pike perch*
Saucisson chaud – *Pork sausage, served hot with potato salad, or sometimes in pastry shel* (en croûte)
Saumon fumé – *Smoked salmon*
Scampi fritti – *French-fried shrimp*
Selle d'agneau – *Saddle of lamb*
Soufflé – *A light, fluffy baked dish made of eggs yolks and whites beaten separately and combined with cheese or fish, for example, to make a first course, or with fruit or liqueur as a dessert*
Soupe à l'oignon – *Onion soup with grated cheese and* croûtons (*small crisp pieces of toasted bread*)
Soupe de poissons – *Fish chowder*
Steak au poivre – *Pepper steak, often served flamed*
Suprême – *Usually refers to poultry or fish served with a white sauce*

T

Tagine – *A stew with either chicken, lamb, pigeons or vegetables*
Tartare – *Raw meat or fish minced up and then mixed with eggs, herbs and other condiments before being shaped into a patty*
Terrine – *See* pâté
Tête de veau – *Calf's head*
Thon – *Tuna*
Tournedos – *Small, round tenderloin steak*
Tourteaux – *Large crab (from Atlantic)*
Tripe à la mode de Caen – *Beef tripe with white wine and carrots*
Truffe – *Truffle*
Truite – *Trout*

V

Volaille – *Fowl*
Vol-au-Vent – *Puff pastry shell filled with chicken, meat, fish, fish-balls* (quenelles) *usually in cream sauce with mushrooms*

Desserts

Baba au rhum – *Sponge cake soaked in rum, sometimes served with whipped cream*
Beignets de pommes – *Apple fritters*
Clafoutis – *Dessert of apples (cherries, or other fruit) baked in batter*
Glace – *Ice cream*
Gourmandises – *Selection of desserts*
Nougat glacé – *Iced nougat*
Pâtisseries – *Pastry, cakes*
Profiteroles – *Small round pastry puffs filled with cream or ice cream and covered with chocolate sauce*
St-Honoré – *Cake made of two kinds of pastry and whipped cream, named after the patron saint of pastry cooks*
Sorbet – *Sherbet*
Soupe de pêches – *Peaches in syrup or in wine*
Tarte aux pommes – *Open apple tart*
Tarte Tatin – *Apple upside-down tart, caramelized and served warm*
Vacherin – *Meringue with ice-cream and whipped cream*

Fromages

Several famous French cheeses
Cow's milk – *Bleu d'Auvergne, Brie, Camembert, Cantal, Comté, Gruyère, Munster, Pont-l'Évêque, Tomme de Savoie*
Goat's milk – *Chabichou, Crottin de Chavignol, Ste-Maure, Selles-sur-Cher, Valençay*
Sheep's milk – *Roquefort*

Fruits

Airelles – *Cranberries*
Cassis – *Blackcurrant*
Cerises – *Cherries*
Citron – *Lemon*
Fraises – *Strawberries*
Framboises – *Raspberries*

Pamplemousse – *Grapefruit*
Pêches – *Peaches*
Poires – *Pears*
Pomme – *Apple*
Pruneaux – *Prunes*
Raisin – *Grapes*

Michelin, vainqueur par passion

O Formule 1
- 72 victoires à fin 2003
- 3 titres de Champion du Monde des Pilotes
- 2 titres de Champion du Monde des Constructeurs

O Rallye
- 16 titres de Champion du Monde des Pilotes depuis 1982
- 18 titres de Champion du Monde des Constructeurs depuis 1981
- Plus de 200 victoires en Championnat du Monde

O 24 heures du Mans
- 12 victoires depuis 1989
- 6 victoires consécutives depuis 1998

O Paris-Dakar
- Un palmarès inédit dans toutes les catégories (auto, moto, camion)

O Moto
- 63 titres de Champion du Monde depuis 1974, dont 23 dans la catégorie reine

O Superbike
- 12 titres de Champion du Monde depuis 1988 et les 10 derniers consécutifs

O Trial
- Tous les titres de Champion du Monde depuis 1981, sauf 1992

O Vélo
- Route : Maillot vert du Tour de France et plus de 200 victoires en 2003
- VTT : Champion du Monde et vainqueur de la Coupe du Monde 2003

Les Vins / Wines

En dehors des grands crus, beaucoup de vins moins connus, souvent proposés au verre ou en pichet, vous procureront aussi de belles satisfactions.

As well as the great vintages, many less famous wines, often served by the glass or carafe, will also give much enjoyment.

Un mets préparé avec une sauce au vin s'accommode si possible du même cru.

A dish with a wine-based sauce should ideally be accompanied by the same wine.

Vins et fromages d'une même région s'associent souvent avec succès. Osez parfois les mariages vins blancs/fromages, ils vous réserveront d'étonnantes surprises.

Cheese and wine from the same region usually go together well. White wine with cheese can be a surprisingly good combination.

Il est conseillé de ne pas boire les vins blancs trop froids et les vins rouges trop chambrés.

White wines should not be served too chilled, nor red wines too warm.

Les Millésimes / Vintages

	1991	1992	1993	1994	1995	1996	1997	1998	1999	2000	2001	2002
Alsace												
Bordeaux blanc												
Bordeaux rouge												
Bourgogne blanc												
Bourgogne rouge												
Beaujolais												
Champagne												
Côtes du Rhône Septentrionales												
Côtes du Rhône Méridionales												
Provence												
Languedoc Roussillon												
Val de Loire Muscadet												
Val de Loire Anjou-Touraine												
Val de Loire Pouilly-Sancerre												

Grandes années / *Great years*
Bonnes années / *Good years*
Années moyennes / *Average years*

Les Grandes Années depuis 1970 :
The greatest vintages since 1970 :
1970-1975-1979-1982-1985-1989-1990-1996

34

Quelques suggestions d'associations Mets et Vins

A few suggestions for complementary Dishes and Wines

Que boire avec ? *What to drink with ?*	Type de vin *Type of wine*	Région vinicole *Region of production*	Appellation *Appellation*
	Blancs secs — *Dry whites*	Alsace Bordeaux Bourgogne Côtes du Rhône Provence Languedoc-Roussillon Val de Loire	Sylvaner/Riesling Entre-deux-Mers Chablis/Mâcon Villages St Joseph Cassis/Palette Picpoul de Pinet Muscadet/Montlouis
	Blancs secs — *Dry whites*	Alsace Bordeaux Bourgogne Côtes du Rhône Provence Corse Languedoc-Roussillon Val de Loire	Riesling Pessac-Léognan/Graves Meursault/Chassagne Montrachet Hermitage/Condrieu Bellet/Bandol Patrimonio Coteaux du Languedoc Sancerre/Menetou-Salon
	Blancs et rouges légers — *Whites and light reds*	Alsace Champagne Bordeaux Bourgogne Beaujolais Côtes du Rhône Provence Corse Languedoc-Roussillon Val de Loire	Tokay-Pinot gris/Pinot noir Coteaux Champenois blanc et rouge Côtes de Bourg/Blaye/Castillon Mâcon/St Romain Beaujolais Villages Tavel (rosé)/Côtes du Ventoux Coteaux d'Aix-en-Provence Coteaux d'Ajaccio/Porto Vecchio Faugères Anjou/Vouvray
	Rouges — *Reds*	Bordeaux/Sud-Ouest Bourgogne Beaujolais Côtes du Rhône Provence Languedoc-Roussillon Val de Loire	Médoc/St Emilion/Buzet Volnay/Hautes Côtes de Beaune Moulin à Vent/Morgon Vacqueyras/Gigondas Bandol/Côtes de Provence Fitou/Minervois Bourgueil/Saumur
	Rouges corsés — *Hearty reds*	Bordeaux/Sud-Ouest Bourgogne Côtes du Rhône Languedoc-Roussillon Val de Loire	Pauillac/St Estèphe/Madiran/Cahors Pommard/Gevrey-Chambertin Côte Rôtie/Cornas Corbières/Collioure Chinon
	Blancs et rouges — *Whites and reds*	Alsace Bordeaux Bourgogne Beaujolais Côtes du Rhône Languedoc-Roussillon Jura/Savoie Val de Loire	Gewürztraminer St Julien/Pomerol/Margaux Pouilly-Fuissé/Santenay St Amour/Fleurie Hermitage/Châteauneuf-du-Pape St Chinian Vin Jaune/Chignin Pouilly-Fumé/Valençay
	Vins de desserts — *Dessert wines*	Alsace Champagne Bordeaux/Sud-Ouest Bourgogne Jura/Bugey Côtes du Rhône Languedoc-Roussillon Val de Loire	Muscat d'Alsace/Crémant d'Alsace Champagne blanc et rosé Sauternes/Monbazillac/Jurançon Crémant de Bourgogne Vin de Paille/Cerdon Muscat de Beaumes-de-Venise Banyuls/Maury/Muscats/Limoux Coteaux du Layon/Bonnezeaux

Vignobles et Spécialités régionales

Normandie

Andouille de Vire
Demoiselles de Cherbourg à la nage
Sole dieppoise
Tripes à la mode de Caen
Canard à la rouennaise
Poulet Vallée d'Auge
Agneau de pré-salé
Camembert, Livarot, Pont-l'Evêque, Neufchâtel
Tarte aux pommes au calvados
Crêpes à la normande
Douillons

Nord-Picardie

Moules
Poissons : sole, turbot, etc.
Potjevlesch
Ficelle picarde
Flamiche aux poireaux
Gibier d'eau
Waterzoï
Lapin à la bière
Hochepot
Maroilles, Boulette d'Avesne
Gaufres

Rouen

Bretagne

Fruits de mer, crustacés
Huîtres de Belon
Galettes au sarrazin/blé noir
Charcuteries, andouille de Guéméné
St-Jacques à la bretonne
Homard à l'armoricaine
Poissons : bar, turbot, lieu jaune, maquereau, etc.
Cotriade
Kig Ha Farz
Légumes : artichauts, choux-fleurs, etc.
Crêpes, gâteau breton, far, kouing-aman

Rennes

Paris

VAL de LOIRE

Nantes Angers *Bourgueil*
Muscadet Anjou *Vouvray*
Tours
Chinon *Poui*
Fum

Sancerre

Haut-Pottou

St Pourçain

Val de Loire

Rillettes de Tours
Andouillette au vouvray
Poissons de rivière : brochet, sandre, etc.
Saumon beurre blanc
Gibier de Sologne
Fromages de chèvre : Ste-Maure, Valençay
Crémet d'Angers
Macarons, nougat glacé, pithiviers, tarte tatin

Côtes d'Auvergne
Clermont-Ferrand

BORDEAUX

Médoc *Pomerol*
St Emilion
Bordeaux
Graves *Bergerac*
Monbazillac
Sauternes

Cabors *Marcillac*

Centre-Auvergne

Cochonnailles
Tripous
Champignons, cèpes, girolles, etc.
Pâté bourbonnais
Aligot
Potée auvergnate
Chou farci
Pounti
Lentilles du Puy
Cantal, St-Nectaire, fourme d'Ambert
Flognarde, Gâteau à la broche

Tursan *Buzet*
Irouléguy
Fronton *Gaillac*
Madiran
Jurançon

LANGUEDOC ROUSSILLON
Montpelli
Minervois
Coteaux du Languedoc
Corbières Narbonr
Perpignan
Côtes du Roussillon
Banyuls

Sud-Ouest

Garbure
Ttoro
Jambon de Bayonne
Foie gras
Omelette aux truffes
Pipérade
Lamproie à la bordelaise
Poulet basquaise
Cassoulet
Confit de canard ou d'oie
Cèpes à la bordelaise
Tomme de brebis
Roquefort
Gâteau basque
Pruneaux à l'armagnac

Provence-Méditerranée

Aïoli
Pissaladière
Salade niçoise
Anchois de Collioure
Brandade nîmoise
Bourride sétoise
Bouillabaisse
Loup grillé au fenouil
Petits farcis niçois
Daube provençale
Agneau de Sisteron
Pieds paquets à la marseillaise
Picodon
Crème catalane, calissons, fruits confits

36

Vineyards and Regional Specialities

Lille

Bourgogne

Jambon persillé
Gougère
Escargots de Bourgogne
Oeufs en meurette
Pochouse
Jambon chaud à la crème
Coq au vin
Viande de charolais
Bœuf bourguignon
Epoisses
Poire dijonnaise
Desserts au pain d'épice

Alsace-Lorraine

Charcuterie, presskopf
Quiche lorraine
Tarte à l'oignon
Asperges
Poissons : sandre, carpe, anguille
Grenouilles
Coq au riesling
Spaetzle
Choucroute
Baeckeoffe
Gibiers : biche, chevreuil, sanglier
Munster
Tarte aux mirabelles ou quetsches
Kougelhopf, vacherin glacé

Reims

Épernay

Côtes de Toul

CHAMPAGNE

ALSACE

Strasbourg

Chablis

BOURGOGNE
Dijon
Côte de Nuits
Beaune
Côte de Beaune

Colmar

Franche-Comté/Jura

Jésus de Morteau
Saucisse de Montbéliard
Croûte aux morilles
Soufflé au fromage
Poissons de lac et rivières : brochet, truite
Grenouilles
Coq au vin jaune
Comté, vacherin, morbier, cancoillotte
Gaudes au maïs

Jura

Côte Roannaise
Mâcon

BEAUJOLAIS

Bugey

Côtes du Forez

Lyon

Savoie

Côte Rôtie

Hermitage

Lyonnais-Pays Bressan

Rosette de Lyon
Grenouilles de la Dombes
Saucisson truffé pistaché
Gâteau de foies blonds
Quenelles de brochet
Tablier de sapeur
Volailles de Bresse à la crème
Poularde demi-deuil
Cardons à la mœlle
Cervelle de canut
Bugnes

CÔTES du RHÔNE

Châteauneuf-du-Pape

Tavel

Avignon

Nice

PROVENCE

Savoie-Dauphiné

Gratin de queues d'écrevisses
Poissons de lac : omble chevalier, perche, féra
Ravioles du Royans
Fondue, raclette, tartiflette
Diots au vin blanc
Fricassée de caïon
Potée savoyarde
Farçon, farcement
Gratin dauphinois
Beaufort, reblochon, tomme de Savoie, St-Marcellin
Gâteau de Savoie, tarte aux myrtilles, gâteau aux noix

Coteaux d'Aix
Marseille
Côtes de Provence
Cassis
Bandol

Bastia

Corse

Ajaccio

Corse

Jambon, figatelli, lonzo, coppa
Langouste
Omelette au brocciu
Civet de sanglier
Chevreau
Fromages de brebis (Niolu)
Flan de châtaignes, fiadone

BORDEAUX *Pomerol* Bergerac	Vignobles *Vineyards*
Val de Loire *Rillettes de Tours*	Spécialités régionales *Regional specialities*

Listes thématiques

Les bonnes tables à étoiles

🏵 🏵 🏵

186	✕✕✕✕✕	Alain Ducasse au Plaza Athénée - 8ᵉ
186	✕✕✕✕✕	"Cinq" (Le) - 8ᵉ
186	✕✕✕✕✕	Ledoyen - 8ᵉ
187	✕✕✕✕✕	Lucas Carton *(Senderens)* - 8ᵉ
187	✕✕✕✕✕	Taillevent *(Vrinat)* - 8ᵉ
135	✕✕✕✕	Ambroisie (L') *(Pacaud)* - 4ᵉ
166	✕✕✕✕	Arpège *(Passard)* - 7ᵉ
122	✕✕✕✕	Grand Vefour - 1ᵉʳ
260	✕✕✕✕	Guy Savoy - 17ᵉ
188	✕✕✕✕	Pierre Gagnaire - 8ᵉ

🏵 🏵

186	✕✕✕✕✕	Bristol - 8ᵉ
187	✕✕✕✕✕	Lasserre - 8ᵉ
187	✕✕✕✕✕	Laurent - 8ᵉ
122	✕✕✕✕✕	Meurice (Le) - 1ᵉʳ
151	✕✕✕✕✕	Tour d'Argent - 5ᵉ
122	✕✕✕✕	Carré des Feuillants - 1ᵉʳ
187	✕✕✕✕	Élysées (Les) - 8ᵉ
166	✕✕✕✕	Le Divellec - 7ᵉ
260	✕✕✕✕	Michel Rostang - 17ᵉ
251	✕✕✕✕	Pré Catelan - 16ᵉ
260	✕✕✕	Apicius - 17ᵉ
152	✕✕✕	Hélène Darroze - 6ᵉ
246	✕✕✕	Jamin - 16ᵉ
246	✕✕✕	Relais d'Auteuil - 16ᵉ
151	✕✕✕	Relais Louis XIII - 6ᵉ
289	✕✕✕	Relais Ste-Jeanne Cergy-Pontoise

186	XXXXX	Ambassadeurs (Les) - 8[e]
122	XXXXX	Espadon (L') - 1er
188	XXXX	Clovis - 8[e]
123	XXXX	Drouant - 2[e]
123	XXXX	Gérard Besson - 1er
123	XXXX	Goumard - 1er
251	XXXX	Grande Cascade - 16[e]
188	XXXX	Marée (La) - 8[e]
229	XXXX	Montparnasse 25 - 14[e]
207	XXXX	Muses (Les) - 9[e]
229	XXXX	Relais de Sèvres - 15[e]
336	XXXX	Trois Marches (Les) Versailles
293	XXX	Armes de France (Aux) Corbeil-Essonnes
281	XXX	Auberge des Saints Pères Aulnay-sous-Bois
295	XXX	Auberge du Château "Table des Blot" Dampierre-en-Yvelines
190	XXX	Bath's - 8[e]
123	XXX	Céladon - 2[e]
230	XXX	Chen-Soleil d'Est - 15[e]
189	XXX	Chiberta - 8[e]
289	XXX	Chiquito Cergy-Pontoise
284	XXX	Comte de Gascogne (Au) Boulogne-Billancourt
190	XXX	Copenhague - 8[e]
230	XXX	Duc (Le) - 14[e]
260	XXX	Faucher - 17[e]
135	XXX	Hiramatsu - 4[e]
124	XXX	Il Cortile - 1er
151	XXX	Jacques Cagna - 6[e]
188	XXX	Jardin - 8[e]
166	XXX	Jules Verne - 7[e]
315	XXX	Magnolias (Les) Le Perreux-sur-Marne
151	XXX	Paris - 6[e]
247	XXX	Passiflore - 16[e]
246	XXX	Pergolèse - 16[e]
166	XXX	Pétrossian - 7[e]
217	XXX	Pressoir (Au) - 12[e]
246	XXX	Seize au Seize - 16[e]
260	XXX	Sormani - 17[e]
246	XXX	Table du Baltimore - 16[e]

305	XXX	Tastevin Maisons-Laffitte
166	XXX	Violon d'Ingres - 7e
189	XXX	W (Le) - 8e
193	XX	Angle du Faubourg (L') - 8e
247	XX	Astrance - 16e
261	XX	Béatilles (Les) - 17e
167	XX	Bellecour - 7e
136	XX	Benoît - 4e
262	XX	Braisière - 17e
283	XX	Camélia Bougival
191	XX	Carpaccio - 8e
167	XX	Chamarré - 7e
191	XX	Luna - 8e
230	XX	Maison Courtine - 14e
192	XX	Marius et Janette - 8e
248	XX	Tang - 16e
217	XX	Trou Gascon (Au) - 12e
311	XX	Truffe Noire Neuilly-sur-Seine
168	XX	Vin sur Vin - 7e
250	X	Ormes (Les) - 16e

Le *"Bib Gourmand"*

13e arrondissement

219	✗	Anacréon

14e arrondissement

232	✗✗	Monsieur Lapin
235	✗	Cerisaie
233	✗	Régalade
236	✗	Severo

15e arrondissement

231	✗✗	Caroubier
233	✗	Beurre Noisette
232	✗	les Frères Gaudet (Chez)
233	✗	Troquet

16e arrondissement

249	✗✗	Géraud (Chez)

17e arrondissement

261	✗✗	Graindorge
263	✗✗	Léon (Chez)
264	✗	Caves Petrissans

19e arrondissement

273	✗	Cave Gourmande

20e arrondissement

272	✗✗	Allobroges (Les)

ENVIRONS

Asnières-sur-Seine

280	✗✗	Petite Auberge

Bois-Colombes

282	✗	Chefson

Enghien-les-Bains

297	✗	Auberge d'Enghien

Gagny

298	✗✗	Vilgacy

Issy-les-Moulineaux

301	✗	Square Meat'R

Marly-le-Roi

306	✗✗	Village

Triel-sur-Seine

331	✗	St-Martin

Versailles

336	✗✗	Potager du Roy

Pour souper après le spectacle
(Nous indiquons entre parenthèses l'heure limite d'arrivée)

230	✗✗✗	**Dôme** (Le) - 14e (0 h 30)
124	✗✗✗	**Fontaine Gaillon** - 2e (0 h)
189	✗✗✗	**Fouquet's** - 8e (0 h 30)
152	✗✗✗	**Procope** - 6e (1 h)
190	✗✗✗	**Yvan** - 8e (0 h)
153	✗✗	**Alcazar** - 6e (0 h 30)
262	✗✗	**Ballon des Ternes** - 17e (0 h)
193	✗✗	**Berkeley** - 8e (1 h)
135	✗✗	**Bofinger** - 4e (1 h)
208	✗✗	**Brasserie Flo** - 10e (1 h)
124	✗✗	**Café Drouant** - 2e (0 h)
231	✗✗	**Coupole** (La) - 14e (1 h)
169	✗✗	**Esplanade** (L') - 7e (1 h)
125	✗✗	**Gallopin** - 2e (0 h)
125	✗✗	**Grand Colbert** - 2e (1 h)
300	✗✗	**Ile** (L') Issy-les-Moulineaux (0 h)
208	✗✗	**Julien** - 10e (1 h)
152	✗✗	**Marty** - 5e (0 h)
168	✗✗	**New Jawad** - 7e (0 h)
194	✗✗	**Nirvana** - 8e (2 h)
208	✗✗	**Petit Riche** (Au) - 9e (0 h 15)
125	✗✗	**Pied de Cochon** (Au) - 1er (jour et nuit)
209	✗✗	**Terminus Nord** - 10e (1 h)
126	✗✗	**Vaudeville** - 2e (1 h)
194	✗✗	**Village d'Ung et Li Lam** - 8e (0 h 30)

157	✗	Balzar - 5ᵉ (0 h)
250	✗	Bistrot de l'Étoile Lauriston - 16ᵉ (0 h)
170	✗	Bistrot de Paris - 7ᵉ (0 h)
154	✗	Brasserie Lipp - 6ᵉ (0 h 45)
171	✗	Café de l'Alma - 7ᵉ (0 h)
156	✗	Coco de Mer - 5ᵉ (0 h)
210	✗	Dell Orto - 9ᵉ (0 h)
195	✗	Devez - 8ᵉ (0 h)
154	✗	Dominique - 6ᵉ (0 h)
154	✗	Rotonde - 6ᵉ (1 h)
170	✗	Thoumieux - 7ᵉ (0 h)
196	✗	Zo - 8ᵉ (0 h)

Le plat que vous recherchez

Un cassoulet

136	XX	Benoît - 4ᵉ
169	XX	Chez Eux (D') - 7ᵉ
208	XX	Julien - 10ᵉ
263	XX	Léon (Chez) - 17ᵉ
125	XX	Pays de Cocagne - 2ᵉ
192	XX	Sarladais - 8ᵉ
304	XX	St-Pierre à Longjumeau
329	XX	Table d'Antan à Ste-Geneviève-des-Bois
217	XX	Trou Gascon (Au) - 12ᵉ
155	X	Allard - 6ᵉ
137	X	Auberge Pyrénées Cévennes - 11ᵉ
128	X	Dauphin - 1er
234	X	Gastroquet - 15ᵉ
235	X	Marché (du) - 15ᵉ
219	X	Quincy - 12ᵉ
170	X	Thoumieux - 7ᵉ

Une choucroute

262	XX	Ballon des Ternes - 17ᵉ
135	XX	Bofinger - 4ᵉ
Inc.	XX	Brasserie Le Louvre(H. Louvre) - 1er
231	XX	Coupole (La) - 14ᵉ
209	XX	Terminus Nord - 10ᵉ
157	X	Balzar - 5ᵉ
154	X	Brasserie Lipp - 6ᵉ
128	X	Mellifère - 2ᵉ

Un confit

326	XXX	Cazaudehore-Hôtel Forestière à St-Germain-en-Laye
169	XX	Chez Eux (D') - 7ᵉ
248	XX	Paul Chêne - 16ᵉ
125	XX	Pays de Cocagne - 2ᵉ
192	XX	Sarladais - 8ᵉ
304	XX	St-Pierre à Longjumeau
217	XX	Trou Gascon (Au) - 12ᵉ
137	X	Auberge Pyrénées Cévennes - 11ᵉ
137	X	Bascou (Au) - 3ᵉ
171	X	Collinot (Chez) - 7ᵉ
209	X	Deux Canards (Aux) - 10ᵉ
234	X	Gastroquet - 15ᵉ

128	✕	Isard (L') - 2e
128	✕	Lescure - 1er
235	✕	Marché (du) - 15e
127	✕	Pierrot - 2e

Un coq au vin

305	✕✕	Bourgogne à Maisons-Alfort
328	✕✕	Coq de la Maison Blanche à St-Ouen
219	✕	Biche au Bois - 12e
157	✕	Marcel (Chez) - 6e
137	✕	Repaire de Cartouche - 11e

Des coquillages, crustacés, poissons

123	✕✕✕✕	Goumard - 1er
166	✕✕✕✕	Le Divellec - 7e
188	✕✕✕✕	Marée (La) - 8e
230	✕✕✕	Dôme (Le) - 14e
230	✕✕✕	Duc (Le) - 14e
261	✕✕✕	Pétrus - 17e
247	✕✕✕	Port Alma - 16e
262	✕✕	Ballon des Ternes - 17e
135	✕✕	Bofinger - 4e
208	✕✕	Brasserie Flo - 10e
231	✕✕	Coupole (La) - 14e
261	✕✕	Dessirier - 17e
218	✕✕	Frégate - 12e
125	✕✕	Gallopin - 2e
169	✕✕	Gaya Rive Gauche - 7e
167	✕✕	Glénan (Les) - 7e
208	✕✕	Julien - 10e
191	✕✕	Luna - 8e
336	✕✕	Marée de Versailles à Versailles
192	✕✕	Marius et Janette - 8e
152	✕✕	Marty - 5e
125	✕✕	Pied de Cochon (Au) - 1er
192	✕✕	Stella Maris - 8e
263	✕✕	Taïra - 17e
209	✕✕	Terminus Nord - 10e
136	✕✕	Vin et Marée - 11e
196	✕	Bistrot de Marius - 8e
137	✕	Bistrot du Dôme - 4e
195	✕	Cap Vernet - 8e
155	✕	Espadon Bleu (L') - 6e
264	✕	Presqu'île - 17e
154	✕	Quai V - 5e

Des escargots

136	✕✕	Benoît - 4ᵉ
305	✕✕	Bourgogne à Maisons-Alfort
281	✕✕	Escargot (A l') à Aulnay-sous-Bois
249	✕✕	Géraud (Chez) - 16ᵉ
315	✕✕	Lauriers (Les) à Le Perreux-sur-Marne
263	✕✕	Léon (Chez) - 17ᵉ
153	✕✕	Maître Paul (Chez) - 6ᵉ
232	✕✕	Monsieur Lapin - 14ᵉ
208	✕✕	Petit Riche (Au) - 9ᵉ
297	✕	Auberge d'Enghien à Enghien-les-Bains
137	✕	Auberge Pyrénées Cévennes - 11ᵉ
219	✕	Bistrot de la Porte Dorée - 12ᵉ
127	✕	Bistrot St-Honoré - 1ᵉʳ
171	✕	Fontaine de Mars - 7ᵉ
157	✕	Ma Cuisine - 5ᵉ
155	✕	Moissonnier - 5ᵉ
156	✕	Moulin à Vent (Au) - 5ᵉ
219	✕	Quincy - 12ᵉ
210	✕	Relais Beaujolais - 9ᵉ

Une paëlla

194	✕✕	Bistro de l'Olivier - 8ᵉ
219	✕	Auberge Etchegorry - 13ᵉ
250	✕	Rosimar - 16ᵉ

Une grillade

217	✕✕✕	Train Bleu - 12ᵉ
135	✕✕	Bofinger - 4ᵉ
208	✕✕	Brasserie Flo - 10ᵉ
328	✕✕	Coq de la Maison Blanche à St-Ouen
231	✕✕	Coupole (La) - 14ᵉ
192	✕✕	Fermette Marbeuf 1900 - 8ᵉ
125	✕✕	Gallopin - 2ᵉ
208	✕✕	Julien - 10ᵉ
125	✕✕	Pied de Cochon (Au) - 1ᵉʳ
310	✕✕	Rôtisserie (La) à Nanterre
209	✕✕	Terminus Nord - 10ᵉ
126	✕✕	Vaudeville - 2ᵉ
219	✕	Quincy - 12ᵉ
156	✕	Rôtisserie d'en Face - 6ᵉ
156	✕	Rôtisserie du Beaujolais - 5ᵉ

De la tête de veau

260	XXXX	Apicius - 17e
136	XX	Benoît - 4e
263	XX	Léon (Chez) - 17e
124	XX	Palais Royal - 1er
124	XX	Pauline (Chez) - 1er
208	XX	Petit Riche (Au) - 9e
280	XX	Petite Auberge à Asnières-sur-Seine
249	XX	Petite Tour - 16e
138	X	Astier - 11e
219	X	Bistrot de la Porte Dorée - 12e
264	X	Caves Petrissans - 17e
195	X	Devez - 8e
232	X	les Frères Gaudet (Chez) - 15e
301	X	Oustalou (L') à Ivry-sur-Seine
209	X	Pré Cadet - 9e
170	X	Thoumieux - 7e

Des tripes

125	XX	Pays de Cocagne - 2e
219	X	Auberge Aveyronnaise (L') - 12e
236	X	Château Poivre - 14e
128	X	La Vieille ''Adrienne'' (Chez) - 1er

Des fromages

229	XXXX	Montparnasse 25 - 14e
281	XX	Escargot (A l') à Aulnay-sous-Bois
138	X	Astier - 11e

Des soufflés

168	XX	Récamier - 7e
126	XX	Soufflé - 1er

Cuisine d'Ailleurs

Indienne
190	XXX	Indra - 8e
168	XX	New Jawad - 7e
153	XX	Yugaraj - 6e

Italienne
124	XXX	Il Cortile - 1er
260	XXX	Sormani - 17e
169	XX	Beato - 7e
248	XX	Bellini - 16e
169	XX	Caffé Minotti - 7e
191	XX	Carpaccio - 8e
208	XX	Chateaubriant (Au) - 10e
248	XX	Conti - 16e
125	XX	Delizie d'Uggiano - 1er
231	XX	Fontanarosa - 15e
247	XX	Giulio Rebellato - 16e
262	XX	Paolo Petrini - 17e
193	XX	Stresa - 8e
248	XX	Vinci - 16e
156	X	Bauta - 6e
210	X	Dell Orto - 9e
155	X	Emporio Armani Caffé - 6e
138	X	Enoteca (L') - 4e
209	X	I Golosi - 9e
138	X	Osteria (L') - 4e
171	X	Perron - 7e
273	X	Vincent (Chez) - 19e

Japonaise
230	XXX	Benkay - 15e
125	XX	Kinugawa - 1er
193	XX	Kinugawa - 8e
153	XX	Yen - 6e
127	X	Aki - 2e
172	X	Miyako - 7e

Libanaise
247	XXX	Pavillon Noura - 16e
194	XX	Al Ajami - 8e
248	XX	Fakhr el Dine - 16e

Nord-Africaine
190	XXX	El Mansour - 8e
231	XX	Caroubier - 15e
249	XX	Essaouira - 16e
136	XX	Mansouria - 11e
311	XX	Riad à Neuilly-sur-Seine

Dans la tradition, bistrots et brasseries

Les bistrots

Les brasseries

Restaurants
"Nouveaux Concepts"

Restaurants proposant des menus à moins de 28 € servis midi et soir

7e arrondissement

168	✕✕	New Jawad
172	✕	Apollon
171	✕	Collinot (Chez)
171	✕	Maupertu
172	✕	Miyako
172	✕	P'tit Troquet
171	✕	Pasco

8e arrondissement

194	✕✕	Al Ajami
194	✕✕	Village d'Ung et Li Lam
195	✕	Cô Ba Saigon
196	✕	Daru
196	✕	Shin Jung
196	✕	Zo

9e arrondissement

208	✕✕	Bistrot Papillon
210	✕	Excuse Mogador (L')
210	✕	Relais Beaujolais

10e arrondissement

208	✕✕	Brasserie Flo
208	✕✕	Chateaubriant (Au)

11e arrondissement

136	✕✕	Aiguière (L')
138	✕	Astier
137	✕	Auberge Pyrénées Cévennes
210	✕	L 'Hermitage
137	✕	Péché Mignon

12e arrondissement

217	✕✕	Janissaire
219	✕	Auberge Aveyronnaise (L')
219	✕	Biche au Bois
218	✕	Pataquès
218	✕	Traversière

13e arrondissement

219	✕	Auberge Etchegorry
219	✕	Avant Goût (L')
219	✕	Sukhothaï

14ᵉ arrondissement

235	✗	Cerisaie
236	✗	Château Poivre
236	✗	Flamboyant
234	✗	Gourmands (Les)
235	✗	La Bonne Table (A)
234	✗	Pascal Champ

15ᵉ arrondissement

231	✗✗	Caroubier
232	✗✗	Erawan
231	✗✗	Gauloise
231	✗✗	Thierry Burlot
233	✗	Clos Morillons
236	✗	Copreaux
234	✗	Gastroquet
235	✗	Marché (du)
236	✗	Mûrier

16ᵉ arrondissement

| 248 | ✗✗ | Fakhr el Dine |
| 250 | ✗ | A et M Restaurant |

17ᵉ arrondissement

263	✗✗	Léon (Chez)
265	✗	Bistrot de Théo
264	✗	Dolomites (Les)
265	✗	Entredgeu (L')
265	✗	Paris XVII
263	✗	Soupière
263	✗	Table des Oliviers

18ᵉ arrondissement

| 272 | ✗✗ | Clair de la Lune (Au) |
| 272 | ✗✗ | Cottage Marcadet |

19ᵉ arrondissement

| 272 | ✗✗ | Chaumière |

20ᵉ arrondissement

| 272 | ✗✗ | Allobroges (Les) |
| 273 | ✗ | Bistrot des Soupirs "Chez Raymonde" |

ENVIRONS

Maisons-Alfort

305	✗✗	Bourgogne

Marcoussis

305	✗	Colombes de Bellejame (Les)

Marly-le-Roi

306	✗✗	Village

Montmorency

309	✗✗	Coeur de la Forêt (Au)

Noisy-le-Grand

313	✗✗	Amphitryon

Puteaux

317	✗✗	Table d'Alexandre

Quincy-sous-Sénart

318	✗	Lisière de Sénart

Romainville

321	✗✗	Henri (Chez)

Savigny-sur-Orge

330	✗✗	Ménil (Au)

St-Germain-en-Laye

325	✗	Feuillantine
324	✗	Top Model

St-Leu-la-Forêt

326	✗	Petit Castor

St-Maur-des-Fossés

327	✗✗✗	Bretèche
327	✗	Gargamelle

Ste-Geneviève-des-Bois

329	✗✗	Table d'Antan

Sucy-en-Brie

330	✗✗	Terrasse Fleurie

Triel-sur-Seine

331	✗	St-Martin

Versailles

337	✗	Falher (Le)

Villeparisis

338	✗✗	Bastide

Vincennes

339	✗	Rigadelle

Viry-Châtillon

339	✗	Marcigny

Restaurants de plein air

Établissements servant des repas en terrasse

8e arrondissement

176	🏨	Plaza Athénée
176	🏨	Prince de Galles
186	XXXXX	"Cinq"(Le)
186	XXXXX	Bristol
187	XXXXX	Laurent
179	🏨	California
177	🏨	Lancaster
178	🏨	Marriott
181	🏨	Radisson SAS Champs Élysées
181	🏨	Sofitel Champs-Élysées
190	XXX	Copenhague
189	XXX	Fouquet's
188	XXX	Jardin
188	XXX	Maison Blanche
189	XXX	Marcande
193	XX	Berkeley
192	XX	Marius et Janette
196	X	Bistrot de Marius
194	X	Café Lenôtre-Pavillon Elysée
195	X	Cap Vernet

9e arrondissement

200	🏨	Millennium Opéra

12e arrondissement

214	🏨	Sofitel Paris Bercy
214	🏨	Novotel Bercy
214	🏨	Novotel Gare de Lyon
217	XXX	Oulette (L')
217	XX	Janissaire

14e arrondissement

224	🏨	Méridien Montparnasse
230	XX	Pavillon Montsouris

15e arrondissement

224	🏨	Mercure Tour Eiffel Suffren
224	🏨	Novotel Vaugirard
231	XX	Fontanarosa
231	XX	Gauloise

Restaurants proposant des menus d'affaires au déjeuner

6e arrondissement

7e arrondissement

8e arrondissement

9e arrondissement

10e arrondissement

11e arrondissement

12e arrondissement

13e arrondissement

217	XX	Petit Marguery
219	X	Anacréon
219	X	Sukhothaï

14e arrondissement

229	XXXX	Montparnasse 25
230	XXX	Duc (Le)
236	X	Flamboyant
234	X	O à la Bouche (L')
234	X	Pascal Champ

15e arrondissement

230	XXX	Benkay
230	XXX	Chen-Soleil d'Est
229	XXX	Ciel de Paris
231	XX	Caroubier
232	XX	Erawan
231	XX	Fontanarosa
233	X	Beurre Noisette
233	X	De La Garde
232	X	Stéphane Martin
233	X	Troquet

16e arrondissement

251	XXXXX	Grande Cascade
251	XXXX	Pré Catelan
245	XXX	59 Poincaré
246	XXX	Jamin
247	XXX	Passiflore
247	XXX	Pavillon Noura
246	XXX	Relais d'Auteuil
247	XX	Astrance
248	XX	Conti
248	XX	Tang
250	X	Bistrot de l'Étoile Lauriston
250	X	Natachef
250	X	Ormes (Les)

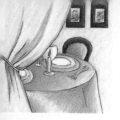

Restaurants
avec salons particuliers

15e arrondissement

230	XXX	Benkay
230	XXX	Chen-Soleil d'Est
231	XX	Gauloise
235	X	Marché (du)

16e arrondissement

251	XXXX	Grande Cascade
251	XXXX	Pré Catelan
246	XXX	Jamin

17e arrondissement

260	XXXX	Guy Savoy
260	XXXX	Michel Rostang
261	XXX	Amphyclès
261	XXX	Pétrus
260	XXX	Sormani
262	XX	Atelier Gourmand (L')
262	XX	Ballon des Ternes
262	XX	Beudant
263	XX	Léon (Chez)
261	XX	Petit Colombier
265	X	Bistrot de Théo

18e arrondissement

271	XXX	Beauvilliers

Restaurants ouverts en juillet-août

153	✗	Atelier Maître Albert
157	✗	Balzar
156	✗	Bouchons de François Clerc (Les)
155	✗	Délices d'Aphrodite (Les)
158	✗	Lhassa
158	✗	Pré Verre
154	✗	Quai V
156	✗	Rôtisserie du Beaujolais

6e arrondissement

152	✗✗✗	Hélène Darroze
152	✗✗✗	Procope
153	✗✗	Alcazar
153	✗✗	Maître Paul (Chez)
155	✗	Bouquinistes (Les)
154	✗	Brasserie Lipp
155	✗	Emporio Armani Caffé
156	✗	Rôtisserie d'en Face
154	✗	Rotonde
158	✗	Ze Kitchen Galerie

7e arrondissement

166	✗✗✗✗	Arpège
167	✗✗✗	Cantine des Gourmets
166	✗✗✗	Jules Verne
169	✗✗	Esplanade (L')
168	✗✗	New Jawad
168	✗✗	Récamier
172	✗	Apollon
170	✗	Bon Accueil (Au)
171	✗	Café de l'Alma
171	✗	Fontaine de Mars
171	✗	Maupertu
171	✗	Pasco
170	✗	Thoumieux
170	✗	Vin et Marée

8e arrondissement

186	XXXXX	**Ambassadeurs (Les)**
186	XXXXX	**Bristol**
186	XXXXX	**''Cinq'' (Le)**
187	XXXXX	**Laurent**
190	XXX	**El Mansour**
189	XXX	**Fouquet's**
190	XXX	**Indra**
188	XXX	**Maison Blanche**
190	XXX	**Yvan**
194	XX	**Al Ajami**
193	XX	**Berkeley**
194	XX	**Bistro de l'Olivier**
192	XX	**Bouchons de François Clerc Étoile (Les)**
193	XX	**Bouchons de François Clerc (Les)**
192	XX	**Fermette Marbeuf 1900**
193	XX	**Kinugawa**
192	XX	**Marius et Janette**
194	XX	**Market**
194	XX	**Nirvana**
194	XX	**Pichet de Paris**
194	XX	**Village d'Ung et Li Lam**
195	X	**Appart' (L')**
196	X	**Bistrot de Marius**
194	X	**Café Lenôtre-Pavillon Elysée**
195	X	**Cap Vernet**
195	X	**Devez**
195	X	**Saveurs et Salon**
196	X	**Shin Jung**
195	X	**Toi**

9e arrondissement

207	XXX	**Café de la Paix**
208	XX	**Petit Riche (Au)**
208	XX	**16 Haussmann**
209	X	**Bistro de Gala**

10e arrondissement

208	XX	**Brasserie Flo**
208	XX	**Julien**
209	XX	**Terminus Nord**

85

11e arrondissement

136	✗✗	Aiguière (L')
136	✗✗	Vin et Marée

12e arrondissement

217	✗✗✗	Oulette (L')
217	✗✗✗	Train Bleu
217	✗✗	Janissaire
219	✗	Biche au Bois
219	✗	Bistrot de la Porte Dorée
218	✗	Ô Rebelle
218	✗	Pataquès

14e arrondissement

230	✗✗✗	Dôme (Le)
231	✗✗	Coupole (La)
230	✗✗	Pavillon Montsouris
231	✗✗	Vin et Marée
235	✗	Bistrot du Dôme
234	✗	Pascal Champ

15e arrondissement

230	✗✗✗	Benkay
229	✗✗✗	Ciel de Paris
231	✗✗	Dînée (La)
231	✗✗	Fontanarosa
231	✗✗	Gauloise
231	✗✗	Thierry Burlot
233	✗	Bistro d'Hubert
235	✗	Fleur de Sel
234	✗	Villa Corse

16e arrondissement

251	✗✗✗✗	Grande Cascade
251	✗✗✗✗	Pré Catelan
245	✗✗✗	59 Poincaré
247	✗✗✗	Pavillon Noura
249	✗✗	Butte Chaillot
Inc.	✗✗	Cristal Room Baccarat
248	✗✗	Fakhr el Dine
250	✗	Bistrot de l'Étoile Lauriston

Restaurants ouverts samedi et dimanche

Hôtels et Restaurants agréables

Hôtels proposant des chambres doubles à moins de 80 €

Nogent-sur-Marne
312 🏠 Campanile

Orly (Aéroports de Paris)
314 🏠🏠 Kyriad - Air Plus

Queue-en-Brie (La)
318 🏠 Relais de Pincevent

St-Maur-des-Fossés
327 🏠🏠 Winston

St-Quentin-en-Yvelines
329 🏠 Port Royal
329 🏠 Relais de Voisins

Sucy-en-Brie
330 🏠🏠 Tartarin

Suresnes
331 🏠 Astor

Vanves
332 🏠 Ibis

Versailles
337 🏠 Ibis

Villeparisis
338 🏠 Relais du Parisis

Vincennes
339 🏠 Donjon

Hôtels avec salles de conférences

6e arrondissement

142		Lutétia
142		Victoria Palace
143		Littré
142		Relais Christine

7e arrondissement

162		Montalembert
162		Pont Royal

8e arrondissement

176		Bristol
176		Crillon
176		Four Seasons George V
176		Plaza Athénée
176		Prince de Galles
177		Royal Monceau
180		Bedford
179		California
179		Château Frontenac
178		Concorde St-Lazare
178		Hyatt Regency
178		Marriott
179		Mélia Royal Alma
179		Napoléon
178		Sofitel Arc de Triomphe
179		Trémoille
179		Warwick
180		Amarante Champs Élysées
180		François 1er
181		Résidence du Roy
181		Sofitel Champs-Élysées
182		Arcade (L')
182		Élysées Mermoz
182		Pershing Hall

9e arrondissement

200		Intercontinental Le Grand Hôtel
200		Scribe
200		Ambassador
200		Millennium Opéra

201	🏨	St-Pétersbourg
202	🏨	Bergère Opéra
204	🏨	Mercure Monty
202	🏨	Opéra Cadet

10e arrondissement

201	🏨	Holiday Inn Paris Opéra
200	🏨	Terminus Nord

11e arrondissement

132	🏨	Holiday Inn

12e arrondissement

214	🏨	Sofitel Paris Bercy
214	🏨	Holiday Inn Bastille
214	🏨	Mercure Gare de Lyon
214	🏨	Novotel Bercy
214	🏨	Novotel Gare de Lyon
215	🏨	Claret
215	🏨	Paris Bastille
216	🏨	Bercy Gare de Lyon
216	🏨	Ibis Gare de Lyon
216	🏨	Ibis Gare de Lyon Diderot

13e arrondissement

215	🏨	Holiday Inn Bibliothèque de France
214	🏨	Mercure Place d'Italie
216	🏨	Touring Hôtel Magendie

14e arrondissement

224	🏨	Méridien Montparnasse

15e arrondissement

224	🏨	Sofitel Porte de Sèvres
225	🏨	Mercure Porte de Versailles
225	🏨	Mercure Tour Eiffel
224	🏨	Mercure Tour Eiffel Suffren
224	🏨	Novotel Tour Eiffel
224	🏨	Novotel Vaugirard
225	🏨	Holiday Inn Paris Montparnasse
226	🏨	Mercure Paris XV
227	🏨	Abaca Messidor

16e arrondissement

17e arrondissement

18e arrondissement

19e arrondissement

ENVIRONS

Alfortville

Antony

Argenteuil

Marne-la-Vallée

306	🏛️	Holiday Inn
308	🏛️	Holiday Inn
307	🏛️	Novotel
308	🏛️	Élysée Val d'Europe (L')
307	🏛️	Mercure
307	🏛️	St-Rémy
307	🏛️	Tulip Inn Paris Bussy
307	🏛️	Campanile

Massy

308	🏛️	Mercure

Maurepas

308	🏛️	Mercure

Mesnil-Amelot (Le)

309	🏛️	Radisson

Meudon

309	🏛️	Mercure Ermitage de Villebon

Montrouge

309	🏛️	Mercure

Nanterre

310	🏛️	Mercure La Défense Parc
310	🏛️	Quality Inn

Neuilly-sur-Seine

310	🏛️	Courtyard

Nogent-sur-Marne

312	🏛️	Mercure Nogentel
312	🏛️	Campanile

Noisy-le-Grand

313	🏛️	Mercure
313	🏛️	Novotel Atria

Orgeval

313	🏛️	Moulin d'Orgeval

Orly (Aéroports de Paris)

313	🏛️	Hilton Orly
314	🏛️	Mercure

Palaiseau

314	🏛️	Novotel

Michelin s'engage pour l'environnement

Faire progresser la mobilité des personnes et des biens tout en préservant notre cadre de vie à tous est l'un des défis majeurs que Michelin s'est fixé.

Partout dans l'Entreprise, des hommes et des femmes œuvrent à protéger l'environnement à travers toutes les étapes de la vie du pneu :

- **l'extraction** et le travail des matières premières sont effectués en sélectionnant scrupuleusement les éléments entrant dans la composition d'un pneumatique ;

- **la fabrication** préserve de façon optimale l'air, l'eau et la terre des sites et des environs. Si bien que 80 % des produits commercialisés par Michelin provient des sites industriels certifiés ISO 14001 ;

- **l'utilisation** de pneus toujours plus "verts" contribue à la réduction de la consommation de carburant des véhicules et ainsi des émissions de CO_2 dans l'atmosphère ;

- **en fin de vie** les pneus sont valorisés comme matière première ou sous forme de combustible.

Quand on donne aux hommes les moyens de découvrir le monde, on ne peut s'empêcher de le préserver.

Paris

Hôtels
Restaurants

Ⓟ 75 *Plans :* 🄻🄴 , 🄻🄵 , 🄻🄶 *et* 🄻🄷 *G. Paris* – *2 147 857 h.*
Région d'Île-de-France 10 952 011 h. – *alt. Observatoire 60 m*
Place de la Concorde 34 m.

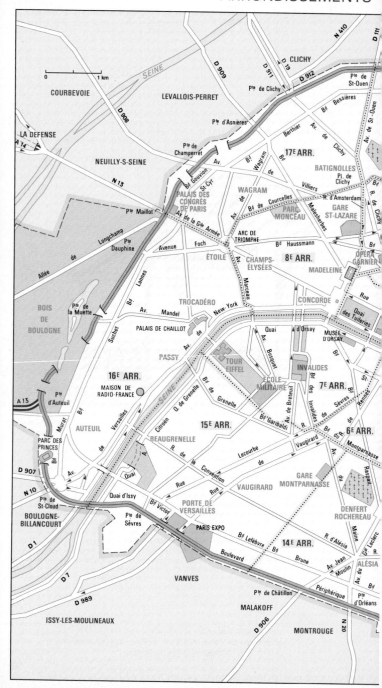

ET QUARTIERS

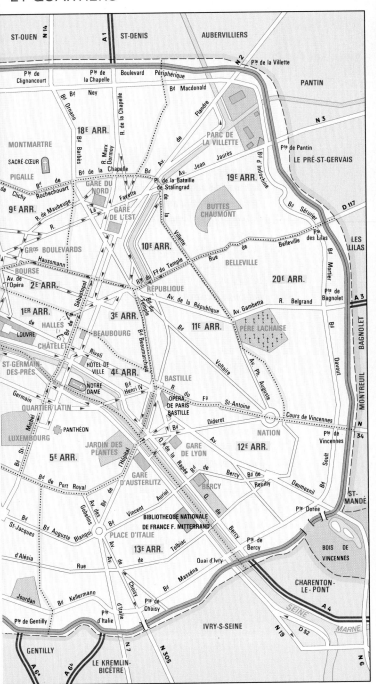

Légende

- • *Hôtel*
- • *Restaurant*
- AX 1 *Repérage des ressources sur les plans*
-   2ᴱ *Limite et numéro d'arrondissement*
-   *Grande voie de circulation*
- ▣ *Parking*
- Ⓜ *Station de métro ou de RER*
- ⊙ *Station de Taxi*
- *Bateau mouche : embarcadère*
- *Batobus : embarcadère*

Key

- • *Hotel*
- • *Restaurant*
- AX 1 *Reference letters locating position on town plan*
-   2ᴱ *Arrondissement number and boundary*
-   *Major through route*
- ▣ *Car park*
- Ⓜ *Metro or RER station*
- ⊙ *Taxi rank*
- *Bateau mouche : boarding point*
- *Batobus : boarding point*

Opéra - Palais-Royal
Halles - Bourse
Châtelet - Tuileries

1er et 2e arrondissements

1er : ✉ 75001 - 2e : ✉ 75002

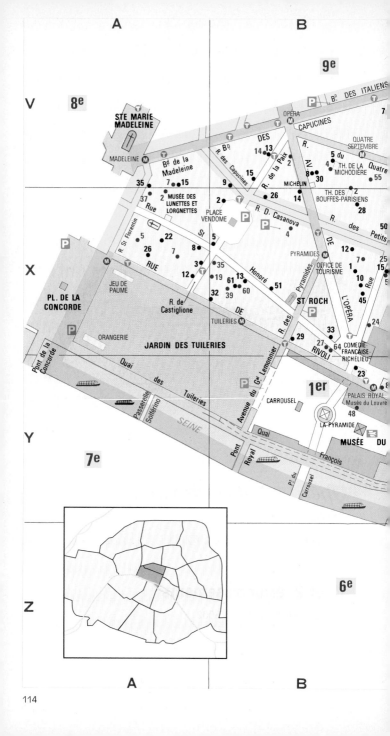

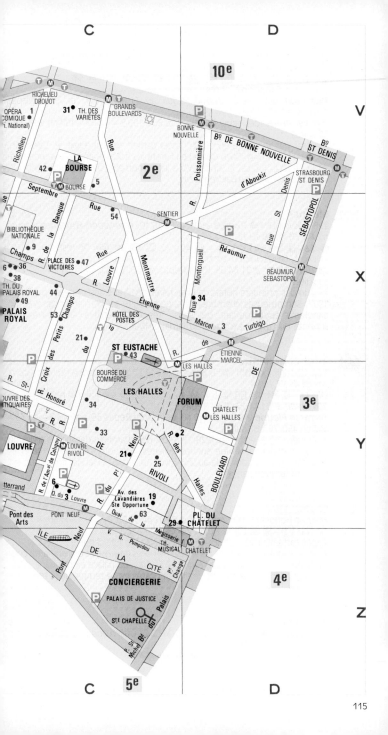

🏨🏨🏨🏨 **Ritz** BX **2**
15 pl. Vendôme (1er) Ⓜ *Opéra* ℰ 01 43 16 30 30, *resa@ritzparis.com,*
Fax 01 43 16 36 68
☆, ⓦ, ⅃ઠ, ▣ – ⏐ ▤ ▣ ☎ – ♨ 30 à 80. ⒶⒺ ⓪ ⒼⒷ ⒿⒸⒷ. ⅋
voir rest. *L'Espadon* ci-après
Ritz Club (dîner seul.) *(fermé 26 juil. au 31 août, dim. et lundi)* **Repas**
carte 80 à 120
Bar Vendôme (déj. seul.) **Repas** carte 80 à 100 ⅄ – ⌿ 62 – **107 ch** 640/750,
55 suites.
◆ César Ritz inaugura en 1898 "l'hôtel parfait" dont il rêvait. R. Valentino,
Proust, Hemingway, Coco Chanel en furent les hôtes. Raffinement incompa-
rable. Le Ritz Club est le rendez-vous incontournable des "beautiful people".
Délicieuse terrasse au Bar Vendôme.

🏨🏨🏨🏨 **Meurice** BX **32**
228 r. Rivoli (1er) Ⓜ *Tuileries* ℰ 01 44 58 10 10, *reservations@meuricehotel.co*
m, Fax 01 44 58 10 15
ⓦ, ⅃ઠ – ⏐ ⅌ ▤ ▣ ☎ ⅁ – ♨ 40 à 70. ⒶⒺ ⓪ ⒼⒷ ⒿⒸⒷ. ⅋ rest
voir rest. *Le Meurice* ci-après
Jardin d'Hiver ℰ01 44 58 10 44 **Repas** *(40)*-50, ⅄ – ⌿ 45 – **121 ch** 650/800,
39 suites.
◆ L'un des premiers hôtels de luxe, né en 1817 et transformé en palace en
1907. Somptueuses chambres et superbe suite au dernier étage avec un
panorama époustouflant sur Paris. Très belle verrière Art nouveau et
soixante-dix plantes exotiques au Jardin d'Hiver.

🏨🏨🏨🏨 **Inter-Continental** AX **12**
3 r. Castiglione (1er) Ⓜ *Tuileries* ℰ 01 44 77 11 11, *paris@interconti.com,*
Fax 01 44 77 14 60
☆, ⅃ઠ ▣ ▤ ▣ ☎ ⅁ – ♨ 15 à 350. ⒶⒺ ⓪ ⒼⒷ ⒿⒸⒷ. ⅋ rest
234 Rivoli ℰ 01 44 77 10 40 **Repas** 35, enf. 23, ⅄
Terrasse Fleurie ℰ01 44 77 10 40 *(mai-sept.)* **Repas** 35, enf. 23 ⅄ – ⌿ 31 –
405 ch 450/760, 33 suites.
◆ Glorieux hôtel édifié en 1878. Le décor des chambres décline les styles du
19e s. ; certaines ont vue sur les Tuileries. Fastueux salons Napoléon III.
Ambiance chic et conviviale au 234 Rivoli. La Terrasse Fleurie, côté cour, est
isolée du tumulte parisien.

🏨🏨🏨 **Costes** AX **8**
239 r. St-Honoré (1er) Ⓜ *Concorde* ℰ 01 42 44 50 00, *Fax 01 42 44 50 01*
☆, ⅃ઠ, ▣ – ⏐ ▤ ▣ ☎ ⅁. ⒶⒺ ⓪ ⒼⒷ ⒿⒸⒷ
Repas carte 45 à 80 – ⌿ 30 – **76 ch** 350/700, 3 suites, 3 duplex.
◆ Style Napoléon III revisité dans des chambres pourpre et or, ravissante cour
à l'italienne et bel espace de remise en forme : un palace extravagant, adulé
par la "jet-set". Le restaurant de l'hôtel Costes est le temple de la tendance
"branchée Lounge".

🏨🏨🏨 **Vendôme** BX **5**
1 pl. Vendôme (1er) Ⓜ *Opéra* ℰ 01 55 04 55 00, *reservations@hoteldevendom*
e.com, Fax 01 49 27 97 89
sans rest – ⏐ ▤ ▣ ☎ ⅁. ⒶⒺ ⓪ ⒼⒷ ⒿⒸⒷ. ⅋
⌿ 35 – **19 ch** 460/580, 10 suites.
◆ La place Vendôme forme le superbe écrin de ce bel hôtel particulier du 18e
s. devenu palace. Meubles anciens, marbre et équipements "dernier cri".

Park Hyatt BV 1
5 r. Paix (2e) Ⓜ *Opéra* ℘ 01 58 71 12 34, *vendome@paris.hyatt.com,*
Fax 01 58 71 12 35
🏠, 🍽 – 🛗 ✋ 🖥 ✆ 🔥 🚗 – 🏋 15 à 50. 🆑 ⓪ ☜ ✻
Le Park ℘ 01 58 71 10 60 *(fermé sam. midi, dim. et fériés)* **Repas**
Carte 68 à 90 – ☒ 42 – **177 ch** 580/770, 10 suites.
♦ Décor contemporain signé Ed Tuttle, collection d'art moderne et équipements high-tech : une nouvelle vie pour ces cinq immeubles haussmanniens
transformés en palace "design". Cuisine au goût du jour et cadre raffiné,
sobre et original, au restaurant Le Park.

Plaza Paris Vendôme BX 61
4 r. Mont-Thabor (1er) Ⓜ *Tuileries* ℘ 01 40 20 20 00, *reservations@plazaparisve
ndome.com, Fax 01 40 20 20 01*
🛁, 🏊 – 🛗 🖥 📺 ✆ 🔥. 🆑 ⓪ ☜ 🇯🇨🇧
voir rest. *Pinxo* ci-après – ☒ 26 – **85 ch** 460/560, 12 suites.
♦ Immeuble du 19e s. métamorphosé en un hôtel contemporain chic et
raffiné. Bois, tons beige et chocolat, équipements high-tech dans les
chambres. Beau bar chinois.

Sofitel Castille AV 15
33 r. Cambon (1er) Ⓜ *Madeleine* ℘ 01 44 58 44 58, *reservations@castille.com,*
Fax 01 44 58 44 00
🛗 ✋ 🖥 📺 ✆ – 🏋 30. 🆑 ⓪ ☜ 🇯🇨🇧
voir rest. *Il Cortile* ci-après – ☒ 28 – **86 ch** 415/545, 7 suites, 14 duplex.
♦ Côté "Opéra", chaleureux décor inspiré de l'Italie et de la Renaissance ; côté
"Rivoli", cadre chic et sobre à la française, agrémenté de photos du Paris de
Doisneau.

Louvre BY 23
pl. A. Malraux (1er) Ⓜ *Palais Royal* ℘ 01 44 58 38 38, *hoteldulouvre@hoteldulou
vre.com, Fax 01 44 58 38 01*
🏠 – 🛗 ✋ 🖥 📺 ✆ 🔥 – 🏋 20 à 80. 🆑 ⓪ ☜ 🇯🇨🇧. ✻
Brasserie Le Louvre ℘ 01 42 96 27 98 **Repas** *(26)* 31, enf. 12, ☲ – ☒ 21 –
170 ch 450/700, 7 suites.
♦ Un des premiers grands hôtels parisiens, où logea le peintre Pissarro.
Certaines chambres jouissent d'une perspective unique sur l'avenue de l'Opéra et le palais Garnier. La brasserie le Louvre joue la tradition tant dans le décor
"1900" que dans l'assiette.

Westminster BV 13
13 r. Paix (2e) Ⓜ *Opéra* ℘ 01 42 61 57 46, *resa.westminster@warwickhotels.co
m, Fax 01 42 60 30 66*
🛁 – 🛗 ✋ 🖥 📺 ✆ – 🏋 15 à 40. 🆑 ⓪ ☜ 🇯🇨🇧
voir rest. *Céladon* ci-après
- Petit Céladon (week-end seul.) *(fermé août)* **Repas** 45 bc – ☒ 28 – **80 ch**
420/570, 22 suites.
♦ C'est en 1846 que cet hôtel, jadis couvent puis relais de poste, adopta le
nom de son plus fidèle client, le duc de Westminster. Chambres cossues, appartements luxueux. Le Céladon devient Petit Céladon le week-end : menu-
carte simplifié et service décontracté.

Lotti AX 3
7 r. Castiglione (1er) Ⓜ *Tuileries* ℘ 01 42 60 37 34, *lotti.fr@jollyhotels.com,*
Fax 01 40 15 93 56
🛗 ✋ 📺 ✆. 🆑 ⓪ ☜ 🇯🇨🇧
Repas carte 30 à 50 – ☒ 23 – **164 ch** 399/590, 5 suites.
♦ Non loin des joailliers de la place Vendôme, un petit "bijou" de l'hôtellerie :
chambres douillettes ornées de meubles de divers styles, confortable salon
sous verrière. Cuisine italienne servie dans une élégante salle à manger
(fresques et tableaux colorés).

Royal St-Honoré
BX 13

221 r. St-Honoré (1er) Ⓜ *Tuileries* ✆ 01 42 60 32 79, *rsh@hroy.com, Fax 01 42 60 47 44*

sans rest – 🛗 ▤ 📺 📞 ⅙ – 🏛 15. 🆎 ⓪ 💷 🃏. ⌘

⌸ 20 – **67 ch** 290/360, 5 suites.

◆ Immeuble bâti au 19e s. sur l'emplacement de l'ancien hôtel de Noailles. Chambres personnalisées, très raffinées. Décor Louis XVI dans la salle des petits-déjeuners.

Meliá Vendôme
AX 22

8 r. Cambon (1er) Ⓜ *Concorde* ✆ 01 44 77 54 00, *melia.vendome@solmelia.com, Fax 01 44 77 54 01*

sans rest – 🛗 ▤ 📺 📞 – 🏛 20. 🆎 ⓪ 💷 🃏. ⌘

⌸ 24 – **83 ch** 320/442.

◆ Décoration cossue et soignée, mobilier de style et atmosphère feutrée dans les chambres, récemment refaites. Élégant salon coiffé d'une verrière de style Belle Époque.

Edouard VII
BX 14

39 av. Opéra (2e) Ⓜ *Pyramides* ✆ 01 42 61 56 90, *info@edouard7hotel.com, Fax 01 42 61 47 73*

sans rest – 🛗 ▤ 📺 📞 – 🏛 15 à 25. 🆎 ⓪ 💷 🃏

⌸ 20 – **65 ch** 309/418, 4 suites.

◆ Le prince de Galles Édouard VII aimait séjourner ici lors de ses passages à Paris. Chambres spacieuses et feutrées. Boiseries sombres et vitraux décorent le bar.

Normandy
BX 33

7 r. Échelle (1er) Ⓜ *Palais Royal* ✆ 01 42 60 30 21, *Fax 01 42 60 45 81*

sans rest – 🛗 📺 📞 – 🏛 15 à 30. 🆎 ⓪ 💷 🃏 – ⌸ 20 – **111 ch** 280/423, 4 suites.

◆ À deux pas du Louvre, le Normandy ouvrit ses portes en 1877 et accueillit aussitôt une forte clientèle anglaise. Amples chambres "rétro", souvent dotées de meubles de style.

Regina
BX 29

2 pl. Pyramides (1er) Ⓜ *Tuileries* ✆ 01 42 60 31 10, *reservation@regina-hotel.com, Fax 01 40 15 95 16*

🍴 – 🛗 ▤ 📺 📞 – 🏛 20 à 60. 🆎 ⓪ 💷 🃏

Repas *(fermé août, sam., dim. et fériés) (25)* - 31 et carte 55 à 70 ♀ – ⌸ 26 – **120 ch** 323/535, 20 suites.

◆ De sa création en 1900, cet hôtel a conservé son superbe hall Art nouveau. Chambres riches en mobilier ancien, plus calmes côté patio ; certaines ont vue sur la tour Eiffel. Salle à manger avec jolie cheminée "Majorelle" et cour-terrasse très prisée en été.

Washington Opéra
BX 15

50 r. Richelieu (1er) Ⓜ *Palais Royal* ✆ 01 42 96 68 06, *hotel@washingtonopera.com, Fax 01 40 15 01 12*

sans rest – 🛗 🍴 ▤ 📺 📞 ⅙. 🆎 ⓪ 💷 🃏. ⌘

⌸ 15 – **36 ch** 215/275.

◆ Ancien hôtel particulier de la marquise de Pompadour. Chambres de style Directoire ou gustavien. La terrasse du 6e étage offre une belle vue sur le jardin du Palais-Royal.

Opéra Richepanse
AV 35

14 r. Chevalier de St-George (1er) Ⓜ *Concorde* ✆ 01 42 60 36 00, *richepanseotel@wanadoo.fr, Fax 01 42 60 13 03*

sans rest – 🛗 ▤ 📺 📞. 🆎 ⓪ 💷 🃏

⌸ 19 – **35 ch** 230/350, 3 suites.

◆ Hôtel entièrement rénové et meublé dans le style Art déco. Chambres aux tons jaune et bleu, parfois avec poutres apparentes. Au sous-sol, sauna et salle des petits-déjeuners.

🏨 **Cambon**   AX 26
3 r. Cambon (1er) Ⓜ *Concorde* ☏ 01 44 58 93 93, *cambon@cybercable.fr*,
Fax 01 42 60 30 59
sans rest – 📶 🍴 📺 ☏. 🄰🄴 ⓪ ⒼⒷ J̄C̄B̄. ⌧
⌧ 14 – **43 ch** 256/315.
◆ Entre jardin des Tuileries et rue St-Honoré, plaisantes chambres où cohabitent mobilier contemporain, jolies gravures et tableaux anciens. Clientèle
fidèle.

🏨 **Stendhal**   BX 26
22 r. D. Casanova (2e) Ⓜ *Opéra* ☏ 01 44 58 52 52, *h1610@accor-hotels.com*,
Fax 01 44 58 52 00
sans rest – 📶 🍴 📺 ☏. 🄰🄴 ⓪ ⒼⒷ J̄C̄B̄. ⌧
⌧ 17 – **20 ch** 271/340.
◆ Sur les traces du célèbre écrivain, séjournez dans la suite "Rouge et Noir"
de cette demeure de caractère. Les chambres, raffinées, se déclinent toutes
en deux couleurs.

🏨 **Mansart**   BV 9
5 r. Capucines (1er) Ⓜ *Opéra* ☏ 01 42 61 50 28, *hotel.mansart@esprit-de-franc
e.com, Fax 01 49 27 97 44*
sans rest – 📶 📺 ☏. 🄰🄴 ⓪ ⒼⒷ J̄C̄B̄. ⌧
⌧ 10 – **57 ch** 108/295.
◆ Hôtel dont la rénovation rend hommage à Mansart, architecte de
Louis XIV. Dans le hall, fresques inspirées des jardins de Le Nôtre. Chambres
personnalisées.

🏨 **L'Horset Opéra**   BV 30
18 r. d'Antin (2e) Ⓜ *Opéra* ☏ 01 44 71 87 00, *lopera@paris-hotels-charm.com*,
Fax 01 42 66 55 54
sans rest – 📶 ⤧ 🍴 📺 ☏. 🄰🄴 ⓪ ⒼⒷ J̄C̄B̄
54 ch ⌧ 230/260.
◆ Tons chauds, mobilier en bois teinté et espace caractérisent les chambres
de cet hôtel de tradition situé à deux pas du palais Garnier. Atmosphère "cosy"
au salon.

🏨 **Novotel Les Halles**   CY 2
8 pl. M.-de-Navarre (1er) Ⓜ *Châtelet* ☏ 01 42 21 31 31, *h0785@accor-hotels.co
m, Fax 01 40 26 05 79*
📶 ⤧ 🍴 📺 ☏ ⚫ – ⚘ 15 à 20. 🄰🄴 ⓪ ⒼⒷ J̄C̄B̄
Repas carte 28 à 36, enf. 9,20 ⨅ – ⌧ 14,50 – **285 ch** 276/465.
◆ Près du Forum des Halles, hôtel bien insonorisé, conforme aux normes de
la chaîne. Certaines chambres sont rénovées ; quelques-unes ont vue sur
l'église St-Eustache. Des palmiers apportent une touche exotique au restaurant, aménagé sous une vaste verrière.

🏨 **États-Unis Opéra**   BV 8
16 r. d'Antin (2e) Ⓜ *Opéra* ☏ 01 42 65 05 05, *us-opera@wanadoo.fr*,
Fax 01 42 65 93 70
sans rest – 📶 🍴 📺 ☏. – ⚘ 25. 🄰🄴 ⓪ ⒼⒷ J̄C̄B̄. ⌧
⌧ 10 – **45 ch** 125/195.
◆ Cet immeuble des années 1930 propose des chambres rénovées, confortables et actuelles ; quelques-unes sont dotées d'un mobilier de style.

🏨 **Noailles**   BV 5
9 r. Michodière (2e) Ⓜ *Quatre Septembre* ☏ 01 47 42 92 90, *goldentulip.denoai
lles@wanadoo.fr, Fax 01 49 24 92 71*
sans rest, 🄵 – 📶 ⤧ 🍴 📺 ☏ ⚫ – ⚘ 20. 🄰🄴 ⓪ ⒼⒷ J̄C̄B̄
⌧ 15 – **61 ch** 250/270.
◆ Élégance résolument contemporaine derrière une sobre façade ancienne.
Décor japonisant dans des chambres de bonne ampleur ; la plupart donnent
sur un agréable patio.

🏨 **Britannique** CY 29

20 av. Victoria (1er) Ⓜ *Châtelet* ℘ 01 42 33 74 59, *mailbox@hotel-britannique.fr,
Fax 01 42 33 82 65*

sans rest – |▥| 📺 ✆. 🆎 ⓞ ☎ ᴊᴄʙ. ✗

⌨ 12 – **39 ch** 130/180.

♦ Créée au 19e s. par une famille anglaise, cette adresse a conservé sa douce
atmosphère "british". Chambres contemporaines. Çà et là, des reproductions
de W. Turner.

🏨 **Relais du Louvre** CY 3

19 r. Prêtres-St-Germain-L'Auxerrois (1er) Ⓜ *Louvre Rivoli* ℘ 01 40 41 96 42, *co
ntact@relaisdulouvre.com, Fax 01 40 41 96 44*

sans rest – |▥| ▤ 📺 ✆. 🆎 ⓞ ☎ ᴊᴄʙ

⌨ 10 – **21 ch** 99/180.

♦ Étroite façade du 18e s. abritant un hôtel de caractère. Mobilier de style,
couleurs gaies et accessoires de la vie moderne dans des chambres douillettes et raffinées.

🏨 **Thérèse** BX 1

5-7 r. Thérèse (1er) Ⓜ *Pyramides* ℘ 01 42 96 10 01, *hoteltherese@wanadoo.fr,
Fax 01 42 96 15 22*

sans rest – |▥| ▤ 📺 ✆. 🆎 ⓞ ☎ ᴊᴄʙ. ✗

⌨ 12 – **43 ch** 130/250.

♦ Décoration contemporaine sobre et raffinée, rehaussée de touches d'exotisme dans cet hôtel entièrement rénové. Chambres de caractère et salle des
petits-déjeuners voûtée.

🏨 **Relais St Honoré** BX 51

308 r. St Honoré (1er) Ⓜ *Tuileries* ℘ 01 42 96 06 06, *relaissainthonore@wanado
o.fr, Fax 01 42 96 17 50*

sans rest – |▥| ▤ 📺 ✆. 🆎 ⓞ ☎ ᴊᴄʙ

⌨ 12 – **15 ch** 190.

♦ Cet immeuble du 17e s. entouré de boutiques chic héberge des chambres
soignées, joliment colorées, dotées de poutres apparentes (sauf au 1er étage)
et bien insonorisées.

🏨 **Place du Louvre** CY 6

21 r. Prêtres-St-Germain-L'Auxerrois (1er) Ⓜ *Pont-Neuf* ℘ 01 42 33 78 68, *hote
l.place.louvre@esprit-de-france.com, Fax 01 42 33 09 95*

sans rest – |▥| 📺. 🆎 ⓞ ☎ ᴊᴄʙ

⌨ 10 – **20 ch** 95/153.

♦ Plaisantes petites chambres modernes ; certaines bénéficient d'une vue
sur le Louvre et St-Germain-l'Auxerrois. Jolie voûte du 14e s. dans la salle des
petits-déjeuners.

🏨 **Victoires Opéra** DX 34

56 r. Montorgueil (2e) Ⓜ *Etienne Marcel* ℘ 01 42 36 41 08, *hotel@victoiresoper
a.com, Fax 01 45 08 08 79*

sans rest – |▥| ▤ 📺 ✆ ⅊. 🆎 ⓞ ☎ ᴊᴄʙ. ✗

⌨ 15 – **24 ch** 220/275.

♦ Dans une rue piétonne, commerçante et souvent animée. L'établissement
vient de bénéficier d'une rénovation de qualité. Chambres contemporaines
et salles de bains en marbre.

🏨 **Grand Hôtel de Champagne** CY 19

17 r. J.-Lantier (1er) Ⓜ *Châtelet* ℘ 01 42 36 60 00, *champaigne@hotelchampaig
neparis.com, Fax 01 45 08 43 33*

sans rest – |▥| ↤ ▤ 📺 ✆. 🆎 ⓞ ☎ ᴊᴄʙ

⌨ 13,50 – **42 ch** 172/231.

♦ Dans les murs du plus vieil immeuble (édifié en 1562) de la rue J.-Lantier,
chambres personnalisées et bien équipées, souvent avec pierres et poutres
apparentes.

Malte Opéra   BX 50
63 r. Richelieu (2e) ⓜ *Quatre Septembre* ℰ 01 44 58 94 94, *hotel.malte@astote l.com, Fax 01 42 86 88 19*
sans rest – 🛗 🖳 📺 📞 . 🅰🅴 ⓪ ⒢⒝ ⒥⒞⒝
🛏 15 – **64 ch** 165/195, 5 duplex.
◆ Face à la Bibliothèque nationale, belle façade ouvragée abritant des chambres de tailles variées, meublées dans le style Louis XV. Salon cossu prolongé d'une verrière.

Molière   BX 10
21 r. Molière (1er) ⓜ *Palais Royal* ℰ 01 42 96 22 01, *info@hotel-moliere.fr, Fax 01 42 60 48 68*
sans rest – 🛗 📺 📞 . 🅰🅴 ⓪ ⒢⒝ ⒥⒞⒝ . 🚭
🛏 12 – **32 ch** 135/175.
◆ L'enseigne rend hommage au célèbre auteur de théâtre qui serait né dans cette rue en 1622. Mobilier de style et charme "provincial" dans des chambres assez spacieuses.

Favart   BV 7
5 r. Marivaux (2e) ⓜ *Richelieu Drouot* ℰ 01 42 97 59 83, *favart.hotel@wanadoo .fr, Fax 01 40 15 95 58*
sans rest – 🛗 📺 📞 . 🅰🅴 ⓪ ⒢⒝ ⒥⒞⒝
🛏 3 – **37 ch** 85/108.
◆ Le peintre Goya séjourna dans ce charmant hôtel. Les chambres de la façade principale, tournées vers l'Opéra-Comique (autrefois salle Favart) sont les plus agréables.

Pavillon Louvre Rivoli   BX 45
20 r. Molière (1er) ⓜ *Pyramides* ℰ 01 42 60 31 20, *louvre@leshotelsdeparis.co m, Fax 01 42 60 32 06*
sans rest – 🛗 🖳 📺 📞 🕭 . 🅰🅴 ⓪ ⒢⒝ ⒥⒞⒝
🛏 15 – **29 ch** 190/230.
◆ Bien situé entre quartier de l'Opéra et musée du Louvre, cet hôtel entière-ment rénové séduira amateurs d'art et de shopping. Chambres menues, mais fraîches et colorées.

Ducs de Bourgogne   CY 21
19 r. Pont-Neuf (1er) ⓜ *Châtelet* ℰ 01 42 33 95 64, *mail@hotel-paris-bourgogn e.com, Fax 01 40 39 01 25*
sans rest – 🛗 🖳 📺 📞 – 🏋 15. 🅰🅴 ⓪ ⒢⒝ ⒥⒞⒝
🛏 12 – **50 ch** 98/195.
◆ Immeuble du 19e s. dont les chambres, refaites, sont presque toutes garnies de meubles de style. Hall et salon au cadre bourgeois. Salle des petits-déjeuners rustique.

Baudelaire Opéra   BX 28
61 r. Ste Anne (2e) ⓜ *Quatre Septembre* ℰ 01 42 97 50 62, *hotel@noos.fr, Fax 01 42 86 85 85*
sans rest – 🛗 📺 📞 . 🅰🅴 ⓪ ⒢⒝ ⒥⒞⒝ . 🚭
🛏 8 – **24 ch** 115/150, 5 suites.
◆ Cet établissement situé dans la "rue japonaise" de Paris dispose de chambres rénovées, de bons équipements et d'une insonorisation efficace.

Louvre Ste-Anne   BX 12
32 r. Ste-Anne (1er) ⓜ *Quatre Septembre* ℰ 01 40 20 02 35, *contact@louvre-st e-anne.fr, Fax 01 40 15 91 13*
sans rest – 🛗 🖳 📺 📞 🕭 . 🅰🅴 ⓪ ⒢⒝ ⒥⒞⒝
🛏 10 – **20 ch** 122/184.
◆ Chambres un peu petites, mais bien agencées et plaisamment décorées dans des tons pastel. Petits-déjeuners sous forme de buffet, servis dans une jolie salle voûtée.

🏛 **Vivienne**   CV **31**

40 r. Vivienne (2e) Ⓜ *Grands Boulevards* 𝒫 01 42 33 13 26, *paris@hotel-vivienn e.com*, Fax 01 40 41 98 19

sans rest – 🕪 📺, ☷

☲ 6 – **45 ch** 80/92.

◆ Les chambres, de bonne ampleur, dotées d'un mobilier de style ou simplement pratique, sont mansardées au dernier étage ; quelques-unes possèdent un balcon.

XXXXX **L'Espadon** - Hôtel Ritz   BX **2**

❀ 15 pl. Vendôme (1er) Ⓜ *Opéra* 𝒫 01 43 16 30 80, *food-bev@ritzparis.com*, Fax 01 43 16 33 75

☆ – ☰ 🍴, ⒶⒺ ⓪ ☷ ⒿⒸⒷ, ❅

Repas 68 (déj.)/160 (dîner) et carte 125 à 170.

◆ Salle submergée d'ors et de drapés, décor éblouissant conservant le souvenir de ses célèbres convives, et plaisante terrasse dans un jardin fleuri. Tellement "ritzy" !

Spéc. Homard bleu aux légumes, julienne de céleri en rémoulade truffée. Rosettes d'agneau sablées aux truffes. Millefeuille.

XXXX **Le Meurice** - Hôtel Meurice   BX **32**

❀❀ 228 r. Rivoli (1er) Ⓜ *Tuileries* 𝒫 01 44 58 10 55, *restauration@meuricehotel.co m*, Fax 01 44 58 10 15

☰ 🍴, ⒶⒺ ⓪ ☷ ⒿⒸⒷ, ❅

fermé 1er au 29 août, sam. midi et dim. – **Repas** 60 (déj.)/150 et carte 110 à 170 ₤ ₰.

◆ Salle à manger de style Grand Siècle, directement inspirée des Grands Appartements du château de Versailles, et talentueuse cuisine au goût du jour : un palace pour gourmets !

Spéc. Dos de saumon légèrement fumé en croûte de pommes de terre. Gibier (oct. à déc.). Dacquoise et ganache tendre au chocolat guanaja.

XXXX **Grand Vefour**   CX **38**

❀❀❀ 17 r. Beaujolais (1er) Ⓜ *Palais Royal* 𝒫 01 42 96 56 27, *grand.vefour@wanadoo.f r*, Fax 01 42 86 80 71

☰ 🍴, ⒶⒺ ⓪ ☷ ⒿⒸⒷ, ❅

fermé 12 au 18 avril, 1er au 30 août, 23 déc. au 2 janv., vend. soir, sam. et dim. – **Repas** 75 (déj.)/240 et carte 150 à 220 ₤.

◆ Dans les jardins du Palais-Royal, somptueux salons Directoire décorés de splendides "fixés sous verre". La cuisine, inspirée et inventive, est digne de ce monument historique.

Spéc. Ravioles de foie gras à l'émulsion de crème truffée. Pigeon Prince Rainier III. Palet noisette et chocolat au lait.

XXXX **Carré des Feuillants** (Dutournier)   BX **35**

❀❀ 14 r. Castiglione (1er) Ⓜ *Tuileries* 𝒫 01 42 86 82 82, *carre.des.feuillants@wanad oo.fr*, Fax 01 42 86 07 71

☰ 🍴, ⒶⒺ ⓪ ☷ ⒿⒸⒷ

fermé août, sam. et dim. – **Repas** 58 (déj.)/138 et carte 115 à 145 ₤.

◆ Nouveau cadre résolument contemporain pour ce restaurant qui occupe le site de l'ancien couvent des Feuillants. Cuisine inventive à l'accent gascon et superbe carte des vins.

Spéc. Huîtres de Marennes, caviar d'Aquitaine et algues marines (nov. à avril). Filets de perdreau gris poudrés de noisettes (oct.-nov.). Biscuit chaud fourré à la marmelade de mandarines (hiver).

Drouant
BV 4

pl. Gaillon (2e) Ⓜ *Quatre Septembre* ℘ 01 42 65 15 16, *drouantrv@elior.com*, *Fax 01 49 24 02 15*

voir aussi rest. ***Café Drouant*** – 🖥 ⊡📶. 🆎 ⓪ 🆖 🆓

fermé août, sam. et dim. – **Repas** 56 (déj.)/104 (dîner) et carte 120 à 160 ℤ ⍩.

◆ Petites salles Art déco groupées autour d'un majestueux escalier signé Ruhlmann. Le salon Louis XVI, à l'étage, accueille le jury du "Goncourt" depuis le 31 octobre 1914.

Spéc. Saint-Jacques aux truffes (saison). Pigeon de Vendée rôti en feuilles de vigne. Feuilles de chocolat "hommage aux Goncourt".

Gérard Besson
CX 21

5 r. Coq Héron (1er) Ⓜ *Louvre-Rivoli* ℘ 01 42 33 14 74, *gerard.besson4@liberty surf.fr, Fax 01 42 33 85 71*

🖥 🆎 ⓪ 🆖

fermé 2 au 24 août, lundi midi sauf juil.-août, sam. sauf le soir de sept à juin et dim. – **Repas** (40) - 48 (déj.)/100 (dîner) et carte 90 à 120 ℤ.

◆ À deux pas des Halles, restaurant au cadre feutré et élégant, agrémenté de collections d'aiguières anciennes et de coqs. Cuisine classique subtilement revisitée.

Spéc. Homard. Volaille de Bresse. Gibier (saison).

Goumard
AX 37

9 r. Duphot (1er) Ⓜ *Madeleine* ℘ 01 42 60 36 07, *goumard.philippe@wanadoo. fr, Fax 01 42 60 04 54*

💲 🖥 ⊡📶. 🆎 ⓪ 🆖 🆓

Repas 40 et carte 80 à 120 ℤ.

◆ Petites salles à manger intimes au cadre Art déco rehaussé de marines. Les toilettes, vestige de l'ancien décor signé Majorelle, méritent la visite. Belle cuisine de la mer.

Spéc. Homard bleu, palmiste de l'île Maurice, curry et coriandre. Tronçon de gros turbot rôti, blettes et coques, jus iodé. Reine des reinettes mi-confite façon tatin, arlette aux épices.

Céladon - Hôtel Westminster
BV 14

15 r. Daunou (2e) Ⓜ *Opéra* ℘ 01 47 03 40 42, *christophemoisand@leceladon.c om, Fax 01 42 61 33 78*

🖥 ⊡📶. 🆎 ⓪ 🆖 🆓

fermé août, sam., dim. et fériés – **Repas** 48 bc (déj.)/62 (dîner) et carte 80 à 110.

◆ Ravissantes salles à manger où mobilier de style Régence, murs vert "céladon" et collection de porcelaines chinoises composent un décor de qualité. Cuisine au goût du jour.

Spéc. Pâté de lapin de garenne (oct. à fév.). Saint-Pierre rôti à la crème d'andouille. Soufflé williamine, sorbet poire.

Macéo
CX 36

15 r. Petits-Champs (1er) Ⓜ *Bourse* ℘ 01 42 97 53 85, *info@maceorestaurant.c om, Fax 01 47 03 36 93*

🖥. 🆖. ⌗

fermé 9 au 22 août, sam. midi et dim. – **Repas** 29,50 (déj.)/36 et carte 36 à 62 ℤ.

◆ Étonnant mariage d'un décor Second Empire et d'un mobilier contemporain. Cuisine inventive, quelques plats végétariens et une carte de vins du monde. Salon-bar convivial.

XXX Il Cortile - Hôtel Sofitel Castille
AV 7

37 r. Cambon (1er) ⓜ *Madeleine* ℘ 01 44 58 45 67, *ilcortile@castille.com*, *Fax 01 44 58 45 69*

🏠 – ▤ ⌖ *AE* ⓪ *GB* *JCB*

fermé sam., dim. et fériés – **Repas** 85/120 bc et carte 65 à 85 ᐧᐧ.

✦ La salle façon "villa d'Este", l'activité fébrile de la brigade au "piano", le très beau patio-terrasse en azulejos : un joli cadre pour une cuisine italienne raffinée.

Spéc. Vitello tonnato. Osso buco gremolata, gnocchi "di patate" et cébettes. Tiramisu.

XXX Fontaine Gaillon
BV 6

pl. Gaillon (2e) ⓜ *Quatre Septembre* ℘ 01 47 42 63 22, *Fax 01 47 42 82 84*

🏠 – ▤ ⌖ *AE* ⓪ *GB* *JCB*

fermé août, sam. et dim. – **Repas** 36 et carte 45 à 65 ᐧᐧ.

✦ C. Bouquet et G. Depardieu orchestrent depuis peu cet élégant restaurant aménagé dans un hôtel particulier du 17e s. : joli coup de projecteur pour une cuisine très iodée !

XX Pierre au Palais Royal
BX 24

10 r. Richelieu (1er) ⓜ *Palais Royal* ℘ 01 42 96 09 17, *pierreaupalaisroyal@wanadoo.fr, Fax 01 42 96 26 40*

▤ *AE* ⓪ *GB*

fermé 8 au 23 août, sam. midi et dim. – **Repas** (28) - 35 et carte 35 à 45.

✦ Tons aubergine, gravures (évoquant le Palais-Royal voisin), tables très joliment dressées : un nouveau décor "tendance" et réussi pour une cuisine évoluant au gré du marché.

XX Palais Royal
CX 49

110 Galerie de Valois - Jardin du Palais Royal (1er) ⓜ *Bourse* ℘ 01 40 20 00 27, *palaisrest@aol.com, Fax 01 40 20 00 82*

🏠 – *AE* ⓪ *GB*

fermé 15 déc. au 30 janv., sam. d'oct. à mai et dim. – **Repas** carte 43 à 60 ᐧᐧ.

✦ Sous les fenêtres de l'appartement de Colette, salle de restaurant inspirée du style Art déco et son idyllique terrasse "grande ouverte" sur le jardin du Palais-Royal.

XX Chez Pauline
BX 7

5 r. Villédo (1er) ⓜ *Pyramides* ℘ 01 42 96 20 70, *chezpauline@wanadoo.fr, Fax 01 49 27 99 89*

▤ *AE* *GB*

fermé sam. sauf le soir en hiver et dim. – **Repas** (30) - 35 (déj.)/40 et carte 57 à 78 ᐧᐧ.

✦ Dans une petite rue tranquille, adresse feutrée aménagée à la façon d'un bistrot du début du 20e s. La salle du premier étage est plus intime. Cuisine classique.

XX Café Drouant
BV 4

pl. Gaillon (2e) ⓜ *Quatre Septembre* ℘ 01 42 65 15 16, *Fax 01 49 24 02 15*

🏠 – ▤ ⌖ *AE* ⓪ *GB* *JCB*

fermé août, sam. et dim. – **Repas** (30) - 38 et carte 42 à 63 ᐧᐧ.

✦ Le "petit frère" du restaurant Drouant propose fruits de mer et plats "canailles" sous un original plafond en staff argenté orné de poissons, coquillages et crustacés.

XX **Cabaret**   BX 8
2 pl. Palais Royal (1er) Ⓜ *Palais Royal* ℰ 01 58 62 56 25, *Fax 01 58 62 56 40*
🍽. 🅰🅴 🇬🇧. 🚫
fermé 1er au 22 août, dim. – **Repas** 68/78 et carte 40 à 60 ♀.
 ◆ La salle du sous-sol offre un insolite décor (voilages indiens, bar africain). À
minuit et demi, le restaurant se transforme en club, les convives en... "beautiful people" !

XX **Au Pied de Cochon**   CX 43
6 r. Coquillière (1er) Ⓜ *Châtelet-Les Halles* ℰ 01 40 13 77 00, *de.pied-de-cocho
n@blanc.net, Fax 01 40 13 77 09*
(ouvert jour et nuit), 🍴 – 🔂 🍽. 🅰🅴 🅾 🇬🇧
Repas 29 bc (déj.), 32 bc/72 bc et carte 37 à 61.
 ◆ Le pied de cochon a fait la célébrité de cette brasserie qui, depuis son
ouverture en 1946, régale aussi les noctambules. Fresques originales et
lustres à motifs fruitiers.

XX **Pays de Cocagne**   CX 54
-Espace Tarn- 111 r. Réaumur (2e) Ⓜ *Bourse* ℰ 01 40 13 81 81,
Fax 01 40 13 87 70
🍽. 🅰🅴 🅾 🇬🇧 🇯🇨🇧
fermé 2 au 24 août, sam., dim. et fériés – **Repas** *(22,50)* - 27,50
bc/29,90 et carte 36 à 50 ♀.
 ◆ Situé à l'étage de la maison du Tarn, restaurant au cadre contemporain
rehaussé de tableaux d'artistes régionaux. Cuisine du Sud-Ouest et vins de
Gaillac exclusivement.

XX **Kinugawa**   BX 39
9 r. Mont Thabor (1er) Ⓜ *Tuileries* ℰ 01 42 60 65 07, *Fax 01 42 60 45 21*
🍽. 🅰🅴 🅾 🇬🇧 🇯🇨🇧. 🚫
fermé 24 déc. au 6 janv. et dim. – **Repas** *(30)* - 54 (déj.), 72/108 et carte 40
à 71 ♀.
 ◆ À l'étage, cuisine japonaise servie dans une salle à manger contemporaine
très "nippone" : tableaux, lignes épurées et sobres tonalités. Bar à sushis au
rez-de-chaussée.

XX **Gallopin**   CV 5
☕ 40 r. N.-D.-des-Victoires (2e) Ⓜ *Bourse* ℰ 01 42 36 45 38, *administration@brass
eriegallopin.com, Fax 01 42 36 10 32*
🍽. 🅰🅴 🅾 🇬🇧
fermé dim. – Repas *(19,50)* - 28/33 bc et carte 30 à 50 ♀.
 ◆ Arletty, Raimu et le précieux décor victorien ont fait la renommée de cette
brasserie située face au palais Brongniart. Belle verrière dans l'arrière-salle.

XX **Delizie d'Uggiano**   AX 2
18 r. Duphot (1er) Ⓜ *Madeleine* ℰ 01 40 15 06 69, *losapiog@wanadoo.fr,
Fax 01 40 15 03 90*
🅰🅴 🅾 🇬🇧 🇯🇨🇧
fermé sam. midi et dim. – **Repas** 49,50/59 et carte 54 à 73 ♀.
 ◆ À l'étage, salle à manger principale et son joli décor inspiré de la Toscane.
Au rez-de-chaussée, bar à vins et épicerie fine. Le tout voué à une cuisine
"italianissime".

XX **Grand Colbert**   CX 9
2 r. Vivienne (2e) Ⓜ *Bourse* ℰ 01 42 86 87 88, *le.grand.colbert@wanadoo.fr,
Fax 01 42 86 82 65*
🍽. 🅰🅴 🅾 🇬🇧 🇯🇨🇧
Repas *(17,50)* - 26 et carte 37 à 50 ♀.
 ◆ Belle brasserie parisienne du 19e s. qui, après restauration, a retrouvé son
faste d'antan : mosaïques, fresques, lustres, miroirs et cuivres brillent de mille
feux !

XX **Saudade**   CY 25
34 r. Bourdonnais (1er) Ⓜ *Pont Neuf* ℘ 01 42 36 30 71, *Fax 01 42 36 27 77*
▤. AE GB. ⌘
fermé dim. – **Repas** 20 (déj.)/40 bc (déj.) et carte 28 à 41.
◆ Pour un repas au Portugal... en plein Paris, rendez-vous dans cette salle de
restaurant décorée d'azulejos. Plats typiques et vins lusitaniens à déguster au
son du fado.

XX **Soufflé**   BX 19
36 r. Mont-Thabor (1er) Ⓜ *Tuileries* ℘ 01 42 60 27 19, *c_rigaud@club-internet.f
r, Fax 01 42 60 54 98*
▤. AE GB JCB
fermé 8 au 29 août, 15 au 29 fév., dim. et fériés – **Repas** *(22)* - 29/
32 et carte 31 à 54 ♀.
◆ À deux pas des Tuileries, cet accueillant petit restaurant est pour ainsi dire
une institution en matière de... "soufflé" : un menu lui est entièrement
dédié !

XX **Vin et Marée**   BX 64
165 r. St-Honoré (1er) Ⓜ *Palais Royal* ℘ 01 42 86 06 96, *vin.marée@wanadoo.fr,
Fax 01 42 86 06 97*
AE GB
Repas carte 40 à 50 ♀.
◆ Deux salles de restaurant aux tons bleu et blanc ; la plus grande, située à
l'étage, ménage une vue sur le Palais-Royal. Produits de la mer présentés
chaque jour sur ardoise.

XX **Vaudeville**   CV 42
29 r. Vivienne (2e) Ⓜ *Bourse* ℘ 01 40 20 04 62, *Fax 01 49 27 08 78*
AE ⓪ GB JCB
Repas *(22,90 bc)* - 32,90 bc et carte 33 à 51, enf. 13,50.
◆ Cette grande brasserie au rutilant cadre Art déco est devenue la "cantine"
de nombreux journalistes et s'anime particulièrement à la sortie des théâtres.

X **Chez Georges**   CX 47
1 r. Mail (2e) Ⓜ *Bourse* ℘ 01 42 60 07 11
AE GB
fermé 29 juil. au 19 août, dim. et fériés – **Repas** carte 40 à 61.
◆ L'institution du Sentier. Ce bistrot parisien typique a conservé son décor
d'origine : zinc, banquettes, stucs et miroirs ; on s'immerge dans le Paris des
années 1900.

X **Pinxo** - Hôtel Plaza Paris Vendôme   BX 60
9 r. Alger (1er) Ⓜ *Tuileries* ℘ 01 40 20 72 00, *Fax 01 40 20 72 02*
▤ ⌂. AE GB
fermé août – **Repas** carte 35 à 60.
◆ Mobilier épuré, tons noir et blanc, cuisine à la vue de tous : un décor sobre
et chic pour "pinxer" (prendre avec les doigts) d'excellents petits plats à la
mode Dutournier !

X **Willi's Wine Bar**   CX 6
13 r. Petits-Champs (1er) Ⓜ *Bourse* ℘ 01 42 61 05 09, *info@williswinebar.com,
Fax 01 47 03 36 93*
GB
fermé 8 au 22 août et dim. – **Repas** 25 (déj.)/32 et carte 32 à 45 ♀.
◆ Bar à vins convivial composé d'un long comptoir en chêne et d'une petite
salle agrémentée de poutres et d'affiches. Cuisine simple et nombreux crus
attentivement sélectionnés.

X **L'Atelier Berger**   CY 34
49 r. Berger (1er) Ⓜ *Louvre Rivoli* ℘ 01 40 28 00 00, *atelierberger@wordonline.fr, Fax 01 40 28 10 65*
AE GB
fermé sam. midi et dim. – **Repas** 25 bc (déj.), 34/55 ♀ ☃.
◆ Face au jardin des Halles, sobre salle à manger moderne (à l'étage) où la clientèle du quartier apprécie un menu-carte au goût du jour. Bar et fumoir au rez-de-chaussée.

X **Aux Lyonnais**   CV 1
⊛ 32 r. St-Marc (2e) Ⓜ *Richelieu-Drouot* ℘ 01 42 96 65 04, *auxlyonnais@online.fr, Fax 01 42 97 42 95*
AE GB
fermé 25 juil. au 23 août, 24 déc. au 3 janv., sam. midi, dim. et lundi – Repas (prévenir) 28 et carte 38 à 52.
◆ Ce bistrot fondé en 1890 propose de savoureuses recettes lyonnaises intelligemment réactualisées. Cadre délicieusement "rétro" : zinc, banquettes, miroirs biseautés, moulures.

X **Bistrot St-Honoré**   BX 4
10 r. Gomboust (1er) Ⓜ *Pyramides* ℘ 01 42 61 77 78, *Fax 01 42 61 74 10*
AE GB JCB
fermé 1er au 16 août, 24 déc. au 2 janv., sam. et dim. – **Repas** 23/25 et carte 35 à 60.
◆ Atmosphère vivante et décontractée dans ce petit bistrot fleurant bon la Bourgogne : fresques en façade, cuisine et vins rendent hommage à la "patrie" du maître des lieux.

X **Aki**   BV 2
2 bis r. Daunou (2e) Ⓜ *Opéra* ℘ 01 42 61 48 38, *Fax 01 47 03 37 52*
AE GB JCB. ⌦
fermé 9 au 29 août, vacances de fév., sam. midi et dim. – **Repas** (23,50) - 43/68 et carte 45 à 59.
◆ Murs couverts d'un entrelacs de lettres reproduisant l'enseigne, mobilier design et plats japonais (sashimis, sushis, tempuras) : ce restaurant a acquis une jolie réputation.

X **Baan Boran**   BX 52
43 r. Montpensier (1er) Ⓜ *Palais Royal* ℘ 01 40 15 90 45, *Fax 01 40 15 90 45*
▤. AE GB
Repas (12,50) - carte environ 35.
◆ Escale asiatique face au théâtre du Palais-Royal : spécialités thaïlandaises préparées au "wok" et servies dans un cadre actuel égayé par de nombreuses orchidées.

X **Histoire Gourmande**   CX 53
46 r. Croix des Petits Champs (1er) Ⓜ *Palais Royal* ℘ 01 42 60 25 54, *Fax 01 42 96 82 41*
fermé 1er au 22 août, lundi soir, sam. midi et dim. – **Repas** (18,50) - 22/29.
◆ On ne vous racontera pas d'histoires en vous indiquant que le chef de ce bistrot au cadre actuel et coloré mitonne une cuisine au goût du jour. Foi de gourmand !

X **Pierrot**   DX 3
⊛ 18 r. Étienne Marcel (2e) Ⓜ *Étienne Marcel* ℘ 01 45 08 00 10
▤. AE GB
fermé août, 1er au 7 janv. et dim. – Repas carte 27 à 50 ♀.
◆ Dans l'animation du Sentier, ce bistrot chaleureux vous fait découvrir toutes les saveurs et les produits de l'Aveyron. Petite terrasse d'été sur le trottoir.

X **Mellifère**   BU 2
8 r. Monsigny (2e) Ⓜ *Quatre Septembre* ℰ 01 42 61 21 71, *Fax 01 42 61 31 71*
ᴬᴱ ɢʙ

fermé sam. midi et dim. – **Repas** *(23)* - 28 (déj.)/32 et carte 36 à 44 ♀.
♦ Une colonie d'abeilles fréquente avec assiduité cette ruche aussi animée
que le théâtre des Bouffes Parisiens voisin. Cuisine "bistrotière" sans esbroufe
et plats basques.

X **Les Dessous de la Robe**   CY 63
4 r. B. Poirée (1er) Ⓜ *Châtelet* ℰ 01 40 26 68 18, *Fax 01 40 26 68 15*
ᴬᴱ Ⓞ ɢʙ

fermé 9 au 15 août, 24 au 31 déc., sam. midi, dim. et lundi – **Repas** *(17)* - 23 ♀.
♦ L'ambiance est chaleureuse dans ce restaurant mi-rustique, mi-bistrot
rehaussé d'un éclairage design. Plats traditionnels et courte carte des vins
présentée sur ardoise.

X **Chez La Vieille "Adrienne"**   CY 33
1 r. Bailleul (1er) Ⓜ *Louvre Rivoli* ℰ 01 42 60 15 78, *Fax 01 42 33 85 71*
ᴬᴱ ɢʙ ᴶᶜᴮ

fermé août, sam., dim. et le soir sauf jeudi – **Repas** (prévenir) 26 (déj)
et carte 40 à 61.
♦ Maison du 16e s. abritant un bistrot patiné : zinc, poutres et vieilles photos.
Généreuse carte traditionnelle, spécialités de rognons et foies de veau.
Ambiance bon enfant.

X **L'Isard**   BV 55
15 r. Saint Augustin (2e) Ⓜ *Quatre Septembre* ℰ 01 42 96 00 26,
Fax 01 42 96 10 06
▤. ᴬᴱ ɢʙ ᴶᶜᴮ

fermé 20 juil. au 31 août, 24 déc. au 2 janv., sam. midi, dim. et lundi – **Repas**
(23) - 27/32 et carte 32 à 40.
♦ Ce restaurant situé sous la Maison des Pyrénées (salle à manger voûtée)
empreinte son nom à la variété pyrénéenne du chamois. Cuisine élargie aux
spécialités du Sud-Ouest.

X **Lescure**   AX 5
7 r. Mondovi (1er) Ⓜ *Concorde* ℰ 01 42 60 18 91
▤. ɢʙ

fermé 1er au 30 août, 23 déc. au 1er janv., sam. et dim. – **Repas**
21 et carte 30 à 35.
♦ Auberge rustique voisine de la place de la Concorde. On y déguste au
coude à coude, à la table commune, une cuisine "bistrotière" et de copieuses
spécialités limousines.

X **Dauphin**   BX 27
167 r. St-Honoré (1er) Ⓜ *Palais Royal* ℰ 01 42 60 40 11, *Fax 01 42 60 01 18*
ᴬᴱ Ⓞ ɢʙ ᴶᶜᴮ

Repas 24 (déj.)/35.
♦ Cuisine du Sud-Ouest mise au goût du jour, avec des spécialités préparées
"à la plancha" : levez le rideau sur ce bistrot parisien "pur jus" voisin de la
Comédie-Française.

République ————————————
Nation - Bastille ————————————
Ile St-Louis - Beaubourg ————————

3ᵉ, 4ᵉ et 11ᵉ arrondissements

3ᵉ : ✉ 75003 - 4ᵉ : ✉ 75004 - 11ᵉ : ✉ 75011

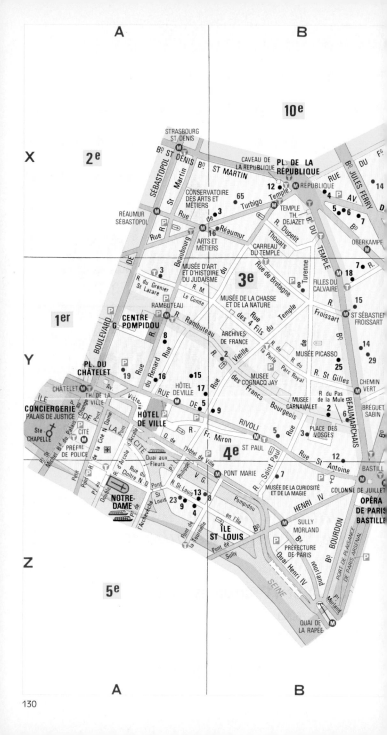

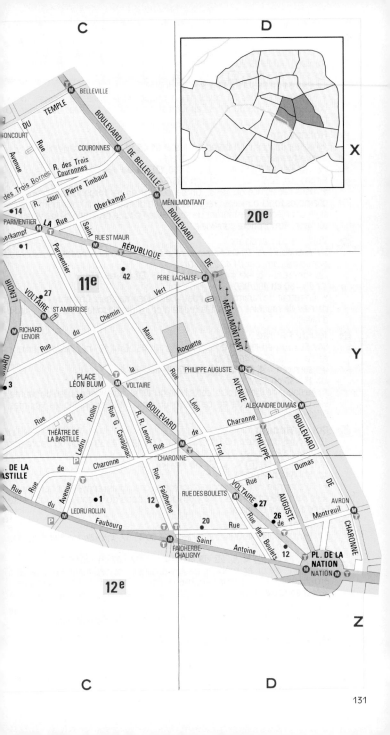

C

D

X

BELLEVILLE

TEMPLE
DU
ONCOURT
Avenue
des Trois Bornes
R. des Trois
Couronnes
COURONNES
BOULEVARD DE BELLEVILLE
Rue
Pierre Timbaud
R. Jean
Oberkampf
MÉNILMONTANT
●14
PARMENTIER
LA
Rue
Saint
BOULEVARD
20e
berkampf
Rue
●1
RUE ST MAUR
RÉPUBLIQUE
DE
LÉNOIR
Parmentier
11e
●42
PÈRE LACHAISE
VOLTAIRE
●27
Vert
ST AMBROISE
MÉNILMONTANT
RICHARD
LENOIR
du
Chemin
Rue
Maur
Roquette
la
AVENUE
PHILIPPE AUGUSTE
Y
●3
PLACE
LÉON BLUM
VOLTAIRE
Rue
Léon
ALEXANDRE DUMAS
de
BOULEVARD
Rollin
Rue G. Cavaignac
BOULEVARD
Charonne
Rue
de
THÉÂTRE DE
LA BASTILLE
R. R. Lenoir
Rue
PHILIPPE
DE
Ledru
CHARONNE
Frot
Dumas
. DE LA
ASTILLE
Charonne
de
Rue
Rue
Rue
Faidherbe
RUE DES BOULETS
VOLTAIRE
Rue A.
AUGUSTE
AVRON
Montreuil
CHARONNE
du
Avenue
●1
LEDRU ROLLIN
12
●27
●26
de
Faubourg
●20
Rue
Rue des Boulets
●12
Saint
FAIDHERBE-
CHALIGNY
Antoine
PL. DE LA
NATION
NATION

12e

Z

C

D

131

🏨 Pavillon de la Reine
BY 2

28 pl. Vosges (3ᵉ) Ⓜ *Bastille* ✆ 01 40 29 19 19, *contact@pavillon-de-la-reine.com, Fax 01 40 29 19 20*

⌂ sans rest – ▯ ▤ 📺 ✆ 🚗 – 🔔 25. AE ➊ GB JCB

⌂ 25 – 31 ch 385/410, 15 suites, 10 duplex.

◆ Derrière l'un des 36 pavillons en brique de la place des Vosges, deux bâtisses, dont une du 17ᵉ s., abritant des chambres raffinées côté cour ou jardin (privé).

🏨 Holiday Inn
BX 4

10 pl. République (11ᵉ) Ⓜ *République* ✆ 01 43 14 43 50, *holiday.inn.paris.republique@wanadoo.fr, Fax 01 47 00 32 34*

🛗 – ▯ ⇥ ▤ 📺 ✆ 🔔 25 à 150. AE ➊ GB JCB ⌂ rest

Repas *(17)* - 30 ☲ – ⌂ 22 – **318 ch** 285/345.

◆ Dans cet édifice du 19ᵉ s., un bel escalier en fer forgé (classé) mène aux chambres fonctionnelles ; réservez-en une donnant sur la cour intérieure de style Napoléon III. Restaurant de style Belle Époque prolongé d'une véranda-terrasse. Atmosphère conviviale.

🏨 Villa Beaumarchais
BY 25

5 r. Arquebusiers (3ᵉ) Ⓜ *Chemin Vert* ✆ 01 40 29 14 00, *beaumarchais@leshotelsdeparis.com, Fax 01 40 29 14 01*

⌂ sans rest – ▯ ⇥ ▤ 📺 ✆ – 🔔 15. AE ➊ GB JCB

⌂ 26 – **50 ch** 480/880.

◆ En retrait de l'animation du boulevard Beaumarchais. Chambres raffinées, garnies de meubles dorés à la feuille d'or ; toutes donnent sur un joli jardin d'hiver.

🏨 Jeu de Paume
AZ 13

54 r. St-Louis-en-l'Île (4ᵉ) Ⓜ *Pont Marie* ✆ 01 43 26 14 18, *info@jeudepaumehotel.com, Fax 01 40 46 02 76*

⌂ sans rest – ▯ 📺 ✆ – 🔔 25. AE ➊ GB JCB

⌂ 15 – **30 ch** 157/285.

◆ Au coeur de l'île St-Louis, cette halle du 17ᵉ s., jadis vouée au jeu de paume, est devenue un hôtel de caractère utilisant malicieusement les volumes. Original.

🏨 Bourg Tibourg
AY 17

19 r. Bourg Tibourg (4ᵉ) Ⓜ *Hôtel de Ville* ✆ 01 42 78 47 39, *hotel.du.bourg.tibourg@wanadoo.fr, Fax 01 40 29 07 00*

sans rest – ▯ ▤ 📺 ✆ AE ➊ GB JCB. ⌂

⌂ 12 – **31 ch** 150/250.

◆ Ce charmant hôtel propose d'agréables chambres rénovées et personnalisées par différents styles : néogothique, baroque ou orientaliste. Une petite perle au coeur du Marais.

🏨 Général
BX 5

5 r. Rampon (11ᵉ) Ⓜ *République* ✆ 01 47 00 41 57, *info@legeneralhotel.com, Fax 01 47 00 21 56*

🛗 – ▯ ▤ ch, 📺 ✆ AE ➊ GB JCB – ⌂ 12 – **47 ch** 140/250.

◆ Élégant décor et mobilier design qualifient ce séduisant hôtel situé à proximité de la place de la République. Connexion wi-fi, petit "business center" et agréable fitness.

🏨 Axial Beaubourg
AY 16

11 r. Temple (4ᵉ) Ⓜ *Hôtel de ville* ✆ 01 42 72 72 22, *axial@axialbeaubourg.com, Fax 01 42 72 03 53*

sans rest – ▯ ▤ 📺 ✆ AE ➊ GB JCB. ⌂

⌂ 10 – **39 ch** 105/200.

◆ Près de l'hôtel de ville et de son célèbre Bazar. Hall contemporain, jolies chambres neuves aux tons beige, ocre et aubergine. Petit-déjeuner servi dans un caveau du 15ᵉ s.

Bretonnerie AY 15
22 r. Ste-Croix-de-la-Bretonnerie (4e) Ⓜ *Hôtel de Ville* ℰ 01 48 87 77 63, *hotel @bretonnerie.com, Fax 01 42 77 26 78*
sans rest – 🛗 📺 📞. GB. ✖
☕ 9,50 – **22 ch** 110/145, 4 suites, 3 duplex.
◆ Quelques chambres de cet élégant hôtel particulier du Marais (17e s.) sont dotées de lits à baldaquin et de poutres apparentes. Salle des petits-déjeuners voûtée.

Caron de Beaumarchais BY 9
12 r. Vieille-du-Temple (4e) Ⓜ *Hôtel de Ville* ℰ 01 42 72 34 12, *hotel@carondeb eaumarchais.com, Fax 01 42 72 34 63*
sans rest – 🛗 📧 📺 📞. AE GB. ✖
☕ 9,80 – **19 ch** 137/152.
◆ Le père de Figaro vécut dans cette rue du Marais historique ; la décoration bourgeoise de ce charmant établissement lui rend un hommage fidèle. Petites chambres douillettes.

Austin's BX 3
6 r. Montgolfier (3e) Ⓜ *Arts et Métiers* ℰ 01 42 77 17 61, *austins.amhotel@wan adoo.fr, Fax 01 42 77 55 43*
sans rest – 🛗. AE ① GB JCB. ✖
☕ 7 – **29 ch** 92/120.
◆ Dans une rue calme, face au musée des Arts et Métiers. Les chambres, toutes rénovées, sont chaleureuses et gaies ; certaines ont conservé leurs poutres apparentes d'origine.

Marais Bastille CY 3
36 bd Richard Lenoir (11e) Ⓜ *Bréguet Sabin* ℰ 01 48 05 75 00, *maraisbastille@ wanadoo.fr, Fax 01 43 57 42 85*
sans rest – 🛗 📺 📞. AE ① GB JCB
☕ 10 – **36 ch** 130.
◆ L'hôtel longe le boulevard (squares) qui couvre le canal St-Martin depuis 1860. Intérieur rénové : hall-salon avec fauteuils de cuir et meubles en chêne dans les chambres.

Beaubourg AY 8
11 r. S. Le Franc (4e) Ⓜ *Rambuteau* ℰ 01 42 74 34 24, *htlbeaubourg@hotellerie .net, Fax 01 42 78 68 11*
sans rest – 🛗 📧 📺 📞. AE ① GB JCB
☕ 7 – **28 ch** 109/122.
◆ Dans une ruelle nichée derrière le Centre Georges-Pompidou. Les chambres, accueillantes et bien insonorisées, sont parfois assorties de poutres et de pierres apparentes.

Meslay République BX 12
3 r. Meslay (3e) Ⓜ *République* ℰ 01 42 72 79 79, *hotel.meslay@wanadoo.fr, Fax 01 42 72 76 94*
sans rest – 🛗 📺 📞. AE ① GB JCB. ✖
☕ 7,30 – **39 ch** 116/135.
◆ À deux pas de la place de la République, belle façade ouvragée et classée (1840) abritant des chambres actuelles et bien insonorisées. Cave voûtée pour les petits-déjeuners.

Lutèce AZ 9
65 r. St-Louis-en-l'Ile (4e) Ⓜ *Pont Marie* ℰ 01 43 26 23 52, *hotel.lutece@free.fr, Fax 01 43 29 60 25*
sans rest – 🛗 📧 📺 📞. AE GB. ✖
☕ 11 – **23 ch** 158.
◆ La clientèle américaine apprécie le charme rustique de cette hostellerie ancrée sur l'île St-Louis. Chambres plaisantes et assez calmes. Belles boiseries anciennes au salon.

Deux Iles   AZ 4
59 r. St-Louis-en-l'Ile (4e) Ⓜ *Pont Marie* ✆ 01 43 26 13 35, *Fax 01 43 29 60 25*
sans rest – 🛗 ▤ 📺 ✆. 🅰🅴 GB. 🛇
🛏 12 – **17 ch** 135/155.
✦ À quelques pas du glacier le plus couru de la capitale, chambres meublées
en rotin, confortables et plutôt paisibles ; salons "cosy" (dont un voûté et
doté d'une cheminée).

Croix de Malte   BY 7
5 r. Malte (11e) Ⓜ *Oberkampf* ✆ 01 48 05 09 36, *h2752-gm@accor-hotels.com*,
Fax 01 42 09 48 12
sans rest – 🛗 ⤢ 📺. 🅰🅴 ⓪ GB �⃟ JCB
🛏 10 – **29 ch** 105/115.
✦ Ambiance tropicale dans cet établissement au nom chevaleresque : mobilier coloré, (faux) perroquet et salle des petits-déjeuners conçue comme un
jardin d'hiver.

Ibis Bastille Faubourg St-Antoine   CZ 1
13 r. Trousseau (11e) Ⓜ *Ledru Rollin* ✆ 01 48 05 55 55, *h3577@accor-hotels.co
m, Fax 01 48 05 83 97*
sans rest – 🛗 ⤢ ▤ 📺 ✆ ♿. 🅰🅴 ⓪ GB
🛏 6 – **66 ch** 93/113, 5 duplex.
✦ Coup de jeune pour cet hôtel situé à proximité du quartier animé de la
Bastille. La moitié des chambres donnent sur un jardin, mais toutes profitent
du nouveau "look" Ibis.

Grand Hôtel Français   DZ 2
223 bd Voltaire (11e) Ⓜ *Nation* ✆ 01 43 71 27 57, *grand-hotel-francais@wanad
oo.fr, Fax 01 43 48 40 05*
sans rest – 🛗 📺 ✆. 🅰🅴 ⓪ GB JCB
🛏 10 – **36 ch** 95/120.
✦ Immeuble d'angle de style haussmannien dans un quartier populaire
typiquement parisien. Chambres fonctionnelles, sans fioriture, mais
récemment rénovées. Bonne insonorisation.

Beaumarchais   BY 1
3 r. Oberkampf (11e) Ⓜ *Oberkampf* ✆ 01 53 36 86 86, *reservation@hotelbeau
marchais.com, Fax 01 43 38 32 86*
sans rest – 🛗 📺. 🅰🅴 GB JCB
🛏 9 – **31 ch** 69/99.
✦ Les petites chambres, peintes dans des couleurs éclatantes et dotées de
meubles contemporains, ne manquent pas de charme. Verdoyante courette
intérieure, bienvenue l'été.

Prince Eugène   DZ 26
247 bd Voltaire (11e) Ⓜ *Nation* ✆ 01 43 71 22 81, *hotelprinceeugene@wanado
o.fr, Fax 01 43 71 24 71*
sans rest – 🛗 📺 ✆. 🅰🅴 ⓪ GB JCB
🛏 6,10 – **35 ch** 61,30/72,50.
✦ L'enseigne rend honneur au fils adoptif de Napoléon Ier. Chambres
actuelles, munies d'un double vitrage efficace ; celles du 6e étage, mansardées, sont plus grandes.

Nord et Est   BX 6
49 r. Malte (11e) Ⓜ *Oberkampf* ✆ 01 47 00 71 70, *info@hotel-nord-est.com,
Fax 01 43 57 51 16*
sans rest – 🛗 📺. GB. 🛇
🛏 6 – **45 ch** 65/80.
✦ La chaleureuse ambiance familiale a su fidéliser les clients de cet hôtel
proche de la République. Les chambres déjà rénovées sont plaisantes ; les
autres restent bien tenues.

XX **Les Jumeaux**
73 r. Amelo~ ~~
GB

BX **7**

🏠 **Grand Prieuré** (11ᵉ) Ⓜ Oberkampf 🏷 01 47 00 74 14, Fax 01 49 23 06 64
20 r. Grand Prieuré 🏷
sans rest – 📶 TV AE ⓪ GB JCB 🏷
🛏 5,40 – **32 ch** 56/67.
♦ Vous passerez des nuits sans histoire dans cette rue tranquille proche du
canal St-Martin. Accueil aimable et chambres un brin démodées, mais assez
spacieuses et bien tenues.

AY **5**

🏠 **Nice** 42 bis r. Rivoli (4ᵉ) Ⓜ Hôtel de Ville 🏷 01 ~.78 55 2 contact@hoteldenice.co
m, Fax 01 42 78 36 07
sans rest – 📶 TV AE ⓪ GB
🛏 6 – **23 ch** 70/105.
♦ Bibelots, gravures, tapis kilims et meubl an~ dans le~ chambres
que dans les salons : une atmosphère par~ui~ ~ur ~emensel~ ~ nui-
sances sonores de la rue.

X **Rep**
99 r. ~
GB
fermé ~
♦ Cart~
mauvais
carte des ~

XXXX **L'Ambroisie** (Pacaud) ❀❀❀ Ⓜ St-Paul 🏷 01 42 78 51 45
9 pl. des Vosges (4ᵉ)
📶 🍴 AE GB. 🎀
fermé août, vacances de fév., dim., et lundi – **Repas** cart~ ~ 246.
♦ Sous les arcades de la place des Vosges, un décor ~a~t une cuisine
subtile touchant à la perfection : l'ambroisie n'est-elle pa~ ~urriture des
dieux de l'Olympe ?
Spéc. Feuillantine de langoustines aux graines de sésam~, foie gras de
canard poêlé à l'aigre-doux, chutney de légumes. Tarte ~ne sablée au
chocolat.

AZ **8**

X **Péché Mig~**
5 r. Guillaume~
AE ⓪ GB
fermé août, di~
♦ L'adresse au~
au goût du jour~
sobre salle à man~

XXX **Hiramatsu** (4ᵉ) Ⓜ Pont Marie 🏷 01 56 81 08 80, paris@hiramatsu.co.jp,
7 quai Bourbon
❀ Fax 01 56 81 08 81
📶 🍴 AE ⓪ GB. 🎀
fermé 1ᵉʳ au 8 août, 23 déc. au 3 janv., dim. et lundi – **Repas** (nombre de
couverts limité, prévenir) 95/130 et carte 105 à 130 📶.
♦ Raffinement à la japonaise au service d'une talentueuse cuisine française. Superbe carte des vins.
Spéc. Foie gras de canard aux choux frisés, sauce aux truffes. Pigeon rôti au
miel, sauce vin rouge. Variation autour du chocolat.

Élégante minisalle mariant poutres, pierres et mobilier contemporain.

AY **3**

X **Auberge Pyrénée~**
106 r. Folie-Méricour~
📶 AE GB
fermé 29 juil. au 22~
26,50 et carte 27,90 à 5~
♦ Files de jambons et s~
accolées, cuisine "canaill~
vinaigre s'abstenir !

XX **Ambassade d'Auvergne** (3ᵉ) Ⓜ Rambuteau 🏷 01 42 72 31 22, info@ambassade-a
22 r. Grenier St-Lazare uvergne.com, Fax 01 42 78 85 47
📶 GB JCB
Repas 27 et carte 32 à 52 🛎.
♦ De vrais ambassadeurs d'une province riche de traditions et de saveurs :
cadre et meubles auvergnats, produits, recettes et vins du "pays", fouchtra !

BY **4**

X **Au Bascou**
38 r. Réaumur (3ᵉ) Ⓜ Arts et ~
AE ⓪ GB
fermé 1ᵉʳ au 29 août, 24 déc. au~
♦ Venez découvrir dans ce b~
accents de la cuisine basque. P~
accueil enthousiaste.

XX **Bofinger** (4ᵉ) Ⓜ Bastille 🏷 01 42 72 87 82, Fax 01 42 72 97 68
5 r. Bastille
📶 AE ⓪ GB JCB
Repas 31,50 bc et carte 30 à 50.
♦ Illustres clients et remarquable décor font de cette brasserie créée en 18~
un lieu de mémoire consacré. Coupole délicatement ouvragée et, à l'éta~
salle décorée par Hansi.

Astier

CX 14

44 r. J.-P. Timbaud (11ᵉ) Ⓜ *Parmentier* ℰ 01 43 57 16 35

GB

fermé 17 au 25 avril, août, 24 déc. au 3 janv., sam. et dim. – **Repas** (prévenir) 21 (déj.)/26 ♨.

♦ Une sympathique ambiance règne dans ce typique bistrot. Tables en formica, service débordé et atmosphère bruyante. Cuisine du marché, richissime carte des vins.

Auberge Chez Rosito

BY 6

4 r. Pas de la Mule (3ᵉ) Ⓜ *Bastille* ℰ 01 42 76 04 44, *Fax 01 42 76 04 44*

GB

fermé 14 au 22 août, 20 au 26 déc. et dim. – **Repas** carte 30 à 40 ♀.

♦ Cette discrète façade abrite un restaurant aux allures d'auberge campagnarde simple et chaleureuse. Vins corses, à l'instar de la cuisine axée sur les plats de cochon.

Villaret

CX 1

13 r. Ternaux (11ᵉ) Ⓜ *Parmentier* ℰ 01 43 57 75 56

GB. ♨

fermé 1ᵉʳ au 10 mai, 1ᵉʳ au 30 août, 23 déc. au 3 janv., sam. midi et dim. – **Repas** *(20)* - 25 (déj.)/46 et carte 29 à 51 ♀ ♨.

♦ Ambiance conviviale, carte composée de plats "canailles", beau choix de bourgognes et de côtes-du-rhône : ce bistrot au cadre sans prétention a tout pour séduire !

L'Osteria

BY 5

10 r. Sévigné (4ᵉ) Ⓜ *St-Paul* ℰ 01 42 71 37 08, *osteria@noos.fr*

GB

fermé 1ᵉʳ au 11 mai, août, sam., dim. et lundi midi – **Repas** (prévenir) carte 31 à 55.

♦ Ni enseigne, ni menu sur la façade de ce restaurant italien apprécié par une clientèle fidèle... et "people" à en juger par les autographes et dessins accrochés aux murs !

C'Amelot

BY 29

50 r. Amelot (11ᵉ) Ⓜ *Chemin Vert* ℰ 01 43 55 54 04, *Fax 01 43 14 77 05*

AE GB

fermé août, sam. midi, lundi midi et dim. – **Repas** 26 (déj.)/32.

♦ Un bistrot de quartier plébiscité par les habitués pour ses petits plats (menu unique), son décor d'objets chinés ça et là, sa grande table d'hôte et son ambiance bon enfant.

L'Enoteca

BY 7

25 r. Charles V (4ᵉ) Ⓜ *St Paul* ℰ 01 42 78 91 44, *Fax 01 44 59 31 72*

GB

fermé 13 au 18 août et le midi en août – **Repas** (Prévenir) *(13)* - carte 27 à 40 ♀ ♨.

♦ L'atout de ce restaurant logé dans des murs du 16ᵉ s. est sa superbe carte des vins : environ 500 références uniquement transalpines. Plats italiens et ambiance très animée.

Clos du Vert Bois

BX 65

13 r. Vert Bois (3ᵉ) Ⓜ *Temple* ℰ 01 42 77 14 85

AE GB JCB

fermé 24 juil. au 19 août, sam. midi et lundi – **Repas** *(19)* - 22,90/42 bc.

♦ Discrète adresse située derrière le conservatoire des Arts et Métiers, dans l'ancien clos du Temple. Cadre sans fioriture mais intime et plats traditionnels à prix doux.

Vin[...]

276 b[...]
Fax 01 4[...]

Repas car[...]
♦ Comme[...]
sés chaque [...]
sur les cuisin[...]

Dôme du Ma[...]

53bis r. [...]
Fax 01 42 77 78 1[...]
AE [...] Fr[...]
fermé 8 au 30 août[...]
♦ On dresse les tab[...]
Crédit municipal et d[...]
goût du jour.

Mansouria

11 r. Faidherbe [...]
Fax 01 40 24 21 97
[...] GB. ♨ (1[...]
fermé 9 au 15 août, lun[...]
44 bc et carte 31 à 43.
♦ Tenu par une ancienne eth[...]
caine. Fins et parfumés, les plats[...]
un décor mauresque.

St-Germain-des-Prés
Quartier Latin - Luxembourg
Jardin des Plantes

5e et 6e arrondissements

5e : ✉ 75005 - 6e : ✉ 75006

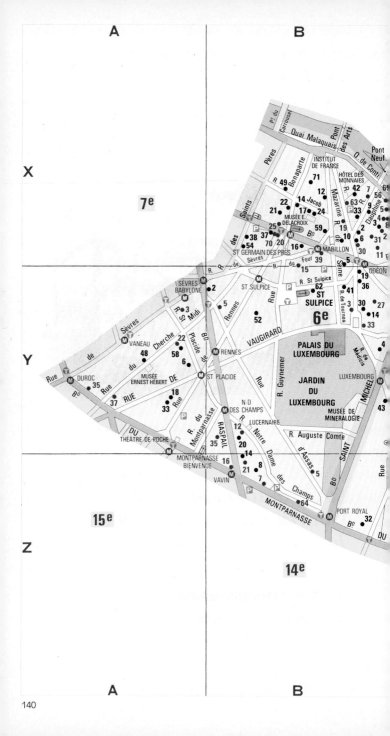

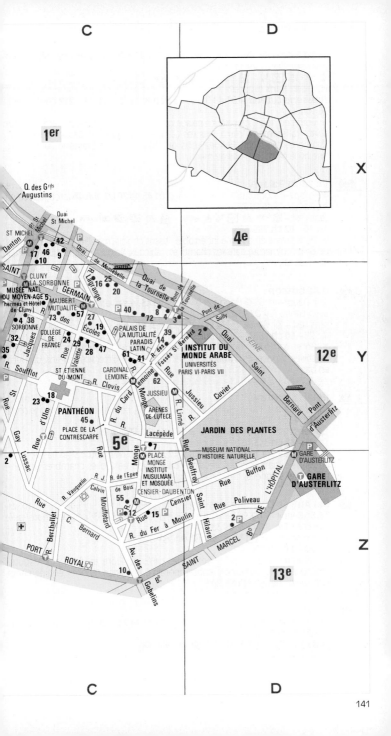

C

D

1er

X

4e

12e Y

O. des Grds
Augustins

Quai
St Michel

ST MICHEL
Danton
M
17 46
10
9
42
Quai de Montebello

SAINT
CLUNY
M LA SORBONNE
GERMAIN
MUSÉE NAT'L
DU MOYEN-AGE 5
Thermes et Hôtel
de Cluny |
4 38
SORBONNE
32
35
R. Soufflot
73 des
Écoles
COLLÈGE
DE
FRANCE
24 29
28
47
R. Valette
25
20
R. Lagrange
16
MAUBERT
MUTUALITE
M
57
27
19
61 41
Quai de
la Tournelle
40 72
8 4 3
PALAIS DE
LA MUTUALITÉ
PARADIS
LATIN
39
14
Fosses St Bernard
R. des
2
INSTITUT DU
MONDE ARABE
UNIVERSITÉS
PARIS VI · PARIS VII

Pont de
la Tournelle

Quai de
la Tournelle

Pont de
Sully

SEINE

Quai
Saint
Bernard

R. d'Ulm
23 18
PANTHÉON
45
PLACE DE LA
CONTRESCARPE
5e
ST ÉTIENNE
DU MONT
R. Clovis
CARDINAL
LEMOINE
JUSSIEU
M
ARÈNES
DE LUTÈCE
Lacépède
R. du Card
R. Monge
Lemoine
R. Linné
R. Jussieu
Cuvier
JARDIN DES PLANTES

Bernard

Pont
d'Austerlitz

13e

R. St
Jacques
R. Gay Lussac
2
PLACE
MONGE
M
7
INSTITUT
MUSULMAN
ET MOSQUÉE
R. J. R. de l'Épée
Calvin
de Bois
55
12
15
R. du Fer à Moulin
Censier
CENSIER-DAUBENTON
R. Monge
MUSEUM NATIONAL
D'HISTOIRE NATURELLE
Geoffroy
Rue Buffon
Rue Poliveau
2
Saint Hilaire
DE L'HÔPITAL

M GARE
D'AUSTERLITZ

GARE
D'AUSTERLITZ

R. Vauquelin
Rue
C. Bernard
R. Berthollet
PORT
ROYAL
R.
10
Av. des
Gobelins
SAINT MARCEL
Bd

Z

C

D

141

Lutétia
BY 2

√

45 bd Raspail (6e) Ⓜ *Sèvres Babylone* ℰ 01 49 54 46 46, *lutetia-paris@lutetia-p aris.com*, Fax 01 49 54 46 00

⧉ ⊱ ▤ 📺 📞 – 🛎 300. 🆎 ⓪ ⒼⒷ ⒿⒸⒷ

voir rest. *Paris* ci-après

Brasserie Lutétia ℰ01 49 54 46 76 **Repas** 34, ♀ – ⊑ 29 – **212 ch** 400/750, 26 suites.

♦ Édifié en 1907, ce célèbre palace de la rive gauche n'a rien perdu de son éclat : raffinement "rétro", lustres Lalique, sculptures de César, Arman, etc. Chambres rénovées. Rendez-vous du "Tout-Paris", la Brasserie Lutétia sert une belle carte de fruits de mer.

Victoria Palace
AY 18

6 r. Blaise-Desgoffe (6e) Ⓜ *St Placide* ℰ 01 45 49 70 00, *info@victoriapalace.com*, Fax 01 45 49 23 75

sans rest – ⧉ ⊱ ▤ 📺 📞 ♿ ⇔ – 🛎 20. 🆎 ⓪ ⒼⒷ ⒿⒸⒷ

⊑ 16 – **62 ch** 285/385.

♦ Petit palace au charme indéniable : tissus choisis, mobilier de style et salles de bains en marbre dans les chambres, tableaux, velours rouge et porcelaines dans les salons.

d'Aubusson
BX 9

33 r. Dauphine (6e) Ⓜ *Odéon* ℰ 01 43 29 43 43, *reservationmichael@hoteldaubusson.com*, Fax 01 43 29 12 62

sans rest – ⧉ ⊱ ▤ 📺 📞 ♿ ⇔. 🆎 ⓪ ⒼⒷ ⒿⒸⒷ

⊑ 23 – **50 ch** 260/410, 3 studios.

♦ Hôtel particulier du 17e s. rénové : chambres personnalisées, parquets Versailles, tapisseries d'Aubusson... et premier café littéraire de Paris, converti en bar.

Relais Christine
BX 3

3 r. Christine (6e) Ⓜ *St Michel* ℰ 01 40 51 60 80, *contact@relais-christine.com*, Fax 01 40 51 60 81

❀ sans rest – ⧉ ⊱ ▤ 📺 📞 ⇔ – 🛎 20. 🆎 ⓪ ⒼⒷ ⒿⒸⒷ

⊑ 25 – **35 ch** 335/430, 16 duplex.

♦ Bel hôtel particulier bâti sur le site d'un couvent du 13e s. (la salle des petits-déjeuners occupe l'ancienne cuisine voûtée). Jolies chambres personnalisées et soignées.

Bel Ami St-Germain-des-Prés
BX 21

7 r. St-Benoit (6e) Ⓜ *St Germain des Prés* ℰ 01 42 61 53 53, *contact@hotel-bel-ami.com*, Fax 01 49 27 09 33

sans rest – ⧉ ▤ 📺 📞 ♿. 🆎 ⓪ ⒼⒷ ⒿⒸⒷ. ⊗

⊑ 20 – **115 ch** 290/410.

♦ Bel immeuble du 19e s. voisin des cafés de Flore et des Deux Magots. Aménagement résolument contemporain à tendance "zen" et équipements high-tech : design et très "in".

Buci
BX 59

22 r. Buci (6e) Ⓜ *Mabillon* ℰ 01 55 42 74 74, *hotelbuci@wanadoo.fr*, Fax 01 55 42 74 44

sans rest – ⧉ ▤ 📺 📞 ♿. 🆎 ⓪ ⒼⒷ ⒿⒸⒷ. ⊗

⊑ 17 – **24 ch** 267/350.

♦ L'hôtel a vue sur le marché animé de cette rue pittoresque. Ciels de lit, meubles de style anglais... Des chambres rénovées et parfaitement insonorisées. Piano-bar.

🏛 **L'Abbaye** BY 52

10 r. Cassette (6e) Ⓜ St Sulpice 𝄢 01 45 44 38 11, *hotel.abbaye@wanadoo.fr, Fax 01 45 48 07 86*

🐾 sans rest – |✿| ▤ ▣ 📞 ⚠ ⑬. ✗

40 ch ⊂ 206/305, 4 duplex.

◆ Le charme d'hier, le confort d'aujourd'hui : installées dans un ancien couvent du 18e s., coquettes chambres tournées ou non vers le patio. Les duplex possèdent une terrasse.

🏛 **Littré** AY 33

9 r. Littré (6e) Ⓜ Montparnasse Bienvenüe 𝄢 01 53 63 07 07, *hotellittre@hotelli treparis.com, Fax 01 45 44 88 13*

sans rest – |✿| ↔ ▤ ▣ 📞 – ⚐ 20. ⚠ ⑬ ⑬ JCB. ✗

⊂ 15 – **79 ch** 240/350, 11 suites.

◆ À mi-chemin de Saint-Germain-des-Prés et de Montparnasse, immeuble classique dont les chambres, assez spacieuses, sont toutes élégamment rénovées. Confortable bar anglais.

🏛 **L'Hôtel** BX 71

13 r. Beaux Arts (6e) Ⓜ St Germain des Prés 𝄢 01 44 41 99 00, *reservation@l-ho tel.com, Fax 01 43 25 64 81*

Ⅰ♠ – |✿| ▤ ▣ 📞 ⚠ ⑬ ⑬ JCB. ✗

Repas *(fermé août, dim. et lundi) (24,50)* - carte 50 à 68 ♀ – ⊂ 16,80 – **16 ch** 272/625, 4 suites.

◆ Vertigineux "puits de lumière", décor exubérant - entre baroque et Empire - signé Garcia : l'Hôtel, unique, cultive la nostalgie avec bonheur. Oscar Wilde s'y éteignit. Tons or et vert et lanternes anciennes au restaurant.

🏛 **Relais St-Germain** BY 19

9 carrefour de l'Odéon (6e) Ⓜ Odéon 𝄢 01 43 29 12 05, *hotelrsg@wanadoo.fr, Fax 01 46 33 45 30*

sans rest – |✿| cuisinette ▤ ▣ 📞 ⚠ ⑬ ⑬ JCB

22 ch ⊂ 210/275.

◆ Trois immeubles du 17e s. abritent cet hôtel raffiné où poutres patinées, étoffes chatoyantes et meubles anciens participent au plaisant cachet des chambres.

🏛 **Madison** BX 16

143 bd St-Germain (6e) Ⓜ St Germain des Prés 𝄢 01 40 51 60 00, *resa@hotel-madison.com, Fax 01 40 51 60 01*

sans rest – |✿| ▤ ▣ ⚠ ⑬ ⑬ JCB

54 ch ⊂ 195/320.

◆ Camus aimait fréquenter cet établissement dont la moitié des chambres offrent une perspective sur l'église St-Germain-des Prés. Élégant salon Louis-Philippe.

🏛 **Relais Médicis** BY 14

23 r. Racine (6e) Ⓜ Odéon 𝄢 01 43 26 00 60, *reservation@relaismedicis.com, Fax 01 40 46 83 39*

sans rest – |✿| ▤ ▣ 📞 ⚠ ⑬ ⑬ JCB. ✗

16 ch ⊂ 168/245.

◆ Une touche provençale égaye les chambres de cet hôtel proche du théâtre de l'Odéon ; celles donnant sur le patio sont plus au calme. Meubles chinés chez les antiquaires.

⬛ Villa Panthéon   CY 24
41 r. Écoles (5e) Ⓜ *Maubert Mutualité* ✆ 01 53 10 95 95, *pantheon@leshotelsd eparis.com*, Fax 01 53 10 95 96
sans rest – 🔲 🔲 📺 ✆ ⛭. AE ⓞ GB JCB
☐ 25 – **59 ch** 280/496.
* Parquet, tentures colorées, mobilier en bois exotique et lampes d'inspiration Liberty : réception, chambres et bar (bon choix de whiskys) sont décorés dans l'esprit "british".

⬛ Left Bank St-Germain   BX 6
9 r. Ancienne Comédie (6e) Ⓜ *Odéon* ✆ 01 43 54 01 70, *lb@paris-hotels-charm .com*, Fax 01 43 26 17 14
sans rest – 🔲 🔲 📺. AE ⓞ GB JCB
31 ch ☐ 200/240.
* Damas, toile de Jouy, meubles de style Louis XIII et colombages président au décor de cet immeuble du 17e s. Quelques chambres offrent une échappée sur Notre-Dame.

⬛ Angleterre   BX 49
44 r. Jacob (6e) Ⓜ *St Germain des Prés* ✆ 01 42 60 34 72, *anglotel@wanadoo.fr*, Fax 01 42 60 16 93
sans rest – 🔲 📺 ✆. AE ⓞ GB JCB. ⛭
☐ 10 – **24 ch** 130/230, 3 suites.
* Hemingway fut séduit par cet hôtel aménagé dans l'ancienne ambassade d'Angleterre (18e s.). Chambres au charme désuet ; petits-déjeuners servis dans un patio fleuri.

⬛ Villa   BX 14
29 r. Jacob (6e) Ⓜ *St Germain des Prés* ✆ 01 43 26 60 00, *hotel@villa-saintgerm ain.com*, Fax 01 46 34 63 63
sans rest – 🔲 🔲 🔲 📺 ✆. AE ⓞ GB JCB
☐ 14 – **31 ch** 240/335.
* Les murs datent du 19e s., mais l'intérieur est résolument contemporain : meubles design, couleurs vives ou tons pastel plus reposants. Original.

⬛ St-Grégoire   AY 6
43 r. Abbé Grégoire (6e) Ⓜ *St Placide* ✆ 01 45 48 23 23, *hotel@saintgregoire.co m*, Fax 01 45 48 33 95
sans rest – 🔲 🔲 📺 ✆. AE ⓞ GB JCB. ⛭
☐ 12 – **20 ch** 175/248.
* Cet établissement vaut pour son accueillant décor bourgeois. Deux chambres bénéficient d'une petite terrasse verdoyante. Sympathique salle des petits-déjeuners voûtée.

⬛ Millésime Hôtel   BX 24
15 r. Jacob (6e) Ⓜ *St Germain des Prés* ✆ 01 44 07 97 97, *reservation@millesim ehotel.com*, Fax 01 46 34 55 97
🔲 sans rest – 🔲 🔲 📺 ✆. AE ⓞ GB JCB
☐ 15 – **22 ch** 175/190.
* Tons ensoleillés, mobilier et tissus choisis apportent une note chaleureuse aux ravissantes chambres de cet hôtel rénové. Bel escalier du 17e s.

⬛ Résidence Henri IV   CY 47
50 r. Bernardins (5e) Ⓜ *Maubert-Mutualité* ✆ 01 44 41 31 81, *reservation@resi dencehenri4.com*, Fax 01 46 33 93 22
sans rest – 🔲 cuisinette 📺 ✆. AE ⓞ GB JCB
☐ 9 – **8 ch** 155, 5 suites.
* Immeuble de 1879 dont les chambres, refaites, conservent leur charme d'antan : moulures, frises et cheminées en marbre. Toutes donnent sur un square ombragé.

🏨 **Rives de Notre-Dame** CX 42
15 quai St-Michel (5e) Ⓜ *St Michel* ℘ 01 43 54 81 16, *hotel@rivesdenotredame. com*, Fax 01 43 26 27 09
sans rest, ≤ – 🛗 🗐 📺 ℰ. 🖭 ⑩ ☺ 𝙅𝘾𝘽
🖵 13,70 – **10 ch** 213/550.
◆ Maison du 16e s. superbement conservée, dont les spacieuses chambres de style provençal s'ouvrent toutes sur la Seine et Notre-Dame. "Penthouse" au dernier étage.

🏨 **Au Manoir St-Germain-des-Prés** BX 37
153 bd St-Germain (6e) Ⓜ *St Germain des Prés* ℘ 01 42 22 21 65, *msg@paris-h otels-charm.com*, Fax 01 45 48 22 25
sans rest – 🛗 🗐 📺 ℰ. 🖭 ⑩ ☺ 𝙅𝘾𝘽
32 ch 🖵 168/240.
◆ Chambres bourgeoises habillées de toile de Jouy et de boiseries peintes. Au pied de l'hôtel : le Flore et les Deux Magots, les deux célèbres cafés germanopratins.

🏨 **Ste-Beuve** BY 20
9 r. Ste-Beuve (6e) Ⓜ *Notre Dame des Champs* ℘ 01 45 48 20 07, *saintebeuve @wanadoo.fr*, Fax 01 45 48 67 52
sans rest – 🛗 🗐 📺 ℰ. 🖭 ⑩ ☺ 𝙅𝘾𝘽
🖵 14 – **22 ch** 130/272.
◆ L'endroit ressemble à une maison particulière : ambiance intime, sofas moelleux, flambées dans la cheminée... Les chambres mêlent avec goût l'ancien et le contemporain.

🏨 **Panthéon** CY 23
19 pl. Panthéon (5e) Ⓜ *Luxembourg* ℘ 01 43 54 32 95, *reservation@hoteldupa ntheon.com*, Fax 01 43 26 64 65
sans rest, ≤ – 🛗 🗐 📺. 🖭 ⑩ ☺ 𝙅𝘾𝘽
🖵 10 – **36 ch** 168/244.
◆ Chambres de style "cosy" ou d'inspiration Louis XVI avec vue sur le dôme du "temple de la Renommée". Plaisant salon et salle de petits-déjeuners voûtée.

🏨 **Grands Hommes** CY 18
17 pl. Panthéon (5e) Ⓜ *Luxembourg* ℘ 01 46 34 19 60, *reservation@hoteldesg randshommes.com*, Fax 01 43 26 67 32
sans rest, ≤ – 🛗 🗐 📺 ℰ – 🔬 20. 🖭 ⑩ ☺ 𝙅𝘾𝘽
🖵 10 – **31 ch** 168/244.
◆ Posté face au Panthéon, plaisant hôtel rénové dans le style Directoire (meubles chinés). Plus de la moitié des chambres a vue sur la dernière demeure des "grands hommes".

🏨 **Jardins du Luxembourg** BY 43
5 imp. Royer-Collard (5e) Ⓜ *Luxembourg* ℘ 01 40 46 08 88, *jardinslux@wanad oo.fr*, Fax 01 40 46 02 28
🍴 sans rest – 🛗 🗐 📺. 🖭 ⑩ ☺ 𝙅𝘾𝘽. 🛇
🖵 10 – **26 ch** 140/150.
◆ Sigmund Freud séjourna dans cet hôtel situé dans une impasse voisine du Luxembourg. Élégantes chambres contemporaines. Un comptoir de brasserie 1900 décore la réception.

🏨 **Tour Notre-Dame** CY 5
20 r. Sommerard (5e) Ⓜ *Cluny la Sorbonne* ℘ 01 43 54 47 60, *tour-notre-dame @magic.fr*, Fax 01 43 26 42 34
sans rest – 🛗 🗐 📺 ℰ. 🖭 ⑩ ☺ 𝙅𝘾𝘽
🖵 12 – **48 ch** 155/229.
◆ Très bel emplacement pour cet hôtel quasiment accolé au musée de Cluny. Chambres refaites, habillées de toiles de Jouy. Préférez celles donnant sur l'arrière, plus calmes.

🏨 **Grand Hôtel de l'Univers** BX 10
6 r. Grégoire-de-Tours (6e) Ⓜ *Odéon* ℘ 01 43 29 37 00, *grandhotelunivers@wa nadoo.fr*, Fax 01 40 51 06 45
sans rest – |≜| ⇆ ▤ TV ℄. AE ⓪ GB JCB. ⋘
33 ch ⬚ 130/200.

◆ Avenant hall d'accueil, salle des petits-déjeuners dressée dans une cave voûtée et petites chambres coquettes égayées de toile de Jouy caractérisent cet hôtel rénové.

🏨 **Villa des Artistes** BZ 8
9 r. Grande Chaumière (6e) Ⓜ *Vavin* ℘ 01 43 26 60 86, *hotel@villa-artistes.com*, Fax 01 43 54 73 70
⅊ sans rest – |≜| ⇆ TV ℄. AE ⓪ GB JCB. ⋘
⬚ 12 – **59 ch** 173.

◆ L'enseigne rend hommage aux artistes qui ont fait l'histoire du quartier Montparnasse. Chambres agréables, donnant souvent sur la cour. Verrière pour les petits-déjeuners.

🏨 **Relais St-Sulpice** BY 62
3 r. Garancière (6e) Ⓜ *St Sulpice* ℘ 01 46 33 99 00, *relaisstsulpice@wanadoo.fr*, Fax 01 46 33 00 10
⅊ sans rest – |≜| ⇆ ▤ TV ♿. AE ⓪ GB JCB. ⋘
⬚ 12 – **26 ch** 165/200.

◆ Tendance "ethnique" d'une décoration très actuelle mêlant esprit africain et asiatique : ce séduisant hôtel dont la façade date du 19e s. penche résolument pour l'exotisme.

🏨 **Grand Hôtel St-Michel** CY 35
19 r. Cujas (5e) Ⓜ *Luxembourg* ℘ 01 46 33 33 02, *grand.hotel.st.michel@wana doo.fr*, Fax 01 40 46 96 33
sans rest – |≜| ▤ TV ♿. AE ⓪ GB JCB. ⋘
⬚ 12 – **40 ch** 150/220, 5 suites.

◆ Cet immeuble haussmannien rénové abrite des chambres feutrées, garnies de meubles peints. Salon de style Napoléon III ; salle voûtée pour les petits-déjeuners.

🏨 **Fleurie** BX 5
32 r. Grégoire de Tours (6e) Ⓜ *Odéon* ℘ 01 53 73 70 00, *bonjour@hotel-de-fleu rie.tm.fr*, Fax 01 53 73 70 20
sans rest – |≜| ▤ TV ℄. AE ⓪ GB. ⋘
⬚ 10 – **29 ch** 145/265.

◆ Pimpante façade du 18e s. agrémentée de "statues nichées". Chambres bourgeoises aux tonalités douces, agrémentées de quelques boiseries. Sympathique accueil familial.

🏨 **St-Germain-des-Prés** BX 22
36 r. Bonaparte (6e) Ⓜ *St Germain des Prés* ℘ 01 43 26 00 19, *hotel-saint-germ ain-des-pres@wanadoo.fr*, Fax 01 40 46 83 63
sans rest – |≜| ⇆ ▤ TV ℄. AE GB
⬚ 8 – **30 ch** 160/255.

◆ Tissus à motif floral et poutres apparentes égayent la plupart des chambres, plus au calme côté cour. La salle des petits-déjeuners s'ouvre sur un petit massif de fleurs.

🏨 **Saints-Pères** BX 54
65 r. des Sts-Pères (6e) Ⓜ *St Germain des Prés* ℘ 01 45 44 50 00, *hotel-saints-peres@esprit-de-france.com*, Fax 01 45 44 90 83
sans rest – |≜| ▤ TV. AE GB. ⋘
⬚ 12 – **36 ch** 150/195, 3 suites.

◆ Hôtel particulier édifié au temps de Louis XIV et bâtisses du 19e s. autour d'une verdoyante cour intérieure. Le joyau caché : la "chambre à la fresque" (1658).

🏨 Royal St-Michel   CX 17
3 bd St-Michel (5ᵉ) Ⓜ *St Michel* ✆ 01 44 07 06 06, *hotel.royal.st.michel@wanad oo.fr*, Fax 01 44 07 36 25
sans rest – 🛗 ⤢ 🔲 📺 ☏ 🗯, AE ⓪ GB JCB
🖵 15 – **39 ch** 200/230.
◆ Sur le "Boul' Mich", face à la fontaine Saint-Michel, c'est toute l'ambiance du Quartier latin que l'on découvre aux portes de cet hôtel rénovant progressivement ses chambres.

🏨 Notre Dame   CX 9
1 quai St-Michel (5ᵉ) Ⓜ *St Michel* ✆ 01 43 54 20 43, *hotel.lenotredame@liberty surf.fr*, Fax 01 43 26 61 75
sans rest, ≤ – 🛗 ⤢ 🔲 📺 ☏ 🗯, AE ⓪ GB. ✵
🖵 7 – **22 ch** 150/244, 4 duplex.
◆ Les douillettes petites chambres de cet hôtel sont toutes refaites, climatisées et bien équipées ; la majorité bénéficie d'une vue sur la cathédrale Notre-Dame.

🏨 Relais St-Jacques   CZ 2
3 r. Abbé de l'Épée (5ᵉ) Ⓜ *Luxembourg* ✆ 01 53 73 26 00, *nevers.luxembourg @wanadoo.fr*, Fax 01 43 26 17 81
sans rest – 🛗 🔲 📺 ♿ – 🔏 20. AE ⓪ GB JCB. ✵
🖵 14 – **23 ch** 255/280.
◆ Chambres de style Directoire ou d'inspiration lusitanienne, salle des petits-déjeuners sous verrière, salon Louis XV et bar 1925... Un inventaire (chic) à la Prévert !

🏨 St-Christophe   CY 7
17 r. Lacépède (5ᵉ) Ⓜ *Place Monge* ✆ 01 43 31 81 54, *saintchristophe@wanado o.fr*, Fax 01 43 31 12 54
sans rest – 🛗 📺, AE ⓪ GB
🖵 8 – **31 ch** 113/125.
◆ Le naturaliste Lacépède a donné son nom à la rue, rappelant la proximité du Jardin des Plantes. Petites chambres d'esprit rustique ; toutes sont non-fumeurs.

🏨 Sully St-Germain   CY 28
31 r. Écoles (5ᵉ) Ⓜ *Maubert Mutualité* ✆ 01 43 26 56 02, *sully@sequanahotels.c om*, Fax 01 43 29 74 42
sans rest, 🛗 – 🛗 🔲 📺. AE ⓪ GB JCB. ✵
🖵 12 – **61 ch** 140/240.
◆ Est-ce le voisinage du musée du Moyen Âge ? Toujours est-il que l'établissement présente un décor d'inspiration médiévale. Salon sous verrière.

🏨 Jardin de Cluny   CY 57
9 r. Sommerard (5ᵉ) Ⓜ *Maubert Mutualité* ✆ 01 43 54 22 66, *hotel.decluny@wa nadoo.fr*, Fax 01 40 51 03 36
sans rest – 🛗 🔲 📺 ☏, AE ⓪ GB JCB. ✵
🖵 12 – **40 ch** 135/190.
◆ Chambres fonctionnelles, garnies de meubles en rotin. Salle des petits-déjeuners voûtée, agrémentée d'une "Dame à la Licorne" (l'originale est à deux pas, au musée de Cluny).

🏨 Jardin de l'Odéon   BY 30
7 r. Casimir Delavigne (6ᵉ) Ⓜ *Odéon* ✆ 01 53 10 28 50, *hotel@jardindelodeon.c om*, Fax 01 43 25 28 12
sans rest – 🛗 🔲 📺 ♿. AE GB. ✵
🖵 10 – **41 ch** 135/300.
◆ En façade, les chambres offrent une échappée sur le théâtre de l'Odéon ; cinq sont dotées d'une terrasse. Petits-déjeuners servis dans le patio en été. Joli salon Art déco.

🏨 **Prince de Conti** BX 42

8 r. Guénégaud (6e) Ⓜ *Odéon* ℰ 01 44 07 30 40, *princedeconti@wanadoo.fr*, *Fax 01 44 07 36 34*

sans rest – 🛗 ⟨⟩ 🗏 📺 ⟨⟩. 🅰🅴 ⓪ ⒼⒷ ⒿⒸⒷ. ⟨⟩

⟨⟩ 13 – **26 ch** 170/200.

♦ Immeuble du 18e s. jouxtant l'hôtel de la Monnaie : un emplacement idéal pour courir les fameuses galeries d'art germanopratines. Chambres et salons décorés à l'anglaise.

🏨 **Clos Médicis** BY 4

56 r. Monsieur Le Prince (6e) Ⓜ *Odéon* ℰ 01 43 29 10 80, *message@closmedicis.com, Fax 01 43 54 26 90*

sans rest – 🛗 🗏 📺 ⟨⟩ ⟨⟩. 🅰🅴 ⓪ ⒼⒷ ⒿⒸⒷ. ⟨⟩

⟨⟩ 12 – **38 ch** 220/300.

♦ L'hôtel est entouré par les magnifiques demeures de cette rue "princière". Son intérieur aux couleurs vives ne laisse guère supposer que les murs datent de 1773.

🏨 **Odéon Hôtel** BY 36

3 r. Odéon (6e) Ⓜ *Odéon* ℰ 01 43 25 90 67, *odeon@odeonhotel.fr*, *Fax 01 43 25 55 98*

sans rest – 🛗 ⟨⟩ 🗏 📺 ⟨⟩. 🅰🅴 ⓪ ⒼⒷ ⒿⒸⒷ. ⟨⟩

⟨⟩ 10 – **33 ch** 130/270.

♦ La façade ainsi que les poutres et murs en pierres apparentes des chambres témoignent de l'ancienneté de la maison (17e s.). Salles de bains égayées d'azulejos.

🏨 **de l'Odéon** BY 41

√ 13 r. St-Sulpice (6e) Ⓜ *Odéon* ℰ 01 43 25 70 11, *hotelodeon@wanadoo.fr*, *Fax 01 43 29 97 34*

sans rest – 🛗 🗏 📺 ⟨⟩. 🅰🅴 ⓪ ⒼⒷ ⒿⒸⒷ

⟨⟩ 11 – **29 ch** 145/237.

♦ L'intérieur de cette maison du 16e s. est pour le moins éclectique : lits anciens en cuivre ou à baldaquin, bibelots chinés dans les brocantes, etc. Minijardin luxuriant.

🏨 **Prince de Condé** BX 12

√ 39 r. Seine (6e) Ⓜ *Mabillon* ℰ 01 43 26 71 56, *princedeconde@wanadoo.fr*, *Fax 01 46 34 27 95*

sans rest – 🛗 ⟨⟩ 📺. 🅰🅴 ⓪ ⒼⒷ ⒿⒸⒷ. ⟨⟩

⟨⟩ 13 – **12 ch** 200/310.

♦ Chambres "cosy" récemment rajeunies et cave-salon voûtée élégamment décorée. Les esthètes apprécieront les nombreuses galeries de peintures installées dans la rue.

🏨 **Régent** BX 2

61 r. Dauphine (6e) Ⓜ *Odéon* ℰ 01 46 34 59 80, *hotel.leregent@wanadoo.fr*, *Fax 01 40 51 05 07*

sans rest – 🛗 🗏 📺. 🅰🅴 ⓪ ⒼⒷ ⒿⒸⒷ. ⟨⟩

⟨⟩ 12 – **25 ch** 140/210.

♦ Façade longiligne datant de 1769. Les chambres sont feutrées et bien équipées. Salle des petits-déjeuners en sous-sol, avec murs en pierres apparentes.

🏨 **Minerve** CY 41

13 r. des Ecoles (6e) Ⓜ *Maubert-Mutualité* ℰ 01 43 26 26 04, *minerve@hotellerie.net, Fax 01 44 07 01 96*

sans rest – 🛗 📺 ⟨⟩. 🅰🅴 ⓪ ⒼⒷ ⒿⒸⒷ. ⟨⟩

⟨⟩ 8 – **54 ch** 109/125.

♦ Cet immeuble bâti en 1864 propose son plaisant salon d'accueil (pierres apparentes et mobilier de style) et ses petites chambres de caractère fort bien tenues.

🏨 **Select** CY 32
1 pl. Sorbonne (5e) Ⓜ *Cluny la Sorbonne* ℘ 01 46 34 14 80, *info@selecthotel.fr*, *Fax 01 46 34 51 79*
sans rest – 🛗 🖥 📺 📞. 🅰🅴 ⓪ 🆖 🇯🇨🇧
68 ch � 139/165.
◆ Hôtel résolument contemporain au coeur du Paris estudiantin. Salon aménagé autour d'un verdoyant patio sous verrière. Quelques vues sur les toits depuis certaines chambres.

🏨 **du Levant** CX 10
18 r. Harpe (5e) Ⓜ *St Michel* ℘ 01 46 34 11 00, *hlevant@club-internet.fr*, *Fax 01 46 34 25 87*
sans rest – 🛗 🖥 📺 📞. 🅰🅴 ⓪ 🆖 🇯🇨🇧
⊒ 8 – **47 ch** 95/150.
◆ Photos anciennes et fresque dans la salle des petits-déjeuners, chambres peu à peu refaites : l'hôtel, bâti en 1875 au coeur du Quartier latin, poursuit sa rénovation.

🏨 **d'Albe** CX 46
1 r. Harpe (5e) Ⓜ *St Michel* ℘ 01 46 34 09 70, *albehotel@wanadoo.fr*, *Fax 01 40 46 85 70*
sans rest – 🛗 ⇌ 🖥 📺 📞. 🅰🅴 ⓪ 🆖 🇯🇨🇧. ✗
⊒ 11 – **45 ch** 115/160.
◆ Plaisante décoration moderne dans cet hôtel proposant des chambres un peu petites, mais bien agencées et gaies. Quartier latin, île de la Cité... Paris est à vos pieds !

🏨 **Agora St-Germain** CY 19
42 r. Bernardins (5e) Ⓜ *Maubert Mutualité* ℘ 01 46 34 13 00, *agorastg@club-internet.fr*, *Fax 01 46 34 75 05*
sans rest – 🛗 🖥 📺 📞. 🅰🅴 ⓪ 🆖 🇯🇨🇧. ✗
⊒ 10 – **38 ch** 112/150.
◆ Le décor de cet hôtel voisin de l'église St-Nicolas-du-Chardonnet date des années 1980. Chambres plus calmes côté cour. Salle des petits-déjeuners de style Louis XIII.

🏨 **Bréa** BZ 14
14 r. Bréa (6e) Ⓜ *Vavin* ℘ 01 43 25 44 41, *brea.hotel@wanadoo.fr*, *Fax 01 44 07 19 25*
sans rest – 🛗 🖥 📺 📞. 🅰🅴 🆖. ✗
⊒ 14 – **23 ch** 140/160.
◆ Deux bâtiments reliés par une verrière aménagée en un plaisant salon-jardin d'hiver. Ambiance méditerranéenne dans les chambres, plutôt spacieuses et bien équipées.

🏨 **Ferrandi** AY 48
92 r. Cherche-Midi (6e) Ⓜ *Vaneau* ℘ 01 42 22 97 40, *hotel.ferrandi@wanadoo.fr*, *Fax 01 45 44 89 97*
sans rest – 🛗 🖥 📺 📞. 🅰🅴 ⓪ 🆖 🇯🇨🇧
⊒ 11 – **42 ch** 105/220.
◆ Face au charmant musée Hébert, demeure cossue du 19e s. abritant des chambres bourgeoisement décorées et bien insonorisées. Salons de style Restauration.

🏨 **Dacia-Luxembourg** CY 4
41 bd St-Michel (5e) Ⓜ *Cluny la Sorbonne* ℘ 01 53 10 27 77, *info@hoteldacia.com*, *Fax 01 44 07 10 33*
sans rest – 🛗 🖥 📺 📞. 🅰🅴 ⓪ 🆖 🇯🇨🇧. ✗
⊒ 9 – **38 ch** 120/140.
◆ Nombreuses rénovations dans cet établissement chaleureux du Quartier latin. Beaux jetés de lit en piqué blanc dans des chambres bien équipées (deux avec baldaquin).

🏨 **Marronniers** BX 17
21 r. Jacob (6ᵉ) Ⓜ *St Germain des Prés* ℘ 01 43 25 30 60, *Fax 01 40 46 83 56*
🐾 sans rest – 📶 🖵 📺 📞. GB. ❌
🛏 12 – **37 ch** 155/210.
♦ Tapi au fond d'une verdoyante cour de la belle rue Jacob, l'hôtel abrite de ravissantes petites chambres. Salle des petits-déjeuners en rez-de-jardin, sous une véranda.

🏨 **Pas de Calais** BX 38
59 r. des Saints-Pères (6ᵉ) Ⓜ *St Germain des Prés* ℘ 01 45 48 78 74, *infos@hotelpasdecalais.com, Fax 01 45 44 94 57*
sans rest – 🖵 📺 📞. AE ⓪ GB JCB
🛏 9 – **37 ch** 130/183.
♦ Ce discret hôtel situé sur une rue passante est régulièrement entretenu : chambres et salles de bains rajeunies, couloirs refaits et accueillante salle des petits-déjeuners.

🏨 **Pierre Nicole** BZ 32
39 r. Pierre Nicole (5ᵉ) Ⓜ *Port Royal* ℘ 01 43 54 76 86, *hotelpierre-nicole@voila.fr, Fax 01 43 54 22 45*
🐾 sans rest – 📶 📺. AE ⓪ GB. ❌
🛏 6 – **33 ch** 65/85.
♦ L'enseigne rend hommage au moraliste de Port-Royal. Chambres pratiques, plus ou moins spacieuses. Vous pourrez jogger dans les jardins de l'Observatoire, tout proches.

🏨 **St-Jacques** CY 29
35 r. Écoles (5ᵉ) Ⓜ *Maubert Mutualité* ℘ 01 44 07 45 45, *hotelsaintjacques@wanadoo.fr, Fax 01 43 25 65 50*
sans rest – 📶 📺 📞. AE ⓪ GB JCB. ❌
🛏 7,50 – **35 ch** 85/112.
♦ La rénovation progressive des chambres préserve le cachet ancien de l'établissement : moulures, cheminées et meubles de style. Salle des petits-déjeuners ornée d'une fresque.

🏨 **Maxim** CZ 15
28 r. Censier (5ᵉ) Ⓜ *Censier Daubenton* ℘ 01 43 31 16 15, *h2810-gm@accor-hotels.com, Fax 01 43 31 93 87*
sans rest – 📶 ❌ 📺. AE ⓪ GB JCB
🛏 10 – **36 ch** 103/113.
♦ La Mosquée, le Jardin des Plantes, le marché de la "Mouffe" : un Paris insolite s'offre à vous à deux pas de ces petites bonbonnières tapissées de toile de Jouy.

🏨 **Familia** CY 61
11 r. Écoles (5ᵉ) Ⓜ *Cardinal Lemoine* ℘ 01 43 54 55 27, *familia.hotel@libertysurf.fr, Fax 01 43 29 61 77*
sans rest – 📶 📺. AE ⓪ GB JCB. ❌
🛏 6 – **30 ch** 71/112.
♦ Des "sépias" représentant des monuments de Paris ornent les petites chambres. Salle des petits-déjeuners familiale, agrémentée d'une bibliothèque d'ouvrages anciens.

🏨 **Dauphine St-Germain** BX 33
36 r. Dauphine (6ᵉ) Ⓜ *Odéon* ℘ 01 43 26 74 34, *hotel@dauphine-st-germain.com, Fax 01 43 26 49 09*
sans rest – 📶 ❌ 🖵 📺 📞. AE ⓪ GB JCB
🛏 14 – **30 ch** 184/260.
♦ Les grands couturiers tiennent boutique dans le lacis de ruelles voisinant cet immeuble du 17ᵉ s. Atmosphère d'autrefois, mais confort actuel. Salles de bains en marbre.

Sèvres Azur   AY 58
22 r. Abbé-Grégoire (6ᵉ) Ⓜ *St Placide* ℘ 01 45 48 84 07, *sevres.azur@wanadoo. fr*, Fax 01 42 84 01 55
sans rest – 🛗 📺. 🖭 ⑪ ⓖⓑ ⒿⒸⒷ
⌸ 8 – **31 ch** 78/88.
 ♦ Près du Bon Marché, hôtel aux chambres colorées, parfois pourvues de lits en cuivre. Rue calme et insonorisation efficace : Morphée vous tend les bras !

Tour d'Argent (Terrail)   CY 3
15 quai Tournelle (5ᵉ) ⓂMaubert Mutualité ℘ 01 43 54 23 31, Fax 01 44 07 12 04
≤ Notre-Dame – 🍽 ⌺. 🖭 ⑪ ⓖⓑ ⒿⒸⒷ
fermé 2 au 23 août, mardi midi et lundi – **Repas** 70 (déj.), 150/200 dîner et carte 150 à 220 ⌧.
 ♦ La salle à manger "en plein ciel" offre une vue somptueuse sur Notre-Dame. Cave exceptionnelle, fameux canards de Challans et clients célèbres depuis le 16ᵉ s. Mythique !
Spéc. Quenelles de brochet ''André Terrail''. Canard ''Tour d'Argent''. Poire ''Vie parisienne''.

Jacques Cagna   BX 29
14 r. Grands Augustins (6ᵉ) Ⓜ *St Michel* ℘ 01 43 26 49 39, *jacquescagna@hotm ail.com*, Fax 01 43 54 54 48
🍽. 🖭 ⑪ ⓖⓑ ⒿⒸⒷ
fermé 31 juil. au 25 août, sam. midi, lundi midi et dim. – **Repas** 39 (déj.)/85 et carte 85 à 135.
 ♦ Dans l'une des plus anciennes maisons du vieux Paris, confortable salle à manger ornée de poutres massives, boiseries du 16ᵉ s. et tableaux flamands. Cuisine raffinée.
Spéc. Foie gras poêlé aux fruits de saison caramélisés. Noix de ris de veau en croûte de sel. Gibier (saison).

Paris - Hôtel Lutétia   BY 2
45 bd Raspail (6ᵉ) Ⓜ *Sèvres Babylone* ℘ 01 49 54 46 90, *lutetia-paris@lutetia-p aris.com*, Fax 01 49 54 46 00
🍽 ⌺. 🖭 ⑪ ⓖⓑ ⒿⒸⒷ
fermé août, sam., dim. et fériés – **Repas** 37 (déj.), 60/120 dîner et carte 75 à 100.
 ♦ Fidèle au style de l'hôtel, la salle de restaurant Art déco, signée Sonia Rykiel, reproduit l'un des salons du paquebot Normandie. Talentueuse cuisine au goût du jour.
Spéc. Cannelloni de foie gras à la truffe. Turbot cuit sur sel de Guérande. Le ''tout chocolat''.

Relais Louis XIII (Martinez)   BX 4
8 r. Grands Augustins (6ᵉ) Ⓜ *Odéon* ℘ 01 43 26 75 96, *rl13@free.fr*, Fax 01 44 07 07 80
🍽 ⌺ soir. 🖭 ⓖⓑ ⒿⒸⒷ. ⌘
fermé 8 au 31 août, dim. et lundi – **Repas** 45 (déj.), 68/89 et carte 105 à 135 ⌧.
 ♦ Dans une maison du 16ᵉ s., trois intimes salles à manger de style Louis XIII où règnent balustres, tissus à rayures et pierres apparentes. Subtile cuisine au goût du jour.
Spéc. Ravioli de homard, foie gras et crème de cèpes. Caneton challandais rôti aux épices, pommes de terre soufflées. Millefeuille à la vanille

Hélène Darroze
BY 5

❀❀ 4 r. d'Assas (6e) Ⓜ *Sèvres Babylone* ℘ 01 42 22 00 11, *helene.darroze@wanado o.fr*, Fax 01 42 22 25 40

▤ ⊡🍴 🖭 ⅁⅃

fermé lundi sauf le soir de mi-juil. à fin août, mardi midi et dim. – **Repas** *(dîner seul. du 17 juil. au 31 août)* 61 (déj.), 205 bc et carte 100 à 150 ☕

Salon (fermé 17 juil. au 23 août, dim. et lundi) **Repas** *(29)bc*-33(déj)bc/95bc.

✦ Près du Bon Marché, décor contemporain haut en couleur où l'on se régale d'une délicieuse cuisine et de vins du Sud-Ouest. Au rez-de-chaussée du restaurant, Hélène Darroze tient Salon et propose tapas et petits plats au rustique accent des Landes.

Spéc. Huîtres en gelée de pomme verte et caviar, crème glacée au foie gras (nov. à avril). Oeuf coque, asperges, mousserons, foie gras, mouillettes à la truffe (printemps). Baba au vieil armagnac.

Procope
BX 30

13 r. Ancienne Comédie (6e) Ⓜ *Odéon* ℘ 01 40 46 79 00, *procope@blanc.net*, Fax 01 40 46 79 09

▤. 🖭 ⓞ ⅁⅃

Repas *(18,50)* - 30 et carte 40 à 60 ☿.

✦ Un monument historique ! Le plus vieux café littéraire de Paris accueille toujours, dans ses salons de caractère, gens de théâtre, artistes et touristes. Plats traditionnels.

Lapérouse
BX 6

51 quai Grands Augustins (6e) Ⓜ *St Michel* ℘ 01 43 26 68 04, *restaurantlaperou se@wanadoo.fr*, Fax 01 43 26 99 39

▤ ⊡🍴. 🖭 ⓞ ⅁⅃

fermé 25 juil. au 20 août, sam. midi et dim. – **Repas** 30 (déj.)/85 et carte 65 à 94.

✦ Fondé en 1766, rendez-vous du Tout-Paris dès la fin du 19e s. et réputé pour ses petits salons discrets : l'esprit de cet élégant restaurant est entretenu avec passion.

Mavrommatis
CZ 55

42 r. Daubenton (5e) Ⓜ *Censier Daubenton* ℘ 01 43 31 17 17, *andreas@mavro mmatis.fr*, Fax 01 43 36 13 08

▤. 🖭 ⅁⅃ ⅉⅭⅤ. ⅌

fermé lundi – **Repas** *(20)* - 29,80 et carte 40 à 55 ☿.

✦ L'ambassade de la cuisine grecque à Paris. Pas de folklore mais un cadre sobre, élégant et confortable rehaussé par un éclairage soigné. Accueil attentionné. Terrasse d'été.

La Truffière
CY 45

4 rue Blainville (5e) Ⓜ *Place Monge* ℘ 01 46 33 29 82, *restaurant.latruffiere@w anadoo.fr*, Fax 01 46 33 64 74

▤. 🖭 ⓞ ⅁⅃ ⅉⅭⅤ

fermé lundi – **Repas** 17 (déj.) et carte 62 à 87 ☿ ☕.

✦ Cette maison du 17e s. abrite deux salles à manger : l'une rustique (poutres) et l'autre voûtée. Cuisine traditionnelle inspirée par le Sud-Ouest ; belle carte des vins.

Marty
CZ 10

20 av. Gobelins (5e) Ⓜ *Les Gobelins* ℘ 01 43 31 39 51, *restaurant.marty@wanad oo.fr*, Fax 01 43 37 63 70

▤. 🖭 ⓞ ⅁⅃ ⅉⅭⅤ

Repas 36 et carte 38 à 62, enf. 13,50 ☿.

✦ Cette grande brasserie au plaisant cadre des années 1930 est, à midi, la "cantine" des journalistes du Monde, venus en voisin. La carte met à l'honneur les produits de la mer.

XX **Ziryab** DY 2
à l'Institut du Monde Arabe, 1 r. Fossés-St-Bernard (5e) Ⓜ *Jussieu*
🖋 01 53 10 10 19, *ima@sodexho-prestige.fr*, Fax 01 44 07 30 98
🍃 Paris, 🏠 – 🗐. 🆎 ⓪ ⒼⒷ ⒿⒸⒷ. 🚫
fermé dim. soir et lundi – **Repas** 26/34 et carte 40 à 50 ℤ.
 ◆ Situé au dernier étage de l'IMA, ce lumineux restaurant au cadre design et
sa terrasse panoramique offrent une superbe vue sur Notre-Dame et la Seine.
Cuisine orientale.

XX **Bastide Odéon** BY 33
7 r. Corneille (6e) Ⓜ *Odéon* 🖋 01 43 26 03 65, *bastide.odeon@wanadoo.fr*,
Fax 01 44 07 28 93
🗐. 🆎 ⒼⒷ
fermé 5 au 30 août, 30 déc. au 7 janv., dim. et lundi – **Repas** carte 36 à 42 ℤ.
 ◆ Proche du Luxembourg, agréable et confortable salle de restaurant dont
le décor rappelle l'intérieur d'une bastide provençale. Spécialités méditerranéennes.

XX **Yugaraj** BX 7
14 r. Dauphine (6e) Ⓜ *Odéon* 🖋 01 43 26 44 91, *contact@yugaraj.com*,
Fax 01 46 33 50 77
🗐. 🆎 ⓪ ⒼⒷ ⒿⒸⒷ
fermé août, jeudi midi et lundi – **Repas** 31/39 et carte 50 à 65.
 ◆ Boiseries, panneaux décoratifs, soieries et objets d'art anciens donnent à
ce haut lieu de la gastronomie indienne des airs de musée. Carte très bien
renseignée.

XX **Alcazar** BX 19
62 r. Mazarine (6e) Ⓜ *Odéon* 🖋 01 53 10 19 99, *contact@alcazar.fr*,
Fax 01 53 10 23 23
🗐. 🆎 ⓪ ⒼⒷ ⒿⒸⒷ
Repas *(16)* - 26 bc (déj.) et carte 38 à 60, enf. 13.
 ◆ Le cabaret froufroutant de J.-M. Rivière s'est converti en vaste restaurant
"branché" au cadre design. Tables avec vue sur les fourneaux, cuisine au goût
du jour.

XX **Chez Maître Paul** BX 27
12 r. Monsieur-le-Prince (6e) Ⓜ *Odéon* 🖋 01 43 54 74 59, *chezmaitrepaul@aol.
com*, Fax 01 43 54 43 74
🗐. 🆎 ⓪ ⒼⒷ
fermé dim. et lundi en juil.-août – **Repas** 28/33 bc et carte 34 à 60 ℤ.
 ◆ Façade anodine et salle à manger d'une grande sobriété décorative, dans
une rue où souffle l'esprit du Quartier latin. Recettes et vins du Jura.

XX **Yen** BX 25
22 r. St-Benoît (6e) Ⓜ *St Germain des Prés* 🖋 01 45 44 11 18, *restau-yen@wana
doo.fr*, Fax 01 45 44 19 48
🗐. 🆎 ⓪ ⒼⒷ ⒿⒸⒷ
fermé 1er au 15 août et dim. midi – **Repas** *(18,50)* - 40 et carte 36 à 54 ℤ.
 ◆ Deux salles à manger au décor japonais très épuré, un peu plus chaleureux
à l'étage. La carte fait la part belle à la spécialité du chef : le soba (nouilles de
sarrasin).

X **Atelier Maître Albert** CY 20
1 r. Maître Albert (5e) Ⓜ *Maubert Mutualité* 🖋 01 56 81 30 01, *ateliermaitrealbe
rt@guysavoy.com*, Fax 01 53 10 83 23
🗐. 🆎 ⓪ ⒼⒷ ⒿⒸⒷ
fermé dim. – **Repas** (dîner seul.) carte 40 à 55.
 ◆ Une nouvelle équipe est venu réveiller cette institution : cheminée médiévale et poutres apparentes côtoient désormais un cadre design. Viandes à la
broche et plats mitonnés.

X **Rotonde** BZ 16
105 bd Montparnasse (6e) Ⓜ *Vavin* ℘ 01 43 26 68 84, *Fax 01 46 34 52 40*
▤. ᴬᴱ ᴳᴮ ᴶᶜᴮ
Repas 33 et carte 37 à 49 ♈.
♦ Pour souper après le spectacle (les théâtres de la rue de la Gaîté sont à deux pas) : cette typique brasserie parisienne du début du 20e s. vous recevra même après minuit !

X **Café des Délices** BZ 5
87 r. Assas (6e) Ⓜ *Port Royal* ℘ 01 43 54 70 00, *Fax 01 43 26 42 05*
▤. ᴬᴱ ⓪ ᴳᴮ ᴶᶜᴮ
fermé 26 juil. au 17 août, sam. et dim. – **Repas** carte 31 à 42.
♦ Ce "café" là n'est pas sur le port de Tunis, mais sa cuisine marie tout de même parfums et épices. Tissus, couleurs et bois décorent ce lieu que l'on fréquente avec délice.

X **Quai V** CY 8
25 quai Tournelle (5e) Ⓜ *Maubert Mutualité* ℘ 01 43 54 05 17, *contact@aol.com, Fax 01 43 29 74 93*
▤. ᴬᴱ ⓪ ᴳᴮ
fermé sam. midi, lundi midi et dim. – **Repas** *(17 bc)* - 22 bc (déj.), 28,50/ 37,50 et carte 42 à 56 ♈.
♦ Sur les quais de Seine, ce petit restaurant aux couleurs ensoleillées propose une cuisine provençale accompagnée d'une belle sélection de vins méridionaux au verre.

X **Marlotte** AY 22
55 r. Cherche-Midi (6e) Ⓜ *St Placide* ℘ 01 45 48 86 79, *infos@lamarlotte, Fax 01 45 44 34 80*
▤. ᴬᴱ ⓪ ᴳᴮ ᴶᶜᴮ
fermé 3 au 25 août et dim. – **Repas** carte 30 à 40.
♦ Près du Bon Marché, sympathique adresse de quartier où l'on croise éditeurs et politiciens. Salle des repas tout en longueur, décor rustique et cuisine traditionnelle.

X **L'Épi Dupin** AY 3
⊛ 11 r. Dupin (6e) Ⓜ *Sèvres Babylone* ℘ 01 42 22 64 56, *lepidupin@wanadoo.fr, Fax 01 42 22 30 42*, ⌂ – ᴳᴮ
fermé 31 juil. au 26 août, lundi midi, sam. et dim. – **Repas** (nombre de couverts limité, prévenir) *(20)* - 30.
♦ Poutres et pierres pour le caractère, tables serrées pour la convivialité et délicieuse cuisine pour se régaler : ce restaurant de poche a conquis le quartier du Bon Marché.

X **Dominique** BZ 21
19 r. Bréa (6e) Ⓜ *Vavin* ℘ 01 43 27 08 80, *restaurant.dominique@mageos.com, Fax 01 43 27 03 76*
▤. ᴬᴱ ⓪ ᴳᴮ ᴶᶜᴮ
fermé 25 juil. au 24 août, dim. et lundi – **Repas** (dîner seul.) 40/ 98 et carte 43 à 70.
♦ À la fois bar à vodkas, épicerie et restaurant : un haut lieu de la cuisine russe à Paris. Dégustations de zakouskis côté bistrot, dîner aux chandelles dans la salle du fond.

X **Brasserie Lipp** BX 70
151 bd St-Germain (6e) Ⓜ *St-Germain-des-Prés* ℘ 01 45 48 53 91, *lipp@magic. fr, Fax 01 45 44 33 20*
▤. ᴬᴱ ⓪ ᴳᴮ
Repas carte 33 à 52.
♦ Fondée en 1880, cette brasserie est une institution germanopratine. Choisissez la salle du rez-de-chaussée pour admirer céramiques, plafonds peints et... célébrités !

✗ Les Bouquinistes   BX 56
53 quai Grands Augustins (6ᵉ) Ⓜ *St Michel* ℘ 01 43 25 45 94, *bouquinistes@gu ysavoy.com*, Fax 01 43 25 23 07

▤. 𝔸𝔼 ⓪ ⅭⒷ

fermé sam. midi et dim. – **Repas** *(24)* - 27 (déj.), 35/45 (déj.) et carte 50 à 60.

◆ Face aux bouquinistes des quais, une cuisine originale dans un cadre moderniste créé par le jazzman D. Humair : mobilier design, lampes colorées et peintures abstraites.

✗ L'Espadon Bleu   BX 31
25 r. Grands Augustins (6ᵉ) Ⓜ *St Michel* ℘ 01 46 33 00 85, *jacquescagna@hotm ail.com*, Fax 01 43 54 54 48

▤. 𝔸𝔼 ⓪ ⅭⒷ ⱼⒸⒷ

fermé août, dim. et lundi – **Repas** *(24)* - 28 (déj.)/41.

◆ Sympathique maison spécialisée dans les produits de la mer. Les espadons, bien sûr de la fête, ornent les murs de pierres apparentes et les tables en mosaïque.

✗ Les Délices d'Aphrodite   CZ 12
4 r. Candolle (5ᵉ) Ⓜ *Censier Daubenton* ℘ 01 43 31 40 39, *andreas@mavromm atis.fr*, Fax 01 43 36 13 08

▤. 𝔸𝔼 ⅭⒷ ⱼⒸⒷ ⌇

fermé dim. – **Repas** *(18,50)* - carte 31 à 45.

◆ Bistrot de poche à l'atmosphère "vacances" : photos de paysages hellé-niques, plafond tapissé de lierre et cuisine grecque embaumant l'huile d'olive.

✗ Emporio Armani Caffé   BX 20
149 bd St-Germain (6ᵉ) Ⓜ *St Germain des Prés* ℘ 01 45 48 62 15, Fax 01 45 48 53 17

▤. 𝔸𝔼 ⓪ ⅭⒷ ⱼⒸⒷ

fermé dim. – **Repas** carte 30 à 55.

◆ Au premier étage de la boutique du grand couturier, un "caffé" chic à l'italienne, sobre et confortable, à la clientèle très "rive gauche". Cuisine transalpine.

✗ Joséphine "Chez Dumonet"   AY 37
117 r. Cherche-Midi (6ᵉ) Ⓜ *Duroc* ℘ 01 45 48 52 40, Fax 01 42 84 06 83

𝔸𝔼 ⅭⒷ

fermé en août, sam. et dim. – **Repas** carte 46 à 77 ℬ.

◆ Authentique représentant des années folles avec zinc, banquettes et décor de bistrot patiné. On y propose une belle carte des vins et une cuisine traditionnelle.

✗ Moissonnier   CY 14
28 r. Fossés-St-Bernard (5ᵉ) Ⓜ *Jussieu* ℘ 01 43 29 87 65, Fax 01 43 29 87 65

ⅭⒷ

fermé août, dim. et lundi – **Repas** 23 (déj.) et carte 31 à 45 ℤ.

◆ Le décor typique de ce bistrot n'a pas changé depuis des lustres : zinc rutilant, murs patinés, banquettes... Cuisine d'ascendance lyonnaise et "pots" de beaujolais.

✗ Allard   BX 11
1 r. de l'Eperon (6ᵉ) Ⓜ *St Michel* ℘ 01 43 26 48 23, Fax 01 46 33 04 02

▤. 𝔸𝔼 ⓪ ⅭⒷ ⱼⒸⒷ

fermé 1ᵉʳ au 23 août et dim. – **Repas** *(22,90)* - 30,50 et carte 43 à 75.

◆ Recettes façon grand-mère, atmosphère conviviale, zinc d'époque, gra-vures et tableaux illustrant des scènes de la vie bourguignonne font le charme de ce bistrot 1900.

✂ **Bistrot de la Catalogne** BX 2

🐌 4 cour du Commerce St-André (6e) Ⓜ *Odéon* 🕿 01 55 42 16 19, *tourisme@mai sondelacatalogne.com, Fax 01 55 42 16 33*

Ⓐ Ⓞ Ⓖ . 🍴

fermé août, dim. et lundi – **Repas** 12 (déj.), 15/19 et carte 32 à 48.

◆ La Maison de la Catalogne occupe cette bâtisse du 18e s. nichée dans une ruelle pavée. Ambiance très décontractée, formules tapas et autres spécialités de la province.

✂ **Bauta** BZ 7

129 bd Montparnasse (6e) Ⓜ *Vavin* 🕿 01 43 22 52 35, *Fax 01 43 22 10 99*

Ⓐ Ⓞ Ⓖ Ⓙ

fermé août, sam. midi et dim. – **Repas** *(16,90 bc)* - 23,20 (déj.) et carte 44 à 61 ⵠ.

◆ Décoration foisonnante à base de "bautas" (masques), gravures et bibelots évoquant la Cité des Doges et son célèbre carnaval. Cuisine "cent pour cent" vénitienne.

✂ **Coco de Mer** DZ 2

34 bd St-Marcel (5e) Ⓜ *St Marcel* 🕿 01 47 07 06 64, *frichot@seychelles-saveurs. com*

Ⓐ Ⓖ

fermé août, lundi midi et dim. – **Repas** 23/30.

◆ Mare de la grisaille ? Direction les Seychelles : ti-punch pieds nus dans le sable fin de la véranda et recettes des îles d'où l'on fait arriver le poisson chaque semaine.

✂ **Au Moulin à Vent** CY 39

20 r. Fossés-St-Bernard (5e) Ⓜ *Jussieu* 🕿 01 43 54 99 37, *Fax 01 40 46 92 23*

Ⓞ Ⓖ . 🍴

fermé 1er au 23 août, 24 déc. au 3 janv., sam. midi, dim. et lundi – **Repas** carte 38 à 50.

◆ Depuis 1948, rien n'a changé dans ce bistrot parisien ; le joli décor "rétro" s'est patiné avec les ans et la cuisine traditionnelle s'est enrichie de spécialités de viandes.

✂ **Rôtisserie d'en Face** BX 8

2 r. Christine (6e) Ⓜ *Odéon* 🕿 01 43 26 40 98, *rotisface@aol.com, Fax 01 43 54 22 71*

🍽 . Ⓐ Ⓞ Ⓖ Ⓙ

fermé sam. midi et dim. – **Repas** *(24)* - 27 (déj.), 39/56 et carte 39 à 65.

◆ En face de quoi ? Du restaurant de Jacques Cagna qui a créé ici un sympathique "bistrot de chef". Cadre aux tons ocre, sobrement élégant. Ambiance décontractée.

✂ **Les Bouchons de François Clerc** CY 16

12 r. Hôtel Colbert (5e) Ⓜ *Maubert Mutualité* 🕿 01 43 54 15 34, *Fax 01 46 34 68 07*

Ⓐ Ⓖ Ⓙ

fermé sam. midi et dim.

Repas *(30)* - 41 🕮 .

◆ Peu d'espace dans cette maison du vieux Paris (17e s.), mais quel charme ! La salle à manger principale est ornée d'un tournebroche. Belle carte des vins à prix sages.

✂ **Rôtisserie du Beaujolais** CY 4

19 quai Tournelle (5e) Ⓜ *Maubert Mutualité* 🕿 01 43 54 17 47, *Fax 01 56 24 43 71*

🍽 . Ⓖ

fermé lundi – **Repas** carte 34 à 55 ⵠ.

◆ Cette rôtisserie au décor de bistrot offre un plaisant coup d'oeil sur les quais de la Seine. Plats traditionnels, quelquefois lyonnais, et belle sélection de beaujolais.

✕ **Buisson Ardent**　　　　　　　　　　　　　　　　CY 62
25 r. Jussieu (5e) Ⓜ *Jussieu* ✆ 01 43 54 93 02, *Fax 01 46 33 34 77*
🏠 – 🆎 ⓪ 🈁
fermé août, sam. et dim.
Repas 15 (déj.), 28/35 bc et carte 30 à 41 ⅋.
◆ Ambiance bon enfant en ce petit restaurant de quartier fréquenté à midi par les universitaires de Jussieu. Fresques originales datant de 1923. Plats traditionnels.

✕ **Balzar**　　　　　　　　　　　　　　　　　　　CY 38
49 r. Écoles (5e) Ⓜ *Cluny la Sorbonne* ✆ 01 43 54 13 67, *Fax 01 44 07 14 91*
🍽️. 🆎 🈁 🈷️
Repas carte 35 à 38.
◆ Une "institution" à deux pas de la Sorbonne : cette brasserie est devenue, avec son immuable cadre 1930, la "cantine" des universitaires et intellectuels du Quartier latin.

✕ **Cafetière**　　　　　　　　　　　　　　　　　　BX 63
21 r. Mazarine (6e) Ⓜ *Odéon* ✆ 01 46 33 76 90, *Fax 01 43 25 76 90*
🍽️. 🆎 ⓪ 🈁. 🚫
fermé août, vacances de Noël, dim. et lundi
Repas 20 (déj.) et carte 35 à 50.
◆ Cadre de bistrot égayé d'une originale collection de vieilles cafetières émaillées. La salle située à l'étage est plus grande et plus calme. Cuisine à dominante corse.

✕ **Ma Cuisine**　　　　　　　　　　　　　　　　　CY 72
26 bd St-Germain (5e) Ⓜ *Maubert Mutualité* ✆ 01 40 51 08 27, *Fax 01 40 51 08 52*
🈁
fermé 10 au 20 août – **Repas** 32 bc et carte 36 à 54.
◆ L'enseigne revendique une cuisine traditionnelle maison, mitonnée par le patron. Salle à manger fraîchement égayée de tons pastel et d'un mobilier bistrot.

✕ **Marmite et Cassolette**　　　　　　　　　　　　BZ 64
157 bd Montparnasse (6e) Ⓜ *Port Royal* ✆ 01 43 26 26 53, *Fax 01 43 26 43 40*
🈁
fermé 15 au 31 août, sam. midi et dim. – **Repas** *(15,50)* - 19,50 et carte 25 à 48.
◆ Restaurant familial situé entre l'Observatoire et le jardin du Luxembourg. Mobilier bistrot, lambris, tons ensoleillés et véranda. Plats traditionnels et du Sud-Ouest.

✕ **Reminet**　　　　　　　　　　　　　　　　　　CY 25
3 r. Grands Degrés (5e) Ⓜ *Maubert Mutualité* ✆ 01 44 07 04 24
🈁
fermé 9 au 29 août, 15 au 28 fév., mardi et merc. – **Repas** 17 (sauf week-end) et carte 32 à 50.
◆ À deux pas des quais et de Notre-Dame, salle de restaurant tout en longueur, dont le cadre bistrot s'égaye de jeux de lumière créés par lustres, bougies et miroirs.

✕ **Chez Marcel**　　　　　　　　　　　　　　　　BY 3
7 r. Stanislas (6e) Ⓜ *Notre Dame des Champs* ✆ 01 45 48 29 94
🈁 – *fermé août, sam. et dim.* – **Repas** *(14)* - carte 27 à 37 ⅋.
◆ Une vraie adresse de quartier avec son décor patiné par le temps (banquettes, cuivres, vieux bibelots) et son esprit "bouchon". Généreuse cuisine aux accents lyonnais.

X **Ze Kitchen Galerie**   BX 5

4 r. Grands Augustins (6e) Ⓜ St Michel ℘ 01 44 32 00 32, *zekitchen.galerie@wa nadoo.fr, Fax 01 44 32 00 33*

▤ . ⒶⒺ ⓪ ⒼⒷ ⒿⒸⒷ

fermé sam. midi et dim. – **Repas** *(21)* - 32 (déj.) et carte 43 à 55.

◆ Ze Kitchen est "Ze" adresse "tendance" des quais rive gauche : cadre épuré égayé d'oeuvres d'artistes contemporains, mobilier design et cuisine "mode" élaborée sous vos yeux.

X **Palanquin**   BX 15

12 r. Princesse (6e) Ⓜ Mabillon ℘ 01 43 29 77 66, *info@lepalanquin.com*

▤ . ⒼⒷ

fermé 9 au 22 août, lundi midi et dim. – **Repas** 12,50 (déj.), 20,70/ 26,90 et carte 26 à 33.

◆ Point de "palanquin", mais quelques notes orientales rappelant que dans ce cadre rustique aux pierres et poutres apparentes, on savoure une cuisine vietnamienne.

X **Table de Fès**   BY 12

5 r. Ste-Beuve (6e) Ⓜ Notre Dame des Champs ℘ 01 45 48 07 22

▤ . ⒼⒷ

fermé 25 juil. au 29 août et dim. – **Repas** (dîner seul.) carte 44 à 55.

◆ Derrière la discrète devanture, deux petites salles de restaurant au cadre soigné, agrémenté d'objets provenant du Maroc. Authentique cuisine du pays.

X **Pré Verre**   CY 73

8 r. Thénard (5e) Ⓜ Maubert-Mutualité ℘ 01 43 54 59 47

▤ . ⒼⒷ – **Repas** *(12)* - 25 ♈.

◆ Plats actuels sagement épicés, vins sélectionnés, décor de bistrot mo- derne, ambiance animée et prix très sages : l'inventaire à la Pré Verre justifie que l'on s'y précipite !

X **Petit Pontoise**   CY 40

9 r. Pontoise (5e) Ⓜ Maubert Mutualité ℘ 01 43 29 25 20, *Fax 01 43 25 35 93*

▤ . ⒶⒺ ⒼⒷ – *fermé dim. et lundi en juil.-août* – **Repas** carte 30 à 45 ♈.

◆ À deux pas des quais de la Seine et de Notre-Dame, bistrot de quartier décoré dans le style des années 1950. Plats présentés sur ardoise. Clientèle d'habitués.

X **Lhassa**   CY 27
🥢

13 r. Montagne Ste-Geneviève (5e) Ⓜ Maubert Mutualité ℘ 01 43 26 22 19, *Fax 01 42 17 00 08*

ⒼⒷ – *fermé lundi* – **Repas** 11 (déj.), 13/21 et carte 18 à 30 ♈.

◆ Comme son nom le laisse deviner, petit restaurant entièrement dédié au Tibet : tissus colorés, objets artisanaux, photos du dalaï-lama et plats typiques du pays.

Tour Eiffel ————————————————
École Militaire ————————————————
Invalides ————————————————

7e arrondissement

7e : ✉ 75007

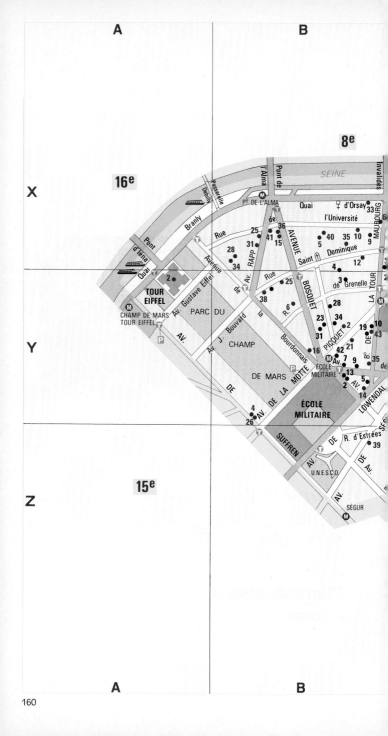

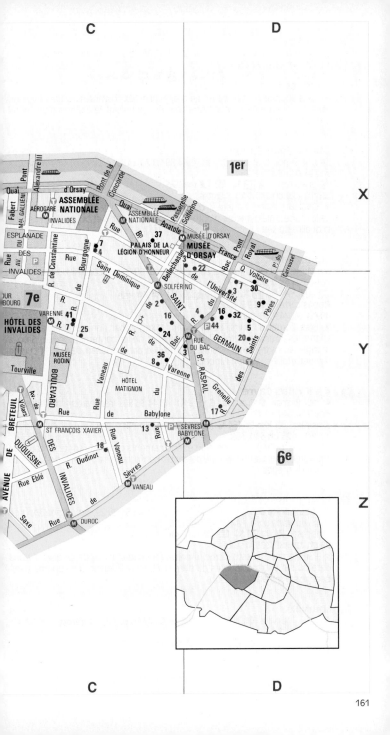

🏛 Pont Royal
DY 32

7 r. Montalembert Ⓜ *Rue du Bac* ℘ 01 42 84 70 00, *hpr@hotel-pont-royal.com*, *Fax 01 42 84 71 00*

sans rest, 🛁 – 📶 💱 🔲 📺 📞 ♿ – 🏊 35. 🅰🅴 ⓪ 🅶🅱 🅹🅲🅱

⌑ 26 – **64 ch** 370/420, 11 suites.

♦ Tons audacieux et boiseries en acajou dans les chambres : on peut vouloir vivre la bohème germanopratine tout en appréciant le confort d'un "hôtel littéraire" raffiné !

🏛 Duc de Saint-Simon
CY 24

14 r. St-Simon Ⓜ *Rue du Bac* ℘ 01 44 39 20 20, *duc.de.saint.simon@wanadoo.fr*, *Fax 01 45 48 68 25*

🔽 sans rest – 📶 🔲 📺 📞. 🅰🅴 ⓪ 🅶🅱. 🚫

⌑ 15 – **29 ch** 245/280, 5 suites.

♦ Couleurs gaies, boiseries, objets et meubles anciens : l'atmosphère est celle d'une belle demeure d'autrefois. Accueil courtois et quiétude ajoutent à la qualité du lieu.

🏛 Montalembert
DY 16

3 r. Montalembert Ⓜ *Rue du Bac* ℘ 01 45 49 68 68, *welcome@montalembert.com*, *Fax 01 45 49 69 49*

🌳 – 📶 💱 🔲 📺 📞 🚗 – 🏊 20. 🅰🅴 ⓪ 🅶🅱 🅹🅲🅱

Repas carte 50 à 69 ♈ – ⌑ 20

48 ch 340/430, 8 suites.

♦ Bois sombres, cuirs, verre, acier, coloris tabac, prune, lilas, etc. : les chambres réunissent tous les ingrédients de la contemporanéité. Salle à manger au cadre design, terrasse protégée par un rideau de buis et cuisine "en deux tailles"... selon l'appétit !

🏛 K + K Hotel Cayré
DY 3

4 bd Raspail Ⓜ *Rue du Bac* ℘ 01 45 44 38 88, *reservations@kkhotels.fr*, *Fax 01 45 44 98 13*

sans rest – 📶 💱 🔲 📺 📞 ♿. 🅰🅴 ⓪ 🅶🅱 🅹🅲🅱. 🚫

⌑ 20 – **125 ch** 330/388.

♦ Espace, bonne insonorisation et équipements complets sont les atouts de cet hôtel situé sur une avenue passante. Confortable salon garni de profonds fauteuils grèges.

🏛 Bourgogne et Montana
CX 7

3 r. Bourgogne Ⓜ *Assemblée Nationale* ℘ 01 45 51 20 22, *bmontana@bourgogne-montana.com*, *Fax 01 45 56 11 98*

sans rest – 📶 🔲 📺 📞. 🅰🅴 ⓪ 🅶🅱 🅹🅲🅱

28 ch ⌑ 165/305, 4 suites.

♦ Raffinement et esthétisme imprègnent chaque pièce de ce discret hôtel daté du 18e s. Les chambres du dernier étage ménagent une superbe perspective sur le Palais-Bourbon.

🏛 Tourville
BY 9

16 av. Tourville Ⓜ *Ecole Militaire* ℘ 01 47 05 62 62, *hotel@tourville.com*, *Fax 01 47 05 43 90*

sans rest – 📶 💱 🔲 📺 📞. 🅰🅴 ⓪ 🅶🅱 🅹🅲🅱

⌑ 20 – **30 ch** 150/310.

♦ Couleurs acidulées, heureux mélange de mobilier moderne et de style et tableaux dans des chambres raffinées. Salon décoré par l'atelier David Hicks. Service attentionné.

Verneuil DY 9

8 r. Verneuil ⓜ *Musée d'Orsay* ☏ 01 42 60 82 14, *hotelverneuil@wanadoo.fr,*
Fax 01 42 61 40 38

sans rest – 🛗 📺 ☏. 🅰🅴 ⓞ 🆖. 🚫

⌚ 12 – **26 ch** 125/190.

◆ Vieil immeuble du "carré rive gauche" aménagé dans l'esprit d'une maison particulière. Élégantes chambres (gravures). Au n° 5 bis, un mur tagué signale la maison de Gainsbourg.

 Lenox Saint-Germain DY 5

9 r. Université ⓜ *St-Germain des Prés* ☏ 01 42 96 10 95, *hotel@lenoxsaintger main.com, Fax 01 42 61 52 83*

sans rest – 🛗 ▤ 📺 ☏. 🅰🅴 ⓞ 🆖 🆓. 🚫

⌚ 12,50 – **29 ch** 120/160, 5 suites.

◆ Un luxe discret s'est glissé dans ces chambres, pas très grandes mais joliment aménagées. Fresques "égyptiennes" dans la salle des petits-déjeuners. Bar de style Art déco.

 d'Orsay CX 3

93 r. Lille ⓜ *Solférino* ☏ 01 47 05 85 54, *hotel.orsay@esprit-de-france.com, Fax 01 45 55 51 16*

sans rest – 🛗 📺 ☏ ♿. 🅰🅴 ⓞ 🆖 🆓. 🚫

⌚ 9 – **41 ch** 118/165.

◆ L'hôtel occupe deux beaux immeubles de la fin du 18e s. récemment rénovés. Jolies chambres personnalisées et chaleureux salon avec vue sur un charmant et verdoyant patio.

 Eiffel Park Hôtel BY 3

17 bis r. Amélie ⓜ *Latour Maubourg* ☏ 01 45 55 10 01, *reservation@eiffelpark. com, Fax 01 47 05 28 68*

sans rest – 🛗 ▤ 📺 ☏. 🅰🅴 ⓞ 🆖. 🚫

⌚ 12 – **36 ch** 155/185.

◆ Les meubles peints "à l'ancienne" et les objets chinois et indiens vous plongeront dans une atmosphère exotique. Terrasse au dernier étage, très agréable l'été.

 Walt BY 42

37 av. de La Motte Picquet ⓜ *Ecole Militaire* ☏ 01 45 51 55 83, *lewalt@inwood hotel.com, Fax 01 47 05 77 59*

🖼 – 🛗 ✂ ▤ 📺 ☏ ♿. 🅰🅴 ⓞ 🆖 🆓. 🚫

Repas *(24)* - 28 ♀ – ⌚ 18

25 ch 240/310.

◆ Un imposant portrait façon Renaissance à la tête du lit et des meubles contemporains font toute l'originalité des chambres de ce nouvel hôtel voisin de l'École militaire. Cadre moderne et coloré ou petite terrasse tranquille pour une cuisine au goût du jour.

🖼 **Les Jardins d'Eiffel** BX 4

8 r. Amélie ⓜ *Latour Maubourg* ☏ 01 47 05 46 21, *paris@hoteljardinseiffel.co m, Fax 01 45 55 28 08*

sans rest – 🛗 ✂ ▤ 📺 ☏ 🚗. 🅰🅴 ⓞ 🆖 🆓. 🚫

⌚ 14 – **80 ch** 133/161.

◆ Dans une rue calme, établissement récemment agrandi où l'on choisira plutôt les chambres de l'annexe, gaiement colorées et donnant parfois sur le jardin intérieur.

🏨 Relais Bosquet   BY 31
19 r. Champ-de-Mars Ⓜ *Ecole Militaire* 🕾 01 47 05 25 45, *hotel@relaisbosquet.com, Fax 01 45 55 08 24*
sans rest – 📶 🗐 📺 📞. 🆎 ⓪ ☉ 🔘
🍽 10,50 – **40 ch** 130/165.
◆ Cet hôtel discret dissimule un intérieur joliment meublé dans le style Directoire. Chambres rénovées, toutes décorées avec le même souci du détail, et délicates attentions.

🏨 Timhôtel Invalides   BX 30
35 bd La Tour Maubourg Ⓜ *Latour Maubourg* 🕾 01 45 56 10 78, *invalides@timhotel.fr, Fax 01 47 05 65 08*
sans rest – 📶 ✲ 🗐 📺 📞. 🆎 ⓪ ☉ 🔘
🍽 10 – **30 ch** 185/265.
◆ Dominante de rouge brique et de blanc, meubles de style Louis XVI et reproductions de tableaux impressionnistes caractérisent les chambres de cet immeuble du 19e s.

🏨 Muguet   BY 19
11 r. Chevert Ⓜ *Ecole Militaire* 🕾 01 47 05 05 93, *muguet@wanadoo.fr, Fax 01 45 50 25 37*
sans rest – 📶 ✲ 🗐 📺 📞. 🆎 ☉. ⛉
🍽 8 – **48 ch** 97/105.
◆ Adresse nichée dans une rue tranquille. Hall contemporain et chambres dotées d'un mobilier de style Louis-Philippe (trois ont vue sur la tour Eiffel ou les Invalides).

🏨 Splendid   BY 13
29 av. Tourville Ⓜ *Ecole Militaire* 🕾 01 45 51 29 29, *splendid@club-internet.fr, Fax 01 44 18 94 60*
sans rest – 📶 📺 📞 ♿. 🆎 ⓪ ☉ 🔘
🍽 12 – **48 ch** 140/180.
◆ Immeuble haussmannien abritant d'élégantes chambres garnies d'un sobre mobilier contemporain. Aux derniers étages, certaines ont vue sur la tour Eiffel.

🏨 Londres Eiffel   BY 18
1 r. Augereau Ⓜ *Ecole Militaire* 🕾 01 45 51 63 02, *info@londres-eiffel.com, Fax 01 47 05 28 96*
sans rest – 📶 🗐 📺 📞. 🆎 ⓪ ☉ 🔘. ⛉
🍽 10 – **30 ch** 99/140.
◆ Près des allées du Champ-de-Mars, hôtel aux couleurs ensoleillées et à l'ambiance "cosy". Le second bâtiment, accessible par une courette, dispose de chambres plus calmes.

🏨 Cadran   BY 23
10 r. Champ-de-Mars Ⓜ *Ecole Militaire* 🕾 01 40 62 67 00, *info@cadranhotel.com, Fax 01 40 62 67 13*
sans rest – 📶 ✲ 🗐 📺 📞. 🆎 ⓪ ☉. ⛉
🍽 10 – **42 ch** 152/165.
◆ À deux pas du marché animé de la rue Clerc. Chambres modernes rehaussées de quelques touches d'inspiration Louis XVI. Salon en cuir agrémenté d'une cheminée du 17e s.

🏨 St-Germain   CY 36
88 r. Bac Ⓜ *Rue du Bac* 🕾 01 49 54 70 00, *info@hotel-saint-germain.fr, Fax 01 45 48 26 89*
sans rest – 📶 🗐 📺 📞. 🆎 ☉. ⛉
🍽 12 – **29 ch** 180/200.
◆ Empire, Louis-Philippe, design, objets anciens, peintures contemporaines : le charme de la diversité. Confortable bibliothèque, patio agréable en été.

🏨 **Derby Eiffel Hôtel**   BY **2**
5 av. Duquesne ⓜ *Ecole Militaire* ℘ 01 47 05 12 05, *info@derbyeiffelhotel.com,*
Fax 01 47 05 43 43
sans rest – |⊉| ⤴ 📇 📺. 🆎 ⓪ 🆖
☎ 12 – **43 ch** 160/196.
◆ L'enseigne et le décor soigné évoquent le cheval : le matin vous verrez,
côté place, les cavaliers s'entraîner dans la somptueuse cour d'honneur de
l'École militaire.

🏨 **Varenne**   CY **41**
44 r. Bourgogne ⓜ *Varenne* ℘ 01 45 51 45 55, *info@hoteldevarennecom,*
Fax 01 45 51 86 63
sans rest – |⊉| 📇 📺 📞. 🆎 🆖
☎ 9 – **24 ch** 117/147.
◆ Situation plutôt calme pour cet hôtel entièrement rénové garni de
meubles de style Empire ou Louis XVI. En été, petits-déjeuners servis dans
une courette verdoyante.

🏨 **France**   BY **5**
102 bd La Tour Maubourg ⓜ *Ecole Militaire* ℘ 01 47 05 40 49, *hoteldefrance@*
wanadoo.fr, Fax 01 45 56 96 78
sans rest – |⊉| 📺 📞. 🆎 ⓪ 🆖 🆑 ⤴
☎ 8 – **60 ch** 72/92.
◆ Établissement composé de deux bâtiments abritant des chambres bien
tenues et progressivement revues. Côté rue, elles donnent sur l'Hôtel des
Invalides.

🏨 **Champ-de-Mars**   BY **34**
7 r. Champ-de-Mars ⓜ *Ecole Militaire* ℘ 01 45 51 52 30, *stg@club-internet.fr,*
Fax 01 45 51 64 36
sans rest – |⊉| 📺 📞. 🆖 ⤴
☎ 6,50 – **25 ch** 69/80.
◆ Entre Champ-de-Mars et Invalides, petite adresse à l'atmosphère anglaise :
façade vert sapin, chambres "cosy", décoration soignée style "Liberty". Un
véritable "cocoon" !

🏨 **Bersoly's**   DY **30**
28 r. Lille ⓜ *Musée d'Orsay* ℘ 01 42 60 73 79, *bersolys@wanadoo.fr,*
Fax 01 49 27 05 55
sans rest – |⊉| 📇 📺 📞. 🆎 ⓪ 🆖
fermé août
☎ 10 – **16 ch** 100/130.
◆ Nuits impressionnistes dans un immeuble du 17ᵉ s. : chaque chambre rend
hommage à un peintre dont les oeuvres sont exposées au musée d'Orsay
voisin (Renoir, Gauguin...).

🏨 **L'Empereur**   BY **10**
2 r. Chevert ⓜ *Latour Maubourg* ℘ 01 45 55 88 02, *contact@hotelempereur.c*
om, Fax 01 45 51 88 54
sans rest, ⇐ – |⊉| 📺 📞. 🆎 ⓪ 🆖 🆑
☎ 8 – **38 ch** 80/100.
◆ Oublié, Waterloo ! La postérité a choisi : face au Dôme des Invalides qui
abrite le tombeau de Napoléon, chambres rénovées dans le style Empire.

🏨 **Lévêque**   BY **28**
29 r. Clerc ⓜ *Ecole Militaire* ℘ 01 47 05 49 15, *info@hotel-leveque.com,*
Fax 01 45 50 49 36
sans rest – |⊉| 📇 📺 📞. 🆎 🆖. ⤴
☎ 7 – **50 ch** 56/106.
◆ Dans une pittoresque rue piétonne, petite adresse aux chambres pratiques et claires, idéale pour découvrir le Paris traditionnel. Salle des petits-
déjeuners de style bistrot.

XXXX **Arpège** (Passard)   CY 25
📻📻📻 84 r. Varenne Ⓜ *Varenne* 𝒫 01 45 51 47 33, *arpege.passard@wanadoo.fr,*
Fax 01 44 18 98 39
🍽. 🆎 ⓪ 🆖 🍱
fermé sam. et dim.
Repas 300 et carte 170 à 230.
♦ Élégance contemporaine : bois précieux et décor de verre signé Lalique,
assortie à l'éblouissante cuisine "légumière" d'un chef poète du terroir. Le
triomphe du potager !
Spéc. "Collection légumière". Dragée de pigeonneau à l'hydromel. Tomate
confite farcie aux douze saveurs (dessert).

XXXX **Le Divellec**   BX 3
📻📻 107 r. Université Ⓜ *Invalides* 𝒫 01 45 51 91 96, *ledivellec@noos.fr,*
Fax 01 45 51 31 75
🍽 🍸. 🆎 ⓪ 🆖 🍱. 🚭
fermé 20 juil. au 20 août, sam. et dim. – **Repas** 55 (déj.)/70 (déj.)
et carte 115 à 200.
♦ Cadre nautique chic : décor d'ondes sur verre dépoli, vivier à homards,
tonalité bleu-blanc. Belle cuisine de la mer à base de produits venus directement de l'Atlantique.
Spéc. Huîtres spéciales à la laitue de mer. Homard bleu à la presse avec son
corail. Turbot rôti à l'arête.

XXX **Jules Verne**   AY 2
📻 2e étage Tour Eiffel, ascenseur privé pilier sud Ⓜ *Bir Hakeim* 𝒫 01 45 55 61 44,
Fax 01 47 05 29 41
⪗ Paris – 🍽 🍸. 🆎 ⓪ 🆖 🍱. 🚭
Repas 53 (déj.)/120 et carte 100 à 130.
♦ Le décor de Slavik s'efface humblement devant le spectacle de la Ville
lumière. Pour que le voyage soit vraiment extraordinaire, réservez une table
près des baies.
Spéc. Persillé de langoustines, truffes et poireaux, foie gras. Saint-Jacques et
fricassée de pigeon. Soufflé au praliné.

XXX **Violon d'Ingres** (Constant)   BY 38
📻 135 r. St-Dominique Ⓜ *Ecole Militaire* 𝒫 01 45 55 15 05, *violondingres@wanad*
oo.fr, Fax 01 45 55 48 42
🍽. 🆎 🆖 🍱
fermé 31 juil. au 23 août, dim. et lundi – **Repas** 39 (déj.), 80/
110 et carte 80 à 100.
♦ Des boiseries réchauffent l'atmosphère de cette salle devenue le rendez-
vous élégant de gourmets attirés par la cuisine très personnelle du virtuose
qui officie au "piano".
Spéc. Foie gras de canard poêlé au pain d'épices. Suprême de bar croustillant
aux amandes. Tatin de pied de porc caramélisée.

XXX **Pétrossian**   BX 6
📻 144 r. Université Ⓜ *Invalides* 𝒫 01 44 11 32 32, *Fax 01 44 11 32 35*
🍽 🍸. 🆎 ⓪ 🆖 🍱
fermé 8 au 30 août, dim. et lundi
Repas 38 (déj.), 48/150 et carte 90 à 140 ℣.
♦ Les Pétrossian régalent les Parisiens du caviar de la Caspienne depuis 1920.
À l'étage de la boutique, élégante salle de restaurant et cuisine inventive.
Spéc. Les "Coupes du Tsar". Tronçon de turbot, jus à l'arabica. Kyscielli
(dessert).

XXX Cantine des Gourmets
BY 16

113 av. La Bourdonnais ⊕ *Ecole Militaire* ☎ 01 47 05 47 96, *la.cantine@le-bour donnais.com*, Fax 01 45 51 09 29

▤ . **AE** **GB** **JCB**

Repas 40 (déj.), 52/80 et carte 80 à 110.

◆ Tons paille, fleurs blanches et jeux de miroirs : décor cossu et ambiance feutrée dans deux agréables salles à manger. Accueil charmant. Cuisine au goût du jour.

XXX Maison des Polytechniciens
DX 3

12 r. Poitiers ⊕ *Solférino* ☎ 01 49 54 74 54, *info@maisondesx.com*, Fax 01 49 54 74 84

AE **①** **GB** **JCB**

fermé 25 juil. au 24 août, 23 déc. au 4 janv., sam., dim. et fériés – **Repas** 34/70 et carte 56 à 69.

◆ Même si les "corpsards" l'apprécient, nul besoin de sortir de la botte pour fréquenter la salle à manger du bel hôtel de Poulpry (1703), à deux pas du musée d'Orsay.

XXX Petit Laurent
CY 8

38 r. Varenne ⊕ *Rue du Bac* ☎ 01 45 48 79 64, Fax 01 45 44 15 95

AE **①** **GB**

fermé août, lundi midi, sam. midi et dim. – **Repas** 29 bc (déj.)/35 et carte 45 à 70 ₤.

◆ Ce restaurant feutré et discret est situé dans une rue bordée de magnifiques hôtels particuliers abritant ministères et ambassades. Cuisine au goût du jour.

XX Chamarré
BX 4
❀

13 bd La Tour-Maubourg ⊕ *Invalides* ☎ 01 47 05 50 18, *chantallaval@wanadoo .fr*, Fax 01 47 05 91 21

▤ . **AE** **GB** **JCB**

fermé 9 au 22 août, sam. midi et dim. – **Repas** 40 (déj.), 80/100 et carte 70 à 100.

◆ Décor contemporain chic (boiseries exotiques), accueil aimable et cuisine associant avec brio saveurs françaises et mauriciennes (l'un des chefs est originaire de l'île).

Spéc. Bar en carpaccio, condiments mauriciens. Cochon de lait lardé au bois d'Inde, mousseline de banane plantain. Bringelles caramélisées au sucre "dark muscovado" de l'île Maurice.

XX Bellecour (Goutagny)
BX 9
❀

22 r. Surcouf ⊕ *Latour Maubourg* ☎ 01 45 51 46 93, Fax 01 45 50 30 11

▤ . **AE** **①** **GB**

fermé août, sam. midi et dim. – **Repas** 44.

◆ On se croirait presque place Bellecour avec les "lyonnaiseries" revisitées d'une carte par ailleurs très au goût du jour. Décor sobre mais élégant ; tables un peu serrées.

Spéc. Quenelle de brochet au coulis de langoustines. Truffière de Saint-Jacques (15 déc. au 15 avril). Lièvre à la cuillère (15 oct. au 15 déc.).

XX Les Glénan
CY 7

54 r. Bourgogne ⊕ *Varenne* ☎ 01 45 51 61 09, *les-glenan@voila.fr*, Fax 01 45 51 27 34

▤ . **①** **GB** **JCB**

fermé août, 23 au 28 déc., sam. et dim. – **Repas** *(26)* - 32/80 et carte 53 à 73 ₤.

◆ L'enseigne rend hommage à l'archipel breton et à sa fameuse école de voile. La cuisine opte pour les saveurs marines tandis que le décor fait un clin d'oeil au monde du vin.

XX **Récamier** DY 17

4 r. Récamier ⓂSèvres Babylone ℰ 01 45 48 87 87, Fax 01 45 48 87 87
🍴 – 🍽, AE GB

fermé dim. – **Repas** carte 30 à 45 ♀.

♦ Grand choix de soufflés salés et sucrés en cette adresse "littéraire" où se retrouvent auteurs et éditeurs. La terrasse, au calme d'une impasse sans voitures, est agréable.

XX **Maison de l'Amérique Latine** CY 2

217 bd St-Germain Ⓜ Solférino ℰ 01 49 54 75 10, commercial@mal217.org, Fax 01 40 49 03 94
🍴, 🌿 – AE GB, 🚫

fermé août, 23 déc. au 5 janv., sam., dim. et le soir d'oct. à avril – **Repas** 37/50.

♦ Cet hôtel particulier du 18e s. est réputé pour son idyllique terrasse ouverte sur un beau jardin. Cuisine au goût du jour et petit choix de vins sud-américains.

XX **Vin sur Vin** BX 34
⚙

20 r.de Monttessuy Ⓜ Ecole Militaire ℰ 01 47 05 14 20
🍽, GB

fermé 1 au 26/08, 21/12 au 6/01, lundi sauf le soir de sept. à Pâques, sam.midi et dim. – **Repas** (nombre de couverts limité, prévenir) carte 55 à 70 👒.

♦ Accueil aimable, élégant décor, délicieuse cuisine traditionnelle et carte des vins étoffée (600 appellations) : vingt sur vingt pour ce restaurant proche de la tour Eiffel !

Spéc. Galette de pieds de cochon. Agneau de Lozère. Millefeuille au chocolat.

XX **Tante Marguerite** CX 4

5 r. Bourgogne Ⓜ Assemblée Nationale ℰ 01 45 51 79 42, tante.marguerite@ wanadoo.fr, Fax 01 47 53 79 56
🍽, AE ⓪ GB

fermé août, sam. et dim. – **Repas** 34 (déj.), 40/58 et carte 49 à 68 ♀.

♦ Cadre élégant et feutré, cuisine bourgeoise et beaucoup de succès pour ce restaurant dont l'enseigne célèbre Marguerite de Bourgogne, fondatrice de l'hôtel Dieu de Tonnerre.

XX **Ferme St-Simon** CY 16

6 r. St-Simon Ⓜ Rue du Bac ℰ 01 45 48 35 74, fermestsimon@wanadoo.fr, Fax 01 40 49 07 31
🍽, AE ⓪ GB

fermé 2 au 16 août, sam. midi et dim. – **Repas** 29 (déj.)/32 et carte 45 à 58 ♀.

♦ Poutres, boiseries, chaleureuses tentures murales et mobilier de type bistrot composant le cadre rajeuni de ce restaurant où l'on propose une cuisine au goût du jour.

XX **Claude Colliot** CY 13

15 r. Babylone Ⓜ Sèvres-Babylone ℰ 01 45 49 14 40, ccolliot@club-internet.fr, Fax 01 45 49 14 44
🍽, GB, 🚫

fermé 10 au 20 août, 20 au 29 déc., sam. et dim. – **Repas** (28) - 35 bc/59 bc et carte 50 à 75, enf. 13.

♦ Plaisante adresse à deux pas du Bon Marché. Le sobre décor contemporain des salles à manger contraste avec la créativité de la cuisine du chef. Service attentif.

XX **New Jawad** BX 25

12 av. Rapp Ⓜ Ecole Militaire ℰ 01 47 05 91 37, Fax 01 45 50 31 27
🍽, AE ⓪ GB

Repas 16/23 et carte 27 à 43 ♀.

♦ Spécialités culinaires pakistanaises et indiennes, service soigné et cadre cossu caractérisent ce restaurant situé à proximité du pont de l'Alma.

XX **Beato** BX 5
8 r. Malar ◎ *Invalides* ℘ 01 47 05 94 27, *beato.rest@wanadoo.fr,*
Fax 01 45 55 64 41
▤ ⌂⅂. 🆎 ⅁🄱 🄹🄲🄱
fermé 18 juil. au 15 août, 24 déc. au 2 janv., sam. midi et dim. – **Repas** *(21)* -
25 (déj.) et carte 40 à 65 ⅀.
◆ Fresques, colonnes pompéiennes et sièges néo-classiques : décor italien
version bourgeoise pour un restaurant chic. Plats de Milan, de Rome et
d'ailleurs.

XX **Thiou** BX 3
49 quai d'Orsay ◎ *Invalides* ℘ 01 40 62 96 50
▤ ⌂⅂. 🆎 ⅁🄱
fermé août, sam. midi et dim. – **Repas** carte 48 à 60 ⅀.
◆ Thiou est le surnom de la médiatique cuisinière de ce restaurant fréquenté
par des célébrités. Recettes thaïlandaises servies dans une confortable salle
sagement exotique.

XX **Caffé Minotti** DY 3
33 r. Verneuil ◎ *Rue du Bac* ℘ 01 42 60 04 04, *caffeminotti@wanadoo.fr,*
Fax 01 42 60 04 05
⌂⅂ (soir). 🆎 ⓞ ⅁🄱
fermé août, dim. et lundi – **Repas** carte 45 à 70.
◆ Toutes les saveurs et le soleil de l'Italie dans les recettes et la sélection des
vins de ce restaurant dont le décor opte pour le style contemporain minima-
liste.

XX **Gaya Rive Gauche** DY 4
44 r. Bac ◎ *Rue du Bac* ℘ 01 45 44 73 73, *Fax 01 45 44 73 73*
🆎 ⅁🄱
fermé 24 juil. au 24 août, dim. et lundi – **Repas** *(31)* - carte 58 à 82 ⅀.
◆ Une clientèle très "rive gauche" fréquente ce restaurant de frais produits
de la mer. Décoration marine de bon ton et sur la table, vaisselle signée Jean
Cocteau.

XX **D'Chez Eux** BY 14
2 av. Lowendal ◎ *Ecole Militaire* ℘ 01 47 05 52 55, *Fax 01 45 55 60 74*
▤. 🆎 ⓞ ⅁🄱
fermé 1ᵉʳ au 27 août et dim. – **Repas** *(31)* - 36 (déj.) et carte 48 à 64.
◆ Copieuses assiettes inspirées de l'Auvergne et du Sud-Ouest, ambiance
"auberge provinciale" et serveurs en blouse : la recette séduit depuis plus de
40 ans !

XX **L'Esplanade** BY 27
52 r. Fabert ◎ *Latour Maubourg* ℘ 01 47 05 38 80, *Fax 01 47 05 23 75*
▤ ⌂⅂. 🆎 ⅁🄱
Repas carte 37 à 60 ⅀.
◆ Belle situation face aux Invalides pour l'une des adresses des frères Costes.
Chaudes tonalités et décor de boulets et canons inspiré par l'illustre
voisinage.

XX **Tan Dinh** DX 22
60 r. Verneuil ◎ *Musée d'Orsay* ℘ 01 45 44 04 84, *Fax 01 45 44 36 93*
▤
fermé 1ᵉʳ août au 1ᵉʳ sept. et dim. – **Repas** carte 42 à 51 ⍟.
◆ Rencontre surprenante à deux pas du musée d'Orsay : une cuisine vietnamienne au goût du jour alliée à une riche carte de vins français. Hommage
à Marguerite Duras ?

✗ **Au Bon Accueil** BX 28

14 r. Monttessuy ⓜ *Alma Marceau* ℰ 01 47 05 46 11

🍽, ⒼⒷ

fermé sam. et dim. – **Repas** 27 (déj.)/31 (dîner) et carte 45 à 62.

◆ À l'ombre de la tour Eiffel, salle à manger de style actuel et petit salon attenant où l'on sert une appétissante cuisine au goût du jour, sensible au rythme des saisons.

✗ **Nabuchodonosor** BX 36

6 av. Bosquet ⓜ *Alma-Marceau* ℰ 01 45 56 97 26, *Fax 01 45 56 98 44*

🍽, ⒶⒺ ⒼⒷ

fermé 3 au 24 août, sam. midi, dim. et fériés – **Repas** 26 (déj.)/29 et carte 32 à 47 ♈.

◆ L'enseigne célèbre la plus grosse bouteille de champagne existante. Murs terre de Sienne, panneaux de chêne et nabuchodonosors à titre de décor. Cuisine du marché.

✗ **Bistrot de Paris** DY 7

33 r. Lille ⓜ *Musée d'Orsay* ℰ 01 42 61 16 83, *Fax 01 49 27 06 09*

🍴 (soir). ⒶⒺ ⒼⒷ

fermé 15 juil. au 15 août, 24 déc. au 1er janv., sam. midi, lundi soir et dim. – **Repas** carte 29 à 54 ♈.

◆ Cet ancien "bouillon" eut André Gide pour pensionnaire. Le décor 1900 revu par Slavik scintille de cuivres et miroirs. Tables serrées, cuisine "bistro-tière".

✗ **Vin et Marée** BY 26

71 av. Suffren ⓜ *La Motte Picquet Grenelle* ℰ 01 47 83 27 12, *vin.maree@wanadoo.fr, Fax 01 43 06 62 35*

ⒶⒺ ⒼⒷ

Repas carte 34 à 50.

◆ Cadre moderne d'inspiration brasserie (banquettes, miroirs et cuivres) aux couleurs marines. La carte, présentée sur ardoise, propose uniquement des produits de la mer.

✗ **Les Olivades** BZ 39

41 av. Ségur ⓜ *Ségur* ℰ 01 47 83 70 09, *Fax 01 42 73 04 75*

🍽, ⒶⒺ ⒼⒷ ⒿⒸⒷ

fermé 4 au 27 août, sam. midi, lundi midi et dim. – **Repas** *(27)* - 32/55 et carte 51 à 65.

◆ Un lieu qui fleure bon l'huile d'olive, avec son appétissante cuisine d'inspiration méridionale. La salle à manger, fraîche, est ensoleillée de motifs provençaux.

✗ **Thoumieux** BX 12

79 r. St-Dominique ⓜ *Latour-Maubourg* ℰ 01 47 05 49 75, *bthoumieux@aol.com, Fax 01 47 05 36 96*

avec ch – 🍽 rest, 📺 📞 🍴. ⒶⒺ ⒼⒷ

Repas 32 bc et carte 35 à 55 – 🛏 15 – **10 ch** 115/125.

◆ Authentique brasserie parisienne : vaste salle à manger aux tables alignées, avec banquettes rouges et miroirs. Côté cuisine, les préparations "en pincent" pour le Sud-Ouest.

✗ **Clos des Gourmets** BX 31

16 av. Rapp ⓜ *Alma Marceau* ℰ 01 45 51 75 61, *Fax 01 47 05 74 20*

ⒼⒷ

fermé 10 au 25 août, dim. et lundi

Repas *(23)* - 27 (déj.)/32.

◆ Nombre d'habitués apprécient cette adresse discrète, tout juste redéco-rée dans des tons ensoleillés. La carte, appétissante, varie en fonction du marché.

✗ Maupertu
BY 35

94 bd La Tour Maubourg Ⓜ *Ecole Militaire* ℰ 01 45 51 37 96, *info@restaurant-maupertu-paris.com, Fax 01 53 59 94 83*

GB

fermé dim. soir – **Repas** *(21)* - 28 ♈.

◆ On vous installera face aux Invalides, dans une salle-véranda aux murs ensoleillés ou à l'une des tables disposées sur le trottoir. Cuisine d'inspiration provençale.

✗ Perron
DY 20

6 r. Perronet Ⓜ *St-Germain des Prés* ℰ 01 45 44 71 51, *Fax 01 45 44 71 51*

AE GB

fermé 4 au 24 août et dim.

Repas carte 36 à 48.

◆ Discrète trattoria au coeur de Saint-Germain-des-Prés. Cadre rustique avec pierres et poutres apparentes. Cuisine italienne à dominante sarde et vénitienne.

✗ Florimond
BY 21

19 av. La Motte-Picquet Ⓜ *Ecole Militaire* ℰ 01 45 55 40 38, *Fax 01 45 55 40 38*

GB

fermé 31 juil. au 22 août, 24 déc. au 4 janv., sam. midi et dim. – **Repas** 18,50 (déj.)/31,50 et carte 38 à 51.

◆ Couleurs ensoleillées et boiseries décorent ce coquet restaurant de poche (non-fumeurs) qui emprunte son nom au jardinier de Monet à Giverny. Goûteuse cuisine du marché.

✗ Pasco
BY 4

74 bd La Tour Maubourg Ⓜ *Latour-Maubourg* ℰ 01 44 18 33 26, *restaurant.pasco@wanadoo.fr, Fax 01 44 18 34 06*

☂ – ▤ ⊟❢, AE GB

Repas *(19)* - 24 et carte 34 à 50 ♈.

◆ Murs de briques, tons ocres et atmosphère décontractée au service d'une cuisine du marché qui puise ses fondamentaux dans les recettes du répertoire méditerranéen.

✗ Chez Collinot
CZ 18

1 r. P. Leroux Ⓜ *Vaneau* ℰ 01 45 67 66 42

GB

fermé août, sam. et dim.

Repas *(19)* - 23.

◆ Accueil tout sourire et atmosphère conviviale en cette petite adresse à allure de bistrot, où vous attend une cuisine de ménage "bien de chez nous".

✗ Fontaine de Mars
BY 25

129 r. St-Dominique Ⓜ *Ecole Militaire* ℰ 01 47 05 46 44, *cafedelalma@wanadoo.fr, Fax 01 47 05 11 13*

☂ – AE ① GB

Repas carte 34 à 66.

◆ L'enseigne de ce plaisant bistrot des années 1930 évoque la jolie fontaine voisine dédiée au dieu guerrier. Terrasse sous les arcades ; cuisine traditionnelle et du Sud-Ouest.

✗ Café de l'Alma
BX 4

5 av. Rapp Ⓜ *Alma Marceau* ℰ 01 45 51 56 74, *cafedelalma@wanadoo.fr, Fax 01 45 51 10 08*

☂ – ▤. AE ① GB

Repas carte 36 à 63.

◆ Salle à manger chic et résolument contemporaine signée François Champsaur, la nouvelle coqueluche de la décoration intérieure. Recettes au goût du jour et bourgeoises.

✂ P'tit Troquet   BY 6
28 r. Exposition ⓜ *Ecole Militaire* ℘ 01 47 05 80 39, *Fax 01 47 05 80 39*
ᴳᴮ. ✼

fermé 1er au 23 août, sam. midi, lundi midi et dim. – Repas (nombre de
couverts limité, prévenir) *(19,50)* - 28 ♀.

◆ Pour sûr, il est p'tit, ce bistrot ! Mais que d'atouts il renferme : cadre
coquet agrémenté de vieilles "réclames", ambiance sympathique, goûteuse
cuisine du marché.

✂ Miyako   BX 10
121 r. Université ⓜ *Invalides* ℘ 01 47 05 41 83, *Fax 01 45 55 13 18*
▤. ᴀᴇ ᴳᴮ

fermé 1er au 23 août, sam. midi et dim. – Repas 12,20 (déj.), 14/
25 bc et carte 36 à 50 ♀.

◆ Dans le quartier du Gros-Caillou, un petit voyage culinaire au pays du Soleil
Levant, avec des brochettes au charbon de bois et les inévitables - et très
prisés - sushis.

✂ L'Affriolé   XB 4
17 r. Malar ⓜ *Invalides* ℘ 01 44 18 31 33, *Fax 01 44 18 91 12*
ᴳᴮ

fermé août, vacances de Noël, dim. et lundi
Repas *(20 bc)* - 29 (déj.)/32.

◆ Des suggestions annoncées sur l'ardoise du jour et un menu-carte qui
change tous les mois : le chef de ce bistrot suit de près les arrivages du
marché... et les saisons !

✂ Léo Le Lion   BY 2
23 r. Duvivier ⓜ *Ecole Militaire* ℘ 01 45 51 41 77
ᴳᴮ

fermé août, 25 déc. au 1er janv., dim. et lundi
Repas carte 29 à 45.

◆ Bistrot des années 1930 et son gril à feu de bois. Dans l'assiette, le poisson
se taille la part du lion toute l'année et, en saison, le gibier invite à rugir de
plaisir !

✂ Apollon   BX 35
24 r. J. Nicot ⓜ *Latour Maubourg* ℘ 01 45 55 68 47, *Fax 01 47 05 13 60*
fermé 20 déc. au 10 janv et dim.
Repas *(17)* - 27 et carte 35 à 40.

◆ L'enseigne ne vous convainc pas de l'hellénisme de ce restaurant ? Voyez
la salle à manger, sobrement décorée dans les tons bleus, et goûtez donc à sa
cuisine si typique !

Champs-Élysées - Concorde
Madeleine
St-Lazare - Monceau

8e arrondissement

8e : ✉ 75008

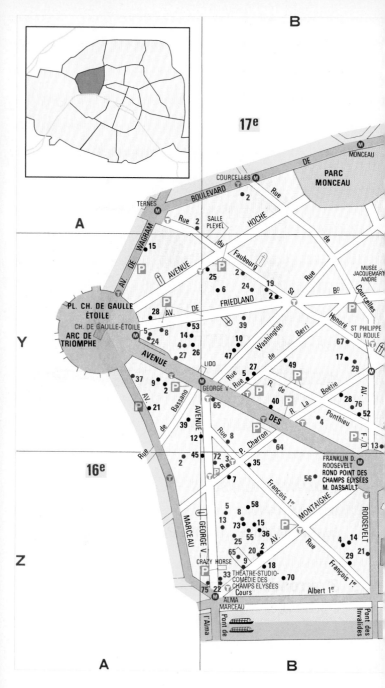

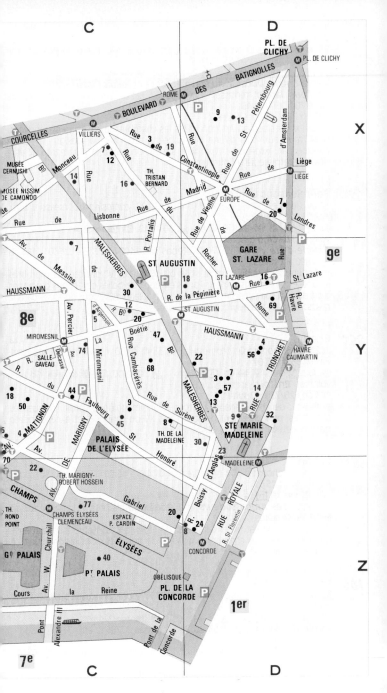

175

Plaza Athénée
BZ 2

25 av. Montaigne ◎ *Alma-Marceau* ☎ 01 53 67 66 65, *reservation@plaza-athenee-paris.com*, Fax 01 53 67 66 66

🔲, **Ⅰ₅** – 🛗 ⛫ 🗔 📺 ☎ – 🏊 20 à 60. 🖭 ◍ 🆖 🔳

voir rest. *Alain Ducasse au Plaza Athénée* et *Relais Plaza* ci-après

La Cour Jardin (terrasse) ☎ 01 53 67 66 02 *(mi-mai-mi-sept.)* **Repas** carte 70 à 95 – 🖵 45

145 ch 680/1010, 43 suites.

◆ Styles classique ou Art déco dans les chambres luxueusement rénovées, thés "musicaux" à la galerie des Gobelins, étonnant bar design : le palace parisien par excellence ! À la belle saison, on ouvre la charmante et verdoyante terrasse de la Cour Jardin.

Four Seasons George V
AY 12

31 av. George V ◎ *George V* ☎ 01 49 52 70 00, *par.lecinq@fourseasons.com*, Fax 01 49 52 70 10

🖉, **Ⅰ₅**, 🔲 – 🛗 ⛫ 🗔 📺 ☎ 🕭 – 🏊 30 à 240. 🖭 ◍ 🆖 🔳

voir rest. *Le Cinq* ci-après

Galerie d'Été ☎ 01 49 52 70 06 **Repas** carte 100 à 120, 🍷 – 🖵 30 – **184 ch** 565/890, 61 suites.

◆ Entièrement refait dans le style du 18e s., le "V" dispose de chambres luxueuses et immenses (pour Paris s'entend), de belles collections d'oeuvres d'art et d'un spa superbe. Les tables de La Galerie d'Été sont dressées dans la ravissante cour intérieure.

Bristol
CY 44

112 r. Fg St-Honoré ◎ *Miromesnil* ☎ 01 53 43 43 00, *resa@lebristolparis.com*, Fax 01 53 43 43 01

🖉, **Ⅰ₅**, 🔲, 🌰 – 🛗 📧 ch, 📺 ☎ 🚗 – 🏊 30 à 100. 🖭 ◍ 🆖 🔳. 🍴

voir rest. *Bristol* ci-après – 🖵 46

143 ch 620/730, 32 suites.

◆ Palace de 1925 agencé autour d'un magnifique jardin. Luxueuses chambres, principalement de style Louis XV ou Louis XVI, et exceptionnelle piscine "bateau" au dernier étage.

Crillon
DZ 24

10 pl. Concorde ◎ *Concorde* ☎ 01 44 71 15 00, *crillon@crillon.com*, Fax 01 44 71 15 02

Ⅰ₅ – 🛗 ⛫ 🗔 📺 ☎ – 🏊 30 à 60. 🖭 ◍ 🆖 🔳

voir rest. *Les Ambassadeurs* et *L'Obélisque* ci-après – 🖵 45 – **103 ch** 665/865, 44 suites.

◆ Les salons de cet hôtel particulier du 18e s. ont conservé leur fastueuse ornementation. Les chambres, habillées de boiseries, sont magnifiques. Le palace à la française !

Prince de Galles
BZ 45

33 av. George-V ◎ *George V* ☎ 01 53 23 77 77, *hotel_prince_de_galles@sheraton.com*, Fax 01 53 23 78 78

🔲 – 🛗 ⛫ 🗔 📺 ☎ – 🏊 25 à 100. 🖭 ◍ 🆖 🔳. 🍴 rest

Jardin des Cygnes ☎ 01 53 23 78 50 **Repas** 47/66 🍷, enf. 7, 🍷 – 🖵 33 – **138 ch** 590/740, 30 suites.

◆ C'est à l'intérieur que ce luxueux hôtel de l'entre-deux-guerres dévoile son style Art déco, à l'image du patio en mosaïque. Chambres décorées avec un goût sûr. Au Jardin des Cygnes, salle (jolie fontaine) à l'atmosphère aristocratique et belle cour-terrasse.

Royal Monceau BY **25**

37 av. Hoche Ⓜ *Charles de Gaulle-Etoile* ℘ 01 42 99 88 00, *reservations@royal monceau.com, Fax 01 42 99 89 90*

⊘, **Ⅰ₆**, 🔲 – 🛗 ⇆ 🖵 🖵 📞 – 🚿 25 à 100. 🄰🄴 ⓞ 🄶🄱 🄹🄲🄱. 🛇

voir rest. *Le Jardin* et *Carpaccio* ci-après – � 40 – **155 ch** 430/480, 47 suites.

♦ Marbre, cristal, escalier monumental... Le spacieux hall-salon est le joyau de ce palace des années 1920. Chambres raffinées. Centre de remise en forme complet. Squash.

Lancaster BY **27**

7 r. Berri Ⓜ *George V* ℘ 01 40 76 40 76, *reservations@hotel-lancaster.fr, Fax 01 40 76 40 00*

🏠, **Ⅰ₆** – 🛗 ⇆ 🖵 🖵 📞. 🄰🄴 ⓞ 🄶🄱. 🛇

Repas (résidents seul.) carte 55 à 80 – ⊊ 28 – **45 ch** 470/520, 11 suites.

♦ B. Pastoukhoff payait ses séjours en peignant des tableaux, contribuant à enrichir l'élégant décor de cet ancien hôtel particulier qu'appréciait aussi Marlène Dietrich.

Vernet AY **9**

25 r. Vernet Ⓜ *Charles de Gaulle-Etoile* ℘ 01 44 31 98 00, *reservation@hotelve rnet.com, Fax 01 44 31 85 69*

🛗 🖵 🖵 📞. 🄰🄴 ⓞ 🄶🄱 🄹🄲🄱. 🛇 rest

voir rest. *Les Élysées* ci-après – ⊊ 35 – **42 ch** 420/1200, 9 suites.

♦ Belle façade en pierres de taille, agrémentée de balcons en fer forgé, d'un immeuble des années folles. Chambres de style Empire ou Louis XVI. Grill-bar "branché".

Sofitel Astor CY **68**

11 r. d'Astorg Ⓜ *Saint-Augustin* ℘ 01 53 05 05 05, *Fax 01 53 05 05 30*

Ⅰ₆ – 🛗 ⇆, 🖵 ch, 🖵 📞 ♿. 🄰🄴 ⓞ 🄶🄱 🄹🄲🄱. 🛇 rest

L'Astor ℘01 53 05 05 20 *(fermé 31 juil. au 29 août, sam., dim. et fériés)*

Repas 55/98, enf. 25, ⅁ – ⊊ 25 – **130 ch** 370/737, 4 suites.

♦ Styles Regency et Art déco revisités : un mariage pour le meilleur seulement, qui a donné naissance à un hôtel "cosy" apprécié d'une clientèle sélecte. Élégante salle à manger ovale aux tons clairs garnie de meubles en bois foncé de style Directoire.

San Régis BZ **4**

12 r. J. Goujon Ⓜ *Champs-Elysées-Clemenceau* ℘ 01 44 95 16 16, *message@h otel-sanregis.fr, Fax 01 45 61 05 48*

🛗 🖵 📞. 🄰🄴 ⓞ 🄶🄱. 🛇

Repas *(fermé août)* carte 48 à 70 ⅁ – ⊊ 20 – **33 ch** 300/540, 11 suites.

♦ Hôtel particulier de 1857 fraîchement remanié : ravissantes chambres garnies de meubles chinés ici et là. Boutiques de haute couture à deux pas. Le restaurant du San Régis - une vraie bonbonnière - occupe un luxueux salon-bibliothèque feutré et confidentiel.

Le Faubourg Sofitel Demeure Hotels CZ **20**

15 r. Boissy d'Anglas Ⓜ *Concorde* ℘ 01 44 94 14 14, *h1295@accor-hotels.com, Fax 01 44 94 14 28*

Ⅰ₆ – 🛗 ⇆ 🖵 🖵 📞 ♿ 🚐. 🄰🄴 ⓞ 🄶🄱 🄹🄲🄱. 🛇

Café Faubourg ℘01 44 94 14 24 *(fermé 1er au 15 août, dim. midi et sam.)*

Repas carte 60 à 75 – ⊊ 27 – **174 ch** 525/600.

♦ Ce Sofitel du "faubourg" est aménagé dans deux demeures des 18e et 19e s. Chambres équipées "high-tech", bar dans l'esprit des années 1930 et salon sous verrière. Décoration "tendance", reposant jardin intérieur et cuisine traditionnelle au Café Faubourg.

Sofitel Arc de Triomphe BY 6

14 r. Beaujon ⓜ *Charles de Gaulle Etoile* ℘ 01 53 89 50 50, *h1296@accor-hotel s.com*, Fax 01 53 89 50 51

🛗 ⇔ 🗏 📺 📞 ⅄ – 🔬 40. 🆎 ⓪ 🆖 JCB

voir rest. *Clovis* ci-après – ⌸ 27 – **134 ch** 550/885.

◆ L'immeuble est haussmannien, la décoration s'inspire du 18e s. et les aménagements sont du 21e s. Chambres élégantes ; tentez de réserver l'étonnante "concept room".

Hyatt Regency DY 22

24 bd Malhesherbes ⓜ *Madeleine* ℘ 01 55 27 12 34, *madeleine@paris.hyatt.c om*, Fax 01 55 27 12 35

🎞 – 🛗 ⇔ 🗏 📺 📞 ⅄ – 🔬 20. 🆎 ⓪ 🆖 JCB. ⅀ rest

Café M (fermé dim. midi et sam.) **Repas** carte 45 à 65 – ⌸ 28 – **81 ch** 515/575, 4 suites.

◆ Près de la Madeleine, façade discrète dissimulant un intérieur résolument contemporain, à la fois sobre et chaleureux. Café "M" comme : mobilier moderne, moquettes moelleuses, boiseries miel, multiples matériaux et plats mitonnés aux mille saveurs !

de Vigny AY 14

9 r. Balzac ⓜ *Charles de Gaulle Etoile* ℘ 01 42 99 80 80, *reservation@hoteldevi gny.com*, Fax 01 42 99 80 40

🛗 ⇔, 🗏 ch, 📺 📞 ⚞ . 🆎 ⓪ 🆖 JCB

Baretto : **Repas** carte 47 à 66, ⅀ – ⌸ 25 – **26 ch** 395/540, 11 suites.

◆ Cet hôtel discret et raffiné, situé près des Champs-Élysées, propose des chambres "cosy" personnalisées. Salon élégant et cossu où crépitent, l'hiver, de belles flambées. Ambiance chic et feutrée, cadre d'esprit Art déco et cuisine traditionnelle au Baretto.

Concorde St-Lazare DY 16

108 r. St-Lazare ⓜ *St Lazare* ℘ 01 40 08 44 44, *stlazare@concordestlazare-pari s.com*, Fax 01 42 93 01 20

🛗 ⇔ 🗏 📺 📞 – 🔬 250. 🆎 ⓪ 🆖 JCB

Café Terminus ℘ 01 40 08 43 30 **Repas** 33/47bc, enf. 12,50 ⅄ – ⌸ 24 – **254 ch** 360/450, 12 suites.

◆ Ce "palace ferroviaire" (il jouxte la gare St-Lazare) inauguré en 1889 a fait peau neuve. Son hall majestueux - un joyau de l'école Eiffel - est joliment relooké. Décor d'esprit brasserie au charme "rétro", et attrayante cuisine de bistrot au Café Terminus.

Marriott BY 40

70 av. Champs-Élysées ⓜ *Franklin-D.-Roosevelt* ℘ 01 53 93 55 00, *mhrs.pardt. ays@marriotthotels.com*, Fax 01 53 93 55 01

🏠, 🎞 – 🛗 ⇔ 🗏 📺 📞 ⅄ ⚞ – 🔬 15 à 165. 🆎 ⓪ 🆖 JCB. ⅀

Pavillon ℘01 53 93 55 00 *(fermé sam.)* **Repas** 38, ⅀ – ⌸ 29 – **174 ch** 540/815, 18 suites.

◆ Un Américain à Paris : efficacité d'outre-Atlantique et confort ouaté de chambres donnant pour partie sur les Champs. Traversez l'impressionnant atrium et vous voici au Pavillon dont le décor (réverbères, fresques) évoque un vieux Paris façon Oncle Sam !

Balzac AY 26

6 r. Balzac ⓜ *George V* ℘ 01 44 35 18 00, *reservation@hotelbalzac.com*, Fax 01 44 35 18 05

🛗, 🗏 ch, 📺 📞. 🆎 ⓪ 🆖 JCB

voir rest. *Pierre Gagnaire* ci-après – ⌸ 25 – **56 ch** 330/460, 14 suites.

◆ L'écrivain s'éteignit au nᴱ 22 de la rue. Élégantes chambres, salon sous verrière. Posez vos valises et, comme Eugène de Rastignac, partez à la conquête de Paris !

Warwick BY 5

5 r. Berri ⓜ George V ℘ 01 45 63 14 11, *resa.whparis@warwickhotels.com*, *Fax 01 43 59 00 98*

🛗 ⇎ 🖃 📺 ☎ – 🛁 30 à 110. 🆎 ⓪ 🅶🅱 🅹🅲🅱, 🎇 rest

voir rest. *Le W* ci-après – ⌚ 28 – **149 ch** 280/650.

♦ Chaleureuses étoffes, mobilier contemporain et murs garnis de tissus tendus participent à la récente métamorphose de cet hôtel qui a ouvert ses portes en 1981.

Napoléon AY 28

40 av. Friedland ⓜ Charles de Gaulle-Etoile ℘ 01 56 68 43 21, *napoleon@hotel napoleonparis.com, Fax 01 56 68 44 40*

🛗 ⇎ 🖃 📺 ☎ – 🛁 15 à 80. 🆎 ⓪ 🅶🅱 🅹🅲🅱

Repas *(fermé août, le soir et week-end)* carte 40 à 57 ♀ – ⌚ 26 – **75 ch** 250/580, 26 suites.

♦ À deux pas de l'Étoile chère à l'Empereur, autographes, figurines et tableaux évoquent sans fausse note l'épopée napoléonienne. Chambres de style Directoire ou Empire. Carte traditionnelle servie dans le cadre feutré et "cosy" (belles boiseries) du restaurant.

California BY 49

16 r. Berri ⓜ Georges V ℘ 01 43 59 93 00, *cal@hroy.com, Fax 01 45 61 03 62*

🏮 – 🛗 ⇎ 🖃 📺 ☎ – 🛁 20 à 100. 🆎 ⓪ 🅶🅱 🅹🅲🅱, 🎇 rest

Repas *(fermé août, sam. et dim.)* (déj. seul.) 35/43 ♀ – ⌚ 27 – **158 ch** 380/430, 16 duplex.

♦ Les esthètes seront comblés : plusieurs milliers de tableaux ornent les murs de cet ancien palace des années 1920. Autre collection : les 200 whiskies du piano-bar ! Un ravissant patio-terrasse (fontaine, mosaïques, verdure) prolonge la salle de restaurant.

Trémoille BZ 73

14 r. Trémoille ⓜ Alma-Marceau ℘ 01 56 52 14 00, *reservation@hotel-tremoill e.com, Fax 01 40 70 01 08*

🛁, 🛁, – ⇎ 🖃 📺 ☎ ♿ – 🛁 15. 🆎 ⓪ 🅶🅱 🅹🅲🅱

Repas *(fermé dim.)* (29) - 36 (déj.)/55 ♀ – ⌚ 22 – **88 ch** 399/570, 5 suites.

♦ L'hôtel a fait peau neuve et arbore un décor contemporain - associant ancien et design - réussi. Équipements de pointe et salles de bains en marbre et céramiques du Portugal. Élégante salle à manger à l'atmosphère feutrée ; cuisine au goût du jour.

Château Frontenac BZ 7

54 r. P. Charron ⓜ George V ℘ 01 53 23 13 13, *hotel@hfrontenac.com, Fax 01 53 23 13 01*

sans rest – 🛗 🖃 📺 ☎ – 🛁 25. 🆎 ⓪ 🅶🅱

⌚ 22 – **92 ch** 255/285, 12 suites.

♦ Bel immeuble au coeur du Triangle d'Or. Chambres de style Louis XV, salles de bains en marbre ou en travertin. Salle des petits-déjeuners revêtue de boiseries claires.

Meliá Royal Alma BZ 7

35 r. J. Goujon ⓜ Alma-Marceau ℘ 01 53 93 63 00, *melia.royal.alma@solmelia. com, Fax 01 53 93 63 01*

🛗 ⇎ 🖃 📺 ☎ – 🛁 15. 🆎 ⓪ 🅶🅱 🅹🅲🅱

Repas *(fermé août, sam., dim. et fériés)* (déj.seul) (20) - carte 29 à 51 ♀ – ⌚ 24 – **64 ch** 320/503.

♦ Décoration raffinée et mobilier ancien - avec une prédilection pour le style Empire - dans les chambres récemment refaites. Suites avec terrasse panoramique au dernier étage. Restauration simple et brunchs servis dans une véranda ouverte sur un joli jardinet.

Bedford
DY 7

17 r. de l'Arcade 🚇 *Madeleine* 🕿 01 44 94 77 77, *contact@hotel-bedford.com,*
Fax 01 44 94 77 97

🛗 🗏 📺 🕻 – 🔬 15 à 50. 🖭 GB ʲᶜᴮ. ℀ rest

Repas *(fermé 2 au 29 août, sam. et dim.)* (déj. seul.) *(29)* - 37/39 ℤ – ☞ 13 –
136 ch 174/224, 10 suites.

◆ L'hôtel, construit en 1860 dans l'élégant quartier de la Madeleine, dispose
de chambres spacieuses, fonctionnelles et rénovées. Cadre 1900 avec profusion de motifs décoratifs en stuc et belle coupole : la salle de restaurant est le
vrai joyau du Bedford.

Montaigne
BZ 18

6 av. Montaigne 🚇 *Alma Marceau* 🕿 01 47 20 30 50, *contact@hotel-montaign*
e.com, Fax 01 47 20 94 12

sans rest – 🛗 🗏 📺 🕻 ઐ. 🖭 ① GB ʲᶜᴮ

☞ 19 – **29 ch** 340/430.

◆ Grilles en fer forgé, belle façade fleurie et gracieux décor "cosy" font la
séduction de cet hôtel. L'avenue est conquise par les boutiques des grands
couturiers.

Amarante Champs Élysées
AY 2

19 r. Vernet 🚇 *George V* 🕿 01 47 20 41 73, *amarante-champs-elysees@jjwhot*
els.com, Fax 01 47 23 32 15

sans rest – 🛗 ⅍ 🗏 📺 🕻 – 🔬 30. 🖭 ① GB ʲᶜᴮ

☞ 25 – **42 ch** 300/360.

◆ Une jolie marquise agrémente la pimpante façade de cet édifice en angle
de rue. Meubles de style dans les chambres. Salon feutré, avec piano-bar et
cheminée d'ambiance.

François 1er
AY 39

7 r. Magellan 🚇 *George V* 🕿 01 47 23 44 04, *hotel@hotel-francois1er.fr,*
Fax 01 47 23 93 43

sans rest – 🛗 ⅍ 🗏 📺 🕻 – 🔬 15. 🖭 ① GB ʲᶜᴮ

☞ 21 – **40 ch** 290/460.

◆ Marbre mexicain, moulures, bibelots chinés, meubles anciens et tableaux à
foison : un décor luxueux et très réussi signé Pierre-Yves Rochon. Copieux
petit-déjeuner (buffet).

Bradford Élysées
BY 17

10 r. St-Philippe-du-Roule 🚇 *St-Philippe du Roule* 🕿 01 45 63 20 20, *hotel.bra*
dford@astotel.com, Fax 01 45 63 20 07

sans rest – 🛗 ⅍ 🗏 📺. 🖭 ① GB ʲᶜᴮ. ℀

☞ 21 – **50 ch** 258/304.

◆ Cheminées en marbre, moulures, lits en laiton, décor "rétro" et cage
d'ascenseur centenaire mariant acajou et fer forgé : un conservatoire de
l'irrésistible charme parisien.

Royal
AY 53

33 av. Friedland 🚇 *Charles de Gaulle-Etoile* 🕿 01 43 59 08 14, *rh@royal-hotel.c*
om, Fax 01 45 63 69 92

sans rest – 🛗 🗏 📺 🕻. 🖭 ① GB ʲᶜᴮ

☞ 20 – **60 ch** 270/470.

◆ Les chambres bénéficient d'une excellente insonorisation et d'un décor
personnalisé (meubles de style, tissus choisis) ; certaines ménagent une
échappée sur l'Arc de Triomphe.

Sofitel Champs-Élysées   BZ **14**
8 r. J. Goujon Ⓜ *Champs Elysées Clemenceau* ℰ 01 40 74 64 64, *h1184-re@acc or-hotels.com, Fax 01 40 74 79 66*
🏠 – |📶| ⚒ 🍽 TV 📞 🚗 – ⚿ 15 à 150. AE ① GB JCB
Les Signatures ℰ01 40 74 64 94 *(déj. seul.) (fermé 23/07 au 22/08, 24/12 au 03/01, sam. et dim.).* **Repas** *(33)*-45, ♀ – ☕ 24
40 ch 350/550.
♦ Hôtel particulier Second Empire partagé avec la Maison des Centraliens. Chambres revues dans le style contemporain ; équipements "dernier cri". Centre d'affaires. Cadre épuré et jolie terrasse au restaurant Les Signatures, fréquenté par le monde de la presse.

Radisson SAS Champs Élysées   AY **2**
78 av. Marceau Ⓜ *Charles de Gaulle-Etoile* ℰ 01 53 23 43 43, *reservations.paris @radissonsas.com, Fax 01 53 23 43 44*
🏠 ⚒ ⚒ 🍽 TV 📞 & 🚗. AE ① GB. 🐾
Repas *(fermé sam., dim. et fériés)* carte 59 à 77 ♀ – ☕ 27
46 ch 315.
♦ Un hôtel neuf aménagé dans un immeuble ayant appartenu à Louis Vuitton. Chambres contemporaines, équipements high-tech (TV à écran plasma) et insonorisation performante. On s'attable côté bar ou sur la terrasse d'été ; petite carte d'esprit provençal.

Powers   BZ **35**
52 r. François 1ᵉʳ Ⓜ *George V* ℰ 01 47 23 91 05, *contact@hotel-powers.com, Fax 01 49 52 04 63*
sans rest – |📶| ⚒ TV 📞. AE ① GB JCB
☕ 20 – **55 ch** 125/340.
♦ Les chambres, de différents standings, ont l'âme bourgeoise : moulures, cheminées, horloges en bronze, lustres à pendeloques, etc. Salons "cosy" et bar façon club anglais.

Résidence du Roy   BZ **29**
8 r. François 1ᵉʳ Ⓜ *Franklin D. Roosevelt* ℰ 01 42 89 59 59, *rdr@residence-du-r oy.com, Fax 01 40 74 07 92*
sans rest – |📶| cuisinette ⚒ TV 📞 & 🚗 – ⚿ 25. AE ① GB JCB
☕ 19 – **12 ch** 290/330, 27 suites 650.
♦ Toutes les chambres, actuelles et plutôt spacieuses, sont équipées de cuisinettes permettant de séjourner à Paris tout en continuant à faire "comme à la maison".

Chateaubriand   BY **10**
6 r. Chateaubriand Ⓜ *George V* ℰ 01 40 76 00 50, *chateaubriand@hotelswaldo rfparis.com, Fax 01 40 76 09 22*
sans rest – |📶| ⚒ TV 📞. AE ① GB JCB
☕ 18 – **28 ch** 344/374.
♦ Près des Champs-Élysées, à deux pas du Lido, cet hôtel abrite des chambres au décor feutré, dotées de salles de bains en marbre. "Tea time" vers 17 heures.

Résidence Monceau   CX **12**
85 r. Rocher Ⓜ *Villiers* ℰ 01 45 22 75 11, *residencemonceau@wanadoo.fr, Fax 01 45 22 30 88*
sans rest – |📶| TV &. AE ① GB JCB. 🐾
☕ 10 – **51 ch** 130.
♦ Entre parc Monceau et gare St-Lazare, établissement moderne aux chambres peu spacieuses mais fonctionnelles. Bar design ouvrant sur un agréable petit patio.

🏠 **Pershing Hall** BZ 3

49 r. P. Charon Ⓜ *George V* ☎ 01 58 36 58 00, *info@pershinghall.com*, Fax 01 58 36 58 01

🛗 🔳 📺 📞 ⚇ – 🏛 60. AE ⓪ GB JCB

Repas *(fermé dim.)* carte 40 à 82 – ☕ 34

20 ch 390/720, 6 suites.

♦ Demeure du général Pershing, club de vétérans et enfin hôtel de charme imaginé par Andrée Putman. Intérieur chic, insolite et ravissant jardin vertical. Derrière le rideau de perles de verre, cadre tendance et carte très au goût du jour ; soirées "lounge".

🏠 **Chambiges Élysées** BZ 3

8 r. Chambiges Ⓜ *Alma-Marceau* ☎ 01 44 31 83 83, *chamb@paris-hotels-char m.com*, Fax 01 40 70 95 51

sans rest – 🛗 ⤢ 🔳 📺 📞 ⚇. AE ⓪ GB JCB. ⊘

26 ch ☕ 245/330, 8 suites.

♦ Boiseries, tentures et tissus choisis, meubles de style : atmosphère romantique et "cosy" dans cet hôtel entièrement rénové. Chambres douillettes et joli jardinet intérieur.

🏠 **L'Arcade** DY 13

7 et 9 r. de l'Arcade Ⓜ *Madeleine* ☎ 01 53 30 60 00, *reservation@hotel-arcade. com*, Fax 01 40 07 03 07

sans rest – 🛗 🔳 📺 📞 – 🏛 25. AE GB JCB

☕ 9 – **37 ch** 140/215, 4 duplex.

♦ Marbre et boiseries dans le hall et les salons, coloris tendres et mobilier choisi dans les chambres font le charme de cet hôtel élégant et discret, proche de la Madeleine.

🏠 **Monna Lisa** BY 28

97 r. La Boétie Ⓜ *St-Philippe du Roule* ☎ 01 56 43 38 38, *contact@hotelmonna lisa.com*, Fax 01 45 62 39 90

🛗 🔳 📺 📞. AE ⓪ GB JCB. ⊘

Caffe Ristretto - cuisine italienne *(fermé sam. et dim.)* **Repas** carte 36 à 56 – ☕ 22 – **22 ch** 220/265.

♦ Ce bel hôtel aménagé dans un immeuble de 1860 constitue une véritable vitrine de l'audacieux design transalpin. Voyage gourmand à travers les spécialités de la péninsule italienne, dans le cadre délicieusement contemporain du Caffe Ristretto.

🏠 **Lavoisier** CY 47

21 r. Lavoisier Ⓜ *St-Augustin* ☎ 01 53 30 06 06, *info@hotellavoisier.com*, Fax 01 53 30 23 00

sans rest – 🛗 🔳 📺 📞 ⚇. AE ⓪ GB JCB. ⊘

☕ 12 – **26 ch** 230/305, 4 suites.

♦ Chambres contemporaines, petit salon-bibliothèque "cosy" faisant office de bar et salle voûtée pour les petits-déjeuners caractérisent cet hôtel du quartier St-Augustin.

🏠 **Élysées Mermoz** CY 50

30 r. J. Mermoz Ⓜ *Franklin D. Roosevelt* ☎ 01 42 25 75 30, *resa@hotel-elysees mermoz.com*, Fax 01 45 62 87 10

sans rest – 🛗 🔳 📺 📞 ⚇ – 🏛 15. AE ⓪ GB JCB

☕ 10 – **22 ch** 137/169, 5 suites.

♦ Couleurs ensoleillées ou camaïeu de gris dans les chambres, boiseries sombres et lave bleue dans les salles de bains, salon en rotin sous verrière : un hôtel "cosy".

🏨 **Franklin Roosevelt** BZ 58
18 r. Clément-Marot Ⓜ *Franklin D. Roosevelt* ℘ 01 53 57 49 50, *hotel@hroosv
evelt.com, Fax 01 53 57 49 59*
sans rest – 🛗 📺 ✆ ♿. 🝆 ⅁ℬ
☲ 22 – **45 ch** 255/285, 3 suites.
◆ Bois précieux et marbre utilisés à profusion pour les rénovations des
chambres des 5ᵉ et 6ᵉ étages et des espaces communs : un hôtel au charme
victorien. Agréable bar.

🏨 **Queen Mary** DY 4
9 r. Greffulhe Ⓜ *Madeleine* ℘ 01 42 66 40 50, *hotelqueenmary@wanadoo.fr,
Fax 01 42 66 94 92*
sans rest – 🛗 ▤ 📺. 🝆 ⓞ ⅁ℬ ⤵
☲ 16 – **36 ch** 135/189.
◆ Agréable patio, coquette salle des petits-déjeuners, chambres feutrées et
carafe de Xérès en cadeau de bienvenue vous attendent dans cet hôtel
raffiné à l'esprit "british".

🏨 **Vignon** DY 32
23 r. Vignon Ⓜ *Madeleine* ℘ 01 47 42 93 00, *reservation@hotelvignon.com,
Fax 01 47 42 04 60*
sans rest – 🛗 ▤ 📺 ✆ ♿. 🝆 ⓞ ⅁ℬ. ⌗
☲ 15 – **30 ch** 275/340.
◆ Chambres actuelles et feutrées à deux pas de la place de la Madeleine ;
celles du dernier étage sont lumineuses et flambant neuves. Élégante salle
des petits-déjeuners.

🏨 **Mercure Opéra Garnier** DY 69
4 r. de l'Isly Ⓜ *St Lazare* ℘ 01 43 87 35 50, *h1913@accor-hotels.com,
Fax 01 43 87 03 29*
sans rest – 🛗 ⥮ ▤ 📺 ✆. 🝆 ⓞ ⅁ℬ ⤵
☲ 14 – **140 ch** 195/235.
◆ Hôtel de chaîne pratique situé entre la gare St-Lazare et les grands maga-
sins. Chambres fonctionnelles et petits-déjeuners sous forme de buffet.
Jardinet intérieur.

🏨 **Étoile Friedland** BY 2
177 r. Fg St-Honoré Ⓜ *Charles de Gaulle-Etoile* ℘ 01 45 63 64 65, *friedlan@pari
s-honotel.com, Fax 01 45 63 88 96*
sans rest – 🛗 ⥮ ▤ 📺 ✆ ♿. 🝆 ⓞ ⅁ℬ ⤵
☲ 20 – **40 ch** 229/319.
◆ Près de la salle Pleyel, petites chambres bourgeoises et correctement
insonorisées, dotées de lits en laiton et de salles de bains en marbre ; hall et
salon vivement colorés.

🏨 **Élysées Céramic** AY 15
34 av. Wagram Ⓜ *Ternes* ℘ 01 42 27 20 30, *cerotel@aol.com,
Fax 01 46 22 95 83*
sans rest – 🛗 ▤ 📺 ✆. 🝆 ⓞ ⅁ℬ ⤵
☲ 9,50 – **57 ch** 180/223.
◆ La façade Art nouveau en grès cérame (1904) est une merveille d'architecture. L'intérieur n'est pas en reste, avec des meubles et un décor inspirés du
même style.

🏨 **Atlantic** DX 20
44 r. Londres Ⓜ *Liège* ℘ 01 43 87 45 40, *reserv@atlantic-hotel.fr,
Fax 01 42 93 06 26*
sans rest – 🛗 ⥮ ▤ 📺 ✆. 🝆 ⓞ ⅁ℬ ⤵. ⌗
☲ 12 – **82 ch** 140/168.
◆ Ondulations, tableaux et maquettes de bateaux... Quelques discrètes
touches marines animent le décor contemporain de cet hôtel. Salon et bar
sous une vaste verrière.

🏨 **L'Élysée**   CY 9
12 r. Saussaies ⓜ *Miromesnil* ℘ 01 42 65 29 25, *hotel-de-l-elysee@wanadoo.fr*
Fax 01 42 65 64 28
sans rest – |❙| ▤ 📺 ✆. 🄰🄴 ⓞ ☖ 🄹🄲🄱. ❉
🛏 12 – **29 ch** 110/225, 3 suites.
◆ La décoration de cet établissement qui jouxte le ministère de l'Intérieur
décline toute une gamme de styles des 18ᵉ et 19ᵉ s. Chambres bien tenues.

🏨 **Astoria**   DX 9
42 r. Moscou ⓜ *Rome* ℘ 01 42 93 63 53, *hotel.astoria@astotel.com*,
Fax 01 42 93 30 30
sans rest – |❙| ✝ ▤ 📺. 🄰🄴 ⓞ ☖ 🄹🄲🄱. ❉
🛏 14 – **86 ch** 151/166.
◆ Cet hôtel du quartier de l'Europe semble plaire à la clientèle d'affaires.
Salon agrémenté de tableaux modernes. Salle des petits-déjeuners sous
verrière.

🏨 **Flèche d'or**   DX 7
29 rue d'Amsterdam ⓜ *St Lazare* ℘ 01 48 74 06 86, *hotel-de-la-fleche-dor@w
anadoo.fr, Fax 01 48 74 06 04*
sans rest – |❙| ▤ 📺 ✆. 🄰🄴 ⓞ ☖
🛏 11 – **61 ch** 140/150.
◆ L'enseigne de cet hôtel proche de la gare St-Lazare évoque un célèbre
train de luxe. Chambres bien tenues et salon aussi confortable qu'une voiture
Pullman de la Flèche d'Or !

🏨 **Mayflower**   BY 47
3 r. Chateaubriand ⓜ *George V* ℘ 01 45 62 57 46, *mayflower@escapade-paris.
com, Fax 01 42 56 32 38*
sans rest – |❙| 📺. 🄰🄴 ☖
🛏 10 – **24 ch** 126/172.
◆ Chambres aux harmonieux tons pastel et salles de bains en marbre. Petits-
déjeuners proposés dans un espace égayé d'une fresque évoquant la desti-
née des Pilgrim Fathers.

🏨 **West-End**   BZ 15
7 r. Clément-Marot ⓜ *Alma-Marceau* ℘ 01 47 20 30 78, *contact@hotel-west-e
nd.com, Fax 01 47 20 34 42*
sans rest – |❙| ▤ 📺 ✆. 🄰🄴 ⓞ ☖ 🄹🄲🄱. ❉
🛏 18 – **49 ch** 175/280.
◆ Au coeur du Triangle d'Or, hôtel garni en partie de meubles provenant d'un
palace de la capitale. Quelques chambres offrent une échappée sur la tour
Eiffel ; salon "cosy".

🏨 **Cordélia**   DY 56
11 r. Greffulhe ⓜ *Madeleine* ℘ 01 42 65 42 40, *hotelcordelia@wanadoo.fr,
Fax 01 42 65 11 81*
sans rest – |❙| ▤ 📺 ✆. 🄰🄴 ⓞ ☖. ❉
🛏 12 – **30 ch** 150/190.
◆ Les petites chambres de cet hôtel proche de la Madeleine ont été refaites
dans des tons chaleureux (rouge et jaune). Salon intime avec cheminée et
boiseries.

🏨 **Concorde St-Augustin**   CY 30
9 r. Roy ⓜ *St Augustin* ℘ 01 42 93 32 17, *hotel.staugustin@wanadoo.fr,
Fax 01 42 93 19 34*
sans rest – |❙| ▤ 📺 ✆. 🄰🄴 ⓞ ☖ 🄹🄲🄱. ❉
🛏 12 – **62 ch** 200/250.
◆ Cet immeuble haussmannien est situé à proximité de l'église St-Augustin.
Les chambres, pratiques, sont peu à peu rénovées. Lumineuse salle des
petits-déjeuners.

🏠 **Pavillon Montaigne** CY **18**
34 r. J. Mermoz ⓜ *Franklin D. Roosevelt* ℘ 01 53 89 95 00, *hotelpavillonmonta
igne@wanadoo.fr, Fax 01 42 89 33 00*
sans rest – 🛗 ▤ 📺 📞. 𝖠𝖤 ⓪ 𝖦𝖡 𝖩𝖢𝖡. ⌘
⚏ 8,50 – **18 ch** 135/175.
 ◆ Deux immeubles reliés entre eux par la salle des petits-déjeuners coiffée
d'une verrière. Mobilier ancien ou actuel dans les chambres souvent ornées
de poutres apparentes.

🏠 **New Orient** CX **3**
16 r. Constantinople ⓜ *Villiers* ℘ 01 45 22 21 64, *new.orient.hotel@wanadoo.f
r, Fax 01 42 93 83 23*
sans rest – 🛗 ⤬ 📺 📞. 𝖠𝖤 ⓪ 𝖦𝖡. ⌘
⚏ 9 – **30 ch** 75/115.
 ◆ Façade fleurie, meubles chinés, décor "cosy" des petites chambres et
charmant accueil franco-allemand font l'attrait de cette délicieuse maison de
poupée.

🏠 **Alison** CY **8**
21 r. de Surène ⓜ *Madeleine* ℘ 01 42 65 54 00, *hotel.alison@wanadoo.fr,
Fax 01 42 65 08 17*
sans rest – 🛗 📺 📞. 𝖠𝖤 ⓪ 𝖦𝖡 𝖩𝖢𝖡. ⌘
⚏ 8 – **35 ch** 78/140.
 ◆ Hôtel familial dans une rue calme proche du théâtre de la Madeleine. Hall
agrémenté de tableaux contemporains et chambres fonctionnelles tapissées
de papier japonais.

🏠 **Newton Opéra** DY **57**
11 bis r. de l'Arcade ⓜ *Madeleine* ℘ 01 42 65 32 13, *newtonopera@easynet.fr,
Fax 01 42 65 30 90*
sans rest – 🛗 ▤ 📺 📞. 𝖠𝖤 ⓪ 𝖦𝖡. ⌘
⚏ 15 – **31 ch** 150/200.
 ◆ Plaisantes petites chambres égayées de tons vifs, coquet salon de lecture
et accueil personnalisé (une carafe de Mandarine impériale vous attend en
cadeau de bienvenue).

🏠 **Madeleine Haussmann** DY **3**
10 r. Pasquier ⓜ *Madeleine* ℘ 01 42 65 90 11, *contact@madeleine-paris-hotel.
com, Fax 01 42 68 07 93*
sans rest – 🛗 ▤ 📺 📞. 𝖠𝖤 ⓪ 𝖦𝖡 𝖩𝖢𝖡
⚏ 7 – **35 ch** 130/180.
 ◆ Chambres pas très spacieuses, mais bien tenues et garnies d'un mobilier
de bonne facture. Salle des petits-déjeuners voûtée et salon "cosy" avec accès
Internet à disposition.

🏠 **Comfort Malesherbes** CY **20**
11 pl. St-Augustin ⓜ *St-Augustin* ℘ 01 42 93 27 66, *hotelmalesherbes@wanad
oo.fr, Fax 01 42 93 27 51*
sans rest – 🛗 ⤬ ▤ 📺 📞. 𝖠𝖤 ⓪ 𝖦𝖡 𝖩𝖢𝖡. ⌘
⚏ 12 – **24 ch** 135/230.
 ◆ Chambres douillettes aux tons jaune et bleu ou jaune et rouille, pour la
plupart tournées vers le dôme de l'église St-Augustin construite par Victor
Baltard.

XXXXX **Le ''Cinq''** - Hôtel Four Seasons George V AY 12
✿✿✿ 31 av. George V Ⓜ *George V* ✆ 01 49 52 71 54, *par.lecinq@fourseasons.com*, *Fax 01 49 52 71 81*

☆ – 📧 🗋. 🆎 ⓪ ⒼⒷ 🇯🇨🇧. ✄
Repas 80 (déj.), 120/200 et carte 120 à 200 🗒.

♦ Superbe salle de restaurant - majestueuse évocation du Grand Trianon - ouverte sur un ravissant jardin intérieur. Ambiance raffinée et talentueuse cuisine classique.

Spéc. Poireau cuit à la ficelle aux saveurs d'automne et à la truffe (oct. à fév.). Homard en coque, fumé et rôti aux châtaignes (oct. à fév.). Fricassée de langoustines à la coriandre.

XXXXX **Les Ambassadeurs** - Hôtel Crillon DZ 24
✿ 10 pl. Concorde Ⓜ *Concorde* ✆ 01 44 71 16 16, *restaurants@crillon.com*, *Fax 01 44 71 15 02*

📧 🗋. 🆎 ⓪ ⒼⒷ 🇯🇨🇧. ✄
Repas 62 (déj.)/135 et carte 140 à 180.

♦ Cette splendide salle à manger dont les ors et les marbres se reflètent dans d'immenses glaces est l'ancienne salle de bal d'un hôtel particulier du 18e s. Cuisine raffinée.

Spéc. Endives de pleine terre, jambon, comté, truffe noire (janv. à avril). Caviar osciètre royal, réduction corsée, langoustines. Pigeonneau désossé, farci de foie gras, jus à l'olive.

XXXXX **Ledoyen** CZ 40
✿✿✿ carré Champs-Élysées (1er étage) Ⓜ *Champs Elysées Clemenceau* ✆ 01 53 05 10 01, *ledoyen@ledoyen.com, Fax 01 47 42 55 01*

📧 🗋 🅿. 🆎 ⒼⒷ. ✄
fermé 31 juil. au 29 août, lundi midi, sam., dim. et fériés – **Repas** 73 (déj.), 168/244 bc et carte 135 à 180 🗒.

♦ Pavillon néo-classique édifié en 1848 à la place d'une guinguette des Champs. Décor Napoléon III, vue sur les jardins dessinés par Hittorff et belle cuisine "terre et mer".

Spéc. Langoustines croustillantes, émulsion d'agrumes à l'huile d'olive. Blanc de turbot, pommes rattes truffées écrasées à la fourchette. Noix de ris de veau en brochette de bois de citronnelle.

XXXXX **Alain Ducasse au Plaza Athénée** - Hôtel Plaza Athénée BZ 2
✿✿✿ 25 av. Montaigne Ⓜ *Alma Marceau* ✆ 01 53 67 65 00, *adpa@alain-ducasse.com, Fax 01 53 67 65 12*

📧 🗋. 🆎 ⓪ ⒼⒷ 🇯🇨🇧. ✄
fermé 16 juil. au 23 août, 17 au 30 déc., lundi midi, mardi midi, merc. midi, sam. et dim. – **Repas** 190/280 et carte 200 à 275 🗒.

♦ Somptueux décor Régence relooké dans un esprit "design et organza", plats inventifs d'une équipe talentueuse "coachée" par A. Ducasse et 1001 vins choisis : la vie de palace !

Spéc. Langoustines rafraîchies, nage réduite, caviar osciètre royal. Volaille de Bresse, sauce albuféra aux truffes d'Alba (15 oct. au 31 déc.). Coupe glacée de saison.

XXXXX **Bristol** - Hôtel Bristol CY 44
✿✿ 112 r. Fg St-Honoré Ⓜ *Miromesnil* ✆ 01 53 43 43 40, *resa@lebristolparis.com, Fax 01 53 43 43 01*

☆ – 📧 🗋. 🆎 ⓪ ⒼⒷ 🇯🇨🇧. ✄
Repas 70/150 et carte 125 à 175 🗒.

♦ Avec sa forme ovale et ses splendides boiseries, la salle à manger d'hiver ressemble à un petit théâtre. Celle d'été s'ouvre largement sur le magnifique jardin de l'hôtel.

Spéc. Macaroni truffés farcis d'artichaut et foie gras de canard. Poularde de Bresse au château-chalon, cuite en vessie. Sabayon au chocolat noir.

XXXXX **Taillevent**   BY 39
15 r. Lamennais ⓜ Charles de Gaulle-Etoile ℘ 01 44 95 15 01, mail@taillevent.c
om, Fax 01 42 25 95 18 – 🖬 ⌨. AE ① ⊖⊖ JCB. ❄
fermé 24 juil. au 23 août, sam., dim. et fériés – **Repas** (nombre de couverts
limité, prévenir) 70 (déj.), 130/180 et carte 110 à 140 ♀ ⌂.
◆ Le célèbre maître queux médiéval a prêté son nom à ce restaurant sis dans
l'hôtel particulier du duc de Morny. Boiseries, oeuvres d'art, cuisine exquise et
cave somptueuse.
Spéc. Epeautre en risotto truffé. Fricassée de ris et rognon de veau. Beignet
au chocolat et à la liqueur de mandarine.

XXXXX **Lucas Carton** (Senderens)   DZ 23
9 pl. Madeleine ⓜ Madeleine ℘ 01 42 65 22 90, lucas.carton@lucascarton.com,
Fax 01 42 65 06 23 – 🖬 ⌨. AE ① ⊖⊖ JCB. ❄
fermé 1er au 24 août, 19 au 27 fév., lundi midi, sam. midi et dim. – **Repas** 76
(déj.)/300 et carte 150 à 230 ⌂.
◆ Sycomore, érable, citronnier : les magnifiques boiseries Art nouveau
signées Majorelle s'ornent de miroirs et d'appliques à motif végétal. Asso-
ciation mets et vins sublimée.
Spéc. Entrée de homard et sa polenta crémeuse au corail. Bar de ligne au
thym-citron. Canard croisé étouffé, rougail de poireaux, mangue et gingembre mariné au vieux xérès.

XXXXX **Lasserre**   BZ 21
17 av. F.-D.-Roosevelt ⓜ Franklin D. Roosevelt ℘ 01 43 59 53 43, lasserre@lass
erre.fr, Fax 01 45 63 72 23
🖬 ⌨. AE ① ⊖⊖ JCB. ❄ – fermé août, sam. midi, lundi midi, mardi midi,
merc. midi et dim. – **Repas** 110 (déj.)/185 et carte 120 à 170 ⌂.
◆ L'adresse est une institution du Paris gourmand. Dans la salle à manger
néo-classique, étonnant toit ouvrant décoré d'une sarabande de danseuses.
Superbe carte des vins.
Spéc. Macaroni aux truffes et foie gras en léger gratin. Dos de bar de ligne
clouté de citron confit, cuit en vapeur d'algues. Noix de ris de veau de lait en
fine croûte blonde acidulée.

XXXXX **Laurent**   CZ 22
41 av. Gabriel ⓜ Champs Elysées-Clemenceau ℘ 01 42 25 00 39, info@le-laure
nt.com, Fax 01 45 62 45 21 – 🌳 – ⌨. AE ① ⊖⊖ JCB. ❄
fermé sam. midi, dim. et fériés – **Repas** 65/140 et carte 120 à 185 ⌂.
◆ Le pavillon à l'antique bâti par Hittorff, d'élégantes terrasses ombragées et
une cuisine de grande tradition : un petit coin de paradis dans les Jardins des
Champs-Élysées.
Spéc. Araignée de mer dans ses sucs en gelée, crème de fenouil. Grosses
langoustines "tandoori" poêlées, copeaux d'avocat à l'huile d'amandes. Foie
gras de canard poêlé, mangue rôtie au gingembre et citron vert.

XXXX **Les Élysées** - Hôtel Vernet   AY 9
25 r. Vernet ⓜ Charles de Gaulle-Etoile ℘ 01 44 31 98 98, elysees@hotelvernet
.com, Fax 01 44 31 85 69
🖬 ⌨. AE ① ⊖⊖ JCB. ❄
fermé 24 juil. au 23 août, 18 au 26 déc., lundi midi, sam. et dim. – **Repas** 48
(déj.)/130 (dîner) et carte 105 à 145.
◆ Cuisine inventive et maîtrisée, aux saveurs subtiles, à déguster sous la
splendide verrière Belle Époque signée Eiffel, qui baigne la salle à manger
d'une douce lumière.
Spéc. Pied de cochon en tartine, marinade acidulée aux raisins et champignons. Pithiviers de perdrix, poule faisane et grouse au genièvre, jus de
presse (oct. à déc.). Citron de Menton confit en biscuit moelleux à la mélisse.

XXXX **Pierre Gagnaire** - Hôtel Balzac   AY 26
6 r. Balzac ⓦ *George V* ☎ 01 58 36 12 50, *p.gagnaire@wanadoo.fr,*
Fax 01 58 36 12 51
🍽 ⌂🍴. AE ⓞ GB
fermé 10 au 18 avril, 15 au 31 juil., 23 oct. au 2 nov., 19 au 27 fév., le midi en
août, dim. midi, sam. et fériés
Repas 90 (déj.), 195/260 et carte 200 à 290.
◆ Le sobre et chic décor contemporain (boiseries blondes, oeuvres d'art
moderne) s'efface devant la partition débridée jouée par un chef-jazzman
envoûtant. Musique, maestro !
Spéc. Déclinaison de langoustines sur différentes cuissons. Bar de ligne cuit
entier en papillote, pâte de piment nora. Canard rôti entier à la cannelle, peau
laquée et cuisse confite.

XXXX **La Marée**   AX 2
1 r. Daru ⓦ *Ternes* ☎ 01 43 80 20 00, *lamaree@wanadoo.fr, Fax 01 48 88 04 04*
🍽 ⌂🍴. AE ⓞ GB
fermé août, sam. midi et dim.
Repas carte 75 à 125 ⓨ 🍷.
◆ Jolie façade à colombages, vitraux, tableaux flamands et boiseries chaleureuses composent le décor raffiné de ce restaurant où l'on sert une belle
cuisine de la mer.
Spéc. Pressé de jarret de veau aux langoustines. Fricassée de homard aux
aromates. Millefeuille chaud caramélisé aux amandes.

XXXX **Clovis** - Hôtel Sofitel Arc de Triomphe   BY 6
14 r. Beaujon ⓦ *Charles de Gaulle-Etoile* ☎ 01 53 89 50 53, *h1296@accor-hotel*
s.com, Fax 01 53 89 50 51
🍽 ⌂🍴. AE ⓞ GB JCB
fermé 24 juil. au 24 août, 24 déc. au 2 janv., sam., dim. et fériés – **Repas**
49/98 et carte 70 à 90 ⓨ.
◆ Esprit classique revisité (tons beige et brun) pour le décor, service attentif
et souriant, cuisine raffinée : les gourmets du quartier en ont fait leur
"cantine".
Spéc. Duo de foie gras aux figues vigneronnes. Dos de bar rôti, coeur de
fenouil fondant. Carré de veau à la mitonnée de girolles (automne-hiver).

XXX **Maison Blanche**   CY 9
15 av. Montaigne (6e étage) ⓦ *Alma-Marceau* ☎ 01 47 23 55 99, *margot-maiso*
nblanche@wanadoo.fr, Fax 01 47 20 09 56
≤, 🌿 – 🛗 🍽 ⌂🍴. AE GB JCB
fermé sam. midi et dim. midi
Repas *(40)* - 75 (déj.) et carte 85 à 118 ⓨ.
◆ Sur le toit du théâtre des Champs-Élysées, loft-duplex design dont
l'immense verrière est tournée sur le dôme doré des Invalides. Le Languedoc influence la cuisine.

XXX **Jardin** - Hôtel Royal Monceau   BY 25
37 av. Hoche ⓦ *Charles de Gaulle-Etoile* ☎ 01 42 99 98 70, *Fax 01 42 99 89 94*
🌿 – 🍽 ⌂🍴. AE ⓞ GB JCB. 🚭
fermé août, lundi midi, sam. et dim. – **Repas** 49 (déj.)/99 (dîner)
et carte 90 à 130.
◆ Entourée d'un joli jardin fleuri, la moderne coupole de verre abrite une
élégante salle à manger où l'on déguste une subtile cuisine méditerranéenne.
Spéc. Sandwich de foie gras de canard confit (automne). Sole de petite pêche
laquée, jus au pimento de la Vera (été). Ris de veau de lait caramélisé aux fruits
de la passion (été).

XXX **Fouquet's** BY 65

99 av. Champs Élysées ⓜ *George V* ℘ 01 47 23 50 00, *fouquets@lucienbarriere .com*, Fax 01 47 23 50 55

🍽 – 📋. 💳 ⓪ 💳 💳

Repas *(39)* - 54 (déj.)/78 et carte 75 à 104.

◆ Salle à manger classée revue et corrigée par J. Garcia, terrasse très prisée été comme hiver et cuisine de brasserie : Le Fouquet's régale depuis 1899 sa clientèle sélecte.

XXX **Le W** - Hôtel Warwick BY 5

❀ 5 r. Berri ⓜ *George V* ℘ 01 45 61 82 08, *lerestaurantw@warwickhotels.com*, Fax 01 43 59 00 98

🍽 📋. 💳 ⓪ 💳 💳 🚫

fermé août, 27 déc. au 3 janv., sam. et dim. – **Repas** 40 (déj.)/65 et carte 70 à 95.

◆ "W" pour Warwick : dans le chaleureux décor contemporain du restaurant, discrètement installé au sein de l'hôtel, vous dégusterez une belle cuisine ensoleillée.

Spéc. Persillé de sardines aux poireaux et tomates confites (été). Carpaccio de paleron aux truffes (hiver). Merlan argenté au beurre salé, pommes fondantes et girolles (automne).

XXX **Chiberta** AY 24

❀ 3 r. Arsène-Houssaye ⓜ *Charles de Gaulle-Etoile* ℘ 01 53 53 42 00, *info@lechib erta.com*, Fax 01 45 62 85 08

🍽 📋. 💳 ⓪ 💳

fermé août, sam. midi et dim.

Repas 45 (déj.), 100/155 et carte 80 à 125.

◆ L'esprit des années 1970, conservé, a été rajeuni par un décor japonisant préservant l'intimité : le restaurant idéal pour un repas d'affaires. Cuisine au goût du jour.

Spéc. Truffe noire de Provence cuite au champagne (15 nov. au 15 fév.). Canette rôtie à la fleur de rose, sauce aigre-douce. Pavé de bar cuit à l'unilatéral, fumet truffé, purée de céleri.

XXX **L'Obélisque** - Hôtel Crillon DZ 8

6 r. Boissy d'Anglas ⓜ *Concorde* ℘ 01 44 71 15 15, *restaurants@crillon.com*, Fax 01 44 71 15 02

🍽. 💳 ⓪ 💳 💳

fermé 24 juil. au 22 août et fériés

Repas 48 ♀.

◆ Salle agrémentée de boiseries, glaces et verre gravé, où les mètres carrés seraient presque moins nombreux que les convives : normal, la cuisine est goûteuse et soignée !

XXX **Marcande** CY 5

52 r. Miromesnil ⓜ *Miromesnil* ℘ 01 42 65 19 14, *info@marcande.com*, Fax 01 42 65 76 85

🍽 – 📋. 💳 💳

fermé 9 au 22 août, 24 déc. au 3 janv., sam. et dim. – **Repas** 42/90 bc et carte 55 à 83.

◆ Discret restaurant fréquenté par une clientèle d'affaires. Salle à manger contemporaine tournée vers l'agréable patio-terrasse, qui marche fort aux beaux jours.

XXX ❀ Copenhague   AY 27
142 av. Champs-Élysées (1er étage) Ⓜ *George V* ℰ 01 44 13 86 26, *floricadanica@wanadoo.fr*, Fax 01 44 13 89 44

🚼 – 🍽 📶. **AE ⓞ GB JCB**

fermé 1er au 23 août, sam., dim. et fêtes – **Repas** 50 (déj.), 68/100 et carte 80 à 103

Flora Danica : **Repas** 32 et carte 43 à 62, ⚜.

♦ Cuisine scandinave, élégant design danois, vue sur les Champs-Élysées et terrasse tournée vers un ravissant jardin pour ce restaurant installé dans la Maison du Danemark. Au Flora Danica, les produits de la boutique et la carte mettent le saumon à l'honneur.

Spéc. Blinis de saumon fumé sauvage de la Baltique (oct. à juin). Tartare de Saint-Jacques au caviar osciètre (1er oct. au 15 avril). Noisettes de renne, jus acidulé aux cerises.

XXX El Mansour   BZ 8
7 r. Trémoille Ⓜ *Alma Marceau* ℰ 01 47 23 88 18, Fax 01 40 70 13 53

🍽 **AE ⓞ GB**

Repas *(29)* - 35 (déj.), 78 bc/98 bc et carte 55 à 80 ⚜.

♦ Salle à manger revêtue de chaleureuses boiseries et égayée de petites notes orientales : un restaurant marocain feutré au coeur du Triangle d'Or.

XXX Yvan   BY 13
1bis r. J. Mermoz Ⓜ *Franklin D. Roosevelt* ℰ 01 43 59 18 40, *rest.coma@free.fr*, Fax 01 42 89 30 95

🍽 📶(soir). **AE ⓞ GB JCB**

fermé sam. midi et dim. – **Repas** *(23)* - 30,50/37 ⚜.

♦ Cadre raffiné égayé de belles compositions florales, lumière tamisée et clientèle "B.C.B.G." : un restaurant très "in" à côté du Rond-Point des Champs-Élysées.

XXX ❀ Bath's   BZ 5
9 r. La Trémoille Ⓜ *Alma Marceau* ℰ 01 40 70 01 09, *contact@baths.fr*, Fax 01 40 70 01 22

🍽 📶(soir). **AE GB**

fermé août, 24 au 27 déc., sam., dim. et fériés – **Repas** 30 (déj.)/70 (dîner) et carte 70 à 95 ⚜ 🏵.

♦ Atmosphère chic et feutrée en ce restaurant décoré de sculptures et de peintures réalisées par le patron-artiste. Cuisine aux accents auvergnats et belle carte des vins.

Spéc. Tarte tiède de homard et légumes. Pigeon rôti, purée de pois. "Biscotin" à la vanille, glace basilic.

XXX Indra   BY 29
10 r. Cdt-Rivière Ⓜ *St-Philippe du Roule* ℰ 01 43 59 46 40, Fax 01 42 25 00 32

🍽 **AE ⓞ GB**

fermé sam. midi et dim. – **Repas** 34 (déj.), 38/58 et carte 37 à 54.

♦ Murs en patchwork, boiseries finement ouvragées, belle mise en place... Un lieu ravissant et une carte explorant le patrimoine culinaire de l'Union indienne.

XX Spoon   BZ 56
14 r. Marignan Ⓜ *Franklin D. Roosevelt* ℰ 01 40 76 34 44, *spoonfood@aol.com*, Fax 01 40 76 34 37

🍽 📶. **AE ⓞ GB JCB**. ✂

fermé 24 juil. au 24 août, 24 déc. au 5 janv., sam. et dim. – **Repas** 37 (déj.) et carte 53 à 80 ⚜ 🏵.

♦ Mobilier design, bois exotique et cuisine ouverte sur la salle : un décor contemporain "zen" pour découvrir une carte modulable et une cave empruntant aux cinq continents.

XX **Rue Balzac**   AY 4
3 r. Balzac Ⓜ *Georges V* ℰ 01 53 89 90 91, *bistrotrostang@wanadoo.fr*,
Fax 01 53 89 90 94

▤ ◻️. 🆎 ⒼⒷ

fermé 15 au 22 août, sam. midi et dim. midi – **Repas** carte 53 à 66.

◆ Le décor de cette immense salle de style appartement bourgeois s'inspire-
rait du Cirque 2000 de New-York. L'adresse est "tendance" puisque promue
par Johnny "himself".

XX **Carpaccio** - Hôtel Royal Monceau   E 8
✿ 37 av. Hoche Ⓜ *Charles de Gaulle Etoile* ℰ 01 42 99 98 90, *reception@royalmo
nceau.com, Fax 01 42 99 89 94*

◻️. 🆎 ⓪ ⒼⒷ ⒿⒸⒷ

fermé 12 au 18 avril, 26 juil. au 23 août, 24 au 31 déc., 16 au 22 fév. –
Repas carte 68 à 80.

◆ Franchissez le hall de l'hôtel Royal Monceau pour vous attabler dans un
plaisant décor évoquant la "Sérénissime". Lustres en verre de Murano. Goûteuse cuisine italienne.

Spéc. Filet de bar poêlé au fenouil. Spaghettis au homard. Carré de veau rôti
aux légumes cuisinés à la méditerranéenne.

XX **Luna**   CX 16
✿ 69 r. Rocher Ⓜ *Villiers* ℰ 01 42 93 77 61, *mchoisnluna@noos.fr*,
Fax 01 40 08 02 44

▤. 🆎 ⒼⒷ

fermé 4 au 25 août et dim. – **Repas** carte 60 à 80 ⓧ.

◆ Sobre cadre Art déco et fine cuisine aux saveurs iodées, nourries des
arrivages quotidiens de belles marées du littoral atlantique. Le baba ? Il vous
laissera... "baba" !

Spéc. Salade de homard à l'huile de pistache. Daurade royale au gingembre
en feuille de bananier. Baba au rhum de Zanzibar.

XX **Relais Plaza** - Hôtel Plaza Athénée   BZ 20
25 av. Montaigne Ⓜ *Alma Marceau* ℰ 01 53 67 64 00, *reservation@plaza-athen
ee-paris.com, Fax 01 53 67 66 66*

◻️. 🆎 ⓪ ⒼⒷ ⒿⒸⒷ. ⌾

fermé 25 juil. au 30 août – **Repas** 43 et carte 58 à 92.

◆ La "cantine" chic et intime des maisons de couture voisines. Une rénovation subtile a redonné tout son lustre au cadre Art déco originel. Cuisine
classique épurée.

XX **Tante Louise**   DY 30
41 r. Boissy-d'Anglas Ⓜ *Madeleine* ℰ 01 42 65 06 85, *tante.louise@wanadoo.fr*,
Fax 01 42 65 28 19

▤. 🆎 ⓪ ⒼⒷ ⒿⒸⒷ

fermé août, sam., dim. et fériés – **Repas** 34 (déj.)/40 et carte 48 à 69 ⓧ.

◆ L'enseigne évoque la "Mère" parisienne qui tenait naguère ce restaurant
au discret cadre Art déco. Carte traditionnelle agrémentée de spécialités
bourguignonnes.

XX **Flora**   BZ 7
36 av. George V Ⓜ *George V* ℰ 01 40 70 10 49, *Fax 01 47 20 52 87*

▤. 🆎 ⒼⒷ

fermé 10 au 24 août, sam. midi et dim. – **Repas** (26) - 34 et carte 46 à 65 ⓧ.

◆ Flora, la maîtresse de maison de ce restaurant chic et feutré, mitonne une
cuisine qui fleure bon les saveurs méditerranéennes : huile d'olive, citron
confit, parmesan, etc.

XX **Chez Catherine** BY 2

3 r. Berryer ◎ *George V* ✆ 01 40 76 01 40, *Fax 01 40 76 03 96*

🍴 📧 ⑩ ⊙ᴮ ᴶᶜᴮ

fermé 1er au 10 mai, 4 août au 1er sept., 1er au 12 janv., sam., dim. et fériés – **Repas** 39 (déj.) et carte 50 à 75 ♀.

◆ Élégante salle contemporaine ouverte sur les cuisines et en partie coiffée d'une verrière : une adresse chic et feutrée où déguster des recettes ancrées dans la tradition.

XX **Table d'Hédiard** DY 9

21 pl. Madeleine ◎ *Madeleine* ✆ 01 43 12 88 99, *restaurant@hediard.fr, Fax 01 43 12 88 98*

🍴 ☛🍴 📧 ⑩ ⊙ᴮ. ⌘

fermé 1er au 15 août et dim. – **Repas** 60/80 bc et carte 42 à 63 ♀.

◆ Décor un brin exotique et cuisine aux mille épices : vous êtes conviés à un "safari" culinaire... après avoir parcouru les appétissants rayons de la célèbre épicerie de luxe.

XX **Sarladais** DY 18

2 r. Vienne ◎ *St-Augustin* ✆ 01 45 22 23 62, *Fax 01 45 22 23 62*

🍴 📧 ⑩ ⊙ᴮ ᴶᶜᴮ

fermé 1er au 9 mai, août, sam. sauf le soir du 25 sept. au 31 avril, dim. et fériés – **Repas** 29 (dîner)/35 et carte 54 à 80.

◆ La façade en partie lambrissée dissimule une salle à manger rafraîchie mais ayant conservé sa sympathique ambiance provinciale. Solides spécialités périgourdines.

XX **Fermette Marbeuf 1900** BZ 13

5 r. Marbeuf ◎ *Alma-Marceau* ✆ 01 53 23 08 00, *fermettemarbeuf@blanc.net, Fax 01 53 23 08 09*

🍴 📧 ⑩ ⊙ᴮ

Repas *(25 bc)* - 30 et carte 39 à 70 ♀.

◆ Le décor Art nouveau de la salle à manger-verrière, où vous réserverez votre table, date de 1898 et a été retrouvé par hasard lors de travaux de rénovation. Plats classiques.

XX **Marius et Janette** BZ 33

❀ 4 av. George-V ◎ *Alma Marceau* ✆ 01 47 23 41 88, *Fax 01 47 23 07 19*

☂ – 🍴. 📧 ⑩ ⊙ᴮ

Repas 60 bc (déj.) et carte 75 à 100.

◆ L'enseigne évoque l'Estaque et les films de Robert Guédiguian. Élégant décor façon "yacht", agréable terrasse sur l'avenue, et la "grande bleue" dans vos assiettes.

Spéc. Carpaccio de thon (saison). Petite friture. Loup grillé à l'écaille.

XX **Stella Maris** AY 5

4 r. Arsène Houssaye ◎ *Charles de Gaulle-Etoile* ✆ 01 42 89 16 22, *stella.maris. paris@wanadoo.fr, Fax 01 42 89 16 01*

🍴 📧 ⑩ ⊙ᴮ ᴶᶜᴮ. ⌘

fermé le midi en août, sam. midi, lundi midi et dim. – **Repas** 43 (déj.), 75/110 et carte 70 à 97.

◆ Un plaisant restaurant près de l'Arc de Triomphe : cuisine française au goût du jour joliment troussée par un habile chef japonais, décor épuré et accueil charmant.

XX **Les Bouchons de François Clerc ''Étoile''** AY 8

6 r. Arsène Houssaye ◎ *Charles de Gaulle-Etoile* ✆ 01 42 89 15 51, *siegebouch ons@wanadoo.fr, Fax 01 42 89 28 67*

🍴 📧 ⊙ᴮ ᴶᶜᴮ. ⌘

fermé sam. midi et dim. – **Repas** 40 et carte environ 55 ♨.

◆ Ce "bouchon" de François Clerc met en vedette les produits de la mer, servis dans un décor évoquant le monde marin, ainsi qu'un excellent choix de vins à prix coûtant.

XX **Stresa**   BZ 55

7 r. Chambiges 🚇 *Alma-Marceau* 𝒫 01 47 23 51 62

📧. 🆎 ⓪ ⚏. 🍽

fermé août, 20 déc. au 3 janv., sam. et dim.

Repas (prévenir) carte 80 à 110.

◆ Trattoria du Triangle d'Or fréquentée par une clientèle très "jet-set". Tableaux de Buffet, compressions de César... les artistes aussi apprécient cette cuisine italienne.

XX **Berkeley**   CY 2

7 av. Matignon 🚇 *Franklin D. Roosevelt* 𝒫 01 42 25 72 25, *Fax 01 45 63 30 06*

🏠 – 📧 ⓕ. 🆎 ⓪ ⚏ ⒿⒸⒷ

Repas (23) - 29 et carte 36 à 56 ♀.

◆ L'incontournable J. Garcia a métamorphosé cette vénérable brasserie en une adresse "mode" : décor de salle des ventes - Christie's est à deux pas - et de bibliothèque feutrée.

XX **Bistrot du Sommelier**   CY 12

97 bd Haussmann 🚇 *St-Augustin* 𝒫 01 42 65 24 85, *bistrot-du-sommelier@noos.fr, Fax 01 53 75 23 23*

📧. 🆎

fermé 31 juil. au 22 août, 24 déc. au 2 janv., sam. et dim. – **Repas** 39 (déj.), 60 bc/100 bc et carte 49 à 69, enf. 14 ♀ 🏠.

◆ Le bistrot de Philippe Faure-Brac, honoré du titre de meilleur sommelier du monde en 1992, compose un hymne à Bacchus, nourri du feu roulant de dives bouteilles.

XX **Kinugawa**   BY 67

4 r. St-Philippe du Roule 🚇 *St-Philippe du Roule* 𝒫 01 45 63 08 07, *Fax 01 42 60 45 21*

📧. 🆎 ⓪ ⚏ ⒿⒸⒷ. 🍽

fermé 24 déc. au 6 janv. et dim. – **Repas** (30) - 54 (déj.), 72/108 et carte 40 à 71 ♀.

◆ Cette discrète façade proche de l'église St-Philippe-du-Roule dissimule un intérieur japonisant où l'on vous soumettra une longue carte de spécialités nipponnes.

XX **L'Angle du Faubourg**   BY 1

🕸 195 r. Fg St-Honoré 🚇 *Ternes* 𝒫 01 40 74 20 20, *angledufaubourg@cavestaillevent.com, Fax 01 40 74 20 21*

📧. 🆎 ⓪ ⚏ ⒿⒸⒷ

fermé 24 juil. au 23 août, sam., dim. et fériés – **Repas** 35/60 et carte 48 à 64 ♀ 🏠.

◆ À l'angle des rues du Faubourg-St-Honoré et Balzac. Ce "bistrot" moderne, qui n'a pas l'âme faubourienne, propose une cuisine classique habilement actualisée. Cadre épuré.

Spéc. Ravioles de champignons de Paris, sauce fleurette. Pigeonneau rôti pommes fondantes, sauce rouennaise. Savarin à l'ananas épicé.

XX **Les Bouchons de François Clerc**   BZ 25

7 r. Boccador 🚇 *Alma-Marceau* 𝒫 01 47 23 57 80, *jph21@wanadoo.fr, Fax 01 47 23 74 54*

🆎 ⚏ ⒿⒸⒷ

fermé sam. midi et dim.

Repas 41 ♀ 🏠.

◆ Le succès de ces fameux "bouchons" ? Les vins à prix coûtant, permettant d'accompagner son repas de grands crus sans trop bourse délier. Bistrot chic d'esprit Belle Époque.

XX Al Ajami

BY 8

58 r. François 1er Ⓜ *George V* ℰ 01 42 25 38 44, *ajami@free.fr,* *Fax 01 42 25 38 39*

📋 ⌦. ᴀᴇ ⓪ ᴳᴮ ᴊᴄʙ. ⅍

Repas 22/37 et carte 30 à 45 ℤ.

◆ L'ambassade de la cuisine traditionnelle libanaise. Plats mitonnés de père en fils depuis 1920. Décor orientalisant, ambiance familiale et clientèle d'habitués.

XX Village d'Ung et Li Lam

CY 25

10 r. J. Mermoz Ⓜ *Franklin D. Roosevelt* ℰ 01 42 25 99 79, *Fax 01 42 25 12 06*

📋 ⌦(soir). ᴀᴇ ⓪ ᴳᴮ ᴊᴄʙ

fermé sam. midi et dim. midi – **Repas** 19/29 et carte 36 à 43, enf. 12 ℤ.

◆ Ung et Li vous accueillent dans un cadre asiatique original : aquariums suspendus et sol en pâte de verre avec inclusions de sable. Cuisine sino-thaïlandaise.

XX Pichet de Paris

BY 64

68 r. P. Charron Ⓜ *Franklin D. Roosevelt* ℰ 01 43 59 50 34, *Fax 01 42 89 68 91*

📋 ᴀᴇ ⓪ ᴳᴮ

fermé sam. sauf le soir de sept. à avril et dim. – **Repas** carte 51 à 88.

◆ Hommes politiques et vedettes du spectacle se retrouvent dans l'arrière-salle de cette pseudo-brasserie où poissons, coquillages et crustacés se taillent la part du lion.

XX Bistro de l'Olivier

AZ 2

13 r. Quentin Bauchart Ⓜ *George V* ℰ 01 47 20 78 63, *Fax 01 47 20 74 58*

📋 ᴀᴇ ⓪ ᴳᴮ

Repas (nombre de couverts limité, prévenir) *(25,50)* - 33,50 et carte 67 à 83 ℤ.

◆ Carrés provençaux et vieilles affiches évoquant le Sud égayent la salle à manger très actuelle de ce restaurant situé près de l'avenue George V. Cuisine méditerranéenne.

XX Market

CY 4

15 r. Matignon Ⓜ *Franklin-D.-Roosevelt* ℰ 01 56 43 40 90, *prmarketsa@aol.com, Fax 01 43 59 10 87*

📋 ⌦. ᴀᴇ ᴳᴮ

Repas 32 (déj.)/40 (déj.) et carte 50 à 75.

◆ Emplacement prestigieux, décor de bois et de pierre, masques africains logés dans des niches et cuisine métissée (française, italienne et asiatique) : une adresse "trendy".

XX Nirvana

CY 7

3 av. Matignon Ⓜ *Franklin-D.-Roosevelt* ℰ 01 53 89 18 91, *nirvana-resa@noos.fr, Fax 01 42 89 64 74*

📋 ⌦(soir). ᴀᴇ ᴳᴮ

Repas *(25)* - carte 53 à 70.

◆ Kitsch, néo-indien, psychédélique, pailleté... Atteindrez-vous le nirvana dans ce temple culinaro-musical branché et voluptueux où l'on régale de saveurs franco-orientales ?

X Café Lenôtre-Pavillon Elysée

CZ 77

10 Champs-Elysées Ⓜ *Champs-Elysées-Clemenceau* ℰ 01 42 65 85 10, *Fax 01 42 65 76 23*

🍴 – 📋 ⌦ 🅟 – 🏧 40. ᴀᴇ ⓪ ᴳᴮ ᴊᴄʙ. ⅍

Repas carte 40 à 70.

◆ Cet élégant pavillon bâti pour l'Exposition universelle de 1900 a fait peau neuve et abrite, outre une boutique et une école de cuisine, un restaurant résolument contemporain.

✗ **Cap Vernet**   AY 37
82 av. Marceau Ⓜ *Charles de Gaulle-Etoile* ☎ 01 47 20 20 40, *capvernet@guysa voy.com, Fax 01 47 20 95 36*

🏤 – 🍽. 🆎 ⓪ ⒼⒷ ⒿⒸⒷ

fermé sam. midi et dim. – **Repas** 45 et carte 42 à 55.

• Salle à manger "transatlantique" en bleu-blanc-chrome, parcourue de coursives et bastingages, et ambiance feutrée autour d'une cuisine tournée vers l'océan.

✗ **L'Appart'**   BY 4
9 r. Colisée Ⓜ *Franklin D. Roosevelt* ☎ 01 53 75 42 00, *restapart@aol.com, Fax 01 53 75 42 09*

🍽. 🆎 ⒼⒷ ⒿⒸⒷ

Repas 30 et carte 42 à 58, enf. 23.

• Salon, bibliothèque ou cuisine ? Choisissez une des pièces de cet "appartement" reconstitué pour déguster une cuisine au goût du jour. Brunch dominical et accueil charmant.

✗ **Toi**   BY 76
27 r. du Colisée Ⓜ *Franklin-D.-Roosevelt* ☎ 01 42 56 56 58, *restaurant.toi@wa nadoo.fr, Fax 01 42 56 09 60*

🍽 ⌁. 🆎 ⒼⒷ

Repas *(20)* - 27 (déj.) et carte 41 à 67.

• Couleurs vives (rouges, orange) et mobilier design : décor d'esprit "seventies" pour ce restaurant-bar "tendance" et chaleureux proposant une cuisine actuelle et créative.

✗ **Devez**   BZ 75
5 pl.de l'Alma Ⓜ *Alma-Marceau* ☎ 01 53 67 97 53, *Fax 01 47 23 09 48*

🍽. 🆎 ⒼⒷ

Repas carte 35 à 65, enf. 10.

• Amoureux de sa terre d'origine, le patron - également éleveur - propose une cuisine au goût du jour axée sur la viande d'Aubrac. Bel intérieur contemporain et table d'hôte.

✗ **Saveurs et Salon**   DY 14
3 r. Castellane Ⓜ *Madeleine* ☎ 01 40 06 97 97, *Fax 01 40 06 98 06*

🍽. 🆎 ⒼⒷ ⒿⒸⒷ

fermé sam. midi et dim. – **Repas** *(20)* - 33 ♀.

• Les recettes concoctées selon les arrivages du marché sont à déguster dans une minisalle au cadre contemporain ou au sous-sol, dans un caveau en pierres apparentes.

✗ **Poêle d'Or**   CY 74
37 r.de Miromesnil Ⓜ *Miromesnil* ☎ 01 42 65 78 60, *lapoeledor@aol.fr, Fax 01 49 24 96 17*

🆎 ⒼⒷ ⒿⒸⒷ

fermé août, vacances de Noël, sam. et dim. – **Repas** carte 42 à 64.

• Des fresques murales (évoquant les saisons et les produits du terroir) participent à l'élégance de la salle à manger lumineuse et contemporaine. Cuisine au goût du jour.

✗ **Cô Ba Saigon**   BY 19
181 r. Fg St-Honoré Ⓜ *Charles de Gaulle-Etoile* ☎ 01 45 63 70 37, *cobasaïgon@ wanadoo.fr, Fax 01 60 05 10 93*

🍽. 🆎 ⒼⒷ

fermé 1er au 22 août et dim. – **Repas** 17,50 (déj.)/25 et carte 25 à 30.

• La belle Cô Ba fut représentée sur un timbre-poste émis en Indochine coloniale. Intérieur en noir et rouge agrémenté de photos du pays et cuisine vietnamienne.

✗ Zo   CY 45
13 r. Montalivet Ⓜ *Miromesnil* ☏ 01 42 65 18 18, *micael@restaurantzo.com*,
Fax 01 42 65 10 91
▤ ▱ (soir). 🅰🅴 ☒ 🅹🅲🅱
fermé 13 au 18 août, sam. midi et dim. midi – **Repas** 27,50/41 et carte 32 à 50.
♦ Zoom sur ce Zo pour drôles de zèbres : décor entre le zist et le zest, carte
zappant d'une cuisine à l'autre et clientèle de zouaves certainement pas
zombies. Et zou !

✗ Bistrot de Marius   BZ 22
6 av. George V Ⓜ *Alma-Marceau* ☏ 01 40 70 11 76, *Fax 01 40 70 17 08*
� – 🅰🅴 🅞 ☒ 🅹🅲🅱
Repas *(24)* - carte 40 à 55.
♦ Cette sympathique "annexe" de "Marius et Janette" offre un cadre provençal vivement coloré. Petites tables serrées, dressées simplement. Cuisine de la
mer.

✗ Rocher Gourmand   CX 7
89 r. Rocher Ⓜ *Villiers* ☏ 01 40 08 00 36, *Fax 01 40 08 05 29*
☒
fermé 24 juil. au 24 août, sam., dim. et fériés – **Repas** *(30)* - 35 et carte 42 à 52.
♦ Rendez-vous des gourmands de la rue du Rocher, ce sympathique petit
restaurant au cadre pimpant propose une cuisine au goût du jour relevée de
mille épices.

✗ Daru   BX 2
19 r. Daru Ⓜ *Courcelles* ☏ 01 42 27 23 60, *Fax 01 47 54 08 14*
▤ . 🅰🅴 ☒
fermé août, sam. midi, dim. et fériés – **Repas** 25/35 et carte 42 à 64.
♦ Fondée en 1918, la maison Daru fut la première épicerie russe de Paris. Elle
continue de régaler ses hôtes de zakouskis, blinis et caviars, dans un décor en
rouge et noir.

✗ Boucoléon   CX 19
10 r. Constantinople Ⓜ *Europe* ☏ 01 42 93 73 33, *Fax 01 42 93 17 44*
☒
fermé 6 au 30 août, sam. midi, dim. et fériés – Repas (nombre de couverts
limité, prévenir) carte 27 à 40 ♈.
♦ Ce plaisant petit bistrot de quartier connaît un franc succès grâce à une
cuisine du marché bien troussée et à prix doux. C'est l'ardoise qui annonce les
festivités.

✗ Shin Jung   DX 13
7 r. Clapeyron Ⓜ *Rome* ☏ 01 45 22 21 06
fermé dim. midi et midis fériés – **Repas** 27,50/35,10 et carte 22 à 28 ♈.
♦ Salle de restaurant un rien "zen", dont les murs sont agrémentés de
calligraphies. Cuisine sud-coréenne et spécialités de poissons crus. Accueil
sympathique.

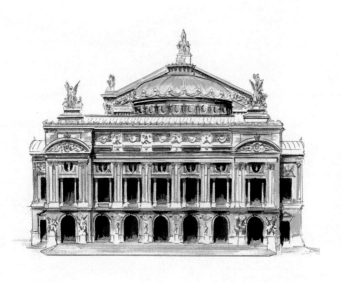

Opéra - Grands Boulevards
Gare de l'Est - Gare du Nord
République - Pigalle

9ᵉ et 10ᵉ arrondissements

9ᵉ : ✉ 75009 - 10ᵉ : ✉ 75010

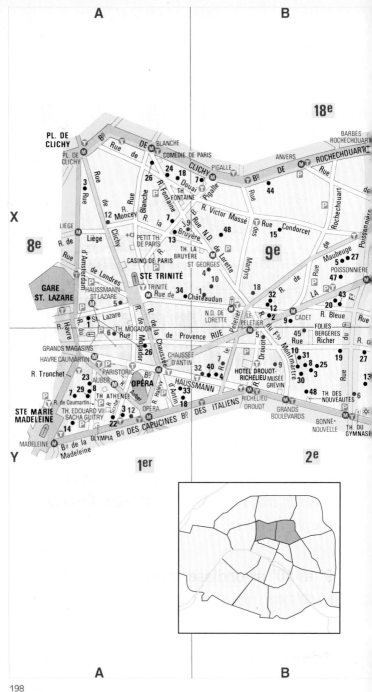

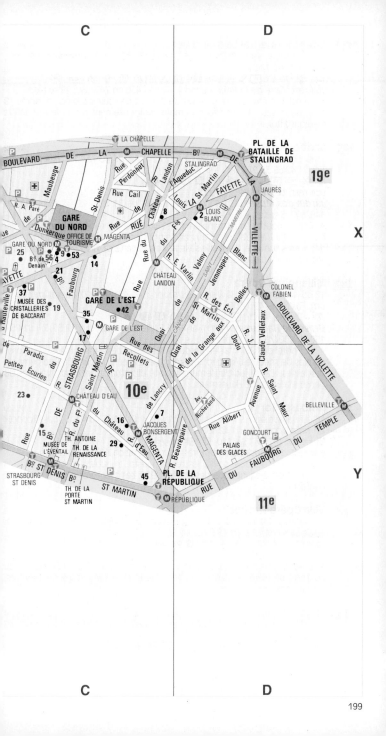

C

D

PL. DE LA
BATAILLE DE
STALINGRAD

19e

X

BOULEVARD DE LA VILLETTE

GARE
DU NORD
OFFICE DE
TOURISME

GARE DU NORD
25
B⁰ de
Denain
56 4

9

53

14

21

37

MUSÉE DES
CRISTALLERIES
DE BACCARAT

19

35

17

GARE DE L'EST

42

GARE DE L'EST

CHÂTEAU
LANDON

COLONEL
FABIEN

JAURÈS

LOUIS
BLANC

8

2

Rue des
Récollets

de Lancry

Paradis

Petites Écuries

23

10e

CHÂTEAU D'EAU

du Château

16

7

JACQUES
BONSERGENT

15

MUSÉE DE
L'ÉVENTAIL

TH. ANTOINE
TH. DE LA
RENAISSANCE

29

45

PL. DE LA
RÉPUBLIQUE

STRASBOURG
ST DENIS

ST DENIS

TH. DE LA
PORTE
ST MARTIN

ST MARTIN

RÉPUBLIQUE

11e

Y

BELLEVILLE

TEMPLE

GONCOURT

PALAIS
DES GLACES

Rue Alibert

Av.
Richerand

C

D

199

🏨 Intercontinental Le Grand Hôtel   AY 3
2 r. Scribe (9e) Ⓜ *Opéra* ☏ 01 40 07 32 32, *legrand@interconti.com,*
Fax 01 42 66 12 51
🛋 – 🛗 ⇷ 🖥 📺 ☏ 🦽 ⇐ 🅿 – 🏛 20 à 120. 🆎 ⓪ 🆖 🇯🇨🇧 · ⌀
voir rest. *Café de la Paix* ci-après – ⌣ 31 – **450 ch** 740/850, 28 suites.
♦ Le célèbre palace, inauguré en 1862, vient de rouvrir ses portes après 18
mois de travaux. Esprit Second Empire judicieusement préservé et confort
d'aujourd'hui.

🏨 Scribe   AY 22
1 r. Scribe (9e) Ⓜ *Opéra* ☏ 01 44 71 24 24, *h0663-re@accor-hotels.com,*
Fax 01 42 65 39 97
🛗 ⇷ 🖥 📺 ☏ 🦽 – 🏛 50. 🆎 ⓪ 🆖 🇯🇨🇧
voir rest. *Les Muses* ci-après
Jardin des Muses ☏ 01 44 71 24 19 **Repas** *(25)* 31, enf. 13 – ⌣ 27 – **206 ch**
440/600, 5 suites, 6 duplex.
♦ Cet immeuble haussmannien abrite un hôtel apprécié pour son luxe discret. En 1895, le public y découvrait en première mondiale le cinématographe
des Frères Lumière. Décor de style anglais et carte de brasserie au Jardin des
Muses, situé au sous-sol du Scribe.

🏨 Millennium Opéra   BY 4
12 bd Haussmann (9e) Ⓜ *Richelieu Drouot* ☏ 01 49 49 16 00, *opera@mill-cop.c*
om, Fax 01 49 49 17 00
🌳 – 🛗 ⇷ , 🖥 ch, 📺 ☏ 🦽 – 🏛 80. 🆎 ⓪ 🆖 🇯🇨🇧
Brasserie Haussmann ☏ 01 49 49 16 64 **Repas** 26/36, enf. 12,50, ⎅ – ⌣ 25 –
150 ch 400/700, 13 suites.
♦ Cet hôtel de 1927 n'a rien perdu de son lustre des années folles. Chambres
garnies de meubles Art déco et aménagées avec un goût sûr. Équipements
modernes. Cadre judicieusement revisité et actualisé, et plats typiques du
genre à la Brasserie Haussmann.

🏨 Ambassador   BY 40
16 bd Haussmann (9e) Ⓜ *Richelieu-Drouot* ☏ 01 44 83 40 40, *ambass@concor*
de-hotels.com, Fax 01 42 46 19 84
🛗 ⇷ 🖥 📺 ☏ – 🏛 110. 🆎 ⓪ 🆖 🇯🇨🇧
voir rest. *16 Haussmann* ci-après – ⌣ 22 – **292 ch** 360/495, 4 suites.
♦ Panneaux de bois peint, lustres en cristal, meubles et objets anciens
décorent cet élégant hôtel des années 1920. Les chambres offrent espace et
confort.

🏨 Villa Opéra Drouot   BY 8
2 r. Geoffroy Marie (9e) Ⓜ *Grands Boulevards* ☏ 01 48 00 08 08, *drouot@leshot*
elsdeparis.com, Fax 01 48 00 80 60
sans rest – 🛗 🖥 📺 ☏ 🦽. 🆎 ⓪ 🆖 🇯🇨🇧
⌣ 20 – **29 ch** 217/298, 3 duplex.
♦ Laissez-vous surprendre par le subtil mélange d'un décor baroque et du
confort "dernière tendance" en ces chambres agrémentées de tentures,
velours, soieries et boiseries.

🏨 Terminus Nord   CX 4
12 bd Denain (10e) Ⓜ *Gare du Nord* ☏ 01 42 80 20 00, *h2761@accor-hotels.co*
m, Fax 01 42 80 63 89
sans rest – 🛗 ⇷ 📺 ☏ 🦽 – 🏛 70. 🆎 ⓪ 🆖 🇯🇨🇧
⌣ 14 – **236 ch** 217/275.
♦ Rénové depuis peu, cet hôtel de 1865 a retrouvé son éclat d'antan. Vitraux
Art nouveau, décor "british" et atmosphère "cosy" lui donnent un air de belle
demeure victorienne.

Holiday Inn Paris Opéra BY 13
38 r. Échiquier (10e) ⓜ *Bonne Nouvelle* ℘ 01 42 46 92 75, *information@hi-pari sopera.com, Fax 01 42 47 03 97*
|⊠| ⇾ 🔲 📺 ☎ ♿ – ♨ 45. 🅰🅴 ⓞ 🇬🇧 🇯🇨🇧
Repas *(23)* - 35 bc, enf. 10 – ⌶ 19 – **92 ch** 228/273.
♦ À deux pas des Grands Boulevards et de sa kyrielle de théâtres et brasseries, hôtel abritant de vastes chambres décorées dans l'esprit de la Belle Époque. La salle à manger est un petit joyau 1900 : mosaïques, verrière, boiseries et beau mobilier Art nouveau.

Pavillon de Paris AX 3
7 r. Parme (9e) ⓜ *Liège* ℘ 01 55 31 60 00, *mail@pavillondeparis.com, Fax 01 55 31 60 01*
sans rest – |⊠| 🔲 📺 ☎ ♿. 🅰🅴 ⓞ 🇬🇧 🇯🇨🇧
⌶ 15 – **30 ch** 230/285.
♦ Décor contemporain d'esprit "zen" et technologie de pointe (accès à Internet par la TV, fax et boîte vocale) caractérisent les chambres de cet hôtel sobrement luxueux.

Lafayette BX 2
49 r. Lafayette (9e) ⓜ *Le Peletier* ℘ 01 42 85 05 44, *h2802-gm@accor-hotels.co m, Fax 01 49 95 06 60*
sans rest – |⊠| cuisinette ⇾ 📺 ☎ ♿. 🅰🅴 ⓞ 🇬🇧 🇯🇨🇧
⌶ 14 – **96 ch** 209/269, 7 suites.
♦ Élégance du beige et du bois dans le hall, esprit "rustique 18e s." dans les chambres tendues de toile de Jouy, cadre de jardin d'hiver pour les petits-déjeuners.

St-Pétersbourg AY 23
33 r. Caumartin (9e) ⓜ *Havre Caumartin* ℘ 01 42 66 60 38, *hotel.st-petersbour g@wanadoo.fr 01 42 66 53 54*
sans rest – |⊠| 🔲 📺 ☎ – ♨ 25. 🅰🅴 ⓞ 🇬🇧 🇯🇨🇧
100 ch ⌶ 165/206.
♦ Les chambres, meublées dans le style Louis XVI, sont souvent spacieuses et orientées côté cour. Salon assez cossu, éclairé par une verrière colorée.

Astra Opéra AY 29
29 r. Caumartin (9e) ⓜ *Havre Caumartin* ℘ 01 42 66 15 15, *hotel.astra@astotel. com, Fax 01 42 66 98 05*
sans rest – |⊠| ⇾ 🔲 📺 ☎. 🅰🅴 ⓞ 🇬🇧 🇯🇨🇧. ⌾
⌶ 21 – **82 ch** 303/364.
♦ Immeuble haussmannien abritant des chambres assez amples et confortables. Le joli salon sous verrière reçoit régulièrement des expositions d'art contemporain.

Richmond Opéra AY 33
11 r. Helder (9e) ⓜ *Chaussée d'Antin* ℘ 01 47 70 53 20, *paris@richmond-hotel. com, Fax 01 48 00 02 10*
sans rest – |⊠| 🔲 📺 ☎. 🅰🅴 ⓞ 🇬🇧 🇯🇨🇧. ⌾
⌶ 11 – **59 ch** 167.
♦ Les chambres, spacieuses et élégantes, donnent presque toutes sur la cour. Le salon est bourgeoisement décoré dans le style Empire.

Carlton's Hôtel BX 44
55 bd Rochechouart (9e) ⓜ *Anvers* ℘ 01 42 81 91 00, *carltons@club-internet.f r, Fax 01 42 81 97 04*
sans rest – |⊠| 📺 ☎. 🅰🅴 ⓞ 🇬🇧 🇯🇨🇧
⌶ 9 – **108 ch** 130/138.
♦ Le point fort de cet établissement est sa position dominante offrant un panorama sur tout Paris. Chambres confortables, bien insonorisées côté boulevard.

Villa Royale
BX 7

2 r. Duperré (9ᵉ) Ⓜ *Pigalle* ℘ 01 55 31 78 78, *royale@leshotelsdeparis.com*, Fax 01 55 31 78 70

sans rest – ⫴ ⫻ ▤ 📺 📞. AE ⓪ GB JCB
⛌ 20 – **31 ch** 250/410.

◆ Mobilier ancien et design, profusion de couleurs chatoyantes et de bibelots : nouveau décor - baroque et "tendance" - et équipements dernier cri pour cet hôtel-bonbonnière.

Albert 1ᵉʳ
CX 14

162 r. Lafayette (10ᵉ) Ⓜ *Gare du Nord* ℘ 01 40 36 82 40, *paris@albert1erhotel.com*, Fax 01 40 35 72 52

sans rest – ⫴ ▤ 📺 📞. AE ⓪ GB JCB. ⫻
⛌ 11 – **55 ch** 97/113.

◆ Hôtel dont les chambres, modernes et bien aménagées, sont équipées d'un double vitrage et bénéficient d'efforts constants de rénovation. Atmosphère conviviale.

Opéra Cadet
BX 9

24 r. Cadet (9ᵉ) Ⓜ *Cadet* ℘ 01 53 34 50 50, *infos@hotel-opera-cadet.fr*, Fax 01 53 34 50 60

sans rest – ⫴ ▤ 📺 📞 ⇔ – ⫸ 50. AE ⓪ GB JCB
⛌ 12 – **82 ch** 172/190, 3 suites.

◆ Laissez votre voiture dans le garage, installez-vous dans cet hôtel contemporain et vivez la capitale à pied. Pour plus de tranquillité, préférez les chambres côté jardin.

Bergère Opéra
BY 30

34 r. Bergère (9ᵉ) Ⓜ *Grands Boulevards* ℘ 01 47 70 34 34, *hotel.bergere@astotel.com*, Fax 01 47 70 36 36

sans rest – ⫴ ▤ 📺 – ⫸ 40. AE ⓪ GB JCB
⛌ 14 – **134 ch** 167/182.

◆ Immeuble du 19ᵉ s. doté depuis peu d'un ascenseur panoramique. Les chambres, rénovées par étapes, adoptent un décor plaisant ; certaines donnent sur une cour-jardin.

Franklin
BX 12

19 r. Buffault (9ᵉ) Ⓜ *Cadet* ℘ 01 42 80 27 27, *h2779@accor-hotels.com*, Fax 01 48 78 13 04

sans rest – ⫴ ⫻ 📺 📞. AE ⓪ GB JCB. ⫻
⛌ 13 – **68 ch** 145/168.

◆ Dans une rue paisible, chambres garnies d'un élégant mobilier inspiré des campagnes militaires de l'époque napoléonienne. Insolite trompe-l'oeil naïf à l'accueil.

Caumartin
AY 8

27 r. Caumartin (9ᵉ) Ⓜ *Havre Caumartin* ℘ 01 47 42 95 95, *h2811@accor-hotels.com*, Fax 01 47 42 88 19

sans rest – ⫴ ⫻ ▤ 📺 📞. AE ⓪ GB JCB
⛌ 14 – **40 ch** 171/181.

◆ Chambres contemporaines meublées en bois blond et joliment décorées. Agréable salle des petits-déjeuners ornée de peintures hautes en couleur.

Grand Hôtel Haussmann
AY 18

6 r. Helder (9ᵉ) Ⓜ *Opéra* ℘ 01 48 24 76 10, *ghh@club-internet.fr*, Fax 01 48 00 97 18

sans rest – ⫴ ▤ 📺 📞. AE ⓪ GB JCB. ⫻
⛌ 10,20 – **59 ch** 123/160.

◆ Cette discrète façade dissimule des chambres de tailles variées, douillettes, personnalisées et rénovées par étapes. Presque toutes donnent sur l'arrière.

🏨 **Blanche Fontaine** AX 24
34 r. Fontaine (9e) Ⓜ *Blanche* 𝄞 01 44 63 54 95, *tryp.blanchefontaine@solmeli a.com, Fax 01 42 81 05 52*
🐾 sans rest – 🛗 ⊁ 📺 ☎ 🚗. 𝐀𝐄 ⓪ ⒼⒷ 𝙅𝘾𝘽
☕ 15 – **66 ch** 169/190, 4 suites.
♦ À l'écart de l'animation citadine, hôtel dont les chambres, spacieuses, sont régulièrement rafraîchies. Agréable salle des petits-déjeuners.

🏨 **Anjou-Lafayette** BX 43
4 r. Riboutté (9e) Ⓜ *Cadet* 𝄞 01 42 46 83 44, *hotel.anjou.lafayette@wanadoo.fr, Fax 01 48 00 08 97*
sans rest – 🛗 📺 ☎. 𝐀𝐄 ⓪ ⒼⒷ 𝙅𝘾𝘽
☕ 11 – **39 ch** 120/155.
♦ Près du verdoyant square Montholon orné de grilles du Second Empire, chambres de bon confort, insonorisées et entièrement rénovées dans un style contemporain.

🏨 **Paris-Est** CX 42
4 r. 8 Mai 1945 (cour d'Honneur gare de l'Est) (10e) Ⓜ *Gare de l'Est* 𝄞 01 44 89 27 00, *hotelparisest-bestwestern@autogrill.fr, Fax 01 44 89 27 49*
sans rest – 🛗 ▤ 📺. 𝐀𝐄 ⓪ ⒼⒷ
☕ 10 – **45 ch** 111/182.
♦ Bien que jouxtant la gare, cet établissement propose des chambres calmes, car tournées vers une arrière-cour ; elles sont refaites et insonorisées.

🏨 **Trois Poussins** BX 48
15 r. Clauzel (9e) Ⓜ *St-Georges* 𝄞 01 53 32 81 81, *h3p@les3poussins.com, Fax 01 53 32 81 82*
sans rest – 🛗 cuisinette ⊁ ▤ 📺 ☎ ⅙. 𝐀𝐄 ⓪ ⒼⒷ 𝙅𝘾𝘽
☕ 10 – **40 ch** 130/180.
♦ Élégantes chambres offrant plusieurs niveaux de confort. Vue sur Paris depuis les derniers étages. Salle des petits-déjeuners joliment voûtée. Petite cour-terrasse.

🏨 **Opéra d'Antin** AY 26
75 r. Provence (9e) Ⓜ *Chaussée d'Antin* 𝄞 01 48 74 12 99, *reservation@hotelo peradantin.com, Fax 01 48 74 16 14*
sans rest – ⊁ ▤ 📺 ☎. 𝐀𝐄 ⓪ ⒼⒷ 𝙅𝘾𝘽. 🚭
☕ 9 – **29 ch** 145.
♦ Hôtel restauré proche des célèbres Galeries Lafayette. Salle des petits-déjeuners aménagée sous une verrière et plaisantes chambres optant pour le style Art déco.

🏨 **Celte La Fayette** BX 32
25 r. Buffault (9e) Ⓜ *Cadet* 𝄞 01 49 95 09 49, *reservation@parishotelcelte.com, Fax 01 49 95 01 88*
sans rest – 🛗 ▤ 📺. 𝐀𝐄 ⓪ ⒼⒷ 𝙅𝘾𝘽
☕ 12 – **50 ch** 120/180.
♦ Dans une rue calme, au coeur du quartier des banques et des assurances. Les chambres, régulièrement rénovées, sobres et modernes, donnent presque toutes sur une cour.

🏨 **Langlois** AX 1
63 r. St-Lazare (9e) Ⓜ *Trinité* 𝄞 01 48 74 78 24, *info@hotel-langlois.com, Fax 01 49 95 04 43*
sans rest – 🛗 📺 ☎. 𝐀𝐄 ⓪ ⒼⒷ 𝙅𝘾𝘽
☕ 7,80 – **27 ch** 89/99, 3 suites.
♦ Bâti en 1870, l'immeuble abrita d'abord une banque puis un hôtel à partir de 1896. Art nouveau, Art déco ou années 1950, toutes les chambres ont un caractère bien marqué.

🏨 **Printania** CY 29

19 r. Château d'Eau (10ᵉ) Ⓜ *République* 𝄐 01 42 01 84 20, *printania@hotelprin tania.fr*, Fax 01 42 39 55 12

sans rest – 🛗 📺 📞. ⒶⒺ ⓪ 🆒 🅹🅲🅱. 🍴

▭ 10 – **51 ch** 97/133.

◆ Hôtel situé dans une rue commerçante. La plupart des chambres, pas très grandes mais confortables, s'ouvrent sur un patio ; quelques terrasses au dernier étage.

🏨 **Pavillon République Les Halles** CY 16

9 r. Pierre Chausson (10ᵉ) Ⓜ *Jacques Bonsergent* 𝄐 01 40 18 11 00, *republique @leshotelsdeparis.com*, Fax 01 40 18 11 06

sans rest – 🍴 📺 📞 ♿. ⒶⒺ ⓪ 🆒 🅹🅲🅱

▭ 11 – **58 ch** 140/160.

◆ Au gré de vos envies, choisissez les chambres de style Art déco ou celles offrant une ambiance romantique ; elles sont très souvent orientées sur une arrière-cour.

🏨 **Monterosa** AX 13

30 r. La Bruyère (9ᵉ) Ⓜ *St Georges* 𝄐 01 48 74 87 90, Fax 01 42 81 01 12

sans rest – 🛗 📺. ⓪ 🆒

▭ 8 – **36 ch** 85/105.

◆ Dans une rue paisible de la Nouvelle Athènes, chambres de différentes tailles, fonctionnelles et bien insonorisées ; la majorité d'entre elles vient d'être rénovée.

🏨 **Mercure Monty** BY 3

5 r. Montyon (9ᵉ) Ⓜ *Grands Boulevards* 𝄐 01 47 70 26 10, *hotel@mercuremon ty.com*, Fax 01 42 46 55 10

sans rest – 🛗 🍴 🖥 📺 📞 – 🔬 50. ⒶⒺ ⓪ 🆒 🅹🅲🅱

▭ 12 – **70 ch** 164.

◆ Belle façade des années 1930, cadre Art déco à l'accueil et équipements standard de la chaîne caractérisent ce Mercure situé dans la perspective des Folies Bergère.

🏨 **Pré** BX 47

10 r. P. Sémard (9ᵉ) Ⓜ *Poissonnière* 𝄐 01 42 81 37 11, *hoteldupre@wanadoo.fr*, Fax 01 40 23 98 28

sans rest – 🛗 📺 📞. ⒶⒺ ⓪ 🆒 🅹🅲🅱

▭ 10 – **41 ch** 88/125.

◆ Chambres modernes joliment colorées, salon garni de canapés Chester-field, salle des petits-déjeuners et bar de style bistrot.

🏨 **Résidence du Pré** BX 27

15 r. P. Sémard (9ᵉ) Ⓜ *Poissonnière* 𝄐 01 48 78 26 72, *residencedupre@wanad oo.fr*, Fax 01 42 80 64 83

sans rest – 🛗 🍴 📺 📞. ⒶⒺ ⓪ 🆒 🅹🅲🅱. 🍴

▭ 10 – **40 ch** 80/95.

◆ Non loin de son frère jumeau, cet hôtel propose des chambres de même confort que celui-ci. Salon, salle des petits-déjeuners et coin bar au cadre contemporain.

🏨 **Grands Boulevards** BY 27

42 r. Petites-Écuries (10ᵉ) Ⓜ *Bonne Nouvelle* 𝄐 01 42 46 91 86, *reservation@pa rishôtelopera.com*, Fax 01 40 22 90 85

sans rest – 🛗 🖥 📺 ♿. ⒶⒺ ⓪ 🆒 🅹🅲🅱

▭ 12 – **49 ch** 150/175.

◆ Comme l'indique l'enseigne, les Grands Boulevards sont proches, mais la plupart des chambres donnent sur une cour. Joli mobilier et tonalités harmonieuses.

🏨 Gotty   BY 25
11 r. Trévise (9e) Ⓜ *Cadet* 𝒫 01 47 70 12 90, *Gotty@hotels-paris-opera.com*, *Fax 01 47 70 21 26*
sans rest – 🛗 TV ☎. AE ⓪ GB JCB
☐ 8,50 – **44 ch** 116/136.
♦ Chambres de style rustique, insonorisées ; quelques-unes sont tournées côté cour. Tons chauds et poutres dans la salle des petits-déjeuners.

🏨 Acadia   BY 31
4 r. Geoffroy Marie (9e) Ⓜ *Grands Boulevards* 𝒫 01 40 22 99 99, *astotel@astotel .com, Fax 01 40 22 01 82*
sans rest – 🛗 ▤ TV ☎ ♿. AE ⓪ GB JCB. ⌘
☐ 14 – **36 ch** 167/182.
♦ Dans un quartier animé - de nuit comme de jour - ce petit immeuble abrite des chambres bien équipées et bénéficiant d'un double vitrage. Tenue sans reproche.

🏨 Axel   BY 10
15 r. Montyon (9e) Ⓜ *Grands Boulevards* 𝒫 01 47 70 92 70, *axelopera@paris-ho notel.com, Fax 01 47 70 43 37*
sans rest – 🛗 ✸ ▤ TV. AE ⓪ GB JCB. ⌘
☐ 13 – **40 ch** 165/210.
♦ Dans cet hôtel situé au coeur d'un quartier très animé le soir, choisir une chambre donnant côté cour ; elles sont toutes rénovées dans un sobre style contemporain (couettes).

🏨 Paix République   CY 45
2 bis bd St-Martin (10e) Ⓜ *République* 𝒫 01 42 08 96 95, *hotelpaix@wanadoo.f r, Fax 01 42 06 36 30*
sans rest – 🛗 TV. AE ⓪ GB JCB. ⌘
☐ 7,50 – **45 ch** 108/197.
♦ Plus calmes côté rue que côté boulevard, chambres aux tons pastel garnies de meubles rustiques ou en bois stratifié. Profonds sièges en cuir dans le coin salon.

🏨 Trinité Plaza   AX 7
41 r. Pigalle (9e) Ⓜ *Pigalle* 𝒫 01 42 85 57 00, *trinite.plaza@wanadoo.fr, Fax 01 45 26 41 20*
sans rest – 🛗 TV ☎. AE ⓪ GB JCB
☐ 7 – **42 ch** 136.
♦ À l'angle d'une voie privée (où vécut Van Gogh) et de la rue Pigalle. Les chambres, sobrement décorées dans un style actuel, sont insonorisées.

🏨 Corona   BY 48
8 cité Bergère (9e) Ⓜ *Grands Boulevards* 𝒫 01 47 70 52 96, *hotelcoronaopera @regetel.com, Fax 01 42 46 83 49*
🍴 sans rest – 🛗 TV ☎ ♿. AE ⓪ GB JCB
☐ 12 – **56 ch** 150/196, 4 suites.
♦ Dans un calme et pittoresque passage percé en 1825, petit immeuble à la façade ornée d'une élégante marquise. Chambres dotées d'un mobilier en loupe d'orme. Accueillant salon.

🏨 Alba-Opéra   BX 15
34 ter r. La Tour d'Auvergne (9e) Ⓜ *Pigalle* 𝒫 01 48 78 80 22, *hotel-albaopera-r esidence@wanadoo.fr, Fax 01 42 85 23 13*
🍴 sans rest – 🛗 cuisinette TV ☎. AE ⓪ GB JCB. ⌘
☐ 7 – **24 ch** 90/125.
♦ Au cours des années 1930, le trompettiste Louis Armstrong séjourna dans cet hôtel situé au fond d'une impasse. Chambres offrant plusieurs niveaux de confort.

🏛 **Peyris** BY **19**
10 r. Conservatoire (9e) Ⓜ *Poissonnière* ℘ 01 47 70 50 83, *peyris@club-interne t.fr, Fax 01 40 22 95 91*
sans rest – |≜| 🗏 📺 AE ⓞ ⒼⒷ JCB
⌷ 12 – **50 ch** 120/130.
♦ Les chambres se dotent peu à peu d'aménagements fonctionnels et de décors aux tons jaune et bleu. Salon garni d'un mobilier Napoléon III. Accueil aimable.

🏛 **Comfort Gare du Nord** CX **53**
33 r. St-Quentin (10e) Ⓜ *Gare du Nord* ℘ 01 48 78 02 92, *hgd-nordotel@wanad oo.fr, Fax 01 45 26 88 31*
sans rest – |≜| 📺 📞 AE ⓞ ⒼⒷ. ⊗
⌷ 12 – **47 ch** 115/160.
♦ Établissement proposant des chambres meublées simplement mais spacieuses, très bien tenues et insonorisées. Agréables salles de bains. Coquette salle des petits-déjeuners.

🏠 **Amiral Duperré** AX **18**
32 r. Duperré (9e) Ⓜ *Blanche* ℘ 01 42 81 55 33, *h2756@accor-hotels.com, Fax 01 44 63 04 73*
sans rest – |≜| ⅀ 📺 📞 AE ⓞ ⒼⒷ JCB
⌷ 10 – **52 ch** 97/107.
♦ Batailles navales peintes en trompe-l'oeil et reproductions de gravures marines dans le hall. Mobilier de style Art déco dans des chambres pas très grandes.

🏠 **Riboutté-Lafayette** BX **20**
5 r. Riboutté (9e) Ⓜ *Cadet* ℘ 01 47 70 62 36, *Fax 01 48 00 91 50*
sans rest – |≜| 📺 📞 AE ⓞ ⒼⒷ JCB
⌷ 6 – **24 ch** 78.
♦ Il règne une atmosphère provinciale dans ces salons décorés de bibelots, de plantes vertes et de fleurs. Chambres simples, agrémentées de meubles chinés dans les brocantes.

🏠 **Relais du Pré** BX **5**
16 r. P. Sémard (9e) Ⓜ *Poissonnière* ℘ 01 42 85 19 59, *relaisdupre@wanadoo.fr, Fax 01 42 85 70 59*
sans rest – |≜| 📺 📞 AE ⓞ ⒼⒷ
⌷ 10 – **34 ch** 82/102.
♦ Proche de ses deux grands frères, cet hôtel propose les mêmes chambres - modernes et pimpantes - que ses aînés. Bar et salon contemporains, assez "cosy".

🏠 **Ibis Gare de l'Est** CX **8**
197 r. Lafayette (10e) Ⓜ *Château Landon* ℘ 01 44 65 70 00, *Fax 01 44 65 70 07*
|≜| ⅀ 🗏 ch, 📺 & ⇔ AE ⓞ ⒼⒷ
Repas (dîner seul.) *(12)* - carte 17 à 20, enf. 6 ⓨ – ⌷ 6 – **165 ch** 74.
♦ Espace et équipements modernes sont les atouts de cet hôtel de chaîne. Les chambres du dernier étage, côté rue, offrent une vue sur le Sacré-Coeur. Le décor du restaurant s'inspire des cafés populaires d'antan ; petits plats façon bistrot.

🏛 **Strasbourg-Mulhouse** CX **17**
87 bd Strasbourg (10e) Ⓜ *Gare de l'Est* ℘ 01 42 09 12 28, *h2753-gm@accor-ho tels.com, Fax 01 42 09 48 12*
sans rest – |≜| ⅀ 📺 AE ⓞ ⒼⒷ JCB
⌷ 10 – **32 ch** 113.
♦ Cet hôtel joliment meublé offre peu d'espace, mais bénéficie d'agencements astucieux. Les chambres, à l'atmosphère "cosy", sont plus calmes sur l'arrière.

Ibis Lafayette   CX 37

122 r. Lafayette (10e) Ⓜ *Gare du Nord* ℘ 01 45 23 27 27, *Fax 01 42 46 73 79*
sans rest – 🛗 ⇄ 🖵 📺 📞 ♿. 🆎 ⓪ 🔘

☲ 6 – **70 ch** 92.

◆ Établissement où vous séjournerez dans des chambres refaites et correctement insonorisées ; les plus plaisantes ouvrent sur un petit jardin.

Campanile Gare du Nord   DX 2

232 r. Fg St-Martin (10e) Ⓜ *Louis Blanc* ℘ 01 40 34 38 38, *paris.garedunord@campanile.fr, Fax 01 40 34 38 50*
sans rest – 🛗 ⇄ 📺 📞. 🆎 ⓪ 🔘

☲ 7 – **91 ch** 85/90.

◆ Immeuble moderne abritant des chambres fonctionnelles pourvues d'un double vitrage. Cour verdoyante où l'on sert les petits-déjeuners à la belle saison. Agréable coin bar.

Suède   CX 21

106 bd Magenta (10e) Ⓜ *Gare du Nord* ℘ 01 40 36 10 12, *h2743-gm@accor-hotels.com, Fax 01 40 36 11 98*
sans rest – 🛗 ⇄ 📺 📞. 🆎 ⓪ 🔘 🇯🇨🇧

☲ 10 – **52 ch** 102/113.

◆ Sur un boulevard à forte circulation, hôtel dont les petites chambres aux tons pastel, égayées d'un mobilier peint, bénéficient d'une isolation phonique satisfaisante.

Capucines   AY 14

6 r. Godot de Mauroy (9e) Ⓜ *Madeleine* ℘ 01 47 42 25 05, *info@hotelcapucines paris.com, Fax 01 42 68 05 05*
sans rest – 🛗 📺. 🆎 ⓪ 🔘 🇯🇨🇧. 🍴

☲ 10 – **45 ch** 110/137.

◆ Ambiance Art déco dans le hall. Chambres joliment colorées, offrant différents niveaux de confort ; la moitié d'entre elles donnent sur une cour. Accueil aimable.

Les Muses - Hôtel Scribe   AY 22

❀ 1 r. Scribe (9e) Ⓜ *Opéra* ℘ 01 44 71 24 26, *h0663-re@accor-hotels.com, Fax 01 44 71 24 64*
🍽 🌢♦. 🆎 ⓪ 🔘 🇯🇨🇧

fermé août, 24 déc. au 2 janv., sam., dim. et fériés – **Repas** 45 (déj.)/110 et carte 90 à 120 ♀.

◆ Au sous-sol de l'hôtel, salle de restaurant agrémentée d'une fresque et de quelques toiles évoquant le quartier de l'Opéra au 19e s. Séduisante table traditionnelle.

Spéc. Crème brûlée au foie gras, melba, fleur de sel et pralin. Turbot aux algues et consommé de crevettes grises à la citronnelle. Lièvre à la royale (saison).

Café de la Paix - Intercontinental Le Grand Hôtel   AY 12

12 bd Capucines (9e) Ⓜ *Opéra* ℘ 01 40 07 36 36, *Fax 01 40 07 36 33*
🍽 🌢♦. 🆎 ⓪ 🔘 🇯🇨🇧. 🍴

Repas *(29)* - 39 et carte 45 à 70, enf. 18.

◆ Belles fresques, lambris dorés et mobilier inspiré du style Second Empire : cette luxueuse et célèbre brasserie, ouverte de 7 h à minuit, a bénéficié d'une habile rénovation.

XX **Au Chateaubriant** CX 19
23 r. Chabrol (10e) Ⓜ *Gare de l'Est* ✆ 01 48 24 58 94, *Fax 01 42 47 09 75*
▤ ‖ AE GB JCB
fermé août, dim. et lundi – **Repas** *(21)* - 28 et carte 36 à 65 ♀.
♦ Ambiance feutrée, tables joliment dressées, collection de tableaux contemporains et cuisine d'inspiration italienne font la personnalité de ce restaurant.

XX **16 Haussmann** - Hôtel Ambassador BY 32
16 bd Haussmann (9e) Ⓜ *Chaussée d'Antin* ✆ 01 44 83 40 40, *16haussmann@concorde-hotels.com, Fax 01 44 83 40 57*
▤ ‖ AE ⓞ GB
fermé sam. midi et dim. – **Repas** *(30)* - 37 bc et carte 37 à 55.
♦ Bleu "parisien", jaune doré, bois blond-roux, sièges rouges signés Starck et larges baies vitrées donnant sur le boulevard, dont l'animation fait partie du décor.

XX **Au Petit Riche** BY 7
25 r. Le Peletier (9e) Ⓜ *Richelieu Drouot* ✆ 01 47 70 68 68, *aupetitriche@wanadoo.fr, Fax 01 48 24 10 79*
▤ ‖ AE ⓞ GB JCB
fermé dim. – **Repas** *(22,50)* - 25,50 (déj.)/28,50 et carte 31 à 52, enf. 11 ♀.
♦ Gracieux salons-salles à manger de la fin du 19e s., agrémentés de miroirs et chapelières. Peut-être serez-vous assis à la place favorite de Chevalier ou de Mistinguett ?

XX **Bistrot Papillon** BX 8
6 r. Papillon (9e) Ⓜ *Cadet* ✆ 01 47 70 90 03, *Fax 01 48 24 05 59*
▤ AE ⓞ GB JCB
fermé 1er au 11 mai, 5 au 26 août, sam. soir de mai à sept., dim et fériés – **Repas** 27 et carte 38 à 55 ♀.
♦ Il règne une atmosphère provinciale dans ce restaurant aux murs habillés de boiseries ou tendus de tissu. Carte classique complétée de plats choisis selon le marché.

XX **Julien** CY 15
16 r. Fg St-Denis (10e) Ⓜ *Strasbourg St Denis* ✆ 01 47 70 12 06, *Fax 01 42 47 00 65*
▤ ‖ soir. AE ⓞ GB
Repas *(23 bc)* - 33 et carte 35 à 45, enf. 13,50 ♀.
♦ Cet ancien "bouillon" datant de 1903 présente un éblouissant décor Art nouveau associant courbes, contre-courbes, motifs floraux et figures allégoriques en pâte de verre.

XX **Brasserie Flo** CY 23
7 cour Petites-Écuries (10e) Ⓜ *Château d'Eau* ✆ 01 47 70 13 59, *Fax 01 42 47 00 80*
▤ ‖ (soir). AE ⓞ GB JCB
Repas 22,90 bc/32,90 bc et carte 30 à 50, enf. 13,50.
♦ Au sein de la pittoresque cour des Petites-Écuries. Le beau décor de boiseries sombres, vitres colorées et panneaux peints évoquant l'Alsace date du début du 20e s.

XX **Chez Jean** AX 5
8 r. St-Lazare (9e) Ⓜ *Notre Dame de Lorette* ✆ 01 48 78 62 73, *Fax 01 48 78 66 04*
AE ⓞ GB
fermé 10 au 18 avril, 26 juil. au 22 août, sam. et dim. – **Repas** 33 et carte 46 à 62 ♀.
♦ Porte-"revolver" d'origine, lambris, comptoir, banquettes et cuivres : ce vaste restaurant a conservé son élégant et chaleureux cadre de brasserie. Cuisine au goût du jour.

XX **Terminus Nord** CX 9

23 r. Dunkerque (10e) Ⓜ *Gare du Nord* ℘ 01 42 85 05 15, *Fax 01 40 16 13 98*

🍴 AE ⓪ ⑮ JCB

Repas *(22,90 bc)* - 32,90 bc et carte 32 à 50, enf. 13,50.

◆ Haut plafond, fresques, affiches et sculptures se reflètent dans les miroirs de cette brasserie où Art déco et Art nouveau s'unissent pour le meilleur. Clientèle cosmopolite.

X **Petite Sirène de Copenhague** AX 9

47 r. N.-D. de Lorette (9e) Ⓜ *St Georges* ℘ 01 45 26 66 66

⑮

fermé août, 23 déc. au 2 janv., sam. midi, dim., lundi et fériés – **Repas** (prévenir) 24 (déj.)/29 et carte 50 à 60.

◆ Une sobre salle à manger - murs chaulés, éclairage tamisé à la mode danoise - pour des recettes originaires de la patrie d'Andersen. Accueil aux petits soins.

X **L'Oenothèque** BX 10

20 r. St-Lazare (9e) Ⓜ *Notre Dame de Lorette* ℘ 01 48 78 08 76, *loenotheque2 @wanadoo.fr, Fax 01 40 16 10 27*

🍴 AE ⓪ ⑮ JCB

fermé 1er au 11 mai, 9 au 31 août, sam. et dim. – **Repas** 30 et carte 33 à 60 🦪.

◆ Adresse de quartier associant un restaurant simple et une boutique de vins. Bon choix de bouteilles pour accompagner la cuisine du marché que l'on découvre sur l'ardoise.

X **I Golosi** BY 9

6 r. Grange Batelière (9e) Ⓜ *Richelieu Drouot* ℘ 01 48 24 18 63, *i.golosi@wanad oo.fr, Fax 01 45 23 18 96*

🍴 ⑮

fermé 9 au 23 août, sam. soir et dim. – **Repas** carte 28 à 47 🍷.

◆ Au 1er étage, design italien dont le "minimalisme" est compensé par la jovialité du service. Au rez-de-chaussée, café, boutique et coin dégustation. Cuisine transalpine.

X **Pré Cadet** BY 45

10 r. Saulnier (9e) Ⓜ *Cadet* ℘ 01 48 24 99 64, *Fax 01 47 70 55 96*

🍴 AE ⓪ ⑮ JCB

fermé 1er au 8 mai, 4 au 24 août, Noël au Jour de l'An, sam. midi et dim. – **Repas** (nombre de couverts limité, prévenir) 30/50 et carte 38 à 52.

◆ Sympathie, convivialité et plats "canailles" dont la tête de veau, orgueil de la maison, font le succès de cette petite adresse voisine des "Folies". Belle carte de cafés.

X **Bistro de Gala** BY 5

45 r. Fg Montmartre (9e) Ⓜ *Le Pelletier* ℘ 01 40 22 90 50, *Fax 01 40 22 98 30*

🍴 AE ⓪

fermé sam. midi et dim. – **Repas** *(26)* - 30/45.

◆ Fou de "cinoche", le patron a décoré sa salle d'affiches de films sur le thème de la "bouffe". La cuisine, qui tient le premier rôle, varie au gré du marché.

X **Aux Deux Canards** BY 6

8 r. Fg Poissonnière (10e) Ⓜ *Bonne Nouvelle* ℘ 01 47 70 03 23, *Fax 01 47 70 18 85*

🍴 AE ⓪ ⑮

fermé 26 juil. au 26 août, sam. midi, lundi midi et dim. – **Repas** 20 (déj.) et carte 31 à 47 🍷.

◆ Il faut sonner pour entrer dans ce "resto" qui cultive le style bistrot. La cuisine suit les caprices du marché, mais le canard à l'orange est toujours de la partie.

X **Dell Orto** BX 1

45 r. St-Georges (9e) Ⓜ *St Georges* ℘ 01 48 78 40 30

🆎 ⓪ ⒼⒷ. 💥

fermé août, dim. et lundi – **Repas** (dîner seul.) carte 43 à 68.

♦ Agréable décor façon trattoria chic, ambiance chaleureuse, et aux fourneaux, un chef italien qui rehausse délicatement la cuisine de son pays de saveurs venues d'ailleurs.

X **Relais Beaujolais** BX 18

3 r. Milton (9e) Ⓜ *Notre Dame de Lorette* ℘ 01 48 78 77 91

ⒼⒷ

fermé août, sam., dim. et fériés – **Repas** 25,50 et carte 30 à 43.

♦ Cet authentique bistrot propose spécialités lyonnaises et vins choisis du Beaujolais dans une atmosphère conviviale. Rue Milton, le Paradis perdu... retrouvé.

X **L 'Hermitage** CX 56

5 bd de Denain (10e) Ⓜ *Gare du Nord* ℘ 01 48 78 77 09, *restaurantlhermitage @wanadoo.fr, Fax 01 42 85 17 27*

🖥. 🆎 ⓪ ⒼⒷ

fermé 8 au 22 août, lundi midi, sam. midi, dim. et fériés – **Repas** 23 ⌾.

♦ L'enseigne rend hommage au célèbre vignoble de l'Hermitage (région d'origine des patrons). Intérieur aux tons rouge et orangé ; cuisine traditionnelle inspirée par le marché.

X **Georgette** BX 1

29 r. St-Georges (9e) Ⓜ *Notre Dame de Lorette* ℘ 01 42 80 39 13

🆎 ⓪ ⒼⒷ ⒿⒸⒷ

fermé août, sam., dim. et fériés – **Repas** carte 28 à 42.

♦ Avec ses tables multicolores en formica et ses chaises en skaï, ce restaurant a un petit cachet "rétro" des plus sympathiques. Accueil familial et cuisine de bistrot.

X **L'Excuse Mogador** AY 6

21 r. Joubert (9e) Ⓜ *Havre Caumartin* ℘ 01 42 81 98 19

ⒼⒷ

fermé août, sam. et dim. – **Repas** (déj. seul.) 16 et carte 21 à 29 ⌾.

♦ Le shopping boulevard Haussmann, ça creuse ! Les plats traditionnels servis dans cette salle à manger agrémentée d'un zinc du 19e s. sauront vous requinquer.

Bastille - Nation _____
Gare de Lyon - Bercy _____
Gare d'Austerlitz _____
Place d'Italie _____

12ᵉ et 13ᵉ arrondissements

12ᵉ : ✉ 75012 - 13ᵉ : ✉ 75013

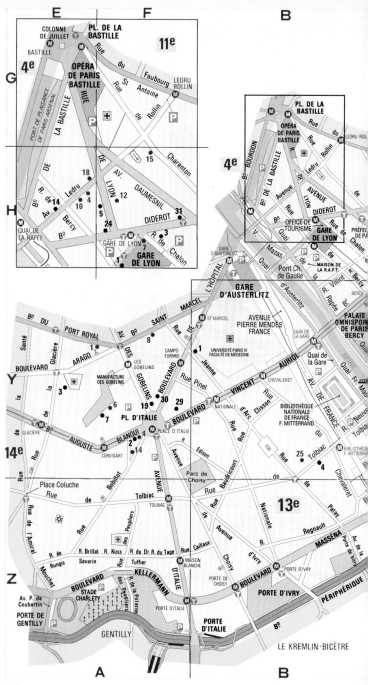

COLONNE
DE JUILLET

PL. DE LA
BASTILLE

4e

11e

BASTILLE

OPÉRA
DE PARIS
BASTILLE

Rue

du

Faubourg

St

Antoine

LEDRU
ROLLIN

G

Port de Plaisance de Paris Arsenal

RUE

DE

LA

BASTILLE

Rue

de

Rollin

P

Charenton

15

18

12

AV.

DAUMESNIL

DE

LYON

R.

de

14

Ledru

10

4

5

24

DIDEROT

31

Av.

Bercy

Bo

DE

Bo

Quai de
LA RÂPEE

GARE DE LYON

7

R.

de

Chalon

3

1

GARE
DE LYON

P

B

PL. DE LA
BASTILLE

OPÉRA
DE PARIS
BASTILLE

Rue

du

LEDRU ROL

4e

Bo BOURDON

RUE DE LA BASTILLE

Avenue

AVENUE

Ledru

Rollin

de

LYON

DIDEROT

Rue

de Chalon

Bo

V.

Quai

OFFICE DE
TOURISME

GARE
DE LYON

PRÉFEC
DE PA

GARE
D'AUSTERLITZ

Mazas

Quai

Pont Ch.
de Gaulle

MAISON DE
LA R.A.P.T.

d'Austerlitz

R. Villiot

R. Râpée

Bo

BERCY

SEINE

GARE
D'AUSTERLITZ

PALAIS
OMNISPOR
DE PARIS
BERCY

Bo

DU

PORT ROYAL

SAINT

MARCEL

ST MARCEL

AVENUE
PIERRE MENDÈS
FRANCE

d'AUSTERLITZ

AV.

Bo

DES

GOBELINS

Rue

DE

Santé

Glacière

ARAGO

8

CAMPO
FORMIO

1

UNIVERSITÉ PARIS VI
FACULTÉ DE MÉDECINE

QUAI DE
LA GARE

Quai de
la Gare

Quai Fr. Mau

AV. DE FRANCE

SEINE

BOULEVARD

la

3

MANUFACTURE
DES GOBELINS

Rue Pinel

Jeanne

AURIOL

VINCENT

CHEVALERET

Y

de

GLACIÈRE

Bo

6

19

30

29

P

7

PL. D'ITALIE

BOULEVARD

Rue

d'Arc

NATIONALE

Cisson

BIBLIOTHÈQUE
NATIONALE
DE FRANCE
F. MITTERRAND

du

Rue

Neuve

R.

Tolbia

BIBLIOTHÈ
F. MITTERR

AUGUSTE

BLANQUI

PLACE D'ITALIE

2

4

CORVISART

14

Edison

Rue

Baudricourt

AVENUE

Parc de
Choisy

de

Rue

Rue

25

Tolbiac

4

Chevaleret

Patay

14e

Place Coluche

Rue

de

Tolbiac

TOLBIAC

13e

Avenue

Nationale

Regnault

MASSÉNA

Porte de Ivry

Rue

de l'Amiral

Rue

des Peupliers

R. de

R. Brillat

R. Küss

R. du Dr R. du Tage

Rungis

Savarin

Tuffier

MAISON
BLANCHE

Choisy

d'Ivry

R.

Bo

Mouchez

Babinet

Rue

Caillaux

PORTE DE
CHOISY

BOULEVARD

PORTE D'IVRY

PORTE D'IVRY

Z

Av. P. de
Coubertin

BOULEVARD

STADE
CHARLETY

KELLERMANN

D'ITALIE

Rue de la Poterne

Rue des Peupliers

MASSÉNA

Bo

PÉRIPHÉRIQUE

PORTE DE
GENTILLY

PORTE
D'ITALIE

PORTE D'ITALIE

GENTILLY

LE KREMLIN-BICÊTRE

A

B

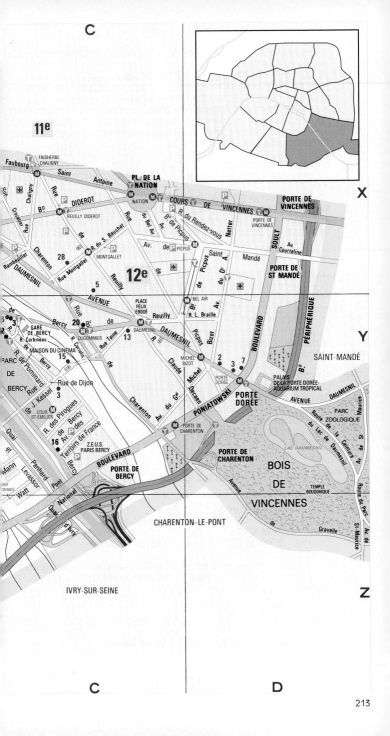

Sofitel Paris Bercy
CY 16

1 r. Libourne (12ᵉ) Ⓜ *Cour St-Emilion* ℘ 01 44 67 34 00, *h2192@accor-hotels.com, Fax 01 44 67 34 01*

🛏️, ℔ – |♦| ⇥ ▤ ⊡ 🎧 ₰ 🛗 ☞ – 🔆 250. 🅰🅴 ① ☒ �🅹🅲🅱

Café Ké ℘ 01 44 67 34 71 *(fermé 31 juil. au 23 août, sam., dim. et fériés)*
Repas *(23)*- 31/49, ♀ – ⊐ 24 – **376 ch** 365, 10 suites, 10 studios.

✦ Belle façade en verre, intérieur contemporain dans les tons brun, beige et bleu, équipements "dernier cri" et quelques chambres offrant une vue sur Paris. L'élégant Café Ké constitue une halte sympathique au coeur du "village" de Bercy ; carte au goût du jour.

Novotel Gare de Lyon
FH 3

2 r. Hector Malot (12ᵉ) Ⓜ *Gare de Lyon* ℘ 01 44 67 60 00, *h1735@accor-hotels.com, Fax 01 44 67 60 60*

🛏️, ▥ – |♦| ⇥ ▤ ⊡ 🎧 🛗 ⊸ – 🔆 75. 🅰🅴 ① ☒ �🅹🅲🅱
Repas carte 22 à 35, enf. 8 ♀ – ⊐ 13 – **253 ch** 180/201.

✦ Bâtiment récent donnant sur une place calme. Les chambres, fonctionnelles, ont une terrasse au 6ᵉ étage. Piscine ouverte 24 h sur 24 et espace enfant bien aménagé. Restaurant de style brasserie (cadre actuel, banquettes, larges baies) et carte traditionnelle.

Holiday Inn Bastille
FH 5

11 r. Lyon (12ᵉ) Ⓜ *Gare de Lyon* ℘ 01 53 02 20 00, *resa.hinn@guichard.fr, Fax 01 53 02 20 01*

sans rest – |♦| ⇥ ▤ ⊡ 🎧 🛗 – 🔆 75. 🅰🅴 ① ☒ �🅹🅲🅱
⊐ 14 – **125 ch** 198/229.

✦ La façade de l'hôtel date de 1913. Dans les chambres habillées de boiseries et de belles tentures cohabitent meubles de style et modernes. Joli salon d'inspiration baroque.

Novotel Bercy
CY 2

85 r. Bercy (12ᵉ) Ⓜ *Bercy* ℘ 01 43 42 30 00, *h0935@accor-hotels.com, Fax 01 43 45 30 60*

(réouverture prévue mi-mars après travaux), 🛏️ – |♦| ⇥ ▤ ⊡ 🎧 🛗 – 🔆 80. 🅰🅴 ① ☒ �🅹🅲🅱
Repas *(19)* - 22 et carte le week-end 22 à 34, enf. 8 ♀ – ⊐ 13,50 – **129 ch** 110/240.

✦ Les chambres de ce Novotel ont adopté depuis peu les nouvelles normes de la chaîne. À vos pieds : le parc de Bercy qui a succédé à l'ancienne "petite ville pinardière". Salle à manger-véranda et terrasse prise d'assaut à la belle saison.

Mercure Gare de Lyon
FH 1

2 pl. Louis Armand (12ᵉ) Ⓜ *Gare de Lyon* ℘ 01 43 44 84 84, *h2217@accor-hotels.com, Fax 01 43 47 41 94*

sans rest – |♦| ⇥ ▤ ⊡ 🎧 🛗 – 🔆 15 à 90. 🅰🅴 ① ☒ �🅹🅲🅱
⊐ 13,50 – **315 ch** 170/180.

✦ Cet hôtel récent est veillé par le beffroi de la gare de Lyon, construite en 1899. Chambres rénovées, meublées en bois cérusé et bien insonorisées. Également, bar à vins.

Mercure Place d'Italie
AY 2

25 bd Blanqui (13ᵉ) Ⓜ *Place d'Italie* ℘ 01 45 80 82 23, *h1191@accor-hotels.com, Fax 01 45 81 45 84*

sans rest – |♦| ⇥ ▤ ⊡ 🎧 🛗 – 🔆 20. 🅰🅴 ① ☒ �🅹🅲🅱
⊐ 11 – **50 ch** 160/180.

✦ À proximité de la Manufacture des Gobelins, cet établissement propose des chambres régulièrement rajeunies, fonctionnelles, chaleureuses et bien insonorisées.

🏯 **Holiday Inn Bibliothèque de France** BY 4
21 r. Tolbiac (13e) Ⓜ *Bibliothèque F. Mitterand* 𝄢 01 45 84 61 61, *tolbiac@club-i nternet.com, Fax 01 45 84 43 38*
sans rest – 🛗 ⊁ 🖳 📺 ☎ ⟨ – 🔏 25. 🄰🄴 ⓪ ⒼⒷ 🄹🄲🄱
⚏ 13 – **71 ch** 160/190.
◆ Dans une rue passante, à 20 m de la station de métro, immeuble abritant des chambres confortables, équipées d'un double vitrage et bien tenues. Restauration d'appoint le soir.

🏯 **Villa Lutèce Port Royal** BY 1
52 r. Jenner (13e) Ⓜ *Campo-Formio* 𝄢 01 53 61 90 90, *lutece@leshotelsdepari s.com, Fax 01 53 61 90 91*
sans rest – ⊁ 🖳 📺 ☎ ⟨ 🄰🄴 ⓪ ⒼⒷ 🄹🄲🄱
⚏ 20 – **39 ch** 310/480, 6 duplex.
◆ Élégante décoration sur le thème de la littérature, mobilier contemporain, couleurs chaudes et atmosphère très "cosy" : mariage réussi de la modernité et de l'intimité.

🏯 **Paris Bastille** EG 27
67 r. Lyon (12e) Ⓜ *Bastille* 𝄢 01 40 01 07 17, *infos@hotelparisbastille.com, Fax 01 40 01 07 27*
sans rest – 🛗 🖳 📺 ☎ – 🔏 25. 🄰🄴 ⓪ ⒼⒷ 🄹🄲🄱
⚏ 12 – **37 ch** 142/215.
◆ Confort moderne, mobilier actuel et teintes choisies caractérisent les chambres de cet hôtel rajeuni, situé face à l'Opéra. Vous dormirez plus tranquille côté cour.

🏯 **Demeure** AY 5
51 bd St-Marcel (13e) Ⓜ *Les Gobelins* 𝄢 01 43 37 81 25, *la_demeure@netcourri er.com, Fax 01 45 87 05 03*
sans rest – 🛗 🖳 📺 ☎. 🄰🄴 ⓪ ⒼⒷ 🄹🄲🄱. ⌘
⚏ 12 – **37 ch** 115/135, 6 suites.
◆ Immeuble ancien situé sur un boulevard passant entre la gare d'Austerlitz et la Manufacture des Gobelins. Le hall et les chambres ont bénéficié d'une récente rénovation.

🏯 **Claret** CY 3
44 bd Bercy (12e) Ⓜ *Bercy* 𝄢 01 46 28 41 31, *resa@hotel-claret.com, Fax 01 49 28 09 29*
🛗 📺 ☎ – 🔏 20. 🄰🄴 ⓪ ⒼⒷ
Repas *(fermé sam. et dim.)* (11,50) - 26 🍷 – ⚏ 10 – **52 ch** 115/135.
◆ Cet ex-relais de poste est l'un des derniers vestiges du Bercy d'antan. L'hôtel, refait de la cave au grenier, abrite des chambres "cosy". Plats de bistrot et recettes lyonnaises servis dans une salle à manger égayée de jolies couleurs ocre et terre.

🏯 **Résidence Vert Galant** AY 7
43 r. Croulebarbe (13e) Ⓜ *Les Gobelins* 𝄢 01 44 08 83 50, *Fax 01 44 08 83 69*
⌘ sans rest – 📺 ☎. 🄰🄴 ⓪ ⒼⒷ 🄹🄲🄱. ⌘
⚏ 7 – **15 ch** 87/90.
◆ Dans un environnement calme, accueillante résidence aux chambres coquettes, donnant toutes sur un jardin bordé de ceps de vignes où l'on petit-déjeune en été.

🏯 **Terminus-Lyon** FH 24
19 bd Diderot (12e) Ⓜ *Gare de Lyon* 𝄢 01 56 95 00 00, *info@hotelterminuslyon .com, Fax 01 43 44 09 00*
sans rest – 🛗 🖳 📺 ☎. 🄰🄴 ⓪ ⒼⒷ 🄹🄲🄱. ⌘
⚏ 8 – **60 ch** 96/102.
◆ Face à la gare de Lyon, hôtel bien tenu aux chambres sobrement meublées, mais chaleureusement colorées et dotées d'un double vitrage ; elles sont plus grandes côté boulevard.

🏨 **Manufacture** AY 19
8 r. Philippe de Champagne (13e) Ⓜ *Place d'Italie* 𝄢 01 45 35 45 25, *lamanufact ure.paris@wanadoo.fr, Fax 01 45 35 45 40*
sans rest – 🛗 ▤ 📺 📞. 🄰🄴 ⓪ ☷ 🄹🄲🄱
☐ 7,50 – **57 ch** 139/239.

◆ Accueil cordial, élégant décor et bonne tenue sont les atouts de cet hôtel dont les chambres manquent d'ampleur. Ambiance provençale dans la salle des petits-déjeuners.

🏨 **Ibis Gare de Lyon Diderot** FH 3
31 bis bd Diderot (12e) Ⓜ *Gare de Lyon* 𝄢 01 43 46 12 72, *h3211@accor-hotels. com, Fax 01 43 41 68 01*
sans rest – 🛗 ✕ ▤ 📺 📞 ♿ – 🏛 25. 🄰🄴 ⓪ ☷
☐ 6 – **89 ch** 93.

◆ Aménagements flambant neufs et bonne isolation phonique caractérisent cet hôtel situé face au viaduc des Arts (ateliers-boutiques d'artisans) et à la promenade plantée.

🏨 **Bercy Gare de Lyon** CY 20
209 r. Charenton (12e) Ⓜ *Dugommier* 𝄢 01 43 40 80 30, *bercy@leshotelsdepar is.com, Fax 01 43 40 81 30*
sans rest – 🛗 📺 📞 ♿ – 🏛 20. 🄰🄴 ⓪ ☷
☐ 12 – **48 ch** 160/175.

◆ Cet immeuble d'angle construit en 1997 se trouve au pied du métro et à deux pas de la mairie du 12e arrondissement. Petites chambres fonctionnelles et bien tenues.

🏨 **Ibis Gare de Lyon** EH 1
43 av. Ledru-Rollin (12e) Ⓜ *Gare de Lyon* 𝄢 01 53 02 30 30, *h1937@accor-hotel s.com, Fax 01 53 02 30 31*
sans rest – 🛗 ✕ ▤ 📺 📞 ♿ 🚗 – 🏛 25. 🄰🄴 ⓪ ☷
☐ 6 – **119 ch** 93.

◆ Ibis disposant de chambres de bonne taille, meublées dans le dernier style de la chaîne ; dix d'entre elles sont de plain-pied avec un jardinet où l'on petit-déjeune en été.

🏨 **Touring Hôtel Magendie** AY 3
6 r. Corvisart (13e) Ⓜ *Corvisart* 𝄢 01 43 36 13 61, *magendie@vvf-vacances.fr, Fax 01 43 36 47 48*
sans rest – 🛗 📺 ♿ – 🏛 30. ☷
☐ 6,30 – **112 ch** 60/70.

◆ Dans une rue tranquille, hôtel aux petites chambres meublées en bois stratifié, bien insonorisées. Un effort particulier est fait pour les personnes à mobilité réduite.

🏨 **Ibis Place d'Italie** AY 29
25 av. Stephen Pichon (13e) Ⓜ *Place d'Italie* 𝄢 01 44 24 94 85, *h1803-gm@acco r-hotels.com, Fax 01 44 24 20 70*
sans rest – 🛗 ✕ ▤ 📺 📞 ♿. 🄰🄴 ⓪ ☷
☐ 6 – **58 ch** 84.

◆ Dans une rue assez calme, hôtel dont les chambres, fonctionnelles et insonorisées, adoptent peu à peu le dernier look de la chaîne. Tenue sans reproche.

🏨 **Arts** AY 30
8 r. Coypel (13e) Ⓜ *Place d'Italie* 𝄢 01 47 07 76 32, *arts@escapade-paris.com, Fax 01 43 31 18 09*
sans rest – 🛗 📺. 🄰🄴 ⓪ ☷. ✕
☐ 6 – **37 ch** 51/65.

◆ Cet hôtel fréquenté par une clientèle d'habitués est à deux pas de la place d'Italie. Préférez une chambre rénovée ; les autres sont assez modestes. Prix sages... pour Paris !

XXX **Au Pressoir** (Seguin)   DY 2

257 av. Daumesnil (12ᵉ) Ⓜ *Michel Bizot* ✆ 01 43 44 38 21, *Fax 01 43 43 81 77*

📧 🕿📠. GB JCB

fermé 1ᵉʳ au 29 août, sam. et dim.

Repas 72 et carte 72 à 100 ♀.

◆ Ambiance feutrée, service ouaté et cuisine classique : une adresse séduisante pour les nostalgiques des restaurants cossus de province. Terrasse vitrée, agréable à midi.

Spéc. Crème de chou-fleur à l'émincé de truffes blanches (oct.-nov.). Assiette de fruits de mer tiède (oct. à mai). Lièvre à la royale (oct.-nov.)

XXX **Train Bleu**   FH 7

Gare de Lyon (12ᵉ) Ⓜ *Gare de Lyon* ✆ 01 43 43 09 06, *isabelle.car@compass-group.fr, Fax 01 43 43 97 96*

AE Ⓞ GB JCB

Repas (1ᵉʳ étage) 42,50 et carte 49 à 80, enf. 15 ♀.

◆ Superbe et exceptionnel buffet de gare inauguré en 1901 : profusion de dorures, stucs et fresques évoquant la mythique ligne PLM. Recettes classiques et plats de brasserie.

XXX **L'Oulette**   CY 15

15 pl. Lachambeaudie (12ᵉ) Ⓜ *Cour St-Emilion* ✆ 01 40 02 02 12, *info@l-oulette.com, Fax 01 40 02 04 77*

🍽 – AE Ⓞ GB JCB

fermé sam. et dim.

Repas 28 (déj.), 46 bc/80 bc et carte 49 à 77.

◆ Dans le quartier du nouveau Bercy, ce restaurant résolument contemporain propose une cuisine inventive aux accents du Sud-Ouest. Terrasse abritée derrière des thuyas.

XX **Au Trou Gascon**   CY 13

40 r. Taine (12ᵉ) Ⓜ *Daumesnil* ✆ 01 43 44 34 26, *Fax 01 43 07 80 55*

📧 AE Ⓞ GB JCB

fermé août, 25 déc. au 2 janv., sam. et dim.

Repas 36 (déj.) et carte 60 à 78 🕮.

◆ Le décor de cet ancien bistrot 1900 marie moulures d'époque, mobilier design et tons gris. À la carte, produits des Landes, de la Chalosse et de l'océan ; vins du Sud-Ouest.

Spéc. Eminçé de Saint-Jacques crues en galette de piquillos (oct. à avril). Lièvre à la mode d'Aquitaine au fumet de madiran (nov.-déc.). Fraises des bois en feuilles croustillantes.

XX **Petit Marguery**   AY 1

9 bd Port-Royal (13ᵉ) Ⓜ *Gobelins* ✆ 01 43 31 58 59, *Fax 01 43 36 73 34*

AE GB

fermé août, dim. et lundi

Repas *(22,20)* - 25,20 (déj.)/33,60 ♀.

◆ Sympathiques salles à manger "rétro" pour ce restaurant où règne une aimable convivialité. Les plats "bistrotiers" typiques sont appréciés par de nombreux fidèles.

XX **Janissaire**   CX 5

22 allée Vivaldi (12ᵉ) Ⓜ *Daumesnil* ✆ 01 43 40 37 37, *Fax 01 43 40 38 39*

🍽 – AE Ⓞ GB

fermé sam. midi et dim.

Repas 13 (déj.)/23 et carte 24 à 44 ♀.

◆ Ambiance et cuisine placées sous le signe de la Turquie, comme l'indique l'enseigne désignant un soldat d'élite de l'infanterie ottomane. Franchissez la Sublime Porte !

XX **Chez Jacky**   BY 25
109 r. du Dessous-des-Berges (13ᵉ) Ⓜ *Bibliothèque F. Mitterrand* ℘ 01 45 83 71 55, Fax 01 45 86 57 73

▤. GB

fermé 25 juil. au 22 août, 19 au 26 déc., sam. et dim. – **Repas** 30 et carte 44 à 55.

♦ Proche de la Bibliothèque F. Mitterrand, ce restaurant affirme son statut d'auberge provinciale bien française. Cuisine traditionnelle servie avec une grande gentillesse.

XX **Frégate**   EH 4
30 av. Ledru-Rollin (12ᵉ) Ⓜ *Gare de Lyon* ℘ 01 43 43 90 32, Fax 01 43 43 90 32

▤. AE GB

fermé 1ᵉʳ au 25 août, sam. et dim. – **Repas** 33 ♀.

♦ Ce restaurant vous accueille dans une élégante salle à manger contemporaine réchauffée de belles boiseries blondes. Cuisine vouée aux produits de la mer.

XX **Gourmandise**   DY 3
271 av. Daumesnil (12ᵉ) Ⓜ *Porte Dorée* ℘ 01 43 43 94 41, Fax 01 43 45 59 78

▤. AE GB JCB

fermé 1ᵉʳ au 24 août, dim. soir et lundi – **Repas** *(25 bc)* - 30/36 et carte 40 à 52.

♦ Murs "blanc cassé", rideaux saumon, lustres d'inspiration Art déco et sièges Restauration : décor apprêté en ce restaurant où le service est d'une rare gentillesse.

X **Ô Rebelle**   FH 12
24 r. Traversière (12ᵉ) Ⓜ *Gare de Lyon* ℘ 01 43 40 88 98, *info@o-rebelle.fr*, Fax 01 43 40 88 99

▤. GB

fermé 1ᵉʳ au 15 sept, sam. midi et dim. – **Repas** *(27)* - 33.

♦ Cuisine inventive proposant d'originales associations de saveurs, carte des vins tentant le tour du monde et cadre "australien" coloré : plus globe-trotter que rebelle !

X **Traversière**   FH 15
40 r. Traversière (12ᵉ) Ⓜ *Ledru Rollin* ℘ 01 43 44 02 10, Fax 01 43 44 64 20

AE ⑩ GB JCB

fermé 1ᵉʳ au 20 août, dim. soir et lundi – **Repas** 18 (déj.), 28/38,50 et carte 28 à 45, enf. 13 ♀.

♦ Ce restaurant a conservé son esprit d'auberge provinciale (façade, poutres) mais est meublé dans un esprit contemporain. Cuisine traditionnelle ; gibier en saison.

X **Jean-Pierre Frelet**   CX 28
25 r. Montgallet (12ᵉ) Ⓜ *Montgallet* ℘ 01 43 43 76 65, *marie_rene.frelet@club-internet.fr*

▤. GB

fermé août, vacances de fév., sam. midi et dim. – **Repas** *(17)* - 25 (dîner) et carte 34 à 44 ♀.

♦ Un décor volontairement dépouillé, des tables serrées invitant à la convivialité et une généreuse cuisine du marché font le charme de ce restaurant de quartier.

X **Pataquès**   CY 6
40 bd Bercy (12ᵉ) Ⓜ *Bercy* ℘ 01 43 07 37 75, Fax 01 43 07 36 64

AE GB

fermé dim. – **Repas** *(20,50 bc)* - 28/32 et carte 31 à 43 ♀.

♦ Ce bistrot est la "cantine" du ministère de l'Économie et des Finances. Plats méridionaux et cadre coloré font vite oublier le pataquès des énièmes réformes de la fiscalité...

✗ **Anacréon**   AY 8
53 bd St-Marcel (13e) Ⓜ *Les Gobelins* ℘ 01 43 31 71 18, *Fax 01 43 31 94 94*
📧. 🆎 ⓞ 🆖 🇯🇨🇧
fermé 1er au 10 mai, août, merc. midi, dim. et lundi – **Repas** 20 (déj.)/32.
◆ Enseigne à la gloire du poète bachique grec. Salle à manger-véranda (expositions de tableaux), service bon enfant et cuisine traditionnelle où pointe une touche d'originalité.

✗ **Bistrot de la Porte Dorée**   DY 7
5 bd Soult (12e) Ⓜ *Porte Dorée* ℘ 01 43 43 80 07, *Fax 01 43 43 80 07*
📧. 🆖 – **Repas** 33 bc.
◆ Les murs de ce restaurant spacieux et chaleureux sont ornés, ça et là, de trombines de vedettes du showbiz. Cuisine traditionnelle et spécialités : rognons et tête de veau.

✗ **Quincy**   EH 10
28 av. Ledru-Rollin (12e) Ⓜ *Gare de Lyon* ℘ 01 46 28 46 76, *Fax 01 46 28 46 76*
📧 – *fermé 10 août au 10 sept., sam., dim. et lundi* – **Repas** carte 42 à 70.
◆ Une ambiance chaleureuse règne dans ce bistrot rustique où vous est servie une cuisine roborative qui, comme "Bobosse", le jovial patron, ne manque pas de caractère.

✗ **Biche au Bois**   EH 18
45 av. Ledru-Rollin (12e) Ⓜ *Gare de Lyon* ℘ 01 43 43 34 38
🆎 ⓞ 🆖
fermé 24 déc. au 5 janv. et lundi midi – **Repas** 22,30 et carte 22 à 35 ♀.
◆ Salle de restaurant au décor simple et à l'atmosphère bruyante et enfumée, mais service attentionné et copieuse cuisine traditionnelle privilégiant le gibier en saison.

✗ **L'Avant Goût**   AY 14
26 r. Bobillot (13e) Ⓜ *Place d'Italie* ℘ 01 53 80 24 00, *Fax 01 53 80 00 77*
📧. 🆖. ✂
fermé 1er au 10 mai, 14 août au 6 sept., 1er au 12 janv., sam., dim. et lundi –
Repas (nombre de couverts limité, prévenir) 27 ♀ 📖.
◆ Ce bistrot moderne est souvent bondé. Les raisons du succès ? La cuisine du marché, le bon choix de vins au verre et l'ambiance décontractée vous en donnent un avant-goût.

✗ **L'Auberge Aveyronnaise**   CY 3
40 r. Lamé (12e) Ⓜ *Cour St-Emilion* ℘ 01 43 40 12 24, *Fax 01 43 40 12 15*
📧. 🆎 🆖
fermé 14 juil. au 15 août, dim. soir et lundi – **Repas** *(17,40)* - 22,60/27,10.
◆ Nappes à carreaux rouges et blancs et tables dressées sans chichi dans ce bistrot-brasserie moderne. Comme l'indique l'enseigne, on y sert des spécialités aveyronnaises.

✗ **Auberge Etchegorry**   AY 6
41 r. Croulebarbe (13e) Ⓜ *Les Gobelins* ℘ 01 44 08 83 51, *Fax 01 44 08 83 69*
🆎 ⓞ 🆖
fermé 9 au 24 août , dim. et lundi – **Repas** 24/30 et carte 35 à 47 ♀.
◆ Une brochure vous contera l'histoire du quartier et de ce restaurant basque. Accrochés au plafond, saucissons, jambons, piments d'Espelette et ails donnent le la.

✗ **Sukhothaï**   AY 4
12 r. Père Guérin (13e) Ⓜ *Place d'Italie* ℘ 01 45 81 55 88
🆖
fermé 2 au 22 août et dim. – **Repas** 11,50 (déj.), 16/19 et carte 22 à 28 ♫.
◆ L'enseigne évoque l'ancienne capitale d'un royaume thaïlandais (13 et 14e s.). Cuisine chinoise et thaï servie sous l'oeil bienveillant de Bouddha (sculptures artisanales).

Montparnasse ——————————
Denfert-Rochereau - Alésia ————
Porte de Versailles ——————————
Vaugirard - Beaugrenelle ————

14e et 15e arrondissements

14ᵉ : ⊠ 75014 - 15ᵉ : ⊠ 75015

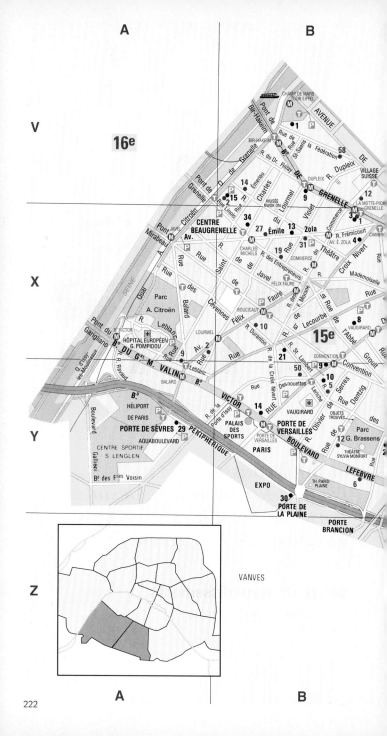

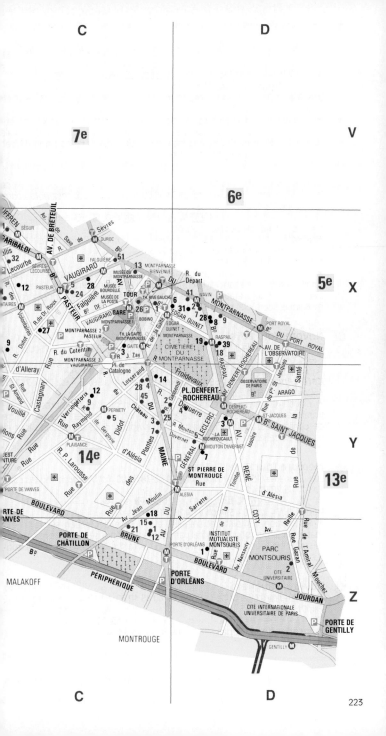

Méridien Montparnasse

CX 3

19 r. Cdt Mouchotte (14e) ⓜ *Montparnasse-Bienvenüe* ℘ 01 44 36 44 36, *mer dien.montparnasse@lemeridien.com, Fax 01 44 36 49 00*

≤, 佘 – 劇 ⅏ ▤ 📺 ✆ ও – 🏊 25 à 2 000. 𝔸𝔼 ⓞ 𝖦𝖡 𝖩𝖢𝖡, ⅍ rest

voir rest. *Montparnasse 25* ci-après

Justine ℘ 01 44 36 44 00 **Repas** carte 33 à 45, enf. 18, ♀ – ⊑ 23 – **918 ch** 410/460, 35 suites.

* La plupart des chambres de ce building en verre et béton ont été relookées ; elles sont spacieuses et très modernes. Belle vue sur la capitale depuis les derniers étages. À la table de Justine, décor façon jardin d'hiver, terrasse verdoyante, formules buffets.

Sofitel Porte de Sèvres

AY 29

8 r. L. Armand (15e) ⓜ *Balard* ℘ 01 40 60 30 30, *h0572@accor-hotels.com, Fax 01 45 57 04 22*

≤, 𝐼ₔ, ▨ – 劇 ⅏, ▤ rest, 📺 ✆ ও ⟲ – 🏊 450. 𝔸𝔼 ⓞ 𝖦𝖡 𝖩𝖢𝖡

voir rest. *Relais de Sèvres* ci-après

Brasserie ℘01 40 60 33 77 *(fermé sam. midi et dim. midi)* **Repas** *(20,50)-* carte environ 40, enf. 10 – ⊑ 22,50

620 ch 360/405, 13 suites.

* Face à l'héliport, hôtel proposant des chambres insonorisées, en partie refaites dans un élégant style contemporain. Joli panorama sur l'Ouest parisien aux derniers étages. Brasserie au cadre évoquant les années folles : mosaïques, coupole, banquettes, etc.

Novotel Tour Eiffel

BU 1

61 quai de Grenelle (15e) ⓜ *Charles Michels* ℘ 01 40 58 20 00, *h3546@accor-h otels.com, Fax 01 40 58 24 44*

≤, 𝐼ₔ, ▨ – 劇 ⅏ ▤ 📺 ✆ ও ⟲ – 🏊 500. 𝔸𝔼 ⓞ 𝖦𝖡 𝖩𝖢𝖡

Café Lenôtre ℘01 40 58 20 75 **Repas** carte 42 à 58, ♀ – ⊑ 20 – **752 ch** 350/440, 12 suites.

* L'hôtel, entièrement rénové, dispose de confortables chambres contemporaines (bois, teintes claires), majoritairement tournées vers la Seine. Centre de conférences high-tech. Plaisant décor épuré, carte au goût du jour et espace épicerie fine au Café Lenôtre.

Mercure Tour Eiffel Suffren

BV 1

20 r. Jean Rey (15e) ⓜ *Bir Hakeim* ℘ 01 45 78 50 00, *h2175@accor-hotels.com, Fax 01 45 78 91 42*

佘, 𝐼ₔ – 劇 ▤ 📺 ✆ ℙ – 🏊 30 à 100. 𝔸𝔼 ⓞ 𝖦𝖡 𝖩𝖢𝖡

Repas 35 ♀ – ⊑ 20 – **394 ch** 215/265, 11 suites.

* Rénovation complète et soignée, et nouvelle décoration sur le thème "nature et jardin" pour cet hôtel parfaitement insonorisé. Certaines chambres regardent la tour Eiffel. Salle à manger ouverte sur l'agréable terrasse entourée d'arbres et de verdure.

Novotel Vaugirard

BX 37

257 r. Vaugirard (15e) ⓜ *Vaugirard* ℘ 01 40 45 10 00, *h1978@accor-hotels.com, Fax 01 40 45 10 10*

佘, 𝐼ₔ – 劇 ⅏ ▤ 📺 ✆ ও ⟲ – 🏊 25 à 300. 𝔸𝔼 ⓞ 𝖦𝖡

Transatlantique : **Repas** 35/40, enf. 8 ♪ – ⊑ 13

187 ch 215/230.

* Au coeur du 15e arrondissement, ce vaste établissement propose de grandes chambres modernes, équipées d'un double vitrage. Sobre évocation des paquebots (maquette et tableaux) dans la salle du Transatlantique, et terrasse d'été entourée de verdure.

L'Aiglon DX **19**
232 bd Raspail (14ᵉ) Ⓜ *Raspail* ℘ 01 43 20 82 42, *hotelaiglon@wanadoo.fr*,
Fax 01 43 20 98 72
sans rest – 🛗 🖵 📺 📞. 🅰🅴 🅾 🅶🅱 🍴
🍽 8 – **38 ch** 129/146, 8 suites.
◆ La façade discrète cache un bel intérieur de style Empire. Les chambres, plaisantes et pourvues d'un double vitrage efficace, sont parfois assez petites.

 Mercure Tour Eiffel BV **9**
64 bd Grenelle (15ᵉ) Ⓜ *Dupleix* ℘ 01 45 78 90 90, *hotel@mercuretoureiffel.com*, *Fax 01 45 78 95 55*
sans rest, 🛋 – 🛗 🍽 🖵 📺 📞 ♿ 🚗 – 🔺 25 à 40. 🅰🅴 🅾 🅶🅱 🍴
🍽 17 – **76 ch** 210/300.
◆ Le bâtiment principal abrite des chambres aménagées selon les standards de la chaîne ; dans l'aile récente, elles offrent un confort supérieur et de nombreux petits "plus".

 Mercure Porte de Versailles BY **14**
69 bd Victor (15ᵉ) Ⓜ *Porte de Versailles* ℘ 01 44 19 03 03, *h1131@accor-hotels.com*, *Fax 01 48 42 11 22*
sans rest – 🛗 🍽 🖵 📺 📞 🚗 – 🔺 50 à 250. 🅰🅴 🅾 🅶🅱 🍴
🍽 14,50
91 ch 250/295.
◆ Face au parc des Expositions, immeuble des années 1970 où vous choisirez de préférence l'une des chambres rénovées ; les autres sont sobrement fonctionnelles.

 Villa Royale Montsouris D2 **1**
144 r. Tombe-Issoire (14ᵉ) Ⓜ *Porte d'Orléans* ℘ 01 56 53 89 89, *montsouris@leshotelsdeparis.com*, *Fax 01 56 53 89 80*
sans rest – 🛗 🍽 🖵 📺 📞 ♿. 🅰🅴 🅾 🅶🅱 🍴
🍽 20
36 ch 110/160.
◆ Dépaysement garanti dans ce bel hôtel savamment décoré dans les styles andalou et mauresque. Chambres un peu petites, mais très "cosy", baptisées de noms de villes marocaines.

 Holiday Inn Paris Montparnasse CX **9**
10 r. Gager Gabillot (15ᵉ) Ⓜ *Vaugirard* ℘ 01 44 19 29 29, *reservations@hiparis-montparnasse.com*, *Fax 01 44 19 29 39*
sans rest – 🛗 🖵 📺 📞 ♿ 🚗 – 🔺 30. 🅰🅴 🅾 🅶🅱 🍴. 🚭
fermé 23 au 28 déc.
🍽 13
60 ch 165/175.
◆ Bâtisse moderne située dans une rue calme. Hall refait et salon contemporain sous une pyramide de verre. Préférez les chambres refaites, joliment décorées.

 Lenox Montparnasse DX **31**
15 r. Delambre (14ᵉ) Ⓜ *Vavin* ℘ 01 43 35 34 50, *hotel@lenoxmontparnasse.com*, *Fax 01 43 20 46 64*
sans rest – 🛗 📺 📞. 🅰🅴 🅾 🅶🅱 🍴. 🚭
🍽 12
52 ch 125/150.
◆ Établissement fréquenté par le milieu de la mode et de l'élégance. Chambres de style, mignonnes salles de bains, agréables suites au 6ᵉ étage. Bar et salons plaisants.

🏨 Eiffel Cambronne   BX 4
46 r. Croix-Nivert (15e) Ⓜ *Av. Emile Zola* ✆ 01 56 58 56 78, *hotel@eiffefcambro nne.com, Fax 01 56 58 56 79*
sans rest – 🛗 ✖ 🖹 📺 📞. 🅰🅴 ⓄⒹ ⒼⒷ 🇯🇨🇧
🍽 12,20 – **31 ch** 136/166.
- Coloris ensoleillés et fauteuils moelleux au salon, literie neuve et couettes immaculées dans les chambres. On sert le petit-déjeuner dans un patio coiffé d'une verrière.

🏨 Nouvel Orléans   DY 7
25 av. Gén. Leclerc (14e) Ⓜ *Mouton Duvernet* ✆ 01 43 27 80 20, *nouvelorleans @aol.com, Fax 01 43 35 36 57*
sans rest – 🛗 ✖ 🖹 📺 📞. 🅰🅴 ⓄⒹ ⒼⒷ 🇯🇨🇧. ✗
🍽 10 – **46 ch** 110/165.
- Décryptage de l'enseigne : hôtel entièrement rénové et situé à 800 m de la porte d'Orléans. Mobilier contemporain et chaleureux tissus colorés décorent les chambres.

🏨 Delambre   DX 6
35 r. Delambre (14e) Ⓜ *Edgar Quinet* ✆ 01 43 20 66 31, *delambre@club-intern et.fr, Fax 01 45 38 91 76*
sans rest – 🛗 📺 📞 ♿. 🅰🅴 ⒼⒷ. ✗
🍽 8 – **30 ch** 95.
- André Breton séjourna dans cet hôtel situé dans une rue tranquille proche de la gare Montparnasse. Décor d'esprit contemporain ; chambres sobres et gaies, souvent spacieuses.

🏨 Mercure Raspail Montparnasse   DX 28
207 bd Raspail (14e) Ⓜ *Vavin* ✆ 01 43 20 62 94, *h0351@accor-hotels.com, Fax 01 43 27 39 69*
sans rest – 🛗 ✖ 🖹 📺 📞 ♿. 🅰🅴 ⓄⒹ ⒼⒷ
🍽 12,80 – **63 ch** 145/175.
- Faites étape dans cet immeuble haussmannien proche des célèbres brasseries du quartier Montparnasse. Chambres actuelles garnies de meubles modernes en bois clair.

🏨 Apollinaire   CX 8
39 r. Delambre (14e) Ⓜ *Edgar Quinet* ✆ 01 43 35 18 40, *infos@hotel.apollinaire. com, Fax 01 43 35 30 71*
sans rest – 🛗 🖹 📺 📞. 🅰🅴 ⓄⒹ ⒼⒷ
🍽 7 – **36 ch** 107/130.
- L'enseigne rend hommage au poète qui fréquentait écrivains et artistes à Montparnasse. Les chambres, colorées, sont fonctionnelles et bien tenues. Confortable salon.

🏨 Mercure Paris XV   BX 21
6 r. St-Lambert (15e) Ⓜ *Boucicaut* ✆ 01 45 58 61 00, *h0903@accor-hotels.com, Fax 01 45 54 10 43*
sans rest – 🛗 ✖ 🖹 📺 📞 ♿ 🚗 – 🔥 30. 🅰🅴 ⓄⒹ ⒼⒷ
🍽 11 – **56 ch** 133/139.
- Adresse située à 800 m de la porte de Versailles. Accueil et salons sont aménagés dans le style contemporain, de même que les chambres, confortables et bien tenues.

🏨 Alizé Grenelle   BX 13
87 av. É. Zola (15e) Ⓜ *Charles Michels* ✆ 01 45 78 08 22, *alizegre@micronet.fr, Fax 01 40 59 03 06*
sans rest – 🛗 🖹 📺 📞. 🅰🅴 ⓄⒹ ⒼⒷ 🇯🇨🇧
🍽 10 – **50 ch** 98,20/105,30.
- Cette façade en briques des années 1930 abrite des chambres fonctionnelles et pourvues d'une insonorisation efficace. Salon équipé d'un accès Internet haut débit.

🏨 **Midi**   DY **3**
4 av. René Coty (14ᵉ) Ⓜ *Denfert-Rochereau* ℘ 01 43 27 23 25, *info@midi-hôtel-paris.com, Fax 01 43 21 24 58*
sans rest – |‡| 📺 📞 ⟅⟆. 🅰🅴 🆖 🏧
🛏 8 – **46 ch** 78/108.
◆ Proximité de la place Denfert-Rochereau, chambres refaites, insonorisées et parfois dotées de baignoires hydromassantes : ne cherchez plus Midi... à quatorze heures !

🏨 **Beaugrenelle St-Charles**   BX **34**
82 r. St-Charles (15ᵉ) Ⓜ *Charles Michels* ℘ 01 45 78 61 63, *beaugre@francenet.fr, Fax 01 45 79 04 38*
sans rest – |‡| 📺 📞. 🅰🅴 🅾 🆖 🏧
🛏 10 – **49 ch** 89,20/101,30.
◆ Une rénovation complète est venue réveiller cet hôtel situé au pied du métro St-Charles, à deux pas du centre Beaugrenelle. Chambres fraîches et insonorisées.

🏨 **Châtillon Hôtel**   CY **18**
11 square Châtillon (14ᵉ) Ⓜ *Porte d'Orléans* ℘ 01 45 42 31 17, *chatillon.hotel@wanadoo.fr, Fax 01 45 42 72 09*
sans rest – |‡| 📺 📞. 🆖 🚭
🛏 7 – **31 ch** 63/99.
◆ Adresse fréquentée par des habitués, sensibles au calme du lieu : les chambres, assez spacieuses et bien tenues, donnent sur un square au bout d'une impasse. Accueil familial.

🏨 **Istria**   DX **39**
29 r. Campagne Première (14ᵉ) Ⓜ *Raspail* ℘ 01 43 20 91 82, *hotelistria@wanadoo.fr, Fax 01 43 22 48 45*
sans rest – |‡| 📺 📞. 🅰🅴 🆖. 🚭
🛏 9 – **26 ch** 100/110.
◆ Aragon immortalisa cet hôtel dans "Il ne m'est Paris que d'Elsa". Petites chambres simples, agréable salon, salle des petits-déjeuners dans une jolie cave voûtée.

🏨 **Abaca Messidor**   BY **9**
330 r. Vaugirard (15ᵉ) Ⓜ *Convention* ℘ 01 48 28 03 74, *info@abacahotel.com, Fax 01 48 28 75 17*
sans rest, 🌳 – |‡| ⇌ 📺 📞 – 🕸 20. 🅰🅴 🅾 🆖
🛏 12 – **72 ch** 125/173.
◆ Dans la rue la plus longue de Paris ! Les chambres les plus agréables sont dans l'annexe ; certaines donnent sur le jardin. Côté rue, elles sont simples et insonorisées.

🏨 **Daguerre**   CY **14**
94 r. Daguerre (14ᵉ) Ⓜ *Gaîté* ℘ 01 43 22 43 54, *hoteldaguerre@wanadoo.fr, Fax 01 43 20 66 84*
sans rest – |‡| 📺 📞 ♿. 🅰🅴 🅾 🆖 🏧. 🚭
🛏 11 – **30 ch** 75/110.
◆ Immeuble du début du 20ᵉ s. abritant des chambres un peu menues, mais bien meublées. Plaisante salle des petits-déjeuners dressée dans l'ancienne cave (pierres apparentes).

🏨 **Apollon Montparnasse**   CY **12**
91 r. Ouest (14ᵉ) Ⓜ *Pernety* ℘ 01 43 95 62 00, *apollonm@wanadoo.fr, Fax 01 43 95 62 10*
sans rest – |‡| 📺 📞. 🅰🅴 🅾 🆖 🏧
🛏 7 – **33 ch** 73/89.
◆ Proximité de la gare Montparnasse et des navettes Air France, accueil courtois et chambres coquettes sont les atouts de cet hôtel bordant une rue assez calme.

Sèvres-Montparnasse
CX 28

153 r. Vaugirard (15e) Ⓜ *Pasteur* ℰ 01 47 34 56 75, *hotel.sevresmontparnasse @wanadoo.fr*, Fax 01 40 65 01 86

sans rest – |$| 📺 📞. 𝖠𝖤 ⓪ 𝖦𝖡 𝖩𝖢𝖡. ⌘

⌐ 7 – **35 ch** 94/114.

◆ Cet immeuble, situé face à l'hôpital Necker-Enfants Malades, dispose de chambres sobrement aménagées. Coin salon et salle des petits-déjeuners partagent le même espace.

Ibis Convention
BY 10

5 r. E. Gibez (15e) Ⓜ *Convention* ℰ 01 48 28 63 14, *h3267@accor-hotels.com*, Fax 01 45 33 45 50

sans rest – |$| ▤ 📺 📞. 𝖠𝖤 ⓪ 𝖦𝖡 𝖩𝖢𝖡

⌐ 6 – **48 ch** 89.

◆ Immeuble abritant de petites chambres pimpantes et insonorisées. Salles de bains étroites mais bien agencées. Minicour intérieure où l'on sert les petits-déjeuners en été.

Ibis Brancion
BY 23

105 r. Brancion (15e) Ⓜ *Pte de Vanves* ℰ 01 56 56 62 30, Fax 01 56 56 62 31

sans rest – |$| ✝ ▤ 📺 📞 �감. 𝖠𝖤 ⓪ 𝖦𝖡. ⌘

⌐ 6 – **71 ch** 82.

◆ Ibis voisin du parc Georges-Brassens : le poète-chanteur avait sa maison à deux pas de là, rue Santos-Dumont. Amusant hall décoré sur le thème du cirque. Chambres actuelles.

Carladez Cambronne
BX 7

3 pl. Gén. Beuret (15e) Ⓜ *Vaugirard* ℰ 01 47 34 07 12, *carladez@club-internet.f r*, Fax 01 40 65 95 68

sans rest – |$| 📺 📞. 𝖠𝖤 ⓪ 𝖦𝖡 𝖩𝖢𝖡

⌐ 7 – **28 ch** 75/79.

◆ L'hôtel a pris des couleurs depuis sa rénovation : bleu, saumon ou vert dans les petites chambres fraîches et bien tenues. Le sourire est compris dans l'addition.

Val Girard
BX 8

14 r. Pétel (15e) Ⓜ *Vaugirard* ℰ 01 48 28 53 96, *valgirar@club-internet.fr*, Fax 01 48 28 69 94

sans rest – |$| 📺. 𝖠𝖤 𝖦𝖡 𝖩𝖢𝖡

⌐ 9 – **39 ch** 92/100.

◆ Hôtel familial proche de la mairie d'arrondissement. Chambres rajeunies, simplement aménagées et parfois dotées de meubles en rotin. Petit-déjeuner servi en véranda.

Aberotel
CX 12

24 r. Blomet (15e) Ⓜ *Volontaires* ℰ 01 40 61 70 50, *aberotel@wanadoo.fr*, Fax 01 40 61 08 31

sans rest – |$| ✝ 📺 📞 ㄱ. 𝖠𝖤 ⓪ 𝖦𝖡

⌐ 8 – **28 ch** 97/124.

◆ Une adresse prisée : plaisant salon orné de peintures sur bois évoquant les cartes à jouer, coquettes chambres rénovées et cour intérieure où l'on petit-déjeune en été.

Paix
DX 8

225 bd Raspail (14e) Ⓜ *Raspail* ℰ 01 43 20 35 82, *resa@hoteldelapaix.com*, Fax 01 43 35 32 63

sans rest – |$| 📺 📞. 𝖠𝖤 𝖦𝖡. ⌘

⌐ 6,50 – **39 ch** 73/102.

◆ Hôtel meublé dans le goût des années 1970, où vous trouverez des chambres fonctionnelles et bien tenues, progressivement redécorées dans un style actuel. Accueil charmant.

🏠 **Lilas Blanc**   BX **3**
5 r. Avre (15ᵉ) Ⓜ *La Motte Picquet-Grenelle* 𝄢 01 45 75 30 07, *hotellilasblanc@
minitel.net, Fax* 01 45 78 66 65
sans rest – ⧣ TV 📞. AE ⓞ GB
fermé 25 juil. au 25 août et 19 au 25 déc.
⊑ 6 – **32 ch** 61/73.
   ◆ Dans une rue calme le soir, hôtel proposant des petites chambres colorées,
sobrement meublées en stratifié ; celles du rez-de-chaussée sont moins
lumineuses.

🏠 **Pasteur**   CX **27**
33 r. Dr Roux (15ᵉ) Ⓜ *Volontaires* 𝄢 01 47 83 53 17, *hotelpasteur@noos.fr,
Fax* 01 45 66 62 39
sans rest – ⧣ TV 📞. GB
fermé 31 juil. au 29 août
⊑ 6,50 – **19 ch** 59/89.
   ◆ Les habitués qui fréquentent cet hôtel apprécient la simplicité des petites
chambres, l'accueil familial et les petits-déjeuners servis dans l'agréable cour
intérieure.

XXXX **Montparnasse 25** - Hôtel Méridien Montparnasse   CX **3**
✿ 19 r. Cdt Mouchotte (14ᵉ) Ⓜ *Montparnasse Bienvenüe* 𝄢 01 44 36 44 25, *meri
dien.montparnasse@lemeridien.com, Fax* 01 44 36 49 03
☰ P. AE ⓞ GB JCB. ✋
fermé 10 au 23 mai, 12 juil. au 29 août, 20 déc. au 2 janv., sam., dim. et fériés –
Repas 49 (déj.)/105 et carte 80 à 120 ⊠ ☙.
   ◆ Le cadre contemporain sur fond de laque noire peut surprendre, mais ce
restaurant s'avère confortable et chaleureux. Cuisine au goût du jour, superbes chariots de fromages.
Spéc. Compression de poulet de Bresse. Saint-Pierre piqué aux anchois. Noix
de ris de veau de lait rôtie.

XXXX **Relais de Sèvres** - Hôtel Sofitel Porte de Sèvres   AY **29**
✿ 8 r. L. Armand (15ᵉ) Ⓜ *Balard* 𝄢 01 40 60 33 66, *h0572@accor-hotels.com,
Fax* 01 40 60 30 00
☰ ↰ P. AE ⓞ GB JCB
fermé 17 juil. au 23 août, 18 déc. au 3 janv., vend. soir, sam., dim. et fériés –
Repas 55/70 bc et carte 75 à 100 ⊠.
   ◆ Cuisine classique, belle carte des vins et élégant décor bourgeois valorisant
le bleu de Sèvres : un restaurant bien séduisant, pour clientèle d'affaires et
gourmands.
Spéc. Emietté de tourteau au crémeux de fenouil. Râble de lièvre aux deux
pommes (saison). Assiette de chocolats grands crus.

XXX **Ciel de Paris**   CX **26**
Tour Maine Montparnasse, au 56ᵉ étage (15ᵉ) Ⓜ *Montparnasse Bienvenüe*
𝄢 01 40 64 77 64, *ciel-de-paris.rv@elior.com, Fax* 01 43 21 48 37
≼ Paris – ⧣ ☰. AE ⓞ GB ✋
Repas 32 (déj.)/52 et carte 54 à 82 ⊠.
   ◆ Pour un repas en plein "ciel de Paris". Agréable salle à manger contempo-
raine tournée vers les Invalides et la tour Eiffel : vue inoubliable par temps
clair !

XXX   **Le Duc**   DX 18
🏵   243 bd Raspail (14ᵉ) Ⓜ *Raspail* 𝄐 01 43 20 96 30, *Fax 01 43 20 46 73*
      📧 ⌨📶, 🅰🅴 ⓪ 🇬🇧 🇯🇨🇧
      fermé 31 juil. au 23 août, 24 déc. au 4 janv., sam. midi, dim. et lundi – **Repas**
      46 (déj.) et carte 60 à 90.
      ♦ Cuisine de la mer alliant qualité et simplicité servie dans un décor de
      confortable cabine de yacht avec lambris d'acajou, appliques à thème marin
      et cuivres rutilants.
      Spéc. Tartare de bar et saumon. Saint-Pierre au beurre de vodka. Langous-
      tines rôties au gingembre.

XXX   **Benkay**   BU 2
      61 quai Grenelle (4ᵉ étage)(15ᵉ) Ⓜ *Bir-Hakeim* 𝄐 01 40 58 21 26, *h3546@accor-*
      hotels.com, Fax 01 40 58 21 30
      ⤸ – 📧 🅿, 🅰🅴 ⓪ 🇬🇧 🇯🇨🇧, ✛
      Repas 26 (déj.), 60/125 et carte 70 à 130.
      ♦ Au dernier étage d'un petit immeuble, restaurant ménageant une belle
      vue sur la Seine. Décor emprunt d'une grande sobriété (marbre et bois),
      comptoir à sushis et teppanyakis.

XXX   **Le Dôme**   DX 2
      108 bd Montparnasse (14ᵉ) Ⓜ *Vavin* 𝄐 01 43 35 25 81, *Fax 01 42 79 01 19*
      📧, 🅰🅴 ⓪ 🇬🇧 🇯🇨🇧
      fermé dim et lundi en août
      Repas carte 56 à 84.
      ♦ L'un des temples de la bohème littéraire et artistique des années folles,
      devenu un restaurant chic tendance "rive gauche", au cadre Art déco pré-
      servé. Produits de la mer.

XXX   **Chen-Soleil d'Est**   BV 14
🏵   15 r. Théâtre (15ᵉ) Ⓜ *Charles Michels* 𝄐 01 45 79 34 34, *Fax 01 45 79 07 53*
      📧, 🅰🅴 🇬🇧 🇯🇨🇧
      fermé août et dim.
      Repas 40 (déj.)/75 et carte 80 à 100.
      ♦ Glissez-vous sous les immeubles du front de Seine pour y découvrir un
      authentique petit coin d'Asie : cuisine au "wok" et à la vapeur, meubles et
      boiseries importés de Chine.
      Spéc. Fleurs de courgette au corps de tourteau. Demi-canard pékinois en
      trois services. Cocotte de chevreau au ginseng.

XX   **Maison Courtine** (Charles)   CY 25
🏵   157 av. Maine (14ᵉ) Ⓜ *Mouton Duvernet* 𝄐 01 45 43 08 04, *Fax 01 45 45 91 35*
      📧, 🅰🅴 🇬🇧, ✛
      fermé 4 au 31 août, 25 déc. au 4 janv., sam. midi, lundi midi et dim. – **Repas**
      35 ♀.
      ♦ Tour de France des terroirs côté cuisine, intérieur contemporain aux cou-
      leurs vives et mobilier de style Louis-Philippe côté décor : la maison compte
      nombre de fidèles.
      Spéc. Petites escalopes de foie gras poêlées aux raisins. Magret de canard
      cuit sur peau au sel de Guérande. Colvert rôti au miel du maquis (saison).

XX   **Pavillon Montsouris**   DZ 2
      20 r. Gazan (14ᵉ) Ⓜ *Cité Universitaire* 𝄐 01 43 13 29 00, *Fax 01 43 13 29 02*
      🍽 – ⌨📶, 🅰🅴 🇬🇧
      fermé 15 fév. au 2 mars
      Repas *(45)* - 49.
      ♦ Ce pavillon créé à la Belle Epoque dans le parc Montsouris offre le calme de
      la campagne en plein Paris. Jolie verrière, décor d'esprit colonial et terrasse
      face à la verdure.

XX **La Dînée**
85 r. Leblanc (15e) Ⓜ *Balard* ℰ 01 45 54 20 49, Fax 01 40 60 73 76

AY 9

🄰🄴 GB JCB

fermé sam. et dim. – **Repas** *(27)* - 30.

♦ Cette salle de restaurant actuelle agrémentée de tableaux contemporains propose des recettes au goût du jour soignées. Cuisine "à la plancha" servie dans le bistrot attenant.

XX **La Coupole**
102 bd Montparnasse (14e) Ⓜ *Vavin* ℰ 01 43 20 14 20, cmonteiro@groupeflo.f

DX 41

r, Fax 01 43 35 46 14

🖳. 🄰🄴 ➀ GB

Repas *(22,90)* - 32,90 bc et carte 34 à 62, enf. 13,50.

♦ Le coeur de Montparnasse bat encore dans cette immense brasserie Art déco inaugurée en 1927. Les 32 piliers sont décorés d'oeuvres d'artistes de l'époque. Ambiance animée.

XX **Gauloise**
59 av. La Motte-Picquet (15e) Ⓜ *La Motte Picquet-Grenelle* ℰ 01 47 34 11 64,

BV 12

Fax 01 40 61 09 70

🕍 – 🄰🄴 GB

Repas *(21)* - 26,50 et carte 35 à 60, enf. 12 ♀.

♦ Cette brasserie des années 1900 a dû voir passer bon nombre de personnalités, à en juger par les photos dédicacées tapissant les murs. Plaisante terrasse sur le trottoir.

XX **Thierry Burlot**
8 r. Nicolas Charlet (15e) Ⓜ *Pasteur* ℰ 01 42 19 08 59, Fax 01 45 67 09 13

CX 24

🖳. 🄰🄴 ➀ GB

fermé sam. midi et dim. – **Repas** 26 et carte 37 à 49 ♀.

♦ Atmosphère paisible et feutrée dans un cadre assez sobre, poncé de photos de galets réalisées par le maître des lieux. La cuisine, au goût du jour, suit le fil des saisons.

XX **Vin et Marée**
108 av. Maine (14e) Ⓜ *Gaîté* ℰ 01 43 20 29 50, vin.maree@wadoo.f

CY

Fax 01 43 27 84 11

🖳 ⌂🍴. 🄰🄴 GB JCB

Repas carte 35 à 57 ♀.

♦ Les produits de la mer, spécialités de la maison, sont dévoilés que jour sur l'ardoise, selon le bon plaisir de Neptune. Salles à manger décos dans le style marin.

XX **Caroubier**
⊜ 82 bd Lefebvre (15e) Ⓜ *Porte de Vanves* ℰ 01 40 43 16 12, Fax 01 43 16 12

BY 6

🖳. 🄰🄴 GB

fermé 15 juil. au 15 août et lundi – **Repas** 15/25 et carte 28 à 36, nf. 9 ♀.

♦ Décor contemporain rehaussé de touches orientales, chaleureuse ambiance familiale et accueil prévenant au service d'une cuisine marocaine généreuse et gorgée de soleil.

XX **Fontanarosa**
28 bd Garibaldi (15e) Ⓜ *Cambronne* ℰ 01 45 66 97 84, Fax 01 47 83 96 30

CX 57

🕍 – 🖳. 🄰🄴 GB JCB

Repas *(13,60)* - 18,30 (déj.) et carte 46 à 80 ♀ ⌂.

♦ Oublié le métro aérien et l'agitation parisienne ! Cette trattoria dissimule un vrai petit coin de Sardaigne : délicieux patio-terrasse, plats et bon choix de vins de là-bas.

✗ L'Os à Moelle   AX 2
3 r. Vasco de Gama (15e) ⓜ *Lourmel* ☎ 01 45 57 27 27, *Fax 01 45 57 27 27*
GB

fermé 3 au 25 août, dim. et lundi – **Repas** *(27)* - 32.

♦ Murs aux tons ensoleillés et savoureux menu du marché côté bistrot, ou casse-croûte autour d'une table d'hôte conviviale dans le cadre campagnard de la "Cave" située en face.

✗ Gastroquet   BY 50
10 r. Desnouettes (15e) ⓜ *Convention* ☎ 01 48 28 60 91, *Fax 01 45 33 23 70*
AE GB

fermé 10 au 25 août, sam. midi et dim. – **Repas** *(21)* - 27 et carte 44 à 60.

♦ La cuisine traditionnelle mijotée avec soin séduit gourmands du quartier et visiteurs du parc des Expositions de la porte de Versailles. Bistrot familial sobrement aménagé.

✗ L'O à la Bouche   DX 9
124 bd Montparnasse (14e) ⓜ *Vavin* ☎ 01 56 54 01 55, *Fax 01 43 21 07 87*
▤ AE GB JCB

fermé 11 au 19 avril, 1er au 23 août, 2 au 10 janv., dim. et lundi – **Repas** 19 (déj.)/31 et carte 48 à 61.

♦ Il règne un esprit "bistrot" et une sympathique ambiance dans ce restaurant au décor discrètement méditerranéen. La lecture de la carte vous mettra… l'eau à la bouche !

✗ Villa Corse   BX 1
164 bd Grenelle (15e) ⓜ *La Motte Picquet-Grenelle* ☎ 01 53 86 70 81, *Fax 01 53 86 90 73*
▤ AE GB ⌘

fermé dim. – **Repas** *(20)* - carte 45 à 60.

♦ Chacune des trois charmantes salles de ce restaurant corse offre une atmosphère différente : bibliothèque, bar-salon et "terrasse". Savoureuse cuisine et vins insulaires.

✗ Pascal Champ   DY 5
5 r. Mouton-Duvernet (14e) ⓜ *Mouton Duvernet* ☎ 01 45 39 39 61, *Fax 01 45 39 39 61*
▤ GB

fermé dim. et lundi – **Repas** *(16)* - 19 (déj.), 22/28 et carte 30 à 42 ⓨ.

♦ Rue commerçante animée où vous apprécierez l'intimité d'un dîner aux chandelles dans une salle à manger aux murs en pierres de taille. Cuisine au goût du jour.

✗ Les Gourmands   CY 9
101 r. Ouest (14e) ⓜ *Pernety* ☎ 01 45 41 40 70, *Fax 01 45 41 17 66*
AE GB

fermé mi-juil. à mi-août, sam. midi, dim. et lundi – **Repas** *(18)* - 24 et carte 24 à 30.

♦ Salle décorée d'outils agricoles et cuisine catalane de caractère : les gourmands ne seront pas déçus par ce restaurant qui est aussi le siège des Catalans de Paris.

✗ Les Petites Sorcières   DY 4
12 r. Liancourt (14e) ⓜ *Denfert Rochereau* ☎ 01 43 21 95 68, *Fax 01 43 21 95 68*
GB

fermé 18 juil. au 16 août, lundi midi, sam. midi et dim. – **Repas** *(22)* - 30 et carte 31 à 38.

♦ C'est, dit-on, le rendez-vous des sorcières parisiennes : elles s'y retrouvent lors de sabbats gourmands, laissent de nombreux bibelots et repartent en enfourchant leur balai.

✂ **du Marché**   BY 12

59 r. Dantzig (15ᵉ) Ⓜ Porte de Versailles ℘ 01 48 28 31 55, *restaurant.du.marc he@wanadoo.fr, Fax 01 48 28 18 31*

GB JCB ⌗

fermé 8 au 30 août, sam. midi, lundi midi et dim. – **Repas** 23 et carte 30 à 42.
♦ Près du parc Georges-Brassens, ce sympathique bistrot dont le cadre évoque les années 1950 propose ses bons petits plats du Sud-Ouest servis "à la bonne franquette".

✂ **Cerisaie**   CX 1

70 bd Edgar Quinet (14ᵉ) Ⓜ Edgar Quinet ℘ 01 43 20 98 98, Fax 01 43 20 98 98
GB

fermé 1ᵉʳ au 25 août, 19 déc. au 2 janv., sam. midi, dim. et fériés – **Repas** (prévenir) 27,50/32,50.
♦ Restaurant de poche situé en plein quartier "breton". Le patron écrit sur l'ardoise, chaque jour et à la craie, les plats du Sud-Ouest qu'il a consciencieusement mitonnés.

✂ **Fleur de Sel**   CX 51

32 bd Montparnasse (15ᵉ) Ⓜ Falguière ℘ 01 45 48 52 03, Fax 01 45 48 52 17
AE GB JCB

fermé sam. midi et dim. – **Repas** (25) - 30 (déj) 40.
♦ Ce bistrot sert une cuisine du marché assortie de plats du Sud-Ouest et de suggestions du jour inscrites sur tableau noir. Aux murs, vieilles affiches publicitaires et photos.

✂ **L'Amuse Bouche**   CY 3

186 r. Château (14ᵉ) Ⓜ Mouton Duvernet ℘ 01 43 35 31 61, Fax 01 45 38 96 60
GB

fermé 1ᵉʳ au 7 mars, août, dim. et lundi
Repas (24) - 29,50.
♦ Atmosphère conviviale et animée dans ce restaurant redécoré (murs oranges et verts, mobilier rustique), où l'on prépare une cuisine au goût du jour inspirée par le marché.

✂ **Bistrot du Dôme**   DX 7

1 r. Delambre (14ᵉ) Ⓜ Vavin ℘ 01 43 35 32 00
▤ AE GB

fermé dim. et lundi en août
Repas carte 31 à 45.
♦ "L'annexe" du Dôme, spécialisée elle aussi dans les produits de la mer. Ambiance décontractée dans la grande salle à manger au plafond orné de feuilles de vignes.

✂ **A La Bonne Table**   CZ 12

42 r. Friant (14ᵉ) Ⓜ Porte d'Orléans ℘ 01 45 39 74 91, Fax 01 45 43 66 92
AE ⓞ GB JCB

fermé 11 juil. au 1ᵉʳ août, 25 déc. au 2 janv., sam. midi et dim. – **Repas** 25 et carte 34 à 55.
♦ Le chef, d'origine japonaise, prépare une cuisine française traditionnelle relevée de son savoir-faire nippon. Confortable salle à manger en longueur, d'esprit "rétro".

✂ **De Bouche à Oreille**   CY 2

34 r. Gassendi (14ᵉ) Ⓜ Denfert Rochereau ℘ 01 43 27 73 14, Fax 01 43 27 73 14
GB

fermé 7 au 23 août, sam. midi et dim.
Repas carte environ 32 ℥.
♦ Ambiance simple et conviviale, cadre d'esprit bistrot, goûteux plats traditionnels inscrits sur tableau noir : une sympathique petite adresse de quartier qui mérite le détour.

✗ **Copreaux**   CX 11

15 r. Copreaux (15ᵉ) Ⓜ *Volontaires* ✆ 01 43 06 83 35

🍽. ⲅⲃ

fermé août, dim. et lundi – **Repas** *(14,50)* - 23,50 bc.

◆ Petite adresse à la charmante atmosphère provinciale, servant une cuisine familiale dans un cadre rustique et chaleureux. Exposition de tableaux et lithographies.

✗ **Mûrier**   BY 5

42 r. Olivier de Serres (15ᵉ) Ⓜ *Convention* ✆ 01 45 32 81 88, *lepimpecmartin@yahoo.fr*

ⲅⲃ. 🍷

fermé 1ᵉʳ au 22 août, sam. midi, lundi midi et dim. – **Repas** *(18)* - 20/24 et carte 25 à 35 ♀.

◆ À deux pas des boutiques de la rue de la Convention, ce sympathique restaurant propose une cuisine traditionnelle servie dans une salle à manger ornée de vieilles affiches.

✗ **Flamboyant**   CY 5

11 r. Boyer-Barret (14ᵉ) Ⓜ *Pernety* ✆ 01 45 41 00 22

ⲁⲉ ⲅⲃ

fermé août, dim. soir, mardi midi et lundi – **Repas** 13,50 bc (déj.), 24/36,50 bc et carte 26 à 44 ♀.

◆ Cette modeste mais non moins agréable adresse de quartier sert une cuisine antillaise dans une minisalle garnie de nappes de madras. Bon accueil et convivialité assurée.

✗ **Château Poivre**   CY 45
🍴
145 r. Château (14ᵉ) Ⓜ *Pernety* ✆ 01 43 22 03 68, *chateaupoivre@noos.fr*

ⲁⲉ ⓪ ⲅⲃ

fermé 7 au 24 août, 23 déc. au 2 janv., dim. et fériés – **Repas** 15 et carte 27 à 50 ♀.

◆ Luminaire design et chaudes teintes jaune ou orangée rajeunissent cette salle à manger de style "rétro". Copieuse cuisine d'esprit méridional à prix doux et vins du Languedoc.

✗ **Severo**   CY 7
🐾
8 r. Plantes (14ᵉ) Ⓜ *Mouton Duvernet* ✆ 01 45 40 40 91

ⲅⲃ

fermé 24 juil au 23 août, 19 déc. au 3 janv., sam. soir, et dim. – Repas carte 26 à 40 ♀ 🍷.

◆ Les produits d'Auvergne (viandes, charcuteries) jouent les vedettes sur l'ardoise du jour de ce chaleureux bistrot. Quant à la carte des vins, elle fait preuve d'éclectisme.

Trocadéro - Passy
Bois de Boulogne
Auteuil - Étoile

16ᵉ arrondissement

16ᵉ : ✉ 75016 ou 75116

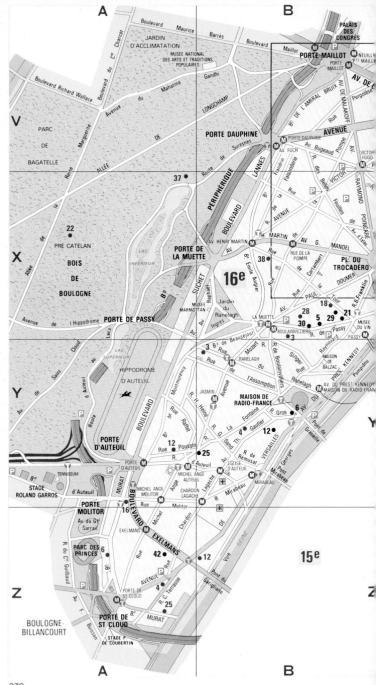

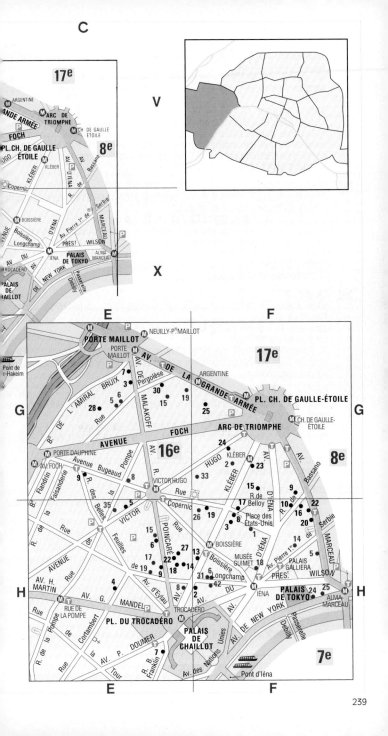

🏨 Raphaël
FG 23

17 av. Kléber ⊠ 75116 ⓜ *Kléber* 𝒫 01 53 64 32 00, *management@raphael-ho
tel.com, Fax 01 53 64 32 01*

🍴, 🕌, *Fa* – 🛗 ⥮ 🖃 📺 📞 – 🏛 50. 𝔸𝔼 ⓞ 🇬🇧 🇯🇨🇧

Jardins Plein Ciel 𝒫 01 53 64 32 30 (7e étage)-buffet *(mai-oct.)* **Repas**
65 (déj.)/80 ♀

Salle à Manger 𝒫01 53 64 32 11 *(fermé août, sam. et dim.)* **Repas** 50 bc
(déj.) et carte 60 à 80 ♀ – � 34 – **44 ch** 321/530, 25 suites.

 ♦ Superbe galerie habillée de boiseries, chambres raffinées, toit-terrasse
panoramique et bar anglais "mondain" sont les trésors du Raphaël, construit
en 1925. Vue à 360 degrés sur Paris depuis les Jardins Plein Ciel. Belle Salle à
Manger d'esprit "palace".

🏨 St-James Paris
EG 9

43 av. Bugeaud ⊠ 75116 ⓜ *Porte Dauphine* 𝒫 01 44 05 81 81, *contact@saint
-james-paris.com, Fax 01 44 05 81 82*

🏊, 🕌, *Fa*, 🌳 – 🛗 🖃 📺 📞 🅿 – 🏛 25. 𝔸𝔼 ⓞ 🇬🇧 🇯🇨🇧

Repas *(fermé week-ends et fériés)* (résidents seul.) 47 – � 25 – **20 ch** 345/
480, 28 suites 580/730, 8 duplex.

 ♦ Bel hôtel particulier élevé en 1892 par Mme Thiers au sein d'un jardin
arboré. Escalier majestueux, chambres spacieuses et bar-bibliothèque à
l'atmosphère de club anglais.

🏨 Costes K.
FH 2

81 av. Kléber ⊠ 75116 ⓜ *Trocadéro* 𝒫 01 44 05 75 75, *costes.k@wanadoo.fr,
Fax 01 44 05 74 74*

sans rest, *Fa* – 🛗 ⥮ 🖃 📺 📞 🕭 🚗. 𝔸𝔼 ⓞ 🇬🇧 🇯🇨🇧

☐ 20 – **83 ch** 300/550.

 ♦ Signé Ricardo Bofill, cet hôtel ultra-moderne est une invite discrète à la
sérénité avec ses vastes chambres aux lignes épurées ordonnées autour d'un
joli patio japonisant.

🏨 Sofitel Le Parc
EH 6

55 av. R. Poincaré ⊠ 75116 ⓜ *Victor Hugo* 𝒫 01 44 05 66 66, *h2797@accor-h
otels.com, Fax 01 44 05 66 00*

🏊, 🕌, *Fa* – 🛗 ⥮ 🖃 📺 📞 – 🏛 40 à 250. 𝔸𝔼 ⓞ 🇬🇧 🇯🇨🇧

Repas voir *59 Poincaré* ci-après – ☐ 26 – **95 ch** 410/590, 21 suites, 3 duplex.
 ♦ Les chambres, élégantes et délicieusement "british", sont également bien
équipées (système wi-fi) et réparties autour d'une terrasse-jardin. Décor du
bar en partie signé Arman.

🏨 Sofitel Baltimore
FH 13

88 bis av. Kléber ⊠ 75116 ⓜ *Boissière* 𝒫 01 44 34 54 54, *welcome@hotelblati
more.com, Fax 01 44 34 54 44*

Fa – 🛗 ⥮ 🖃 📺 📞 – 🏛 50. 𝔸𝔼 ⓞ 🇬🇧 🇯🇨🇧

Repas voir rest *Table du Baltimore* ci-après ♀ – ☐ 26 – **103 ch** 580/750.
 ♦ Mobilier épuré, tissus "tendance", photos anciennes de la ville de Baltimore : le décor contemporain de chambres contraste avec l'architecture de
cet immeuble du 19e s.

🏨 Square
BY 6

3 r. Boulainvilliers ⊠ 75016 ⓜ *Mirabeau* 𝒫 01 44 14 91 90, *hotel.square@wan
adoo.fr, Fax 01 44 14 91 99*

🛗 🖃 📺 📞 🕭 🚗 – 🏛 20. 𝔸𝔼 ⓞ 🇬🇧 🇯🇨🇧. ✂

Zébra Square 𝒫 01 44 14 91 91 **Repas** *(22)* carte 38/60 ♀ – ☐ 20 – **20 ch**
255/330.

 ♦ Fleuron de l'architecture contemporaine face à la Maison de la Radio.
Courbes, couleurs, équipements high-tech et toiles abstraites : un hymne à
l'art moderne ! Décor zébré design et carte dans l'air du temps pour le
restaurant branché de l'hôtel.

Trocadero Dokhan's   EH 22
117 r. Lauriston ⊠ 75116 Ⓜ *Trocadéro* ℰ 01 53 65 66 99, *welcome@dokhans. com*, Fax 01 53 65 66 88
sans rest – 🛗 ✳ 🗏 📺 📞 AE ① GB JCB. ✗
☲ 26
41 ch 440/540, 4 suites.
♦ On ne peut qu'être séduit par ce bel hôtel particulier (1910) à l'architecture palladienne et au décor intérieur néoclassique. Boiseries céladon du 18e s. au salon.

Villa Maillot   EG 3
143 av. Malakoff ⊠ 75116 Ⓜ *Porte Maillot* ℰ 01 53 64 52 52, *resa@lavillamaillo t.fr*, Fax 01 45 00 60 61
sans rest – 🛗 ✳ 🗏 📺 📞 ᕖ – 🏛 25. AE ① GB JCB
☲ 23
39 ch 315/365, 3 suites.
♦ À deux pas de la porte Maillot. Couleurs douces, grand confort et bonne isolation phonique pour les chambres. Verrière ouverte sur la verdure pour les petits-déjeuners.

Élysées Régencia   FH 22
41 av. Marceau ⊠ 75116 Ⓜ *George V* ℰ 01 47 20 42 65, *info@regencia.com*, Fax 01 49 52 03 42
sans rest – 🛗 ✳ 🗏 📺 📞 – 🏛 20. AE ① GB JCB. ✗
☲ 18
41 ch 195/310.
♦ Trois styles de chambres sont proposés derrière cette gracieuse façade : Louis XVI, Empire "retour d'Égypte" et contemporain. Élégants salon, bar et bibliothèque.

Libertel Auteuil   BY 12
8 r. F. David ⊠ 75016 Ⓜ *Mirabeau* ℰ 01 40 50 57 57, *h2777@accor.hotels.com*, Fax 01 40 50 57 50
sans rest – 🛗 ✳ 🗏 📺 📞 ᕖ 🚗 – 🏛 35. AE ① GB
☲ 14
94 ch 175/255.
♦ La clientèle d'affaires apprécie ce bâtiment récent proche de la Maison de la Radio. Camaïeu de beige dans les chambres et piano dans le salon moderne meublé de rotin.

Pergolèse   EG 30
3 r. Pergolèse ⊠ 75116 Ⓜ *Argentine* ℰ 01 53 64 04 04, *hotel@pergolese.com*, Fax 01 53 64 04 40
sans rest – 🛗 ✳ 🗏 📺 📞. AE ① GB JCB
☲ 18
40 ch 230/380.
♦ Une sage façade du "beau 16e", mais une insolite porte bleue qui donne le ton : l'intérieur design marie avec bonheur acajou, briques de verre, chromes et couleurs vives.

Argentine   FG 25
1 r. Argentine ⊠ 75116 Ⓜ *Argentine* ℰ 01 45 02 76 76, *h2757@accor-hotels.c om*, Fax 01 45 02 76 00
sans rest – 🛗 ✳ 📺 📞 ᕖ. AE ① GB JCB
☲ 14
40 ch 280/300.
♦ Dans une rue tranquille, immeuble bourgeois orné d'un bas-relief offert par l'ambassadeur d'Argentine. Chambres coquettes et feutrées. Ambiance "cosy" au salon-bar.

Majestic   FG 15
29 r. Dumont d'Urville ⊠ 75116 Ⓜ *Kléber* ℰ 01 45 00 83 70, *management@majestic-hotel.com*, Fax 01 45 00 29 48
sans rest – |⧙| ⧲ ▤ 📺 📞. 𝔸𝔼 Ⓞ GB ʝCB
⊑ 15 – **27 ch** 240/335, 3 suites.
♦ À deux pas des Champs-Élysées, cette discrète façade des années 1960 abrite des chambres calmes, au confort bourgeois, bien dimensionnées et impeccablement tenues.

Régina de Passy   AY 12
6 r. Tour ⊠ 75116 Ⓜ *Passy* ℰ 01 55 74 75 75, *regina@gofornet.com*, Fax 01 45 25 23 78
sans rest – |⧙| 📺 📞. 𝔸𝔼 Ⓞ GB ʝCB
⊑ 13,90 – **64 ch** 93/147.
♦ Immeuble des années 1930 à deux pas des boutiques de la rue de Passy. Chambres de style Art déco ou contemporaines ; certaines offrent une échappée sur la tour Eiffel.

Garden Élysée   EH 14
12 r. St-Didier ⊠ 75116 Ⓜ *Boissière* ℰ 01 47 55 01 11, *garden.elysee@wanadoo.fr*, Fax 01 47 27 79 24
⧈ sans rest, 𝕝ₐ – |⧙| ⧲ ▤ 📺 📞 ⅙. 𝔸𝔼 Ⓞ GB ʝCB. ⧸
⊑ 19 – **48 ch** 320/375.
♦ En retrait de la rue, au calme d'une verdoyante cour intérieure où l'on sert le petit-déjeuner en été, chambres actuelles et joli salon habillé de boiseries.

Élysées Union   FH 3
44 r. Hamelin, ⊠ 75116 Ⓜ *Boissière* ℰ 01 45 53 14 95, *unionetoil@aol.com*, Fax 01 47 55 94 79
sans rest – |⧙| cuisinette 📺 📞 ⅙. 𝔸𝔼 Ⓞ GB. ⧸
⊑ 9,50 – **50 ch** 115/145, 10 suites.
♦ Le 18 novembre 1922, Marcel Proust s'éteignit au 5e étage de cet immeuble. Chambres de style Directoire ou appartements pratiques pour longs séjours. Courette verdoyante.

Élysées Bassano   FH 16
24 r. Bassano ⊠ 75116 Ⓜ *George V* ℰ 01 47 20 49 03, *h2815-gm@accor-hotels.com*, Fax 01 47 23 06 72
sans rest – |⧙| ⧲ ▤ 📺 📞. 𝔸𝔼 Ⓞ GB ʝCB
⊑ 14 – **40 ch** 245/300.
♦ Beaux tissus imprimés, gravures anciennes et meubles couleur acajou habillent les chambres "cosy". Toiles modernes dans la salle des petits-déjeuners.

Waldorf Trocadero   EH 27
97 r. Lauriston Ⓜ *Boissière* ℰ 01 45 53 83 30, *trocadero@hotelswaldorfparis.com*, Fax 01 47 55 92 52
sans rest – ⧲ ▤ 📺 ⅙. 𝔸𝔼 Ⓞ GB ʝCB
⊑ 18 – **44 ch** 305/366.
♦ Cet ancien hôtel particulier situé entre l'Arc de Triomphe et le Trocadéro offre des aménagements flambant neufs et un joli décor contemporain. Chambres d'ampleurs variées.

Alexander   EH 5
102 av. V. Hugo ⊠ 75116 Ⓜ *Victor Hugo* ℰ 01 56 90 61 00, *melia.alexander@solmelia.com*, Fax 01 56 90 61 01
sans rest – |⧙| ⧲ ▤ 📺. 𝔸𝔼 Ⓞ GB ʝCB. ⧸
⊑ 24 – **62 ch** 320/442.
♦ Immeuble bourgeois sur une avenue chic. Bonne ampleur, intérieurs cossus et récent rafraîchissement caractérisent les chambres ; celles sur l'arrière sont plus calmes.

🏨 **Résidence Bassano**   FH 10
15 r. Bassano ✉ 75116 Ⓜ *George V* ☎ 01 47 23 78 23, *info@hotel-bassano.co m, Fax 01 47 20 41 22*
sans rest – 🛗 ⇇ 🖃 📺 ☏. 🜇 ⓄⒹ ☖ ᴊᴄʙ. ⚡
⊑ 18 – **28 ch** 195/310, 3 suites.
◆ Ambiance douillette, mobilier en fer forgé, tissus ensoleillés : cette "maison d'ami" évoque la Provence alors que les Champs-Élysées sont à quelques centaines de mètres.

🏨 **Victor Hugo**   FH 19
19 r. Copernic ✉ 75116 Ⓜ *Victor Hugo* ☎ 01 45 53 76 01, *resa@hotel-victor-h ugo.com, Fax 01 45 53 69 93*
sans rest – 🛗 ⇇ 🖃 📺 ☏. 🜇 ⓄⒹ ☖ ᴊᴄʙ. ⚡
⊑ 13 – **75 ch** 144/229.
◆ Face aux réservoirs de Passy, hôtel ayant bien évolué : chambres refaites, mobilier de style, salles de bains neuves et, aux derniers étages, balcons offrant une vue dégagée.

🏨 **Étoile Residence Imperiale**   EG 7
155 av. de Malakoff ✉ 75116 Ⓜ *Porte Maillot* ☎ 01 45 00 23 45, *res.imperiale @wanadoo.fr, Fax 01 45 01 88 82*
sans rest – 🛗 ⇇ 🖃 📺 ☏ ♿. 🜇 ⓄⒹ ☖ ᴊᴄʙ
⊑ 12 – **37 ch** 140/200.
◆ Nombreuses rénovations dans ce bâtiment ancien voisin de la porte Maillot. Chambres insonorisées et bien agencées ; celles du dernier étage sont avec poutres apparentes.

🏨 **Passy Eiffel**   BX 21
10 r. Passy ✉ 75016 Ⓜ *Passy* ☎ 01 45 25 55 66, *passyeiffel@wanadoo.fr, Fax 01 42 88 89 88*
sans rest – 🛗 📺 ☏. 🜇 ⓄⒹ ☖ ᴊᴄʙ
⊑ 10 – **49 ch** 128/150.
◆ Dans une rue animée, hôtel familial disposant de chambres pratiques et bien tenues donnant sur la rue (certaines regardent la tour Eiffel) ou sur un joli patio fleuri.

🏨 **Élysées Sablons**   EH 4
32 r. Greuze ✉ 75116 Ⓜ *Trocadéro* ☎ 01 47 27 10 00, *h2778-gm@accor-hotel s.com, Fax 01 47 27 47 10*
sans rest – 🛗 ⇇ 📺 ☏ ♿. 🜇 ⓄⒹ ☖ ᴊᴄʙ
⊑ 14 – **41 ch** 240/250.
◆ Établissement récent où les chambres adoptent toutes le style Art déco ; quelques-unes ont un minibalcon. Amusante salle des petits-déjeuners façon cabine de bateau.

🏨 **Chambellan Morgane**   FG 9
6 r. Keppler ✉ 75116 Ⓜ *George V* ☎ 01 47 20 35 72, *chambellan-morgane@w anadoo.fr, Fax 01 47 20 95 69*
sans rest – 🛗 🖃 📺 ☏ – ♨ 20. 🜇 ⓄⒹ ☖ ᴊᴄʙ
⊑ 12 – **20 ch** 150/165.
◆ Petit hôtel de caractère dont les chambres portent les couleurs de la Provence et profitent toutes du calme ambiant. Agréable salon Louis XVI décoré de boiseries peintes.

🏨 **Floride Étoile**   EH 18
14 r. St-Didier ✉ 75116 Ⓜ *Boissière* ☎ 01 47 27 23 36, *floride.etoile@wanado o.fr, Fax 01 47 27 82 87*
sans rest – 🛗 🖃 📺 ☏ – ♨ 30. 🜇 ⓄⒹ ☖ ᴊᴄʙ. ⚡
⊑ 11,50 – **63 ch** 140/205.
◆ À quelques pas du Trocadéro. Chambres fonctionnelles rénovées ; celles côté cour sont plus petites mais aussi plus tranquilles. Salon fleuri, meublé avec goût.

🏨 Marceau Champs Elysees   FH 20
37 av. Marceau ⊠ 75016 Ⓜ *George V* ℘ 01 47 20 43 37, *hotel-marceau@wana doo.fr, Fax 01 47 20 14 76*
sans rest – 🛗 🖿 📺 📞. 🄰🄴 ⓪ ☗ ⒥⒞⒝
🛏 13 – **30 ch** 168/176.
◆ Sur une avenue passante, façade classique abritant des chambres actuelles, équipées de salles de bains en marbre. Espace salon-petits-déjeuners au 1ᵉʳ étage.

🏨 Kléber   FH 8
7 r. Belloy ⊠ 75116 Ⓜ *Boissière* ℘ 01 47 23 80 22, *kleberhotel@aol.com, Fax 01 49 52 07 20*
sans rest – 🛗 🖿 📺 📞 – 🔼 20. 🄰🄴 ⓪ ☗ ⒥⒞⒝
🛏 13 – **22 ch** 215/245.
◆ Les salons de cet hôtel construit en 1853 abritent meubles de style Louis XV, fresques originales et toiles anciennes. Murs de pierres apparentes et parquet dans les chambres.

🏨 Jardins du Trocadéro   EH 7
35 r. Franklin ⊠ 75116 Ⓜ *Trocadéro* ℘ 01 53 70 17 70, *jardintroc@aol.com, Fax 01 53 70 17 80*
sans rest – 🛗 📺 📞. 🄰🄴 ⓪ ☗ ⒥⒞⒝. 🛇
🛏 18 – **22 ch** 179/499.
◆ Cet édifice bâti sous Napoléon III offre un intérieur de caractère. "Turqueries" sur les portes, tissus choisis et meubles de style compensent la petite taille des chambres.

🏨 Résidence Foch   EG 28
10 r. Marbeau ⊠ 75116 Ⓜ *Porte Maillot* ℘ 01 45 00 46 50, *residence@foch.com, Fax 01 45 01 98 68*
sans rest – 🛗 📺 📞. 🄰🄴 ⓪ ☗ ⒥⒞⒝. 🛇
🛏 11 – **25 ch** 150/220.
◆ Voisin de l'aristocratique avenue Foch, ce petit hôtel familial héberge une agréable salle de petits-déjeuners et des chambres fonctionnelles, régulièrement entretenues.

🏠 Hameau de Passy   BX 30
48 r. Passy ⊠ 75016 Ⓜ *La Muette* ℘ 01 42 88 47 55, *hameau.passy@wanadoo.fr, Fax 01 42 30 83 72*
🛋 sans rest – 🛗 📺. 🄰🄴 ⓪ ☗ ⒥⒞⒝
32 ch 🛏 103/118.
◆ Une impasse mène à ce discret hameau et à sa charmante cour intérieure envahie de verdure. Nuits calmes assurées dans des chambres petites, mais actuelles et bien tenues.

🏠 Boileau   AZ 42
81 r. Boileau ⊠ 75016 Ⓜ *Exelmans* ℘ 01 42 88 83 74, *boileau@noos.fr, Fax 01 45 27 62 98*
sans rest – 📺 📞 – 🔼 15. 🄰🄴 ⓪ ☗ ⒥⒞⒝
🛏 7 – **30 ch** 69/88.
◆ Toiles et bibelots chinés contant Bretagne et Maghreb, minipatio fleuri et meubles rustiques : une adresse sympathique aux chambres discrètement personnalisées.

🏠 Bois   FG 24
11 r. Dôme ⊠ 75116 Ⓜ *Kléber* ℘ 01 45 00 31 96, *hoteldubois@wanadoo.fr, Fax 01 45 00 90 05*
sans rest – 📺. 🄰🄴 ⓪ ☗ ⒥⒞⒝
🛏 12 – **41 ch** 120/165.
◆ Cet hôtel "cosy" a élu domicile dans la rue la plus montmartroise du 16ᵉ. où Baudelaire rendit son dernier soupir. Chambres coquettes et claires, salon de style géorgien.

🏠 **Queen's Hôtel**   BY 25
4 r. Bastien Lepage ✉ 75016 Ⓜ *Michel Ange Auteuil* ℘ 01 42 88 89 85, *contac
t@queens-hotel.fr, Fax 01 40 50 67 52*
sans rest – |≢| ⃠ 📺 ☎. 𝔸𝔼 ⓪ ⒼⒷ ⒿⒸⒷ
⌚ 9 – **22 ch** 79/118.
♦ Des tableaux d'artistes contemporains égayent le joli hall ainsi que la
plupart des chambres ; leur coquet aménagement fait vite oublier la
petitesse de leurs surfaces.

🏠 **Nicolo**   BX 5
3 r. Nicolo ✉ 75116 Ⓜ *Passy* ℘ 01 42 88 83 40, *hotel.nicolo@wanadoo.fr,
Fax 01 42 24 45 41*
🅢 sans rest – |≢| 📺 ☎. 𝔸𝔼 ⓪ ⒼⒷ ⒿⒸⒷ
⌚ 6,50 – **28 ch** 93,80/145,40.
♦ On accède à ce vénérable hôtel par une paisible arrière-cour. Meubles
indonésiens ou d'antiquaires et bibelots asiatiques agrémentent les
chambres, pour la plupart rénovées.

🏠 **Palais de Chaillot**   EH 9
35 av. R. Poincaré ✉ 75116 Ⓜ *Trocadéro* ℘ 01 53 70 09 09, *palaisdechaillot-h
otel@magic.fr, Fax 01 53 70 09 08*
sans rest – |≢| 📺 ☎. 𝔸𝔼 ⓪ ⒼⒷ ⒿⒸⒷ. ⃠
⌚ 8,50 – **28 ch** 105/135.
♦ Bel emplacement près du Trocadéro pour cet hôtel aux couleurs du Sud.
Petites chambres fraîches et fonctionnelles. Salle des petits-déjeuners garnie
de meubles en rotin.

🏠 **Gavarni**   BX 29
5 r. Gavarni ✉ 75116 Ⓜ *Passy* ℘ 01 45 24 52 82, *reservation@gavarni.com,
Fax 01 40 50 16 95*
sans rest – |≢| ☰ 📺 ☎. 𝔸𝔼 ⓪ ⒼⒷ ⒿⒸⒷ. ⃠
⌚ 12,50 – **25 ch** 99/200.
♦ Cet immeuble de briques rouges vous propose des chambres certes
petites mais coquettes et bien équipées ; celles des deux derniers étages sont
plus cossues.

🏠 **Longchamp**   EH 19
68 r. Longchamp ✉ 75116 Ⓜ *Trocadéro* ℘ 01 44 34 24 14, *hotelonch@wanad
oo.fr, Fax 01 44 34 24 24*
sans rest – |≢| ⃠ 📺 ☎. 𝔸𝔼 ⓪ ⒼⒷ
⌚ 10 – **23 ch** 105/145.
♦ Dans une rue animée, façade ravalée et intérieur refait. Les chambres, qui
manquent parfois d'ampleur, sont insonorisées. Salle des petits-déjeuners
façon jardin d'hiver.

XXX **59 Poincaré** - Hôtel Sofitel Le Parc   EH 15
59 av. R. Poincaré ✉ 75116 Ⓜ *Victor Hugo* ℘ 01 47 27 59 59, *le59poincare@ti
scali.fr, Fax 01 47 27 59 00*
☰ 🍽. 𝔸𝔼 ⓪ ⒼⒷ ⒿⒸⒷ. ⃠
fermé 24 déc. au 31 janv., sam. midi, dim. et lundi d'oct. à avril – **Repas** 49
(déj.), 90/115 et carte 65 à 90 ⯑.
♦ Séduisant hôtel particulier de la Belle Époque. Au rez-de-chaussée,
touches design signées P. Jouin. Légumes, homard, boeuf et fruits : une
carte thématique à quatre temps.

XXXX Jamin (Guichard) FH 31
🌸🌸 32 r. Longchamp ✉ 75116 Ⓜ Iéna ℘ 01 45 53 00 07, *reservation@jamin.fr*, *Fax 01 45 53 00 15*

🍽 AE ⓪ GB ✗

fermé 17 au 23 mai, 30 juil. au 23 août, 27 fév. au 6 mars, sam. et dim. – **Repas** 53 (déj.), 95/130 et carte 110 à 140.

♦ Derrière la façade délicatement colorée, sobre et élégante salle à manger servant de cadre à une savoureuse cuisine personnalisée attentive à la qualité des produits.

Spéc. Cèpes grillés à la fleur de thym (automne). Fricassée de gros homard, jus relevé. Volaille de Bresse aux morilles (printemps).

XXXX Relais d'Auteuil (Pignol) AY 16
🌸🌸 31 bd. Murat ✉ 75016 Ⓜ Michel Ange Molitor ℘ 01 46 51 09 54, *pignol-p@wanadoo.fr, Fax 01 40 71 05 03*

🍽 ☖🌶 AE ⓪ GB JCB

fermé 31 juil. au 24 août, lundi midi, sam. midi et dim. – **Repas** 48 (déj.), 105/135 et carte 100 à 135 🍷.

♦ Plaisant cadre associant touches modernes et mobilier de style. En cuisine, le raffinement le dispute à la virtuosité. Le superbe livre de cave mérite aussi le détour.

Spéc. Petits chaussons de céleri-rave et truffes (nov. à fév.). Langoustines et topinambours infusés au bâton de citronnelle et marjolaine. Pigeon de Touraine désossé à la compotée de choux.

XXX Seize au Seize EG 8
🌸 16 av. Bugeaud ✉ 75116 Ⓜ Victor Hugo ℘ 01 56 28 16 16, *Fax 01 56 28 16 78*

🍽 ☖🌶 AE ⓪ GB JCB

fermé août, dim. et lundi

Repas carte 55 à 73 🍷 🍷.

♦ L'enseigne ? Un bon moyen mnémotechnique pour se souvenir qu'il y a là un excellent restaurant ! Élégant décor, cuisine thématique inventive et très belle carte des vins.

Spéc. Pressé de foie gras. Côte de veau caramélisée. Soufflé chaud au baileys.

XXX Pergolèse (Corre) EG 5
🌸 40 r. Pergolèse ✉ 75116 Ⓜ Porte Maillot ℘ 01 45 00 21 40, *le-pergolese@wanadoo.fr, Fax 01 45 00 81 31*

🍽 ☖🌶 AE GB JCB

fermé 2 au 30 août, sam. et dim.

Repas 38/75 et carte 56 à 80 🍷.

♦ Tentures jaunes, boiseries claires et sculptures insolites jouent avec les miroirs et forment un décor élégant à deux pas de la sélecte avenue Foch. Cuisine classique soignée.

Spéc. Ravioli de langoustines à la duxelles de champignons. Saint-Jacques rôties en robe des champs (oct. à avril). Légumière truffée de volaille en vinaigrette.

XXX Table du Baltimore - Hôtel Sofitel Baltimore FH 13
🌸 1 r. Léo Delibes ✉ 75016 Ⓜ Boissière ℘ 01 44 34 54 34

🍽 ☖🌶 AE ⓪ GB JCB ✗

fermé 30 juil. au 30 août, sam., dim. et fériés – **Repas** 45 bc/75 bc et carte 52 à 75.

♦ Le cadre du restaurant associe subtilement boiseries anciennes, mobilier contemporain, couleurs chaleureuses et collection de dessins. Belle cuisine au goût du jour.

Spéc. Tourteau cuit dans une nage épicée. Pigeonneau rôti en casserole. Ananas en ravioli au pafum de passion.

XXX **Pavillon Noura**   FH 5
21 av. Marceau ⊠ 75116 Ⓜ *Alma Marceau* ℘ 01 47 20 33 33, *noura@noura.fr*,
Fax 01 47 20 60 31
☐. AE ① GB. ✹
Repas 34 (déj.), 52/58 et carte 48 à 60 ₤.
◆ Jolie salle aux murs ornés de fresques levantines. Le Liban se laisse décou-
vrir à travers ses mezzés, ses petits plats chauds ou froids et ses traditionnels
verres d'arack.

XXX **Les Arts**   FH 18
9 bis av. Iéna ⊠ 75116 Ⓜ *Iéna* ℘ 01 40 69 27 53, *maison.des.am@sodexho.pr*
estige.fr, Fax 01 40 69 27 08
🏠 – AE ① GB
fermé août, 24 déc. au 2 janv., sam. et dim.
Repas 36 et carte 50 à 70.
◆ Hôtel particulier bâti en 1892 devenu maison des "gadzarts" depuis 1925.
Salle à manger (colonnades, moulures, tableaux) et jardin-terrasse sont
désormais ouverts au public.

XXX **Passiflore** (Durand)   FH 42
🕸 33 r. Longchamp ⊠ 75016 Ⓜ *Trocadéro* ℘ 01 47 04 96 81, *passiflore@club-in*
ternet.fr, Fax 01 47 04 32 27
☐. AE GB JCB
fermé 1er au 23 août, sam. midi et dim. – **Repas** 35 (déj.), 54/
85 et carte 75 à 95.
◆ Sobre et élégant décor d'inspiration ethnique (camaïeu de jaunes et boiseries), cuisine classique personnalisée : ce "comptoir" du beau Paris fait voya-
ger les papilles.
Spéc. Ravioli de homard en mulligatony. Tournedos de pied de cochon. Les
quatre sorbets verts pimentés.

XXX **Port Alma**   FH 24
10 av. New York ⊠ 75116 Ⓜ *Alma Marceau* ℘ 01 47 23 75 11,
Fax 01 47 20 42 92
☐. AE ① GB JCB
fermé août, 24 déc. au 2 janv., dim. et lundi
Repas carte 54 à 70 ₤.
◆ Sur les quais de Seine, salle à manger-véranda aux poutres bleues, faisant
la part belle aux saveurs de la mer. Fraîcheur des produits et accueil souriant.

XX **Cristal Room Baccarat**
11 pl. États Unis ⊠ 75116 Ⓜ *Boissière* ℘ 01 40 22 11 10, *cristalroom@baccara*
t.fr, Fax 01 40 22 11 99 – ☐. AE ① GB
fermé dim. – **Repas** carte 51 à 76 ₤.   FH 1
◆ M.-L. de Noailles tenait salon dans cet hôtel particulier investi par la maison
Baccarat. Décor "starckien", plats actuels et prix V.I.P. : la beauté n'est pas
raisonnable !

XX **Astrance** (Barbot)   CX 2
🕸 4 r. Beethoven ⊠ 75016 Ⓜ *Passy* ℘ 01 40 50 84 40
AE ① GB. ✹
fermé 1er au 7 mai, 24 juil. au 24 août, 6 au 14 nov., vacances de fév., sam. et
dim. – **Repas** (nombre de couverts limité, prévenir) 35 (déj.), 90/
115 et carte 80 à 105 🍷.
◆ La cuisine inventive de l'Astrance (une fleur, du latin aster, étoile...), ses vins
choisis et son décor contemporain ont conquis les Parisiens, bien au-delà du
Trocadéro.
Spéc. Chair de crabe à l'huile d'amande douce, fines lamelles d'avocat. Selle
d'agneau grillée, aubergine laquée au miso. Café en granité, mousseux au lait.

XX **Giulio Rebellato** EH 35
136 r. Pompe ✉ 75116 Ⓜ *Victor Hugo* ✆ 01 47 27 50 26
▤. AE GB. ✈
fermé août – **Repas** 35/60 et carte 38 à 50 ♀.
◆ Beaux tissus, gravures anciennes et scintillements des miroirs président à un chaleureux intérieur d'inspiration vénitienne signé Garcia. Cuisine italienne.

XX **Fakhr el Dine** FH 6
30 r. Longchamp ✉ 75016 Ⓜ *Trocadéro* ✆ 01 47 27 90 00, *resa@fakhreldine.com, Fax 01 53 70 01 81*
▤ ☞. AE ⓓ GB. ✈ – **Repas** 23/26 et carte 30 à 40.
◆ Mezzé, kafta, grillades au feu de bois... Ce restaurant au cadre raffiné vous convie à un voyage culinaire digne de Fakhr el Dine, l'un des plus grands princes libanais.

XX **Tang** BX 38
✿ 125 r. de la Tour ✉ 75116 Ⓜ *Rue de la Pompe* ✆ 01 45 04 35 35, *Fax 01 45 04 58 19* – ▤. AE GB. ✈
fermé 1er au 23 août, 25 déc. au 2 janv., dim. et lundi – **Repas** 39 (déj.), 65/98 et carte 60 à 110.
◆ Derrière les larges baies vitrées, une salle haute sous plafond, dont le décor classique est rehaussé de touches asiatiques. Spécialités chinoises et thaïlandaises.
Spéc. Salade d'hiver d'Enoki, soja, queues de langoustines et pâtes fraîches basmati aux truffes (nov. à fév.). Croustillants de langoustines en sauce caramélisée. Pigeonneau laqué épice aux cinq parfums.

XX **Paul Chêne** EH 17
123 r. Lauriston ✉ 75116 Ⓜ *Trocadéro* ✆ 01 47 27 63 17, *Fax 01 47 27 53 18*
▤ ☞. AE ⓓ GB. ✈
fermé août, 23 déc. au 1er janv., sam. midi et dim. – **Repas** 38/48 et carte 51 à 88.
◆ Cette adresse a gardé son âme des années 1950 : vieux zinc, confortables banquettes, tables serrées... et ambiance animée. Plats traditionnels dont le fameux merlan en colère.

XX **Conti** FH 26
72 r. Lauriston ✉ 75116 Ⓜ *Boissière* ✆ 01 47 27 74 67, *Fax 01 47 27 37 66*
▤. AE ⓓ GB
fermé 2 au 22 août, 24 déc. au 2 janv., sam., dim. et fériés – **Repas** 30 (déj.) et carte 50 à 70 ♀ 🍇.
◆ Les deux couleurs fétiches de Stendhal se retrouvent dans le décor de ce restaurant où brillent miroirs et lustres de cristal. Cuisine italienne et belle carte des vins.

XX **Bellini** EG 19
28 r. Lesueur ✉ 75116 Ⓜ *Argentine* ✆ 01 45 00 54 20, *Fax 01 45 00 11 74*
▤. AE GB
fermé août, sam. et dim. – **Repas** *(25)* - carte 35 à 53 ♀.
◆ Dans le "beau" 16e, cette discrète façade abrite un restaurant italien égayé de chatoyantes couleurs méditerranéennes. Dans l'assiette, recettes transalpines.

XX **Vinci** FG 33
23 r. P. Valéry ✉ 75116 Ⓜ *Victor Hugo* ✆ 01 45 01 68 18, *levinci@wanadoo.fr, Fax 01 45 01 60 37*
▤. AE GB
fermé 1er au 22 août, sam. et dim. – **Repas** 31 et carte 45 à 64 ♀.
◆ Goûteuse cuisine italienne, sympathique intérieur coloré et service aimable : un petit établissement très prisé à deux pas de la commerçante et huppée avenue Victor-Hugo.

XX **Marius**   AZ 6
82 bd Murat ⊠ 75016 Ⓜ *Porte de St Cloud* ℘ 01 46 51 67 80,
Fax 01 40 71 83 75 – 😤 – 🄰🄴 🇬🇧
fermé 2 au 25 août, sam. midi et dim. – **Repas** carte 42 à 53 ⌾.
◆ Chaises de velours jaune, murs clairs, stores en tissus et grands miroirs
caractérisent la salle à manger de ce restaurant dédié aux produits de la mer.
Vins choisis.

XX **Essaouira**   BY 3
135 r. Ranelagh ⊠ 75016 Ⓜ *Ranelagh* ℘ 01 45 27 99 93, *Fax 01 45 27 56 36*
🇬🇧
fermé août, lundi midi et dim. – **Repas** carte 39 à 57, enf. 17,50 ⌾.
◆ L'ancienne Modagor a prêté son nom à ce restaurant marocain décoré
d'une fontaine en mosaïque, de tapis et d'objets artisanaux. Couscous, tajines
et méchoui comme là-bas !

XX **Chez Géraud**   BX 28
🍴 31 r. Vital ⊠ 75016 Ⓜ *La Muette* ℘ 01 45 20 33 00, *Fax 01 45 20 46 60*
🇬🇧
fermé 31 juil. au 31 août, sam. et dim. – Repas 30 et carte 55 à 65.
◆ La façade, puis la fresque intérieure, toutes deux en faïence de Longwy,
attirent l'oeil. Cadre de bistrot chic assorti à une cuisine privilégiant le gibier
en saison.

XX **Fontaine d'Auteuil**   BY 4
35bis r. La Fontaine ⊠ 75016 Ⓜ *Jasmin* ℘ 01 42 88 04 47, *Fax 01 42 88 95 12*
🍽. 🄰🄴 🄾 🇬🇧
fermé 1er au 29 août, sam. midi, lundi midi et dim. – **Repas** 28,50 ⌾.
◆ L'enseigne évoque la source thermale d'Auteuil. Habillage de boiseries
sombres, murs patinés et plafonds discrètement nervurés : un intérieur victorien, distingué et austère.

XX **Petite Tour**   BX 18
11 r. de la Tour ⊠ 75116 Ⓜ *Passy* ℘ 01 45 20 09 31, *Fax 01 45 20 09 31*
🄰🄴 🄾 🇬🇧 🄹🄲🄱
fermé août – **Repas** 35 et carte 45 à 90 ⌾.
◆ Adresse discrète à allure d'auberge. Salle à manger tout en longueur,
garnie de banquettes ou fauteuils en velours rouge, et tables bien espacées.
Carte classique.

XX **Butte Chaillot**   EH 8
110 bis av. Kléber ⊠ 75116 Ⓜ *Trocadéro* ℘ 01 47 27 88 88, *buttechaillot@guy
savoy.com, Fax 01 47 27 41 46*
🍽. 🄰🄴 🄾 🇬🇧 🄹🄲🄱
fermé sam. midi – **Repas** 32 et carte 42 à 56, enf. 12 ⌾.
◆ Près du palais de Chaillot, restaurant de type bistrot version 21e s. : décor
contemporain couleur cuivre, mobilier moderne et cuisine au goût du jour.

XX **6 New-York**   FH 25
6 av. New-York ⊠ 75016 Ⓜ *Alma Marceau* ℘ 01 40 70 03 30,
Fax 01 40 70 04 77
🍽 🍴. 🄰🄴 🄾 🇬🇧 🄹🄲🄱
fermé du 2 au 23 août, sam. midi et dim. – **Repas** 35 et carte 48 à 60 ⌾.
◆ Si l'enseigne vous renseigne sur l'adresse, elle ne vous dit pas que ce
bistrot chic concocte une cuisine en parfaite harmonie avec le cadre : résolument moderne et épurée.

Les Ormes (Molé)   BZ 12
8 r. Chapu ⊠ 75016 Ⓜ *Exelmans* ☏ 01 46 47 83 98, *Fax 01 46 47 83 98*
🍽 . **AE** **GB**
fermé 1ᵉʳ au 21 août, 3 au 10 janv., dim. et lundi – **Repas** (nombre de couverts limité, prévenir) *(27)* - 32 (déj.)/40,50 et carte 48 à 56.
• Cette façade au vitrage coloré abrite une salle à manger refaite, sobre et de petite taille, à l'atmosphère chaleureuse. Cuisine au goût du jour.
Spéc. Coquilles Saint-Jacques (oct. à mars). Lièvre à la royale (15 oct. au 30 nov.). Foie gras de canard aux épices douces (oct. à avril).

Natachef   BX 3
9 r. Duban ⊠ 75016 Ⓜ *La Muette* ☏ 01 42 88 10 15, *natachef@clubinternet.fr*, *Fax 01 45 25 74 71* – **AE** **①** **GB**
fermé août, sam. et dim. – **Repas** *(25)* - 35 (déj.), 40/60 et carte 40 à 52.
• Vous avez "flashé" sur un verre, une serviette ou une assiette ? Tout l'art de la table est à vendre dans ce bistrot "tendance" du Passy chic ! Minicarte et cours de cuisine.

A et M Restaurant   AZ 25
136 bd Murat ⊠ 75016 Ⓜ *Porte de St Cloud* ☏ 01 45 27 39 60, *am-bistrot-16 @wanadoo.fr, Fax 01 45 27 69 71* – 🌤 – 📠. **AE** **①** **GB** **JCB**
fermé 1ᵉʳ au 20 août, sam. midi et dim. – **Repas** 23/30 et carte 34 à 53.
• Restaurant contemporain "tendance", situé à deux pas de la Seine : sobriété du décor aux tons crème et havane, éclairage design et cuisine au goût du jour soignée.

Bistrot de l'Étoile Lauriston   FG 2
19 r. Lauriston ⊠ 75116 Ⓜ *Kléber* ☏ 01 40 67 11 16, *Fax 01 45 00 99 87*
🍽 . **AE** **①** **GB** **JCB**
fermé sam. midi et dim. midi – **Repas** *(21)* - 26 (déj.), 35/47 et carte 39 à 42 ⌾.
• Ambiance décontractée près de la place de l'Étoile. La cuisine, inventive, servie dans un cadre contemporain un brin spartiate, attire une clientèle d'inconditionnels.

Petit Pergolèse   EG 6
38 r. Pergolèse Ⓜ *Porte Maillot* ☏ 01 45 00 23 66, *Fax 01 45 00 44 03*
📠. **GB**
fermé 2 au 30 août, sam. et dim. – **Repas** carte 35 à 50.
• Comme l'enseigne le laisse deviner, ce bistrot est l'annexe chic du restaurant Le Pergolèse. On y mange au coude à coude une sage cuisine dans l'air du temps.

Rosimar   AY 12
26 r. Poussin ⊠ 75016 Ⓜ *Michel Ange Auteuil* ☏ 01 45 27 74 91, *Fax 01 45 20 75 05* – 🍽. **AE** **GB**
fermé 2 août au 1ᵉʳ sept., 23 au 27 déc., sam., dim. et fériés – **Repas** 32 et carte 32 à 50 ⌾.
• Cette salle à manger agrandie de miroirs contient toutes les saveurs de l'Espagne traditionnelle. "Hombre" ! Une sympathique petite affaire familiale !

Oscar   FH 14
6 r. Chaillot ⊠ 75016 Ⓜ *Iéna* ☏ 01 47 20 26 92, *Fax 01 47 20 27 93*
AE **①** **GB**. ⌿
fermé 5 au 26 août, sam. midi, dim. et fériés – **Repas** *(18,90)* - carte 32 à 46 ⌾.
• Discrète façade, tables serrées, ardoise de suggestions du jour : le degré zéro du marketing et pourtant le "coeur de cible" d'Oscar s'étend bien au-delà du quartier !

au Bois de Boulogne :

XXXX **Pré Catelan**   BZ 12
❀❀ rte   Suresnes   ✉   75016   Ⓜ *Porte*   *Dauphine*   ✆ 01 44 14 41 14,
Fax 01 45 24 43 25
☗, 🍴 – 🗏 🖥 **P**. **AE** **①** **GB** **JCB**
fermé 23 oct. au 2 nov., 13 fév. au 7 mars, dim. sauf le midi en saison et lundi –
Repas 60 (déj.), 120/150 et carte 115 à 160 🍽.
  • Élégant pavillon de style Napoléon III au coeur du bois, près de l'insolite
théâtre Shakespeare. Décor signé Caran d'Ache, délicieuse terrasse et cuisine
inventive.
Spéc. Navet confit en croûte de sucre candi, sirop d'érable acidulé. Saint-
Pierre cuit au plat, sauce mousseline aux zestes d'orange. Perdreau de chasse
cuit à la broche, macaroni gratinés (automne).

XXXX **Grande Cascade**
❀ allée de Longchamp (face hippodrome)   ✉   75016   Ⓜ *Porte d'Auteuil*
✆ 01 45 27 33 51, *grandecascade@wanadoo.fr, Fax 01 42 88 99 06*
☗ – 🖥 **P**. **AE** **①** **GB** **JCB**
fermé 18 déc. au 2 janv. et 19 fév. au 5 mars – **Repas** 59
(déj.)/165 et carte 130 à 165.
  • Un des paradis de la capitale, au pied de la Grande Cascade (10 m !) du bois
de Boulogne. Cuisine raffinée, servie dans le beau pavillon 1850 ou sur l'exquise terrasse.
Spéc. Langoustines en beignets et chair de tourteau. Sole poêlée et beurre
noisette aux artichauts poivrades. Porcelet en deux cuissons et lard paysan,
crépine à la sarriette.

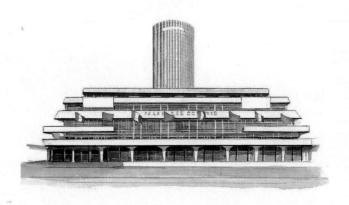

Palais des Congrès ⸻
Wagram - Ternes ⸻
Batignolles ⸻

17ᵉ arrondissement

17ᵉ : ✉ 75017

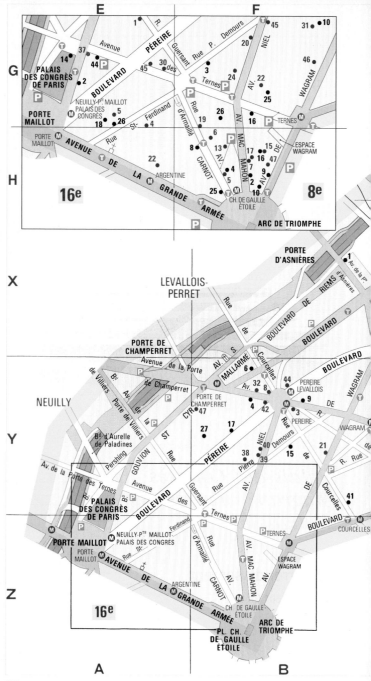

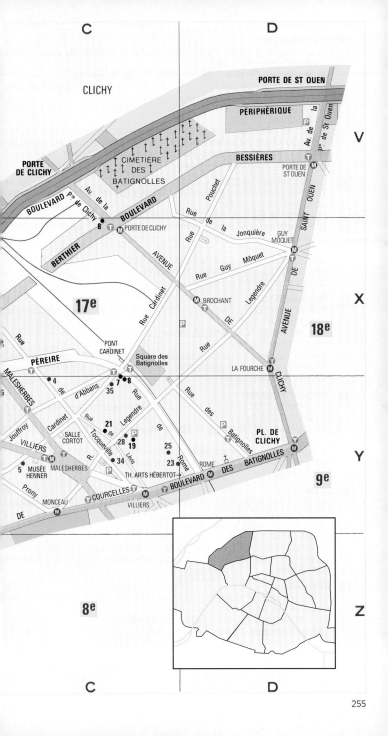

🏨 **Méridien Étoile** EG 2

81 bd Gouvion St-Cyr ⓜ *Neuilly-Porte Maillot* ☏ 01 40 68 34 34, *guest.etoile@lemeridien.com*, Fax 01 40 68 31 31

|🔆|, ▤ rest, 📺 👓 &, – 🛗 50 à 1 200. AE ⓞ ☞ JCB. ⌘

L'Orenoc ☏ 01 40 68 30 40 *(fermé 25 juil. au 25 août, vacances de Noël, dim. et lundi)* **Repas** 33/42 et carte 60/78, ♀

Terrasse ☏ 01 40 68 30 85 *(fermé sam.)* **Repas** *(38)*-et carte 40 à 63 ♀ – ⌷ 24 – **1 008 ch** 540, 17 suites.

◆ Face au palais des congrès, ce gigantesque hôtel intégrant club de jazz, bar et boutiques est entièrement rénové. Granit noir et camaïeu de beiges dans les chambres. Boiseries tropicales et bibelots des cinq continents à l'Orenoc. Carte simple à la Terrasse.

🏨 **Concorde La Fayette** EG 14

3 pl. Gén. Koenig ⓜ *Porte Maillot* ☏ 01 40 68 50 68, *info@concorde-lafayette.com*, Fax 01 40 68 50 43

≤ – |🔆| ▤ 📺 👓 & ⌂ – 🛗 40 à 2 000. AE ⓞ ☞ JCB

La Fayette ☏ 01 40 68 51 19 **Repas** *(26)*- 32, ♀ – ⌷ 22 – **917 ch** 290/490, 32 suites.

◆ Intégrée au palais des congrès, cette tour de 33 étages offre une vue imprenable sur Paris depuis la plupart des chambres, peu à peu refaites, et le bar panoramique. Repas servis sous forme de buffets et décor de vitraux colorés au restaurant La Fayette.

🏨 **Splendid Étoile** FH 25

1 bis av. Carnot ⓜ *Charles de Gaulle-Etoile* ☏ 01 45 72 72 00, *hotel@hsplendid.com*, Fax 01 45 72 72 01

sans rest – |🔆| 📺 👓 & – 🛗 18. AE ⓞ ☞

⌷ 22 – **57 ch** 255/285.

◆ Belle façade d'immeuble classique agrémentée de balcons ouvragés. Chambres spacieuses et de caractère, meublées Louis XV ; certaines s'ouvrent sur l'Arc de Triomphe.

🏨 **Regent's Garden** FG 3

6 r. P. Demours ⓜ *Ternes* ☏ 01 45 74 07 30, *hotel.regents.garden@wanadoo.fr*, Fax 01 40 55 01 42

sans rest, ⌇ – |🔆| ▤ 📺 👓. AE ⓞ ☞ JCB. ⌘

⌷ 11 – **39 ch** 163/276.

◆ Hôtel particulier, commande de Napoléon III pour son médecin, séduisant par son raffinement. Vastes chambres de style, donnant parfois sur le jardin, très agréable l'été.

🏨 **Balmoral** FH 4

6 r. Gén. Lanrezac ⓜ *Charles de Gaulle-Etoile* ☏ 01 43 80 30 50, *balmoral@wanadoo.fr*, Fax 01 43 80 51 56

sans rest – |🔆| ▤ 📺 👓. AE ⓞ ☞

⌷ 10 – **57 ch** 110/165.

◆ Accueil personnalisé et calme ambiant caractérisent cet hôtel ancien (1911) situé à deux pas de l'Étoile. Chambres aux couleurs vives ; belles boiseries dans le salon.

🏨 **Ampère** BY 9

102 av. Villiers ⓜ *Pereire* ☏ 01 44 29 17 17, *resa@hotelampere.com*, Fax 01 44 29 16 50

⌂ – |🔆| 📺 👓 & ⌇ – 🛗 40 à 100. AE ⓞ ☞

Jardin d'Ampère ☏ 01 44 29 16 54 *(fermé 2 au 22 août et dim. soir)* **Repas** *(27)*-31 et carte 40 à 65, enf. 10, ♀ – ⌷ 15 – **100 ch** 190/315.

◆ Hall modernisé, élégant piano-bar, connexion Internet sans fil, douillettes chambres contemporaines donnant parfois sur la cour intérieure : un hôtel en perpétuelle évolution. Décor soigné et jolie terrasse au Jardin d'Ampère (dîners-concerts aux beaux jours).

Novotel Porte d'Asnières   BX 1

34 av. Porte d'Asnières Ⓜ *Pereire* ℘ 01 44 40 52 52, *h4987@accorhotels.com*, *Fax 01 44 40 44 23*

|❋| ✕ 🖥 📺 📞 – 🚪 250. 🜨 ⓞ ☒ 🝗

Repas *(15)* - 25 ♀ – 🛏 13

138 ch 175/185.

◆ Architecture moderne proche du périphérique, mais très bien insonorisée. À partir du 7ᵉ étage, les chambres, toutes neuves, profitent d'une vue agréable. Salle de restaurant au décor contemporain où l'on propose des recettes de type brasserie.

Banville   BY 6

166 bd Berthier Ⓜ *Porte de Champerret* ℘ 01 42 67 70 16, *hotelbanville@wanadoo.fr, Fax 01 44 40 42 77*

sans rest – |❋| 🖥 📺 📞. 🜨 ⓞ ☒ 🝗

🛏 13

38 ch 140/200.

◆ Immeuble de 1926 aménagé avec beaucoup de goût. Le charme agit dès l'entrée grâce aux élégants salons, puis dans les chambres, personnalisées et particulièrement raffinées.

Quality Pierre   BY 15

25 r. Th.-de-Banville Ⓜ *Pereire* ℘ 01 47 63 76 69, *hotel@qualitypierre.com*, *Fax 01 43 80 63 96*

sans rest – |❋| ✕ 🖥 📺 📞 🚻 – 🚪 30. 🜨 ⓞ ☒ 🝗

🛏 20

50 ch 190/280.

◆ Cet hôtel récent vous accueille dans des chambres de style Directoire refaites et plébiscitées par la clientèle d'affaires ; certaines s'ouvrent sur le patio.

Villa Alessandra   FG 25

9 pl. Boulnois Ⓜ *Ternes* ℘ 01 56 33 24 24, *alessandra@leshoteldeparis.com*, *Fax 01 56 33 24 30*

🐚 sans rest – |❋| 🖥 📺 📞. 🜨 ⓞ ☒ 🝗

🛏 20

49 ch 274/291.

◆ Cet hôtel des Ternes bordant une ravissante placette retirée est apprécié pour sa tranquillité. Chambres aux couleurs du Sud, avec lits en fer forgé et meubles en bois peint.

Villa Eugénie   CY 7

167 r. Rome Ⓜ *Rome* ℘ 01 44 29 06 06, *eugenie@leshotelsdeparis.com*, *Fax 01 44 29 06 07*

sans rest – |❋| ✕ 🖥 📺 📞 🚻 – 🚪 20. 🜨 ⓞ ☒ 🝗

🛏 20

41 ch 242/299.

◆ Salon chaleureux et coquettes chambres garnies de meubles de style Empire, de papiers peints et de tissus façon toile de Jouy composent l'atmosphère romantique de cet hôtel.

Princesse Caroline   FH 10

1 bis r. Troyon Ⓜ *Charles de Gaulle-Etoile* ℘ 01 58 05 30 00, *contact@hotelprincessecaroline.fr, Fax 01 42 27 49 53*

sans rest – |❋| 🖥 📺 📞. 🜨 ⓞ ☒

🛏 12

53 ch 156/211.

◆ Dans une petite rue à deux pas de l'Étoile, cet hôtel entièrement refait propose des chambres bourgeoises, lumineuses et "cosy" ; elles sont très calmes côté cour intérieur.

Champerret Élysées
BY 4

129 av. Villiers Ⓜ *Porte de Champerret* ℘ 01 47 64 44 00, *reservation@champ erret-elysees.fr*, Fax 01 47 63 10 58

sans rest – ⌷ ✍ ▤ 📺 ☎ ⃰ . 🜂 ⓞ ⒼⒷ ᴊᴄʙ . ⌇

▱ 11 – **45 ch** 90/138.

♦ Les internautes apprécieront les chambres (plus tranquilles sur cour) de ce "cyberhôtel" : Internet ADSL, système wi-fi, double ligne téléphonique privée et fax à disposition.

Mercure Wagram Arc de Triomphe
FH 9

3 r. Brey Ⓜ *Charles de Gaulle-Etoile* ℘ 01 56 68 00 01, *h2053@accor-hotels.com*, Fax 01 56 68 00 02

sans rest – ⌷ ✍ ▤ 📺 ☎ 🜂 ⓞ ⒼⒷ ᴊᴄʙ . ⌇

▱ 14 – **43 ch** 205/215.

♦ Entre l'Étoile et les Ternes, chaleureuse réception et petites chambres douillettes habillées de tissus chatoyants et de boiseries claires évoquant l'univers marin.

Mercure Square des Batignolles
CY 8

165 r. Rome Ⓜ *Malesherbes* ℘ 01 56 79 29 29, *h3381@accor-hotels.com*, Fax 01 56 79 29 20

sans rest – ▤ 📺 ☎ ⃰ . 🜂 ⓞ ⒼⒷ

▱ 13 – **44 ch** 159/169.

♦ Immeuble parisien traditionnel à deux pas du square des Batignolles. Intérieur entièrement rénové abritant des petites chambres fonctionnelles et bien insonorisées.

Villa des Ternes
EG 44

97 av. Ternes Ⓜ *Neuilly-Porte Maillot* ℘ 01 53 81 94 94, *hotel@hotelternes.com*, Fax 01 53 81 94 95

sans rest – ⌷ ▤ 📺 ☎ ⃰ . 🜂 ⓞ ⒼⒷ ᴊᴄʙ

▱ 12 – **39 ch** 190/260.

♦ À côté du Palais des Congrès, hôtel récent convenant parfaitement à la clientèle d'affaires. Tons chaleureux dans les chambres, équipées de salles de bains modernes.

Magellan
BY 27

17 r. J.B.-Dumas Ⓜ *Porte de Champerret* ℘ 01 45 72 44 51, *paris@hotelmagell an.com*, Fax 01 40 68 90 36

🝰 sans rest, ⌀ – ⌷ 📺 ☎ . 🜂 ⓞ ⒼⒷ . ⌇

▱ 12 – **72 ch** 142.

♦ Chambres fonctionnelles et spacieuses, aménagées dans un bel immeuble 1900 complété par un petit pavillon situé au fond du jardinet. Salon de style Art déco.

Tilsitt Étoile
FH 16

23 r. Brey Ⓜ *Charles de Gaulle-Etoile* ℘ 01 43 80 39 71, *info@tilsitt.com*, Fax 01 47 66 37 63

sans rest – ⌷ ▤ 📺 ☎ – 🝙 20. 🜂 ⓞ ⒼⒷ ᴊᴄʙ . ⌇

▱ 12 – **38 ch** 125/182.

♦ L'hôtel est situé dans une discrète rue du quartier de l'Étoile. Petites chambres "cosy" (tissus colorés et tons pastel) ; celles du rez-de-chaussée disposent de terrassettes.

Étoile St-Ferdinand
EG 26

36 r. St-Ferdinand Ⓜ *Porte Maillot* ℘ 01 45 72 66 66, *ferdinand@paris-honotel.com*, Fax 01 45 74 12 92

sans rest – ⌷ ▤ 📺 ☎ . 🜂 ⓞ ⒼⒷ ᴊᴄʙ

▱ 13 – **42 ch** 149/225.

♦ Près de la porte Maillot, immeuble classique donnant sur deux rues relativement calmes. Chambres régulièrement entretenues et égayées de coloris vifs.

Étoile Park Hôtel FH 2
10 av. Mac Mahon ⓜ *Charles de Gaulle-Etoile* ℘ 01 42 67 69 63, *ephot@easyne t.fr, Fax 01 43 80 18 99*
sans rest – 🛗 ▤ 📺 📞, 🅰🅴 ⓪ 🆖 JCB
☐ 12 – **28 ch** 95/150.
◆ Bel emplacement à deux pas de l'Étoile pour cet édifice en pierres de taille. Intérieur joliment rénové dans un style contemporain. Agréable salle des petits-déjeuners.

Harvey EG 18
7 bis r. Débarcadère ⓜ *Neuilly-Porte Maillot* ℘ 01 55 37 20 00, *info@hotel-har vey.com, Fax 01 40 68 03 56*
sans rest – 🛗 ▤ 📺 📞, 🅰🅴 ⓪ 🆖 JCB
☐ 8 – **32 ch** 110/135.
◆ Cet établissement familial datant de 1880 abrite des chambres d'esprit rustique ; côté cour, elles sont petites mais aussi plus tranquilles. Salon de lecture pour la détente.

Star Hôtel Étoile FG 26
18 r. Arc de Triomphe ⓜ *Charles de Gaulle-Etoile* ℘ 01 43 80 27 69, *star.etoile. hotel@wanadoo.fr, Fax 01 40 54 94 84*
sans rest – 🛗 ▤ 📺 📞 – 🔺 18. 🅰🅴 ⓪ 🆖 JCB
☐ 12 – **62 ch** 145/150.
◆ Un décor récent d'inspiration médiévale habille la réception, le salon et la salle des petits-déjeuners. Chambres peu spacieuses mais claires, gaies et assez calmes.

Monceau Élysées BY 41
108 r. Courcelles ⓜ *Courcelles* ℘ 01 47 63 33 08, *monceau.elysees@wanadoo. fr, Fax 01 46 22 87 39*
sans rest – 🛗 ⇝ 📺 📞 ♿. 🅰🅴 ⓪ 🆖
☐ 10 – **29 ch** 120/138.
◆ Près de l'élégant parc Monceau, ce petit hôtel entièrement rénové propose des chambres couleur saumon, égayées de tissus imprimés. Salle des petits-déjeuners voûtée.

Astrid FH 8
27 av. Carnot ⓜ *Charles de Gaulle-Etoile* ℘ 01 44 09 26 00, *paris@hotel-astrid. com, Fax 01 44 09 26 01*
sans rest – 🛗 📺 📞. 🅰🅴 ⓪ 🆖 JCB
☐ 10 – **41 ch** 125/137.
◆ À 100 m de l'Arc de Triomphe, un hôtel tenu par la même famille depuis 1936, où chaque chambre adopte un style différent : Directoire, tyrolien, provençal…

Flaubert FG 10
19 r. Rennequin ⓜ *Ternes* ℘ 01 46 22 44 35, *paris@hotelflaubert.com, Fax 01 43 80 32 34*
sans rest – 🛗 📺 📞 ♿. 🅰🅴 ⓪ 🆖
☐ 8 – **41 ch** 94/109.
◆ L'atout maître de cet hôtel est son paisible patio verdoyant sur lequel donnent certaines chambres. Décor clair et rajeuni ; salle des petits-déjeuners façon jardin d'hiver.

Campanile CX 8
4 bd Berthier ⓜ *Porte de Clichy* ℘ 01 46 27 10 00, *resaind@campanile-berthie r.com, Fax 01 46 27 00 57*
🍽 – 🛗 ⇝ ▤ 📺 📞 ♿ 🚗 – 🔺 15 à 80. 🅰🅴 ⓪ 🆖
Repas 16,50/18,50 ☐ – ☐ 7 – **246 ch** 88.
◆ Près de la porte de Clichy, établissement fonctionnel de forte capacité dont les chambres se conforment aux standards de la chaîne. Les formules buffets signées "Campanile" sont ici proposées dans un cadre sobre et en terrasse l'été.

XXXX **Guy Savoy** FH 17
❀❀❀ 18 r. Troyon ⓜ *Charles de Gaulle-Etoile* ✆ 01 43 80 40 61, *reserv@guysavoy.com*, Fax 01 46 22 43 09
🍽 ⊟ 🍷. AE ① GB JCB
fermé août, 23 déc. au 3 janv., sam. midi, dim. et lundi – **Repas** 200/245 et carte 160 à 210 ⓑ.
◆ Verre, cuir et wengé, oeuvres signées des grands noms de l'art contemporain, sculptures africaines, cuisine raffinée et inventive : "l'auberge du 21e s." par excellence.
Spéc. Soupe d'artichaut à la truffe noire et brioche feuilletée aux champignons. Bar en écailles grillées aux épices douces. Agneau de lait "dans tous ses états".

XXXX **Michel Rostang** FG 31
❀❀ 20 r. Rennequin ⓜ *Ternes* ✆ 01 47 63 40 77, *rostang@relaischateaux.fr*, Fax 01 47 63 82 75
⊟ 🍷. AE ① GB JCB
fermé 1er au 15 août, lundi midi, sam. midi et dim. – **Repas** 65 (déj.), 175/230 et carte 130 à 180 ⓑ.
◆ Boiseries, figurines de Robj, oeuvres de Lalique et vitrail Art déco composent ce décor à la fois luxueux et insolite. Belle cuisine maîtrisée et magnifique carte des vins.
Spéc. "Menu truffe" (15 déc. au 15 mars). Quenelle de brochet soufflée à la crème de homard. Foie chaud de canard rôti au sésame grillé.

XXXX **Apicius** (Vigato) BY 32
❀❀ 122 av. Villiers ⓜ *Porte de Champerret* ✆ 01 43 80 19 66, Fax 01 44 40 09 57
⊟ 🍷. AE ① GB JCB
fermé août, sam. et dim. – **Repas** 110 et carte 90 à 130.
◆ Murs gris perle, boiseries sombres et tableaux caractérisent le cadre raffiné de ce restaurant. Cuisine inventive que n'aurait pas renié Apicius, "le" gastronome romain.
Spéc. Foie gras de canard aux radis noirs confits. Milieu de très gros turbot rôti . Soufflé au chocolat.

XXXX **Faucher** BY 21
❀ 123 av. Wagram ⓜ *Wagram* ✆ 01 42 27 61 50, Fax 01 46 22 25 72
🍴 – ⊟ 🍷. AE GB
fermé sam. et dim. – **Repas** 50 (déj.)/95 et carte 70 à 100.
◆ Cuisine de saison personnalisée à déguster dans une salle à manger sobre et lumineuse, rehaussée de tableaux modernes. Les tables côté rotonde sont très agréables.
Spéc. Oeuf au plat, foie gras chaud et coppa grillée. Montgolfière de Saint-Jacques au velouté de cèpes (oct. à mars). Ris de veau croustillants.

XXXX **Sormani** (Fayet) FH 5
❀ 4 r. Gén. Lanrezac ⓜ *Charles de Gaulle Etoile* ✆ 01 43 80 13 91, Fax 01 40 55 07 37
⊟ 🍷. GB
fermé 1er au 24 août, 23 déc. au 4 janv., sam., dim. et fériés – **Repas** 44 (déj.) et carte 55 à 125 ⓑ.
◆ Charme latin dans ce restaurant proche de la place de l'Étoile : nouveau décor (couleurs rouges, boiseries et miroirs), ambiance "dolce vita" et cuisine italienne élaborée.
Spéc. Chaud-froid de pâte à pain, artichaut et mozzarella à la truffe blanche (oct. à déc.). Ravioli de tourteau et palourdes. Jarret de veau et gratin de macaroni au lard.

XXX **Pétrus**   BY 8
12 pl. Mar. Juin Ⓜ *Pereire* ℘ 01 43 80 15 95, *Fax 01 47 66 49 86*
🍽 **AE ① GB JCB**
fermé 10 au 25 août – **Repas** 42 et carte 45 à 65 ♈.
♦ Dans un plaisant cadre marin, produits de la mer à profusion : véritable pêche miraculeuse qui, venant de l'apôtre Pierre, n'est pas pour surprendre !

XXX **Amphyclès**   EG 30
78 av. Ternes Ⓜ *Porte Maillot* ℘ 01 40 68 01 01, *amphycles@aol.com,*
Fax 01 40 68 91 88
🍽 ⌂🍴 **AE ① GB JCB**
fermé 1ᵉʳ au 31 août, sam. midi et dim. – **Repas** 37/113 bc et carte 73 à 98 ♈.
♦ Élégante salle à manger de style néo-classique : chaises Louis XVI, treillages, miroirs et gravures anciennes. Service attentif et cuisine au goût du jour.

XX **Petit Colombier**   FH 6
42 r. Acacias Ⓜ *Argentine* ℘ 01 43 80 28 54, *le.petit.colombier@wanadoo.fr,*
Fax 01 44 40 04 29
🍽 **AE**
fermé 31 juil. au 30 août, sam. midi et dim. – **Repas** 35 et carte 55 à 77.
♦ Boiseries patinées, horloges anciennes et chaises Louis XV donnent un charme bien provincial à ce restaurant qui conserve le souvenir du passage de grands hommes d'État.

XX **Les Béatilles** (Bochaton)   FG 24
✿ 11 bis r. Villebois-Mareuil Ⓜ *Ternes* ℘ 01 45 74 43 80, *Fax 01 45 74 43 81*
🍽 **GB**
fermé août, vacances de Noël, sam. et dim. – **Repas** 40 (déj.), 45/70 et carte 68 à 92.
♦ Accueil attentionné, cuisine bien ficelée et volontairement épurée, sobre et contemporaine salle à manger : décidément, cette enseigne flirte avec une douce béatitude !
Spéc. Nems d'escargots et champignons des bois. Pastilla de pigeon et foie gras aux épices. La ''Saint-Cochon'' (nov. à mars).

XX **Dessirier**   BY 42
9 pl. Mar. Juin Ⓜ *Pereire* ℘ 01 42 27 82 14, *dessirier@michelrostang.com,*
Fax 01 47 66 82 07
🍽 ⌂🍴 **AE ① GB JCB**
fermé 11 au 17 août, sam. et dim. en juil.-août – **Repas** 45 et carte 51 à 83 ♈.
♦ Établissement plein de vie, dont le style "brasserie", les fauteuils et banquettes capitonnés et la carte de produits de la mer génèrent une bonne humeur communicative.

XX **Timgad**   EG 4
21 r. Brunel Ⓜ *Argentine* ℘ 01 45 74 23 70, *Fax 01 40 68 76 46*
🍽 ⌂🍴 **AE ① GB**. ✗
Repas carte 40 à 60.
♦ Retrouvez un peu de la splendeur passée de la cité de Timgad : le décor mauresque raffiné des salles fut réalisé par des stucateurs marocains. Cuisine parfumée du Maghreb.

XX **Graindorge**   FH 13
🐌 15 r. Arc de Triomphe Ⓜ *Charles de Gaulle-Etoile* ℘ 01 47 54 00 28,
Fax 01 47 54 00 28
AE GB
fermé sam. midi et dim. – Repas (24) - 28 (déj.)/32 et carte 42 à 64 ♈.
♦ L'orge sert à fabriquer les bières qui accompagnent - outre les vins - cette généreuse cuisine flamande. Toutes les saveurs du Nord à découvrir dans un joli cadre Art déco.

XX **Braisière** (Faussat) CY 5

54 r. Cardinet Ⓜ Malesherbes ℰ 01 47 63 40 37, labraisiere@free.fr, Fax 01 47 63 04 76

AE Ⓞ GB – fermé août, sam. midi et dim. – **Repas** 30 (déj) et carte 43 à 59 ♈.
◆ Confortable restaurant aux apaisantes couleurs pastel. La carte a la jolie pointe d'accent du Sud-Ouest, même si elle évolue au gré du marché et selon l'inspiration du chef.

Spéc. Terrine de lapin à la bohémienne. Pièce de boeuf ''blonde d'Aquitaine''. Cassonade crémeuse de noix.

XX **Tante Jeanne** BY 44

116 bd Pereire Ⓜ Pereire ℰ 01 43 80 88 68, tantejeanne@bernard.loiseau.com, Fax 01 47 66 53 02

▤ ⌧. AE Ⓞ GB – fermé août, sam. et dim. – **Repas** 36/43 et carte 60 à 82.
◆ Le nom du restaurant évoque l'épouse d'Alexandre Dumaine, le célèbre chef bourguignon. Cuisine traditionnelle servie dans une salle à manger élégante et "cosy".

XX **Balthazar** FY 3

73 av. Niel Ⓜ Pereire ℰ 01 44 40 28 15, Fax 01 44 40 28 30

▤ ⌧. AE Ⓞ GB – **Repas** carte 33 à 54 ♈.
◆ Cadre sagement design, atmosphère conviviale favorisée par la proximité des tables, personnel jeune et plats au goût du jour : quarté gagnant pour ce restaurant "tendance" !

XX **L'Atelier Gourmand** CY 34

20 r. Tocqueville Ⓜ Villiers ℰ 01 42 27 03 71, Fax 01 42 27 03 71

AE GB JCB

fermé 25 au 31 mai, 5 au 26 août, sam. sauf le soir du 15 sept. au 15 juin, lundi soir et dim. – **Repas** (19) - 35 ♈.
◆ Cet atelier de peintre du 19ᵉ s. accueille désormais les amateurs d'art classique... culinaire, dans une salle à manger pimpante et colorée, complétée d'un salon-mezzanine.

XX **Beudant** CY 23

97 r. des Dames Ⓜ Rome ℰ 01 43 87 11 20, lebeudant@wanadoo.fr, Fax 01 43 87 27 35

▤. GB. ⌧

fermé 31 juil. au 30 août, dim. et lundi – **Repas** (20) - 25 (déj.)/32 et carte 47 à 70.
◆ Cette maison Second Empire voisine de la rue Beudant vous accueille dans deux chaleureuses salles à manger habillées de boiseries claires. La carte a l'accent marin.

XX **Paolo Petrini** EG 5

6 r. Débarcadère Ⓜ Porte Maillot ℰ 01 45 74 25 95, paolo.petrini@wanadoo.fr, Fax 01 45 74 12 95

▤. AE Ⓞ GB JCB. ⌧

fermé 1ᵉʳ au 21 août, sam. midi et dim. – **Repas** 30/35 bc et carte 55 à 65 ♈.
◆ Fi de pizzas, gondoles et macaroni ! À deux pas de la porte Maillot, ce restaurant au sobre décor attire une clientèle avertie, férue d'une cuisine italienne raffinée.

XX **Ballon des Ternes** EG 37

103 av. Ternes Ⓜ Porte Maillot ℰ 01 45 74 17 98, leballondesternes@wanadoo.fr, Fax 01 45 72 18 84

AE GB JCB

fermé 28 juil. au 26 août – **Repas** carte 36 à 67 ♈.
◆ Non, vous n'avez pas trop bu de "ballons" ! La table dressée à l'envers au plafond fait partie du plaisant décor 1900 de cette brasserie voisine du Palais des Congrès.

XX **Taïra** EH 22
10 r. Acacias ⓜ *Argentine* ☎ 01 47 66 74 14, *Fax 01 47 66 74 14*
🖵 , 𝐀𝐄 ⓪ ☺
fermé 15 au 31 août, sam. midi et dim. – **Repas** *(30)* - 34/64 et carte 44 à 66.
♦ Le chef, d'origine nippone et prénommé Taïra, prépare les produits de la mer avec finesse et simplicité : double héritage culinaire franco-japonais.

XX **Chez Léon** CY 28
🐌 32 r. Legendre ⓜ *Villiers* ☎ 01 42 27 06 82, *Fax 01 46 22 63 67*
𝐀𝐄 ☺
fermé août, vacances de Noël, sam., dim. et fériés – **Repas** *(18)* - 24 bc et carte 33 à 43.
♦ "Le" bistrot des Batignolles, plébiscité depuis nombre d'années par une cohorte de fidèles. Cuisine traditionnelle soignée servie dans trois salles, dont une située à l'étage.

X **Caïus** FG 19
6 r. Armaillé ⓜ *Charles de Gaulle-Etoile* ☎ 01 42 27 19 20, *Fax 01 40 55 00 93*
🖵 , 𝐀𝐄 ⓪ ☺ 𝐉𝐂𝐁
fermé 6 au 19 août, sam. midi et dim.
Repas *(23)* - carte 38 à 50 ☯.
♦ Boiseries chaudes, banquettes et tableaux animaliers : le décor de bistrot chic n'a pas changé mais la carte a pris un sérieux coup de jeune avec la nouvelle équipe.

X **Soupière** CY 15
154 av. Wagram ⓜ *Wagram* ☎ 01 42 27 00 73, *Fax 01 46 22 27 09*
🖵 , 𝐀𝐄 ☺
fermé 4 au 24 août, sam. midi et dim.
Repas 25/55 et carte 36 à 59.
♦ L'accueil attentionné et la carte classique - avec menus "champignons" en saison - sur fond de trompe-l'oeil font de cette Soupière une aimable petite adresse de quartier.

X **Table des Oliviers** BY 38
38 r. Laugier ⓜ *Pereire* ☎ 01 47 63 85 51, *Fax 01 47 63 85 81*
🖵 , 𝐀𝐄 ☺
fermé 9 au 30 août, sam. midi, dim. et lundi
Repas *(20)* - 26 et carte 43 à 58.
♦ Enseigne explicite : la cuisine provençale de ce restaurant a le goût de l'huile d'olive, du thym et du basilic... Peuchère, il ne manque plus que le chant des cigales !

X **A et M Marée** BY 3
105 r. Prony ⓜ *Pereire* ☎ 01 44 40 05 88, *AM.Bistrot.17eme@wanadoo.fr*, *Fax 01 44 40 05 89*
🍴 – 🖵 ⌨, 𝐀𝐄 ⓪ ☺
fermé août, sam. midi et dim.
Repas 30 et carte 38 à 55.
♦ Espace bistrot ou grande salle sous coupole de verre dans un camaïeux de gris et mauve très "tendance". Le petit frère de l'A et M du 16e propose aussi une cuisine soignée.

X **Troyon** FH 47
4 r. Troyon ⓜ *Charles de Gaulle-Etoile* ☎ 01 40 68 99 40, *Fax 01 40 68 99 57*
𝐀𝐄 ☺, ⌘
fermé 31 juil. au 22 août, sam. et dim. – **Repas** (prévenir) 33/42 ☯.
♦ Ambiance conviviale et plaisante cuisine du marché à découvrir sur l'ardoise du jour : deux bonnes raisons pour fréquenter ce discret établissement des abords de l'Étoile.

✗ L'Étoile Niel
FY 4

75 av. Niel Ⓜ *Pereire* ☎ 01 42 27 88 44, *gendarmesb@aol.com*, *Fax 01 42 27 32 12*

☞🍴. 🄰🄴 🄞 🅶🄱

fermé sam. midi, dim. et fériés

Repas *(25)* - 29 (déj.)/38.

◆ La cuisine mitonnée dans cette sympathique maison panache influences bourgeoises, touches modernes et pincées d'épices. Le décor, façon bistrot, est convivial et chaleureux.

✗ Les Dolomites
FG 46

38 r. Poncelet Ⓜ *Ternes* ☎ 01 47 66 38 54, *thierry@les-dolomites.com*, *Fax 01 42 27 39 57*

🄰🄴 🅶🄱 🅹🄲🄱

fermé 12 au 18 août, sam. midi et dim. – **Repas** *(20)* - 26/35 et carte environ 40.

◆ Boiseries, banquettes en velours rose et chaises bistrot : le cadre, inchangé depuis les années 1950, offre un délicieux charme provincial. Registre culinaire traditionnel.

✗ Café d'Angel
FH 15

16 r. Brey Ⓜ *Charles de Gaulle-Etoile* ☎ 01 47 54 03 33, *Fax 01 47 54 03 33*

🅶🄱

fermé 31 juil. au 22 août, 20 déc. au 4 janv., sam., dim. et fériés – **Repas** *(19)* - 22/38 ⅋.

◆ Cette petite adresse a la nostalgie des bistrots parisiens d'antan : intérieur "rétro" avec banquettes en skaï, faïences aux murs et plats traditionnels énoncés sur ardoise.

✗ Caves Petrissans
FG 45

☻ 30 bis av. Niel Ⓜ *Pereire* ☎ 01 42 27 52 03, *cavespetrissans@noos.fr*, *Fax 01 40 54 87 56*

🍴 – 🄰🄴 🅶🄱

fermé 23 juil. au 22 août, sam. et dim. – Repas (prévenir) 33 et carte 38 à 70 ⅋.

◆ Céline, Abel Gance, Roland Dorgelès aimaient fréquenter ces caves plus que centenaires, à la fois boutique de vins et restaurant. Cuisine "bistrotière" bien ficelée.

✗ Presqu'île
FG 22

14 r. Saussier-Leroy Ⓜ *Ternes* ☎ 01 47 66 56 74, *Fax 01 40 54 83 86*

▤. 🄰🄴 🅶🄱 🅹🄲🄱

fermé août, lundi midi, sam. midi et dim.

Repas *(25)* - 31 (déj.) et carte 40 à 60

L'Huîtrier ☎ 01 40 54 83 44 *(fermé juil., août, dim. en mai-juin et lundi de sept. à avril)* **Repas** carte 31 à 73, ⅋.

◆ L'atout maître du restaurant La Presqu'île, décoré de boiseries et de marines, est sans conteste sa carte de poissons. On y mange au coude à coude. Pour déguster huîtres et fruits de mer dans une atmosphère de bistrot, rendez-vous à l'Huîtrier.

✗ Le Clou
CY 35

132 r. Cardinet Ⓜ *Malesherbes* ☎ 01 42 27 36 78, *le.clou@wanadoo.fr*, *Fax 01 42 27 89 96*

🄰🄴 🄞 🅶🄱 🅹🄲🄱

fermé 8 au 22 août, 25 déc. au 2 janv., sam. midi et dim. – **Repas** 20 (déj.)/30 (dîner) et carte 29 à 48.

◆ Les amateurs de viandes trouveront leur bonheur dans ce convivial bistrot de quartier. Tables simplement dressées. Produits du terroir et suggestions du marché.

✗ **Bistrot de Théo**   CY 25
90 r. Dames Ⓜ *Rome* ☎ 01 43 87 08 08, *Fax 01 43 87 06 15*
🆖. ✗✗
fermé 8 au 30 août, 26 déc. au 3 janv., dim. et fériés – **Repas** *(13) -*
24 et carte 29 à 40 ♀.
♦ Avec ses murs en pierre, ses poutres patinées et sa collection d'ustensiles de cuisine, cette charmante adresse a séduit la clientèle du quartier. Spécialités de foie gras.

✗ **L'Entredgeu**   BY 47
83 r.Laugier Ⓜ *Porte de Champerret* ☎ 01 40 54 97 24, *Fax 01 40 54 96 62*
fermé vacances de Noël, 2 au 22 août, dim. et lundi – **Repas** *(20) -* 28 ♀.
♦ Accueil souriant, mobilier bistrot, menu annoncé sur l'ardoise, cuisine élaborée au gré du marché : entraînez-vous à prononcer le nom de ce restaurant, il en vaut la peine !

✗ **Paris XVII**   YA 2
41 r. Guersant Ⓜ *Porte Maillot* ☎ 01 45 74 75 27
🆖
*fermé 2 au 28 août, 24 déc. au 3 janv., vacances scolaires de fév., dim. et lundi
–* **Repas** *(18) -* 23 ♀.
♦ La cuisine "bistrotière" du chef, mitonnée en fonction du marché, est suggérée sur ardoise. Un modeste restaurant familial fort éloigné de la "branchitude" parisienne...

Montmartre - La Villette
Buttes Chaumont
Belleville - Père Lachaise

18ᵉ, 19ᵉ et 20ᵉ arrondissements

18ᵉ : ✉ 75018 - 19ᵉ : ✉ 75019 - 20ᵉ : ✉ 75020

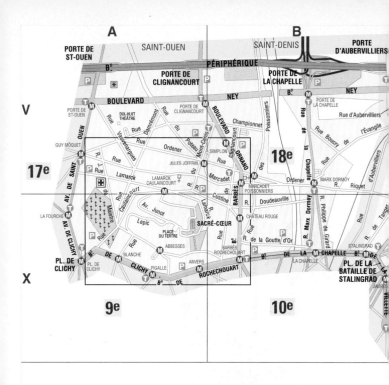

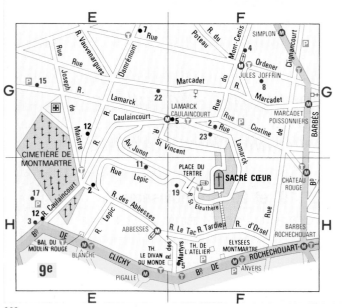

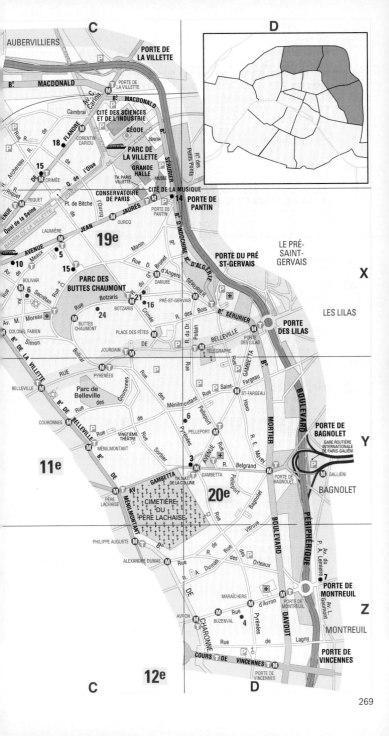

🏨 **Terrass'Hôtel** EH 2

12 r. J. de Maistre (18ᵉ) Ⓜ *Place de Clichy* ℘ 01 46 06 72 85, *reservation@terras s-hotel.com, Fax 01 42 52 29 11*

🏖 – |📶| ✂ ☰ 📺 ☏ – 🚿 25 à 100. 🆎 ⓪ ⅁ℬ ℑℂℬ

Terrasse ℘01 44 92 34 00 **Repas** 21,50bc/28 et carte 32 à 50 🍶 – 🖵 14 – **87 ch** 204/270, 13 suites.

♦ Au pied du Sacré-Coeur. Vue imprenable sur Paris depuis les chambres des étages supérieurs, côté rue. Intérieur soigné et chaleureux ; salon doté d'une belle cheminée. Coquette salle à manger provençale et sa "Terrasse" sur le toit, surplombant la capitale.

🏨 **Holiday Inn** CX 14

216 av. J. Jaurès (19ᵉ) Ⓜ *Porte de Pantin* ℘ 01 44 84 18 18, *hilavillette@alliance -hospitality.com, Fax 01 44 84 18 20*

🏖 , 🏋 – |📶| ✂ ☰ 📺 ☏ & 🅿 – 🚿 15 à 140. 🆎 ⓪ ⅁ℬ

Repas *(fermé sam. et dim.)* (20) - 28/58, enf. 6,90 ♀ – 🖵 15 – **182 ch** 270/345.

♦ Construction moderne face à la Cité de la Musique. Les chambres, spacieuses et insonorisées, offrent un confort actuel. Station de métro à quelques mètres. Sobre salle à manger de style brasserie et petite terrasse isolée de la rue par un rideau de verdure.

🏨 **Suitehotel Porte de Montreuil** J2 4

22 av. Pr. A. Lemierre (20ᵉ) Ⓜ *Porte de Montreuil* ℘ 01 49 93 88 88, *h3239@acc or-hotels.com, Fax 01 49 93 88 99*

sans rest, 🏋 – ✂ ☰ 📺 ☏ & 🚗. 🆎 ⓪ ⅁ℬ

🖵 12 – **166 ch** 92.

♦ Bâtiment moderne au pied du périphérique et du marché aux puces de Montreuil. Espace (30 mètres carrés), salon-bureau et chambres cloisonnables caractérisent ces "suites".

🏨 **Mercure Montmartre** EH 12

3 r. Caulaincourt (18ᵉ) Ⓜ *Place de Clichy* ℘ 01 44 69 70 70, *h0373@accor-hotel s.com, Fax 01 44 69 70 71*

sans rest – |📶| ✂ ☰ 📺 ☏ & – 🚿 20 à 70. 🆎 ⓪ ⅁ℬ

🖵 13 – **305 ch** 174/184.

♦ Hôtel à deux pas du célèbre bal du Moulin-Rouge. Préférez l'une des chambres logées aux trois derniers étages de l'hôtel pour profiter de la vue sur les toits de "paname".

🏨 **Holiday Inn Garden Court Montmartre** EG 12

23 r. Damrémont (18ᵉ) Ⓜ *Lamarck Caulaincourt* ℘ 01 44 92 33 40, *hiparmm@a ol.com, Fax 01 44 92 09 30*

sans rest – |📶| ✂ ☰ 📺 ☏ & – 🚿 20. 🆎 ⓪ ⅁ℬ ℑℂℬ

🖵 13 – **54 ch** 145/170.

♦ Dans une rue montmartroise pentue, bâtiment récent abritant des chambres fraîches et fonctionnelles. Salle des petits-déjeuners ornée d'un joli trompe-l'oeil.

🏨 **Kyriad** CV 18

147 av. Flandre (19ᵉ) Ⓜ *Crimée* ℘ 01 44 72 46 46, *paris.lavillette@kyriad.fr, Fax 01 44 72 46 47*

|📶| ✂, ☰ rest, 📺 ☏ & 🚗 – 🚿 70. 🆎 ⓪ ⅁ℬ ℑℂℬ

Repas (10) - 12/17, enf. 6 ♀ – 🖵 7 – **207 ch** 82.

♦ Cet hôtel moderne proche de la Cité des Sciences semble un peu excentré, mais s'avère très bien desservi (métro, bus et boulevard périphérique). Petites chambres pratiques. Restauration simple (salades, grillades) proposée dans un cadre un brin "rétro".

🏨 **Roma Sacré Coeur**　　　　　　　　　　　　　　　　　　FG 5
101 r. Caulaincourt (18e) Ⓜ *Lamarck Caulaincourt* 𝒫 01 42 62 02 02, *hotel.rom
a@wanadoo.fr*, Fax 01 42 54 34 92
sans rest – 🛗 📺. 🄰🄴 🅾 ⒼⒷ ⒿⒸⒷ
🍽 7 – **57 ch** 85/160.
◆ Tout le charme de Montmartre : un jardin sur le devant, des escaliers sur le
côté et le Sacré-Coeur au-dessus ! Des couleurs vives égaient les chambres
tout juste rajeunies.

🏨 **Laumière**　　　　　　　　　　　　　　　　　　　　　　CX 5
4 r. Petit (19e) Ⓜ *Laumière* 𝒫 01 42 06 10 77, *le-laumiere@wanadoo.fr*,
Fax 01 42 06 72 50
sans rest – 🛗 📺 📞. ⒼⒷ
🍽 7 – **54 ch** 49/65.
◆ En manque d'espaces verts ? Cet hôtel qui a bénéficié d'une cure de
jouvence, vous invite à profiter de son riant jardinet et du parc des Buttes-
Chaumont tout proche.

🏨 **Damrémont**　　　　　　　　　　　　　　　　　　　　　EG 7
110 r. Damrémont (18e) Ⓜ *Jules Joffrin* 𝒫 01 42 64 25 75, *hotel.damremont@
wanadoo.fr*, Fax 01 46 06 74 64
sans rest – 🛗 ⤢ 📺 📞. 🅾 ⒼⒷ ⒿⒸⒷ. 🚭
🍽 7 – **35 ch** 75/100.
◆ Près de Montmartre, chambres actuelles plus calmes côté cour, pas très
spacieuses, mais régulièrement entretenues et équipées d'un plaisant mobilier couleur acajou.

🏨 **Abricôtel**　　　　　　　　　　　　　　　　　　　　　　CX 10
15 r. Lally Tollendal (19e) Ⓜ *Jaurès* 𝒫 01 42 08 34 49, *abricotel@wanadoo.fr*,
Fax 01 42 40 83 95
sans rest – 🛗 📺 📞 ♿. 🄰🄴 🅾 ⒼⒷ. 🚭
🍽 6 – **39 ch** 59/62.
◆ Cette petite affaire familiale donnant sur une rue animée abrite des
chambres simples et de faible ampleur, mais fonctionnelles et à prix sages.

🏨 **Palma**　　　　　　　　　　　　　　　　　　　　　　　DY 3
77 av. Gambetta (20e) Ⓜ *Gambetta* 𝒫 01 46 36 13 65, *hotel.palma@wanadoo.fr*,
Fax 01 46 36 03 27
sans rest – 🛗 📺 📞. 🄰🄴 🅾 ⒼⒷ ⒿⒸⒷ
🍽 6 – **32 ch** 59/74.
◆ Cet hôtel jouxte la place Gambetta et le célèbre cimetière du Père-
Lachaise. Les chambres, petites et un brin désuètes, conservent leur style
des années 1970.

🏨 **Crimée**　　　　　　　　　　　　　　　　　　　　　　　CV 15
188 r. Crimée (19e) Ⓜ *Crimée* 𝒫 01 40 36 75 29, *hotelcrimee19@wanadoo.fr*,
Fax 01 40 36 29 57
sans rest – 🛗 ▤ 📺 📞. 🄰🄴 🅾 ⒼⒷ ⒿⒸⒷ
🍽 6 – **31 ch** 57/65.
◆ Adresse située à 300 m du canal de l'Ourcq. Les chambres, bien insonorisées et équipées d'un mobilier fonctionnel, sont parfois tournées sur un
jardinet.

XXX **Beauvilliers**　　　　　　　　　　　　　　　　　　　　FG 2
52 r. Lamarck (18e) Ⓜ *Lamarck-Caulaincourt* 𝒫 01 42 54 54 42, *beauvilliers@clu
b-internet.fr*, Fax 01 42 62 70 30
🍽 – ▤. 🄰🄴 ⒼⒷ ⒿⒸⒷ
fermé lundi midi, dim. et fériés – **Repas** 30 (déj.), 45 bc/61 bc et
carte 65 à 100.
◆ Sur la Butte, ancienne boulangerie convertie en restaurant-bonbonnière.
Délicieux décor Second Empire rehaussé de tableaux et de belles compositions florales. Carte classique.

XX **Cottage Marcadet** EG 22
151 bis r. Marcadet (18e) Ⓜ *Lamarck Caulaincourt* ℘ 01 42 57 71 22, *Fax 01 42 57 71 22*

▤. ⒼⒷ. ⚗

fermé vacances de Pâques, 31 juil. au 30 août et dim. – **Repas** *(20,50)* - 27/36,50 bc et carte 31 à 56.

♦ Une ambiance intime vous attend dans cette salle à manger classique dotée d'un confortable mobilier Louis XVI. Cuisine traditionnelle soignée.

XX **Les Allobroges** DZ 4
71 r. Grands-Champs (20e) Ⓜ *Maraîchers* ℘ 01 43 73 40 00, *Fax 01 40 09 23 22*

ⒶⒺ ⒼⒷ

fermé 18 au 26 avril, août, 24 déc. au 5 janv., dim., lundi et jours fériés – **Repas** 20/33 et carte 34 à 48.

♦ Sortez des "quartiers battus" pour découvrir ce sympathique restaurant proche de la porte de Montreuil. Décor à la fois sobre et coquet ; délicieuses recettes au goût du jour.

XX **Relais des Buttes** CX 16
86 r. Compans (19e) Ⓜ *Botzaris* ℘ 01 42 08 24 70, *Fax 01 42 03 20 44*

☂ – ⒼⒷ

fermé août, 26 déc. au 2 janv., sam. midi et dim. – **Repas** 31 et carte 40 à 58 ℤ.

♦ À deux pas du parc des Buttes-Chaumont. L'hiver, on apprécie la cheminée de la salle contemporaine, l'été, la paisible cour-terrasse et, toute l'année, les plats classiques.

XX **Chaumière** CX 6
46 av. Secrétan (19e) Ⓜ *Bolivar* ℘ 01 42 06 54 69, *lachaumiere3@wanadoo.fr, Fax 01 42 06 28 12*

▤ – 🏂 12. ⒶⒺ ⓄⒹ ⒼⒷ

fermé 5 au 21 août, sam. midi, et dim. soir – **Repas** 22/29 et carte 40 à 65 ℤ.

♦ Pour déguster cette cuisine traditionnelle, deux salles à manger au choix : l'une classique, agrémentée de grands miroirs ; l'autre d'allure rustique.

XX **Moulin de la Galette** EH 11
83 r. Lepic (18e) Ⓜ *Abbesses* ℘ 01 46 06 84 77, *Fax 01 46 06 84 78*

☂ – ▤. ⒶⒺ ⒼⒷ ⒿⒸⒷ

fermé dim. soir et lundi – **Repas** *(19 bc)* - 45 ℤ.

♦ Moulin dès 1622, puis bal populaire peint par Renoir et Toulouse-Lautrec, chanté par Lucienne Delyle, c'est aujourd'hui un plaisant restaurant doté d'une charmante terrasse.

XX **Au Clair de la Lune** FH 19
9 r. Poulbot (18e) Ⓜ *Abbesses* ℘ 01 42 58 97 03, *Fax 01 42 55 64 74*

ⒶⒺ ⒼⒷ ⒿⒸⒷ

fermé 20 août au 15 sept., lundi midi et dim. – **Repas** 28 et carte 35 à 65.

♦ L'ami Pierrot vous ouvre la porte de son auberge située juste derrière la place du Tertre. Ambiance conviviale sur fond de fresques représentant le vieux Montmartre.

X **Poulbot Gourmet** FG 23
39 r. Lamarck (18e) Ⓜ *Lamarck Caulaincourt* ℘ 01 46 06 86 00, *Fax 01 46 06 86 00*

ⒼⒷ

fermé 15 au 30 août et dim. sauf le midi d'oct. à mai – **Repas** *(18 bc)* - 34 et carte 35 à 55.

♦ De l'époque des poulbots qui peuplaient la Butte, demeure le style bistrot de cette salle à manger. Cuisine classique apte à réjouir les gourmets... quels qu'ils soient.

✗ **L'Oriental** FH 5

76 r. Martyrs (18e) ⓜ *Pigalle* 𝄞 01 42 64 39 80, *Fax 01 42 64 39 80*
🆎 GB. ⚡

fermé 22 juil. au 28 août, dim. et lundi – **Repas** *(13,50)* - 39 bc et carte 28 à 43.
◆ Accueil tout sourire et joli cadre orientalisant (tables garnies de zelliges et moucharabiehs) en ce restaurant nord-africain au coeur de l'animation cosmopolite de Pigalle.

✗ **Cave Gourmande** CX 21

🐌 10 r. Gén. Brunet (19e) ⓜ *Botzaris* 𝄞 01 40 40 03 30, *la-cave-gourmande@wanadoo.fr, Fax 01 40 40 03 30*
▤. GB

fermé août, vacances de fév., sam. et dim. – **Repas** 32 et carte 32 à 38.
◆ Ambiance conviviale, décor de casiers à bouteilles, tables en bois et plats du marché font bon ménage dans ce sympathique bistrot voisin du parc des Buttes-Chaumont.

✗ **Histoire de ...** FG 8

14 r. Ferdinand Flocon (18e) ⓜ *Jules Joffrin* 𝄞 01 42 52 24 60
🆎 ⓞ GB

fermé 13 au 17 avril, 13 au 21 juil., 10 au 25 août, dim. et lundi – **Repas** *(28)* - 33.
◆ Petit restaurant de quartier situé derrière la mairie du 18e, où l'accueil est roi et la cuisine bien façonnée et personnalisée. Histoire de... passer un bon moment !

✗ **Bistrot des Soupirs ''Chez Raymonde''** DY 6

🐌 49 r. Chine (20e) ⓜ *Gambetta* 𝄞 01 44 62 93 31, *Fax 01 44 62 77 83*
GB

fermé 15 au 30 août, dim. et lundi – **Repas** *(13,50)* - 15 et carte 32 à 50, enf. 7 🦽.
◆ Jouxtant le pittoresque passage des Soupirs, cette petite auberge met à l'honneur les plats auvergnats et lyonnais dans un cadre agreste. Bonne humeur garantie.

✗ **Chez Vincent** CX 24

5 r. Tunnel (19e) ⓜ *Buttes Chaumont* 𝄞 01 42 02 22 45, *Fax 01 40 18 95 83*
▤. 🆎 GB

fermé sam. et dim. – **Repas** (prévenir) 35/40 et carte 60 à 80.
◆ Bistrot au cadre rustique simple, mais authentique cuisine italienne et ambiance conviviale assurée ; certains soirs le patron vient en salle pousser la chansonnette !

✗ **L'Étrier** EG 15

154 r. Lamarck (18e) ⓜ *Guy Môquet* 𝄞 01 42 29 14 01, *Fax 01 46 27 19 15*
▤. ⓞ GB JCB

fermé août, dim. et lundi – **Repas** *(15)* - 18 (déj.), 25 bc/30 dîner.
◆ Atmosphère de bistrot (comptoir, tables proches) dans ce restaurant de poche où les patrons renouvellent régulièrement les plats, traditionnels et inscrits sur une ardoise.

Environs

40 km autour de Paris

Hôtels _____
Restaurants _____

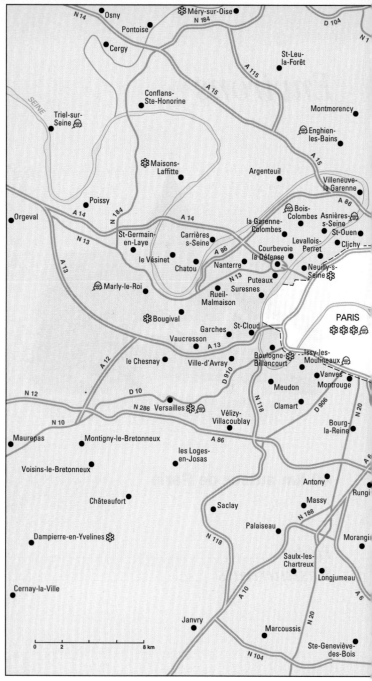

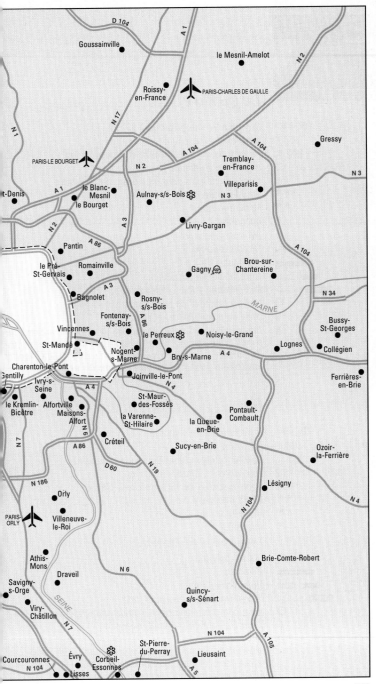

Légende

P ◇SP	*Préfecture – Sous-préfecture*
93300	*Numéro de code postal*
⬛⬛⬛ ⑭	*Numéro de la carte Michelin et numéro de pli*
36252 h. alt. 102	*Population et altitude*
Voir	*Curiosités décrites dans les Guides Verts Michelin*
★★★	*Vaut le voyage*
★★	*Mérite un détour*
★	*Intéressant*
	Plans des Environs
• •	*Hôtel-Restaurant*
▬▬▬	*Autoroute*
▬ ═	*Grande voie de circulation*
▬▬ Pasteur	*Rue piétonne – Rue commerçante*
✉	*Bureau principal de poste restante et téléphone*
H POL. 🏛	*Hôtel de ville – Police – Gendarmerie*
🅘	*Information touristique : Le numéro de téléphone national du portail "Tourisme en France" vous met en relation avec l'office de tourisme de votre choix : composez le 3265 (0,34 €/mn) et laissez-vous guider (disponible en français uniquement).*

Key

P ◇SP	*Prefecture – Sub-prefecture*
93300	*Local post code*
⬛⬛⬛ ⑭	*Number of appropriate Michelin map and fold*
36252 h. alt. 102	*Population – Altitude (in metres)*
Voir	*Sights described in Michelin Green Guides:*
★★★	*Worth a journey*
★★	*Worth a detour*
★	*Interesting*
	Towns plans of the Environs
• •	*Hotel-Restaurant*
▬▬▬	*Motorway*
▬ ═	*Major through route*
▬▬ Pasteur	*Pedestrian street – Shopping street*
✉	*Main post office with poste restante and telephone*
H POL. 🏛	*Town Hall – Police – Gendarmerie*
🅘	*Tourist Information Centre : Tourisme en France's nationwide automated switchboard puts you in touch with the tourist information centre of your choice: dial 3265 (0,34 €/mn) and follow the instructions (only available in French).*

Alfortville 94140 Val-de-Marne **312** D3 **101** ㉗ – 36 232 h alt. 32.
Paris 9 – Créteil 6 – Maisons-Alfort 2 – Melun 40.

🏯 **Chinagora**
1 Pl. du Confluent France-Chine 🕿 01 43 53 58 88, hotel@chinagora.fr, Fax 01 49 77 57 17
sans rest, 🐎 – 🛗 ⅍ 🖭 ⛌ 🚗 – 🔏 15 à 200. 🖭 ⓞ ⊖. ⅌
☞ 9 – **187 ch** 84/165, 4 suites.
♦ Où confluent la Chine et la France : complexe d'architecture "mandchoue" et chambres de style occidental, ouvrant presque toutes sur un jardin exotique.

Antony ⬆️ 92160 Hauts-de-Seine **311** J3 **101** ㉕ – 59 855 h alt. 80.
Voir Sceaux : parc★★ et musée de l'Île-de-France★ N : 4 km – Châtenay-Malabry : église St-Germain-l'Auxerrois★, Maison de Chateaubriand★ NO : 4 km, G. Île de France.
🚹 Syndicat d'initiative, place Auguste Mounié 🕿 01 42 37 57 77, Fax 01 46 66 30 80.
Paris 13 – Bagneux 6 – Corbeil-Essonnes 28 – Nanterre 23 – Versailles 16.

🏨 **Alixia**
1 r. Providence 🕿 01 46 74 92 92, hotel.alixia@wanadoo.fr, Fax 01 46 74 50 55
sans rest – 🛗 🖭 ⛌ ⅗ 🄿 – 🔏 20. 🖭 ⓞ ⊖
☞ 9 – **40 ch** 81/107.
♦ Hôtel récent situé dans une rue tranquille. Les chambres sur l'arrière sont très calmes et bénéficient de la climatisation ; toutes sont aménagées avec soin.

🍴 **Les Philosophes**
53 av. Division Leclerc 🕿 01 42 37 23 22
🍽. 🖭 ⊖
fermé août, sam. midi, dim. soir et lundi – **Repas** (17) - 23 ⅌.
♦ Ce restaurant bordant la nationale propose une cuisine au goût du jour et, de temps à autre, des dîners-débats philosophiques dans un cadre contemporain coloré.

🍴 **Tour de Marrakech**
72 av. Division Leclerc 🕿 01 46 66 00 54, Fax 01 46 66 12 99
🍽. 🖭 ⊖. ⅌
fermé août et lundi – **Repas** 22 et carte 29 à 40, enf. 8,50.
♦ Décor mauresque et plats nord-africains pour retrouver la magie du Maroc... au bord de la N 20 ! Restaurant sur deux étages ; la salle à manger du premier est plus claire.

Argenteuil ⬆️ 95100 Val-d'Oise **305** E7 **101** ⑭ G. Île de France – 93 961 h alt. 33.
Paris 16 – Chantilly 38 – Pontoise 20 – St-Germain-en-Laye 19.

🏨 **Campanile**
⊖ 1 r. Ary Scheffer 🕿 01 39 61 34 34, argenteuil@campanile.fr, Fax 01 39 61 44 20
🏠 – 🛗 ⅍, 🍽 ch, 🖭 ⛌ ⅗ 🄿 – 🔏 20. 🖭 ⓞ ⊖
Repas (12,50) - 14,50/18,50, enf. 6 ⅌ – ☞ 6,50 – **98 ch** 77/92,50.
♦ Construction moderne située en léger retrait de la N 311. Les chambres, équipées selon les normes de la chaîne, sont bien tenues et correctement insonorisées. Quatre formules composées autour de buffets à volonté vous attendent dans la salle à manger-véranda.

XXX **Ferme d'Argenteuil**
2 bis r. Verte ✆ 01 39 61 00 62, *lafermedargenteuil@wanadoo.fr, Fax 01 30 76 32 31*
AE GB JCB
fermé août, lundi soir, mardi soir et dim. – **Repas** 30 et carte 45 à 65 ♀.
◆ Le vin d'Argenteuil, le "picolo", a eu ses heures de gloire. Il souffle encore aujourd'hui un petit air de campagne dans ce restaurant. Accueil aimable, cuisine de tradition.

Asnières-sur-Seine *92600 Hauts-de-Seine* 311 J2 101 ⑮ *G. Ile de France – 75 837 h alt. 37.*
Paris 10 – Argenteuil 6 – Nanterre 8 – Pontoise 26 – St-Denis 8 – St-Germain-en-Laye 20.

XXX **Van Gogh**
2 quai Aulagnier (accès par Cimetière des Chiens) ✆ 01 47 91 05 10, *accueil@vangogh.com, Fax 01 47 93 00 93*
– P. AE GB.
fermé 9 au 31 août, 23 déc. au 4 janv., sam. et dim. – **Repas** carte 54 à 70 ♀.
◆ En ce lieu où Van Gogh immortalisa la guinguette La Sirène, restaurant disposant d'une jolie terrasse sur la Seine. Le poisson arrive en direct de l'Atlantique.

XX **Petite Auberge**
118 r. Colombes ✆ 01 47 93 33 94, *Fax 01 47 93 33 94*
GB
fermé 2 au 24 août, merc. soir, dim. soir et lundi – **Repas** 27,80.
◆ Petite auberge de bord de route à l'ambiance sympathique. Objets anciens, tableaux et collection d'assiettes décorent la salle à manger rustique. Cuisine traditionnelle.

Athis-Mons *91200 Essonne* 312 D3 101 ㊱ *– 29 427 h alt. 85.*
Paris 18 – Créteil 16 – Évry 12 – Fontainebleau 48.

Rotonde
25 bis r. H. Pinson ✆ 01 69 38 97 78, *citotel-la-rotonde@wanadoo.fr, Fax 01 69 38 48 02*
sans rest – TV P. GB.
5 – **22 ch** 54/60.
◆ Dans un quartier résidentiel, pavillon des années 1960 abritant des chambres petites et meublées simplement, mais bien tenues. Navettes gratuites pour l'aéroport d'Orly.

Aulnay-sous-Bois *93600 Seine-St-Denis* 305 F7 101 ⑱ *– 80 021 h alt. 46.*
Paris 19 – Bobigny 9 – Lagny-sur-Marne 23 – Meaux 30 – St-Denis 16 – Senlis 38.

Novotel
carrefour de l'Europe N 370 ✆ 01 58 03 90 90, *h0387@accor-hotels.com, Fax 01 58 03 90 99*
– TV P – 200. AE GB JCB
Repas *(fermé sam. midi)* *(17,60)* - 21,90, enf. 8 ♀ – 12 – **139 ch** 92/100.
◆ Hôtel dont les chambres spacieuses ont adopté depuis peu les nouvelles harmonies de la chaîne. Pour garder le contact : "cyberterrasse" et branchement Internet. Salle de restaurant moderne ; aux beaux jours, les tables sont dressées côté piscine et jardin.

XXX **Auberge des Saints Pères** (Cahagnet)
212 av. Nonneville ✆ 01 48 66 62 11, *info@auberge-des-saints-peres.com, Fax 01 48 66 67 44*
AE GB
fermé 9 au 29 août, 3 au 9 janv., merc. soir, sam. et dim. – **Repas** 35/55 et carte 50 à 65 ♀.
◆ Maison massive au coeur d'un quartier résidentiel. Intérieur cossu et très feutré, doté de beaux meubles de style ; belle cuisine au goût du jour et carte des vins étoffée.
Spéc. Cannelloni de langoustines en pipérade. Poitrine de canard sauvageon, moutarde violette et coing confit. Tatin de mangue au pain d'épices.

XX **A l'Escargot**
40 rte Bondy ✆ 01 48 66 88 88, *alescargot@wanadoo.fr, Fax 01 48 68 26 91*
– AE GB
fermé 1er août au 3 sept., 1er au 11 janv. et le soir sauf vend. et sam. – **Repas** (dîner, prévenir) 28, enf. 19 ♀.
◆ Cadre d'inspiration rustique où bibelots et poèmes célèbrent l'escargot. Terrasse verdoyante. À table, variations sur les thèmes de la Corse, du fromage et de la tradition.

Ecrivez-nous...
Vos louanges comme vos critiques seront examinées avec le plus grand soin. Nous reverrons sur place les informations que vous nous signalez.
Par avance merci !

Auvers-sur-Oise *95430 Val-d'Oise* 305 E6 106 ⑥ 101 ③ *G. Ile de France – 6 820 h alt. 30.*
Voir *Maison de Van Gogh★ – Parcours-spectacle "voyage au temps des Impressionnistes"★ au château de Léry.*
Office de tourisme, rue de la Sansonne ✆ 01 30 36 10 06, Fax 01 34 48 08 47, otsi.auvers@wanadoo.fr.
Paris 36 – Compiègne *84 – Beauvais 52 – Chantilly 35 – L'Isle-Adam 7 – Pontoise 10.*

XX **Hostellerie du Nord**
r. Gén. de Gaulle ✆ 01 30 36 70 74, *contact@hostelleriedunord.fr, Fax 01 30 36 72 75*
avec ch, – ch, TV P – 25. AE GB JCB
hôtel : fermé dim. – **Repas** *(fermé 16 août au 2 sept., vacances de printemps, sam. midi, dim. soir et lundi)* 40 (déj.), 49/59 ♀ – 12 – **8 ch** 95/185 – ½ P 110/145.
◆ L'église a inspiré nombre d'impressionnistes. À deux pas, ce relais de poste (17e s.) a reçu Daubigny, Cézanne et bien d'autres virtuoses du pinceau. Chambres personnalisées.

X **Auberge Ravoux**
face Mairie ✆ 01 30 36 60 60, *aubergeravoux@maison-de-van-gogh.com, Fax 01 30 36 60 61*
AE GB JCB
fermé 10 nov. au 10 mars, lundi et le soir sauf vend. et sam. – **Repas** (nombre de couverts limité, prévenir) *(26)* - 33.
◆ Atmosphère chaleureuse et cuisine simple des cafés d'artistes du 19e s. dans l'auberge où Van Gogh logea au crépuscule de sa vie. Visitez la petite chambre du peintre.

Bagnolet _93170 Seine-St-Denis_ 🖥️🖥️🖥️ F7 🔳🔳🔳 ⑰ – _32 511 h alt. 96._
Paris 8 – Bobigny 6 – Lagny-sur-Marne 32 – Meaux 39.

🏨 **Novotel Porte de Bagnolet**
av. République, échangeur porte de Bagnolet ✆ 01 49 93 63 00, _h0380@accor_
-hotels.com, Fax 01 43 60 83 95
🛏️ – 📶 🍴 🖼️ 📺 📞 👤 🚗 – 🏛️ 500. 🅰🅴 🅾 🅶🅱 🅹🅲🅱
Repas _(16)_ - 21,40, enf. 8 ♀ – ☕ 13 – **611 ch** 136/230.
◆ À proximité de l'échangeur de l'autoroute, construction moderne abritant
des chambres fonctionnelles efficacement insonorisées. Piano-bar. Hommes
d'affaires, groupes et touristes du monde entier se croisent au restaurant,
ouvert assez tard le soir.

🏨 **Campanile**
30 av. Gén. de Gaulle, échangeur Porte de Bagnolet ✆ 01 48 97 36 00, _bagnol_
et@campanile.fr, Fax 01 48 97 95 60
📶 🖼️ 📺 📞 👤 🅿️ – 🏛️ 15 à 200. 🅰🅴 🅾 🅶🅱
Repas 16,50/18,50 ♀ – ☕ 6,50 – **274 ch** 73.
◆ Immeuble moderne en verre construit au-dessus d'un important centre
commercial. Entièrement rénové, cet hôtel abrite des chambres pratiques,
actuelles et bien insonorisées. Vaste restaurant redécoré dans un esprit
contemporain ; formules buffets.

Le Blanc-Mesnil _93150 Seine-St-Denis_ 🖥️🖥️🖥️ F7 🔳🔳🔳 ⑰ – _46 936 h alt. 48._
Paris 20 – Bobigny 6 – Lagny-sur-Marne 30 – St-Denis 10 – Senlis 37.

🏨 **Kyriad Prestige**
219 av. Descartes ✆ 01 48 65 52 18, _blancmesnil@kyriadprestige.fr_,
Fax 01 45 91 07 75
🍴 – 📶 🍴 🖼️ 👤 🚗 🅿️ – 🏛️ 45 à 110. 🅰🅴 🅾 🅶🅱 🅹🅲🅱. 🚫 rest
Repas _(20)_ - 31/63, enf. 7,50 ♀ – ☕ 12 – **126 ch** 140 – ½ P 110,50.
◆ À quelques minutes de l'aéroport Charles-de-Gaulle, cet hôtel dispose de
grandes chambres joliment meublées et bien insonorisées. Clientèle
d'affaires. La carte du restaurant décline ses menus sous des noms évoca-
teurs : tramontane, sirocco, mistral, Éole...

voir aussi **Le Bourget**

Bois-Colombes _92270 Hauts-de-Seine_ 🖥️🖥️🖥️ J2 🔳🔳🔳 ⑮ – _23 885 h alt. 37._
Paris 12 – Nanterre 6 – Pontoise 25 – St-Denis 11 – St-Germain-en-Laye 19.

🍴 **Chefson**
🍽️ 17 r. Ch. Chefson ✆ 01 42 42 12 05, Fax 01 47 80 51 68
🅶🅱
fermé août, vacances de fév., lundi soir, mardi soir, sam. et dim. – **Repas**
(nombre de couverts limité, prévenir) _(14)_ - 20/28, enf. 10 ♀.
◆ On se bouscule parfois dans ce restaurant dont la salle à manger, il est vrai,
est de petite capacité. Ambiance "bistrot" et cuisine traditionnelle simple et
copieuse.

**Dans ce guide**
un même symbole, un même mot,
imprimé en **rouge** ou en **noir**, en maigre ou en **gras**,
n'ont pas tout à fait la même signification.
Lisez attentivement les pages explicatives.

Bougival *78380 Yvelines* ▣▣▣ *I2* ▣▣▣ ⑬ *G. Ile de France – 8 432 h alt. 40.*

🛈 *Syndicat d'initiative, 7 rue du Général Leclerc* ℘ *01 39 69 21 23, Fax 01 39 69 37 65, syndicat-initiative.bougival@wanadoo.fr.*

Paris 21 – Rueil-Malmaison 5 – St-Germain-en-L. 6 – Versailles 8 – Le Vésinet 5.

 Holiday Inn
10-12 r. Y. Tourgueneff (N 13) ℘ 01 30 08 18 28, *holidayinn.parvb@hotels-res. com, Fax 01 30 08 18 38*
🏠 – 📶 ⅍ 🗏 📺 📞 ⚫ ⇔ – 🏛 15 à 200. 🆎 ⓘ 🌐
Repas *(16 bc)* - carte 27 à 40, enf. 9 ♀ – ☲ 13 – **181 ch** 165/175.

◆ Hôtel des années 1970 longeant la N 13. Chambres contemporaines ; celles sur l'arrière sont plus calmes, mais perdent la vue sur la Seine. Décor ensoleillé dans un vaste restaurant en partie coiffé d'une verrière. Cuisine au goût du jour aux accents du Sud.

 Villa des Impressionnistes
15 quai Rennequin Sualem (N 13) ℘ 01 30 08 40 00, *villa.impression@wanado o.fr, Fax 01 39 18 58 89*
sans rest, ⚫ – ⅍ 📺 📞 ⚫ ⇔ – 🏛 25 à 50. 🆎 🌐
fermé 24 juil. au 15 août
☲ 10,50 – **50 ch** 118/303, 3 duplex.

◆ Bibelots et mobilier choisis, couleurs vives et reproductions de toiles : le charmant décor de cet hôtel récent évoque le passé impressionniste des quais bougivalais.

 Camélia (Conte)
7 quai G. Clemenceau ℘ 01 39 18 36 06, *Fax 01 39 18 00 25*
🗏. 🆎 ⓘ 🌐
fermé août, dim. et lundi – **Repas** 38/68 et carte 76 à 91.

◆ Pimpante façade proche de la datcha-musée d'Ivan Tourgueniev. La salle, spacieuse et confortable, présente un cadre coloré et sagement contemporain. Cuisine classique.

Spéc. Chou farci au homard. Gigotin d'agneau du Limousin, beurre d'ail doux et noisettes. Millefeuille chaud aux fruits de saison.

Boulogne-Billancourt ⓢⓟ *92100 Hauts-de-Seine* ▣▣▣ *J2* ▣▣▣ ㉔ *G. Île de France – 106 360 h alt. 35 –* Voir *Musée départemental Albert-Kahn★ : jardins★ – Musée Paul Landowski★.*
Paris 10 – Nanterre 9 – Versailles 11.

 Golden Tulip
37 pl. René Clair ℘ 01 49 10 49 10, *info@goldentulip-parispscld.com, Fax 01 46 08 27 09*
🏠 – 📶 ⅍ 🗏 📺 📞 ⚫ – 🏛 150. 🆎 ⓘ 🌐 🏧
L'Entracte ℘ 01 49 10 49 50 *(fermé sam. et dim.)* **Repas** 27,50/45 – ☲ 18 – **180 ch** 231/315.

◆ Immeuble moderne abritant un centre d'affaires (grand auditorium et nombreuses salles de séminaires) et des chambres de belle facture. Salon-bar cossu. La salle de restaurant est ornée d'une grande fresque représentant 400 personnalités du 7e art.

 Acanthe
9 rd-pt Rhin et Danube ℘ 01 46 99 10 40, *hotel-acanthe@akamail.com, Fax 01 46 99 00 05*
sans rest – 📶 ⅍ 🗏 📺 📞 ⚫ – 🏛 15 à 30. 🆎 ⓘ 🌐 🏧
☲ 14 – **69 ch** 170/195.

◆ Voisin des studios de Boulogne et des insolites jardins du musée Albert-Kahn, hôtel insonorisé disposant de jolies chambres contemporaines. Agréable patio fleuri. Billard.

🏨 Tryp
20 r. Abondances ✆ 01 48 25 80 80, *tryp.paris.boulogne@solmelia.com,*
Fax 01 48 25 33 13
🍴 – |📶| ⇄ ▤ 📺 📞 ♿ 🚗 – 🏛 20 à 80. 🅰🅴 ⓓ 🆒 🆓
Repas *(fermé 4 au 24 août, sam. et dim.)* (20,50) - 27,50 ☲ – ☲ 14 – **75 ch**
162/167.

   ◆ Dans un quartier calme de la ville qui faillit devenir le XXIe arrondissement
de Paris, hôtel proposant des chambres actuelles, souvent dotées de balcons.
Coin salon-bar. Restaurant lumineux et contemporain agrémenté de tableaux ; cuisine traditionnelle.

🏨 Sélect Hôtel
66 av. Gén.-Leclerc ✆ 01 46 04 70 47, *select-hotel@wanadoo.fr,*
Fax 01 46 04 07 77
sans rest – |📶| ▤ 📺 📞 🅿 – 🏛 15. 🅰🅴 ⓓ 🆒 🆓
☲ 8 – **62 ch** 91/110.

   ◆ Sur la nationale conduisant de Paris à Versailles, établissement bien insonorisé dont les sobres chambres adoptent un mobilier et un décor d'inspiration
Art nouveau.

🏨 Paris
104 bis r. Paris ✆ 01 46 05 13 82, *contact@hotel-paris-boulogne.com,*
Fax 01 48 25 10 43
sans rest – |📶| ▤ 📺 📞. 🅰🅴 ⓓ 🆒
☲ 7 – **31 ch** 69.

   ◆ Situé à un angle de rue, immeuble ancien en briques abritant de petites
chambres avant tout pratiques et bien insonorisées. Accueil familial aimable
et tenue méticuleuse.

🏨 Bijou Hôtel
15 r. V. Griffuelhes, pl. Marché ✆ 01 46 21 24 98, *Fax 01 46 21 12 98*
sans rest – |📶| 📺. 🅰🅴 ⓓ 🆒 🆓
☲ 7 – **50 ch** 55,50/64.

   ◆ Ne désespérons pas Billancourt en boudant ce petit "Bijou" à l'ambiance
agréablement provinciale : les chambres, rustiques ou plus actuelles, sont
propres et bien équipées.

🏨 Olympic Hôtel
69 av. V. Hugo ✆ 01 46 05 20 69, *olympic.hotel@free.fr, Fax 01 46 04 04 07*
sans rest – |📶| 📺 📞. 🅰🅴 🆒
fermé 23 juil. au 16 août
☲ 6 – **36 ch** 58/73.

   ◆ Immeuble du début du 20e s. proche de l'intéressant musée des Années
30. Chambres peu spacieuses mais fonctionnelles. Petit-déjeuner servi dans
une courette l'été.

🍴🍴🍴 Au Comte de Gascogne (Charvet)
❀
89 av. J.-B. Clément ✆ 01 46 03 47 27, *aucomtedegasc@aol.com,*
Fax 01 46 04 55 70
▤ ⌂🍴. 🅰🅴 ⓓ 🆒
fermé 2 au 16 août, lundi soir, sam. midi et dim. – **Repas** 52
(déj.)/92 et carte 90 à 120.

   ◆ Décorée dans le style des jardins d'hiver, cette salle envahie de plantes
exotiques luxuriantes est une oasis de fraîcheur qu'appréciait Lino Ventura.
Cuisine au goût du jour.
Spéc. Grande assiette de foies gras. Ragoût de homard aux pommes de terre
safranées, pinces grillées. Pigeon désossé farci et confit (oct. à avril).

XX L'Auberge

86 av. J.-B. Clément ℘ 01 46 05 67 19, Fax 01 46 05 14 24

▤, ⒼⒷ

fermé sam. midi et dim. soir – **Repas** 27/30 ⚲.

◆ Maquettes de voiliers, d'automobiles anciennes et hélices d'avions : un concentré de l'histoire boulonnaise et des passions de David Martin, chef de cette coquette auberge.

XX Ferme de Boulogne

1   r.   Billancourt   ℘ 01 46 03 61 69,   aucomtedegasc@aol.com, Fax 01 46 04 55 70

🕽, ⒶⒺ ⒼⒷ

fermé 2 au 23 août, sam. midi, lundi soir et dim. – **Repas** *(25)* - 30 (dîner) et carte 40 à 46 ⚲.

◆ Le superbe Parcours des Années 30 du Boulogne résidentiel vous a ouvert l'appétit ? La cuisine bourgeoise de ce petit restaurant n'attend que votre joli coup de fourchette.

X Grange

34 quai Le Gallo ℘ 01 46 05 22 38, Fax 01 48 25 19 66

▤, ⒶⒺ ⒼⒷ

fermé 9 au 15 août, sam. et dim. – **Repas** *(24)* - 26 🍴.

◆ Voisin d'un centre équestre, ce restaurant n'est pas à cheval sur le service et préfère cultiver son ambiance "bonne franquette". Le ticket gagnant ? La belle carte des vins !

Le Bourget 93350 Seine-St-Denis ③⓪⑤ F7 ⑩⑩ ⑰ G. Ile de France – 12 110 h alt. 47.

Voir *Musée de l'Air et de l'Espace*★★.

Paris 13 – Bobigny 6 – Chantilly 38 – Meaux 41 – St-Denis 8 – Senlis 38.

🏨 Kyriad Prestige

aéroport du Bourget - Zone aviation d'affaires ℘ 01 49 34 10 38, lebourget@k yriadprestige.fr, Fax 01 49 34 10 35

🛗 – 📶 🛏 ▤ 📺 ☏ ⌖ 🅿 – 🔆 15 à 60. ⒶⒺ ⓪ ⒼⒷ

Repas *(16)* - 25,50, enf. 7,50 ⚲ – ⊡ 12 – **86 ch** 130.

◆ Fréquenté par le personnel des compagnies aériennes, hôtel dont les chambres sont joliment meublées et équipées du double vitrage. Au restaurant, cadre moderne et feutré, tables suffisamment espacées et formules buffets à volonté.

🏨 Novotel

2 r. Perrin, ZA pont Yblon au Blanc-Mesnil ✉ 93150 ℘ 01 48 67 48 88, h0388 @accor-hotels.com, Fax 01 45 91 08 27

🌫, 🏊 – 📶 🛏 ▤ 📺 ☏ ⌖ 🅿 – 🔆 200. ⒶⒺ ⓪ ⒼⒷ ⒿⒸⒷ

Repas 23, enf. 8 ⚲ – ⊡ 12 – **143 ch** 115/123.

◆ Construction moderne située dans une zone industrielle proche de l'aéroport. Les chambres, fonctionnelles, sont spacieuses et bien insonorisées. Restaurant à clientèle d'affaires où l'on prépare sous vos yeux salades, grillades et grandes assiettes.

Dans ce guide
un même symbole, un même mot,
*imprimé en **rouge** ou en **noir**, en maigre ou en **gras**,*
n'ont pas tout à fait la même signification.
Lisez attentivement les pages explicatives.

Bourg-la-Reine 92340 Hauts-de-Seine ▓▓▓ J3 ▓▓▓ ㉕ – 18 251 h alt. 56.

Voir L'Hay-les-Roses : roseraie★★ E : 1,5 km, G. Île de France.

🛈 Office de tourisme, 1 boulevard Carnot ℘ 01 46 61 36 41, Fax 01 46 61 61 08, officetourisme.blr@9online.fr.

Paris 10 – Boulogne-Billancourt 12 – Évry 24 – Versailles 18.

 Alixia

82 av. Gén. Leclerc ℘ 01 46 60 56 56, alixia-bourglareine@wanadoo.fr, Fax 01 46 60 57 34

sans rest – |韻| cuisinette ✜ 📺 📞 ⇔ – 🏋 15. 🖭 ⓪ 🚭

🖵 9 – **40 ch** 88.

◆ Façade avenante sur la N 20, à deux pas du ravissant parc de Sceaux. Chambres contemporaines, bien équipées et insonorisées. Plateaux-repas sur demande.

Brie-Comte-Robert 77170 S.-et-M. ▓▓▓ E3 ▓▓▓ ㊴ G. Île de France – 13 397 h alt. 90.

Voir Verrière★ du chevet de l'église.

▚₁₈ Clément Ader à Gretz-Armainvilliers ℘ 01 64 07 34 10, NE : 12 km par D 216 ; ▚₉ de Marolles en Brie à Marolles-en-Brie ℘ 01 45 95 18 18, NO : 6 km ; ▚₉ ASPTT Paris Golf des Corbuches à Lésigny ℘ 01 60 02 07 26, N : 6 km par N 104 ; ▚₁₈ du Réveillon à Lésigny ℘ 01 60 02 17 33, N : 6 km par N 104.

🛈 Syndicat d'initiative, place Jeanne d'Evreux ℘ 01 64 05 30 09, Fax 01 64 05 68 18, mairie@brie-comte-robert.fr.

Paris 30 – Brunoy 10 – Évry 20 – Melun 18 – Provins 63.

 A la Grâce de Dieu

79 r. Gén. Leclerc (N 19) ℘ 01 64 05 00 76, gracedie@wanadoo.fr, Fax 01 64 05 60 57

📺 📞 🅿. ⓪ 🚭

Repas (fermé dim. soir) 18,50/40 ♀ – 🖵 10,50 – **17 ch** 36/45 – ½ P 40.

◆ Au 17ᵉ s., ce relais de poste était l'ultime halte avant de possibles rencontres avec les bandits de grands chemins. Enseigne restée certes, fataliste, mais confort actuel. Restaurant aux allures d'auberge provinciale (mobilier de style Louis XIII, fresque).

Brou-sur-Chantereine 77177 S.-et-M. ▓▓▓ E2 ▓▓▓ ⑲ – 4 280 h alt. 120.

Paris 35 – Coulommiers 44 – Meaux 26 – Melun 48.

✗ **Lotus de Brou**

2 ter r. Carnot ℘ 01 64 21 01 44

🚭. ✖

fermé 20 juil. au 25 août et lundi – **Repas** carte 54 à 61.

◆ En léger retrait de la route, restaurant au décor extrême-oriental sobre et élégant. Cuisine chinoise et thaï, simple mais authentique, servie avec amabilité.

Bry-sur-Marne 94360 Val-de-Marne ▓▓▓ E2 ▓▓▓ ⑱ – 15 000 h alt. 40.

🛈 Office de tourisme, 2 Grande Rue ℘ 01 48 82 30 30, Fax 01 45 16 90 02, otsibry@free.fr.

Paris 16 – Créteil 12 – Joinville-le-Pont 5 – Nogent-sur-Marne 3 – Vincennes 9.

 Auberge du Pont de Bry

3 av. Gén. Leclerc ℘ 01 48 82 27 70

🚭

fermé août, 10 au 15 janv., merc. soir, dim. soir et lundi – **Repas** 30.

◆ Discrète auberge située sur un rond-point, face au pont de Bry. La salle à manger, au cadre moderne, est prolongée d'une véranda.

Carrières-sur-Seine 78420 Yvelines 📖 J2 📖 ⑭ – 12 050 h alt. 52.

Paris 19 – Argenteuil 8 – Nanterre 7 – Pontoise 28 – St-Germain-en-Laye 7.

XX **Panoramic de Chine**
1 r. Fermettes ☎ 01 39 57 64 58, Fax 01 39 15 17 68
🏠 – **P.** AE GB
fermé août et 20 au 27 fév. – **Repas** 12 (déj.), 18/40 ♀.

◆ Les anciennes carrières servent aujourd'hui de champignonnières. L'entrée "en pagode" de cette maison (1920) invite à goûter sa copieuse cuisine asiatique ; agréable terrasse.

Cergy-Pontoise **P** 95 Val-d'Oise 📖 D6 📖 ⑤ 📖 ② *G. Ile de France.*

📖 de Cergy-Pontoise à Vauréal ☎ 01 34 21 03 48, O : 7 km par D 922 ; 📖 à Ableiges ☎ 01 30 27 97 00, par ③ : 14 km ; 📖 à Gadancourt ☎ 01 34 66 12 97, par ④ : 20 km.

Paris 35 ② – Mantes-la-Jolie 40 ④ – Pontoise 3 – Rambouillet 60 ④ – Versailles 33 ③.

CERGY-PONTOISE

Bougara (Av. Redouane)	**BV** 4	Delarue (Av. du Gén.-G.)	**BV** 15	Moulin-à-Vent (Bd du)	**AV** 47
Bouticourt (R. Ch.)	**BV** 6	Genottes (Av. des)	**AV** 28	Petit-Albi (R. du)	**AV** 55
Constellation (Av. de la)	**AV** 13	Lavoye (R. Pierre)	**BV** 40	Verdun (Av. de)	**BX** 76
		Mendès-France (Mail)	**AX** 44	Viosne (Bd de la)	**BVX** 83
		Mitterrand (Av. Fr.)	**BVX** 45		

CERGY-PRÉFECTURE

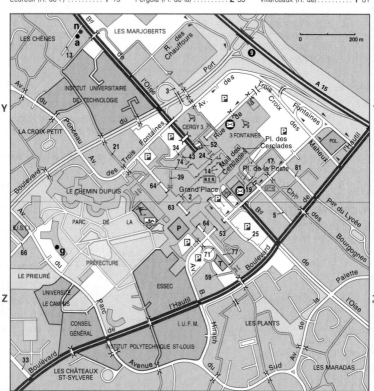

Cergy – *54 781 h. alt. 30* – ⌧ *95000* :.

🏛 **Mercure** Y a
3 r. Chênes Émeraude par bd Oise ℘ 01 34 24 94 94, *h3452@accor-hotels.co
m, Fax 01 34 24 95 15*
sans rest – |≝| ⇆ ▤ ▦ ☏ ₺ ⚲ – 🛋 40. 🖭 ① ☖
☲ 12 – **51 ch** 112/138, 5 suites.
◆ Construction récente abritant de vastes chambres très bien équipées et
dotées d'un mobilier de style à dominante Directoire ; certaines sont refaites.
Bonne insonorisation.

🏛 **Novotel** z g
3 av. Parc, près préfecture ℘ 01 30 30 39 47, *h0381@accor-hotels.com,
Fax 01 30 30 90 46* – 🍽, 🏊, 🛋 – |≝| ⇆ ▦ ☏ ₺ 🅿 – 🛋 100. 🖭 ① ☖
Repas 26,50 (snack week-ends et fériés), enf. 8 ♀ – ☲ 12 – **191 ch** 109/119.
◆ Immeuble des années 1980 situé près du centre administratif et à la lisière
du parc. Chambres confortables et tranquilles ; la plupart sont rénovées. La
salle à manger moderne s'ouvre sur la terrasse et la piscine ; carte Novotel et
menu "saveurs".

XX **Les Coupoles**   Y n
1 r. Chênes Emeraude par bd Oise ℘ 01 30 73 13 30, *Fax 01 30 73 46 90*
☂ – 🍴 (midi). 🖭 ⓪ GB
Repas 28 ♈.

❖ Murs habillés de boiseries, lumineuse verrière colorée, mobilier contemporain et petites touches Belle Époque président au cadre de ce restaurant.
Cuisine traditionnelle.

Cormeilles-en-Vexin *par ① : 10 km – 863 h. alt. 111 –* ✉ *95830 :.*

XXX **Relais Ste-Jeanne** (Cagna)
❄❄ sur   ancienne   D   915   ℘ 01 34 66 61 56,   *saintejeanne@hotmail.com,*
Fax 01 34 66 40 31
🚗 – **P**. 🖭 ⓪ GB
fermé 28 juil. au 26 août, 22 au 29 déc., dim. soir, lundi et mardi – **Repas**
60 bc/110 bc et carte 90 à 112.

❖ Coquet salon et sa cheminée, décor sagement campagnard, agréable
jardin accueillant la terrasse, cuisine raffinée : le bonheur existe, il habite cette
jolie maison du Vexin.
Spéc. Escalopes de ris de veau poêlées, crème de volaille. Blanc de turbot rôti
à l'huile d'olive, mirepoix de légumes. Adagio chocolat-pistache.

Hérouville *au Nord-Est par D 927 : 8 km – 598 h. alt. 120 –* ✉ *95300 :.*

XX **Les Vignes Rouges**
pl. Église ℘ 01 34 66 54 73, *Fax 01 34 66 20 88*
☂ – 🍽. GB
fermé 1ᵉʳ au 10 mai, 1ᵉʳ au 28 août, 1ᵉʳ au 15 janv., dim soir, lundi et mardi –
Repas 38.

❖ L'enseigne de cette maison francilienne évoque une oeuvre de Van Gogh.
Terrasse tournée vers l'église, exposition de tableaux d'un peintre local et
plats traditionnels.

Méry-sur-Oise *– 8 929 h. alt. 29 –* ✉ *95540 .*

🅱 *Syndicat d'initiative, 30 avenue Marcel Perrin ℘ 01 34 64 85 15, si.mery-*
@wanadoo.fr.

XXXX **Chiquito** (Mihura)
❄ rte Pontoise 1,5 km par D922 ℘ 01 30 36 40 23,   *lechiquito@free.fr,*
Fax 01 30 36 42 22
🚗 – 🍽 **P**. 🖭 ⓪ GB
fermé 2 au 9 janv., sam. midi, dim. soir et lundi – **Repas** (prévenir) carte environ 75.

❖ Respect de la tradition - dans l'hospitalité comme dans le confort - et
cuisine au goût du jour font le succès de cette adresse : il n'est pas rare qu'on
affiche complet !
Spéc. Escalopes de foie gras poêlées, coing glacé et confiture de citron (sept.
à mars). Bar rôti, mitonnée de fenouil à l'anis vert. Paris-Brest, sauce chicorée.

Osny *– 14 309 h. alt. 37 –* ✉ *95520 :.*

XX **Moulin de la Renardière**   AV f
r.   Gd   Moulin   ℘ 01 30 30 21 13,   *contact@moulinrenardiere.fr,*
Fax 01 34 25 04 98
☂, 🍸 – **P**. 🖭 ⓪ GB JCB
fermé dim. soir, mardi soir et lundi – **Repas** 30.

❖ Ancien moulin niché dans un parc. Attablez-vous dans la salle à grains
égayée d'une belle cheminée ou sur la terrasse ombragée, au bord de la
rivière.

Pontoise P – *27 494 h. alt. 48* – ✉ *95300 :.*

Office de tourisme, 6 place du Petit Martroy ☏ 01 30 38 24 45, Fax 01 30 73 54 84, otpontoise@freesurf.fr.

PONTOISE

Bretonnerie (R. de la) ..... **D** 7
Butin (R. P.) .... **DE** 8
Canrobert
(Av. du Mar.) .... **D** 10
Château (R. du) .... **E** 12
Écluse (Quai de l') .... **E** 18
Flamel (Pl. N.) .... **E** 22
Gisors (R.) .... **D** 30
Grand-Martroy
(Pl. du) .... **D** 32
Hôtel-de-Ville
(R.de l') .... **E** 36
Hôtel-Dieu (R. de l') .... **E** 37
Lavoye (R. Pierre) .... **D** 40
Leclerc (R. du Gén.) .... **E** 41
Lecomte (R. A.) .... **E** 42
Parc-aux-Charrettes
(Pl. du) .... **D** 50
Petit-Martroy
(Pl. du) .... **D** 56
Pierre-aux-Poissons
(R.) .... **D** 57
Pothuis (Quai de) .... **E** 62
Roche (R. de la) .... **E** 67
Rouen (R. de) .... **D** 69
Souvenir (Pl. du) .... **D** 70
Thiers (R.) .... **D** 72
Vert-Buisson
(R. du) .... **E** 80

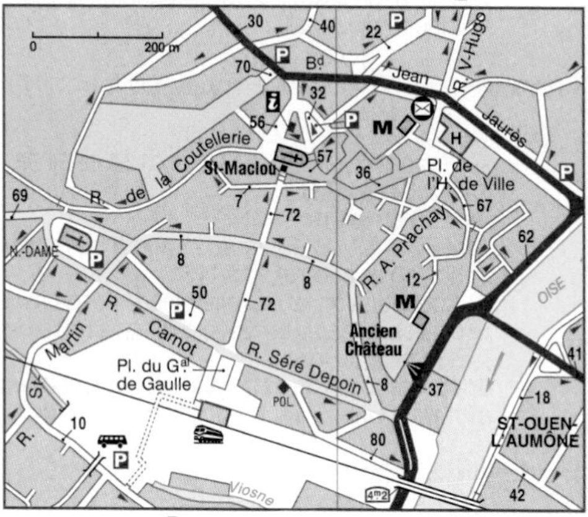

Campanile BVX e
r. P. de Coubertin ☏ 01 30 38 55 44, *campanile.pontoise@free.fr, Fax 01 30 30 48 87*
– P – 25. AE GB. rest
Repas *(12,50)* - 18,50, enf. 6 ♀ – 6,80 – **81 ch** 61.
◆ Situé dans une ZAC, ce Campanile offre des prestations conformes aux dernières normes de la chaîne : chambres fonctionnelles et bien tenues. Formules buffets à découvrir dans une salle à manger néo-rustique.

Auberge du Cheval Blanc BV t
47 r. Gisors ☏ 01 30 32 25 05, *aubergeduchevalblanc95@wanadoo.fr, Fax 01 34 24 12 34*
AE GB
fermé 28 juil. au 20 août, sam. midi, dim. et lundi – **Repas** 33 bc/35 ♀.
◆ Cet ancien relais de poste du Vexin français abrite un restaurant au cadre sagement contemporain où sont exposées des peintures d'artistes régionaux. Cuisine traditionnelle.

Cernay-la-Ville *78720 Yvelines* 311 H3 106 ㉙ 101 ㉛ – *1 727 h alt. 170.*
Voir *Abbaye★ des Vaux-de-Cernay O : 2 km,* G.Île de France.
Paris 45 – Chartres 52 – Longjumeau 31 – Rambouillet 12 – Versailles 25.

Abbaye des Vaux de Cernay
Ouest : 2,5 km par D 24 ☏ 01 34 85 23 00, *cernay@leshotelsparticuliers.com, Fax 01 34 85 11 60*
– P – 25 à 200. AE GB JCB
Repas 28 (déj.), 44/85 – 14 – **57 ch** 96/260, 3 suites – ½ P 103/350.
◆ Abbaye cistercienne du 12e s. restaurée au 19e s. par la famille Rothschild. Vastes chambres, vestiges gothiques et promenades méditatives dans le parc. Ambiance feutrée dans la salle de restaurant coiffée de superbes voûtes.

Ferme des Vallées
Ouest : 3,5 km par D24   ✆ 01 30 46 32 42, *vallee@leshotelsparticuliers.com*, *Fax 01 30 46 32 23*
🐾 sans rest, 🍽 – 🅿, 🆎 ⓪ 🆖 🃏
☕ 12 – **30 ch** 65/244.
◆ Cette ancienne ferme nichée sur le domaine de l'abbaye des Vaux de Cernay abrite désormais des chambres mansardées et diversement meublées (rustique et rotin).

Charenton-le-Pont *94220 Val-de-Marne* 🖫🖫🖫 D3 🖫🖫🖫 ⑳ – *26 582 h alt. 45.*
Paris 8 – Alfortville 3 – Ivry-sur-Seine 4.

🏨 **Novotel Atria**
5 pl. Marseillais (r. Paris)   ✆ 01 46 76 60 60, *h1549@accor-hotels.com*, *Fax 01 49 77 68 00*
🍽 – 🛗 ⚡ 📺 📞 ⌟ 🚗 – 🔒 15 à 180. 🆎 ⓪ 🆖
Repas 20,60 et carte le week-end, enf. 8 ⅌ – ☕ 13 – **133 ch** 142/175.
◆ L'enseigne fait allusion à la cour intérieure coiffée d'une coupole translucide. Chambres conformes au dernier style de la chaîne et équipements complets pour réunions. Salle de restaurant rénovée, carte sans chichi, menu du jour et service efficace.

Une réservation confirmée par écrit ou par fax est toujours plus sûre.

Châteaufort *78117 Yvelines* 🖫🖫🖫 I3 🖫🖫🖫 ㉒ – *1 453 h alt. 153.*
🏌 *National à Guyancourt* ✆ 01 30 43 36 00, NO : 7 km par D 36.
Paris 28 – Arpajon 28 – Chartres 75 – Versailles 15.

XXX **Belle Époque**
10 pl. Mairie ✆ 01 39 56 95 48, *Fax 01 39 56 99 93*
🍽 – 🆎 🆖 🃏
fermé 1ᵉʳ au 23 août, 19 au 27 déc., 27 fév. au 7 mars, dim. et lundi – **Repas** 32/45.
◆ Recettes originales, joli cadre rustique, terrasse ombragée de vieux tilleuls, vue sur la vallée de Chevreuse et ambiance Belle Époque qualifient cette auberge de village.

Chatou *78400 Yvelines* 🖫🖫🖫 I2 🖫🖫🖫 ⑬ *G. Île de France* – *28 588 h alt. 30.*
🛈 *Office de tourisme, place de la Gare* ✆ 01 30 71 30 89.
Paris 17 – Maisons-Laffitte 8 – Pontoise 31 – St-Germain-en-Laye 6 – Versailles 13.

XX **Les Canotiers**
16 av. Mar. Foch   ✆ 01 30 71 58 69, *didier.focus@wanadoo.fr*, *Fax 01 47 51 70 09*
🍽 – 🆎 🆖 🃏
fermé août , vacances de fév., sam. midi, dim. soir et lundi – **Repas** 18/25.
◆ Restaurant installé sous les arcades d'un immeuble récent, près de l'île sur laquelle Renoir peignit le Déjeuner des canotiers. Salle contemporaine. Plats traditionnels.

X **Rives de la Courtille**
r. Bac, Ile des Impressionnistes ✆ 01 34 80 92 62, *lesrivesdelacourtille@wanadoo.fr, Fax 01 34 80 91 53*
🍽 – 🆎 🆖
fermé 22 fév. au 1ᵉʳ mars, dim. soir et lundi soir – **Repas** 31/36, enf. 10 ⅌.
◆ Reconstitution d'une gare d'eau sur l'île des Impressionnistes. Intérieur de bistrot contemporain, belles terrasses dominant la Seine, accueil charmant ; brunch dominical.

Clamart *92140 Hauts-de-Seine* 🅗🅘🅘 *J3* 🅘🅘🅘 ㉕ – *48 572 h alt. 102.*

🅩 *Office de tourisme, 22 rue Paul Vaillant Couturier* 𝒫 *01 46 42 17 95, Fax 01 46 42 44 30, otsi.clamart@free.fr.*

Paris 10 – Boulogne-Billancourt 7 – Issy-les-Moulineaux 4 – Nanterre 15 – Versailles 13.

🏠 **Trosy**
41 r. P. Vaillant-Couturier 𝒫 01 47 36 37 37, *hoteltrosy@aol.com*, Fax 01 47 36 88 38
sans rest – 🛗 📺 📞. 🆎 🆖
🛏 7 – **40 ch** 51/66, 4 suites.
◆ Cet immeuble moderne propose des chambres fonctionnelles bien tenues ; demandez-en une côté cour pour bénéficier du calme. Réception courtoise et ambiance familiale.

🏠 **Brèche du Bois**
7 pl. J. Hunebelle 𝒫 01 46 42 29 06, *brechebois@aol.com*, Fax 01 46 42 00 05
sans rest – 📺 📞. 🆎 🆖
🛏 5,50 – **30 ch** 51/64.
◆ Cette ancienne guinguette proche du centre-ville héberge des chambres pratiques, plus calmes sur l'arrière. Les sentiers du bois de Clamart sont aux portes de l'hôtel.

Clichy *92110 Hauts-de-Seine* 🅗🅘🅘 *J2* 🅘🅘🅘 ⑮ – *50 179 h alt. 30.*

🅩 *Office de tourisme, 61 rue Martre* 𝒫 *01 47 15 31 61, Fax 01 47 15 30 45, office-tourisme.clichy@libertysurf.fr.*

Paris 9 – Argenteuil 8 – Nanterre 9 – Pontoise 26 – St-Germain-en-Laye 21.

🏨 **Sovereign**
14 r. Dagobert 𝒫 01 47 37 54 24, *sovereign.clichy@wanadoo.fr*, Fax 01 47 30 05 80
sans rest – 🛗 📺 📞 🛋. 🆎 🅾 🆖
🛏 8 – **42 ch** 88/95.
◆ Accueil charmant, bar-salon-billard de style anglais, chambres bien équipées et salles de bains rénovées comptent parmi les atouts de cet hôtel.

🏠 **des Chasses**
49 r. Pierre Bérégovoy 𝒫 01 47 37 01 73, *hotel-des-chasses@wanadoo.fr*, Fax 01 47 31 40 98
sans rest – 🛗 📺 📞. 🆎 🅾 🆖
🛏 7 – **35 ch** 70.
◆ Cet hôtel qui donne dans une rue calme dispose de chambres sobres, pas très grandes mais rajeunies. Plaisante salle des petits-déjeuners.

🏠 **Europe**
52 bd Gén. Leclerc 𝒫 01 47 37 13 10, *europe.hotel@wanadoo.fr*, Fax 01 40 87 11 06
sans rest, 💆, 🔲 – 🛗 🍽 📺 📞 🅿. 🆎 🅾 🆖
🛏 9 – **82 ch** 82/99.
◆ Immeuble en briques (1920) situé à un angle de rue. Les chambres, fonctionnelles et colorées, sont bien insonorisées ; préférez cependant celles qui donnent sur l'arrière.

Annexe Résidence Europe 🏠
15 r. P. Curie 𝒫 01 47 37 12 13, *europe.hotel@wanadoo.fr*
sans rest – 🛗 📺 📞. 🆎 🅾 🆖
🛏 9 – **28 ch** 82.
◆ Dans une rue tranquille, établissement proposant des chambres rénovées et meublées en bois cérusé. Salles des petits-déjeuners au décor "marin".

XX **Barrière de Clichy**
1 r. Paris ✆ 01 47 37 05 18, *Fax 01 47 37 77 05*
▤. AE ⓓ GB
fermé 16 au 29 août, sam., dim. et fériés – **Repas** 29/38 ♀.
◆ La "barrière" fut héroïquement défendue en 1814 contre les cosaques... Ce plaisant restaurant est fréquenté par une clientèle fidèle. Cadre soigné, plats au goût du jour.

Conflans-Ste-Honorine *78700 Yvelines 311 I2 101 ③ G. Île de France – 33 327 h alt. 25 Pardon national de la Batellerie (fin juin).*

Voir ≤★ *de la terrasse du parc du château – Musée de la Batellerie.*
ℹ *Office de tourisme, 1 rue René Albert ✆ 01 34 90 99 09, Fax 01 39 19 80 77, office.tourisme.conflans@wanadoo.fr.*
Paris 38 – Mantes-la-Jolie 39 – Poissy 10 – Pontoise 8 – Versailles 27.

X **Au Bord de l'Eau**
15 quai Martyrs-de-la-Résistance ✆ 01 39 72 86 51
▤. GB
fermé 9 au 27 août, 24 déc. au 3 janv., le soir (sauf sam.) et lundi sauf fériés – **Repas** 28 (déj.), 39/53.
◆ Plaques d'identité de bateaux et appareils de navigation : l'intérieur de ce restaurant familial posté sur les quais de Seine rend hommage à la batellerie conflanaise.

Si le coût de la vie subit des variations importantes, les prix que nous indiquons peuvent être majorés. Lors de votre réservation à l'hôtel, faites-vous préciser le prix définitif.

Corbeil-Essonnes *91100 Essonne 312 D4 101 ㊲ – 39 378 h alt. 37.*

⛳18 *Blue Green Golf de Villeray à St-Pierre-du-Perray ✆* 01 60 75 17 47, E : 6 km ;
⛳18 *de Greenparc à St-Pierre-du-Perray ✆* 01 60 75 40 60, NE : 6 km par D 947.
ℹ *Office de tourisme, 4 place P.V. Couturier ✆ 01 64 96 23 97, Fax 01 60 88 05 37, otourisme.corbeil@wanadoo.fr.*
Paris 536 – Fontainebleau *37 – Créteil 27 – Évry 6 – Melun 24.*

XXX ✿ **Aux Armes de France** (Pacheco)
1 bd J. Jaurès sur N 7 ✆ 01 64 96 24 04, *auxarmesdefrance@wanadoo.fr, Fax 01 60 88 04 00*
▤ P. AE ⓓ GB
fermé sam. midi et dim. – **Repas** 34/76 bc et carte 70 à 90 ♀.
◆ Bouquets de fleurs, sièges de style Directoire, trophées de chasse et argenterie composent le plaisant décor de cet ancien relais de poste. Brillante cuisine au goût du jour.
Spéc. Oeuf mollet en croûte de cèpes. Pigeonneau rôti en croûte de sel. Coupe cristalline glacée au chocolat.

au Coudray-Montceaux *Sud-Est : 6 km par N 7 – 2 800 h. alt. 81 – ✉ 91830 :.*

🏨 **Mercure**
rte Milly-la-Forêt ✆ 01 64 99 00 00, *h0977@accor-hotels.com, Fax 01 64 93 95 55*
, , , , – |‡| ⇔, ▤ ch, TV ✆ ♿ P – 🚶 15 à 200. AE ⓓ GB JCB
Repas *(fermé vend. midi, dim. midi et sam. d'oct. à fév.)* (10) - 22,10, enf. 9,20 ♀ – ☕ 12 – **125 ch** 114/122.
◆ À l'écart de la circulation, hôtel aux chambres spacieuses et contemporaines. Pour les clients attentifs à leur forme : vaste parc et nombreux aménagements sportifs. Salle à manger-véranda moderne prolongée d'une terrasse ouvrant sur la forêt et la campagne.

XX **Auberge du Barrage**
par bord de Seine, 40 ch. de Halage ℘ 01 64 93 81 16, *Fax 01 69 90 41 32*
≤, 🏠 – AE ⓘ GB JCB
fermé mi-oct. à mi-nov., dim. soir et lundi – **Repas** 24/43 ℤ.
♦ Profitez du ballet des péniches navigant sur la Seine depuis l'agréable terrasse de cette ancienne guinguette. Sympathique petite salle à manger. Plats classiques et poissons.

Courbevoie 92400 *Hauts-de-Seine* 🔳 J2 🔳 ⑮ *G. Île de France* – *69 694 h alt. 28. Paris 10 – Asnières-sur-Seine 4 – Levallois-Perret 4 – Nanterre 5 – St-Germain-en-Laye 17.*

🏠 **George Sand**
18 av. Marceau ℘ 01 43 33 57 04, *george-sand@wanadoo.fr, Fax 01 47 88 59 38*
sans rest – 🛗 TV 📞. AE ⓘ GB JCB. ⚡
☕ 9 – **31 ch** 130.
♦ L'hôtel se distingue par son mobilier du 19ᵉ s. et son décor raffiné et "cosy" évoquant l'univers de George Sand. Rêverie dans le salon, accompagnée par la musique de Chopin.

🏠 **Central**
99 r. Cap. Guynemer ℘ 01 47 89 25 25, *Fax 01 46 67 02 21*
sans rest – 🛗 TV 🅿. AE ⓘ GB
☕ 5 – **55 ch** 55/65.
♦ Près de la Défense, hôtel disposant de chambres rénovées ; toutes sont insonorisées, mais celles côté rue sont plus calmes que celles donnant sur la voie ferrée.

Quartier Charras :

🏨 **Mercure La Défense 5**
18 r. Baudin ℘ 01 49 04 75 00, *h1546@accor-hotels.com, Fax 01 47 68 83 32*
🛗 ⤫ ▤ TV 📞 ⅙ 🛏 – 🔨 150. AE ⓘ GB JCB
Charleston Brasserie ℘ 01 49 04 75 85 *(fermé 26 juil. au 22 août, sam. et dim.)* **Repas** 30/40, enf. 9,50 – ☕ 14 – **509 ch** 206/229, 6 suites.
♦ Imposante architecture en arc de cercle abritant des chambres fonctionnelles et bien équipées ; à partir du 8ᵉ étage, certaines offrent une vue sur Paris ou la Défense. Ambiance chaleureuse et cuisine selon le marché vous attendent à la brasserie Charleston.

au Parc de Bécon :

X **Les Trois Marmites**
215 bd St-Denis ℘ 01 43 33 25 35, *Fax 01 43 33 25 35*
▤. AE ⓘ GB
fermé 2 au 23 août, sam., dim. et fériés – **Repas** (déj. seul.) *(29)* - 34.
♦ La clientèle d'affaires apprécie ce petit restaurant de quartier proche des quais, face au parc de Bécon et au musée Roybet-Fould (oeuvres de Carpeaux). Carte traditionnelle.

Créteil 🅿 94000 *Val-de-Marne* 🔳 D3 🔳 ㉗ *G. Île de France* – *82 154 h alt. 48. Voir Hôtel de ville★ : parvis★.*

🏌 à Marolles-en-Brie ℘ 01 45 95 18 18, SE : 10 km ; 🏌 d'Ormesson à Ormesson-sur-Marne ℘ 01 45 76 20 71, E : 15 km.
🅱 *Office de tourisme, 1 rue François-Mauriac* ℘ 01 48 98 58 18, *Fax 01 42 07 09 65.*
Paris 14 – Bobigny 22 – Évry 32 – Lagny-sur-Marne 29 – Melun 35.

🏨 **Novotel**

au lac 𝒫 01 56 72 56 72, *h0382@accor-hotels.com, Fax 01 56 72 56 73*
🏊, 🍴, ⚎ – 📶 ⟷ 🖻 📺 📞 🅿 – 🦽 80. 🆎 ⓪ ☒

Repas *(17)* - 22,60, enf. 8 🍷 – 🖵 12 – **110 ch** 117/170, 5 suites.

◆ L'atout majeur de ce Novotel est son emplacement face au lac (base de loisirs et parcours de jogging). Les chambres, rénovées, donnent pour moitié sur le plan d'eau. Au restaurant, cadre et ambiance conformes au concept de la chaîne.

Dampierre-en-Yvelines *78720 Yvelines* ▨▨▨ *H3* ▨▨▨ ③ – *1 051 h alt. 100.*

Voir *Château de Dampierre*★★, G. Île de France.

🏌 *à Forges-les-Bains 𝒫 01 64 91 48 18, SE : 14 km.*

🎫 *Office de tourisme, 9 Grande Rue 𝒫 01 30 52 57 30, Fax 01 30 52 52 43.*

Paris 38 – Chartres 57 – Longjumeau 32 – Rambouillet 16 – Versailles 21.

XXX **Auberge du Château "Table des Blot"**
ⓧ 1 Grande rue 𝒫 01 30 47 56 56, *Fax 01 30 47 51 75*

avec ch – 📺. ☒. ⌗ ch

fermé 25 août au 5 sept., 22 au 30 déc., 16 fév. au 2 mars, dim. soir, lundi et mardi – **Repas** 30/45 et carte 45 à 58 – 🖵 8 – **10 ch** 65/105.

◆ Auberge du 17ᵉ s. où meubles anciens, objets chinés et sièges de style recouverts de tissus modernes s'harmonisent parfaitement. Cuisine traditionnelle personnalisée.

Spéc. Tête de veau pressée au gingembre, sauce ravigote. Escalopines de rognons de veau, pommes macaire. Savarin tiède au chocolat.

XX **Écuries du Château**
au château 𝒫 01 30 52 52 99, *chateau.dampierre@worldonline.fr, Fax 01 30 52 59 90*

🅿. 🆎 ⓪ ☒

fermé 1ᵉʳ au 25 août, 15 fév. au 3 mars, mardi, merc. et le soir sauf vend. et sam. – **Repas** *(26)* - 38/50, enf. 19 🍷.

◆ Ces anciennes écuries transformées en restaurant bénéficient du prestigieux voisinage du château de Dampierre. Plaisante salle à manger ; cuisine des plus traditionnelles.

XX **Auberge St-Pierre**
1 r. Chevreuse 𝒫 01 30 52 53 53, *Fax 01 30 52 58 57*

☒

fermé dim. soir, mardi soir et lundi – **Repas** *(25)* - 30 🍷.

◆ Maison à colombages située presque en face du château. Salon agrémenté d'un vieux piano mécanique et salle à manger gentiment campagnarde réchauffée par une cheminée.

La Défense *92 Hauts-de-Seine* ▨▨▨ *J2* ▨▨▨ ⑭ *G. Paris* – ✉ *92400 Courbevoie.*

Voir *Quartier*★★ : *perspective*★ *du parvis.*

Paris 10 – Courbevoie 1 – Nanterre 4 – Puteaux 2.

🏨 **Sofitel Grande Arche**
11 av. Arche, sortie Défense 6 ✉ 92081 𝒫 01 47 17 50 00, *h3013@accor-hotels.com, Fax 01 47 17 55 66*
🍴, 🏋 – 📶 ⟷ 🖻 📺 📞 🦽 ☞ – 🦽 100. 🆎 ⓪ ☒ 🃏. ⌗ rest

Avant Seine 𝒫 01 47 17 59 99 *(fermé 11 au 24 août, vend. soir, sam. et dim.)*
Repas *(28)*- et carte 45 à 50 – 🖵 23 – **368 ch** 395/445, 16 suites.

◆ Belle architecture en proue de navire, toute de verre et de pierre ocre. Chambres spacieuses et élégantes, salons et auditorium très bien équipés (avec cabines de traduction). Décor design de qualité et cuisine à la broche au restaurant l'Avant Seine.

Renaissance

60 Jardin de Valmy, par bd circulaire, sortie La Défense 7 ⊠ 92918 Puteaux
𝒫 01 41 97 50 50, *reservations@renaissancehotels.com, Fax 01 41 97 51 51*
🖫 – 🛗 ⇷ 🖃 📺 📞 ⅙ ⇙ – 🏋 160. 🖭 ⓪ ☒ ⌸ 🍴
Repas *(fermé dim. midi et sam.)* 26 ♀ – ⌸ 23 – **324 ch** 239/540, 3 suites.

♦ Au pied de la Grande Arche en marbre de Carrare, construction contemporaine abritant des chambres bien équipées et décorées avec raffinement. Fitness complet. Côté restaurant, cadre tout bois, atmosphère de brasserie "rétro" et vue sur les jardins de Valmy.

 Hilton La Défense

2 pl. Défense ⊠ 92053 𝒫 01 46 92 10 10, *parlhicb@hilton.com, Fax 01 46 92 10 50*
🍳 – 🛗 ⇷ 🖃 📺 📞 ⅙ ⇙ 🅿 – 🏋 5 à 60. 🖭 ⓪ ☒ ⌸
Les Communautés 𝒫 01 46 92 10 30 (déj. seul.) *(fermé sam. et dim.)* **Repas** 56/100, enf. 12, ♀
L'Échiquier 𝒫 01 46 92 10 35 **Repas** carte 35 à 45 – ⌸ 28 – **148 ch** 270/500, 6 suites.

♦ Hôtel entièrement rénové, situé dans l'enceinte du CNIT. Certaines chambres, design et chaleureuses, ont été pensées pour le bien-être de la clientèle d'affaire. Cuisine au goût du jour et et jolie vue aux Communautés. Carte traditionnelle à l'Échiquier.

 Sofitel Centre

34 cours Michelet, par bd circulaire sortie La Défense 4 ⊠ 92060 Puteaux
𝒫 01 47 76 44 43, *h0912@accor-hotels.com, Fax 01 47 76 72 10*
🍳 – 🛗 ⇷ 🖃 📺 📞 ⅙ ⇙ – 🏋 100. 🖭 ⓪ ☒ 🍴 rest
Les 2 Arcs 𝒫 01 47 76 72 30 *(fermé 30 juil. au 17 août, vend. soir, sam., dim. et fériés)* **Repas** 49/55, enf. 23
Botanic 𝒫 01 47 76 72 40 **Repas** carte environ 40, enf. 23 ♀ – ⌸ 24 – **151 ch** 395/445.

♦ Architecture en arc de cercle nichée parmi les tours de la Défense. Chambres spacieuses et bien équipées, rénovées par étapes. Bar "british" et salons feutrés. Cadre actuel et cuisine au goût du jour aux 2 Arcs. Ambiance mi-bar, mi-brasserie au Botanic.

 Novotel La Défense

2 bd Neuilly, sortie Défense 1 𝒫 01 41 45 23 23, *h0747@accor-hotels.com, Fax 01 41 45 23 24*
🛗 ⇷ 🖃 📺 📞 ⅙ ⇙ – 🏋 130. 🖭 ⓪ ☒ ⌸ 🍴
Repas *(fermé dim. midi et sam. midi)* (17,60) - 21,90, enf. 8 ♀ – ⌸ 13 – **280 ch** 220/275.

♦ Sculpture et architecture : la Défense, vrai musée de plein air, est aux pieds de cet hôtel. Chambres pratiques ; certaines regardent Paris. Agréable bar façon pub anglais. Nouveau décor contemporain "tendance" dans la salle à manger dotée d'un espace buffet.

Draveil *91210 Essonne* 🔟🔢 D3 🔟🔟 ⑯ *– 28 093 h alt. 55.*

🇧 *Office de tourisme, place de la République* 𝒫 01 69 03 09 39, Fax 01 69 42 50 02, Office-Tourisme-Draveil@wanadoo.fr.
Paris 23 – Corbeil Essonnes 11 – Créteil 14 – Versailles 30.

✗✗ **Gibraltar**

61 av. Libert 𝒫 01 69 42 32 05, *legibraltar@wanadoo.fr, Fax 01 69 52 06 82*
🍳 – 🅿. ☒
fermé 26 juil. au 8 août, dim. soir et lundi – **Repas** 27/46 ♀.

♦ Cap sur Gibraltar... au bord de la Seine ! L'été, agréable terrasse face au fleuve, et l'hiver, salle agrémentée d'un vivier et d'une fresque évoquant une cabine de bateau.

Enghien-les-Bains 95880 *Val-d'Oise* ▮▮▮ E7 ▮▮▮ ⑤ *G. Île de France –*
10 368 h alt. 45 – Stat. therm. (mi mars-fin oct.) – Casino .

Voir *Lac★ – Deuil-la-Barre : chapiteaux historiés★ de l'église Notre-Dame NE :*
2 km.

▮₁₈ *de Domont Montmorency à Domont ℘ 01 39 91 07 50, N : 8 km.*

🖪 *Office de tourisme, 81 rue du Général de Gaulle ℘ 01 34 12 41 15, Fax 01 39*
34 05 76, OT.enghienlesbains@wanadoo.fr.

Paris 17 – Argenteuil 7 – Chantilly 34 – Pontoise 22 – St-Denis 7 – St-Germain-
en-Laye 25.

   🏨   **Grand Hôtel Barrière**
85 r. Gén. de Gaulle ℘ 01 39 34 10 00, *grandhotelenghien@lucienbarriere.co*
m, Fax 01 39 34 10 01
🦢, ≼, 🛋, 🌿 – 🛗 ↹, 🗐 ch, 📺 📞 🅿. 🆎 ⓪ ☖ 🇯🇨🇧
***L'Aventurine* Repas** *(fermé dim. soir et lundi)* 45 (déj.), 70/95 ⴼ – 🖙 18
36 ch 205, 7 suites.
♦ Cet établissement sort d'une cure de jouvence, mais garde son âme de
grand hôtel de ville thermale. Hall feutré, bar "cosy" et chambres élégantes.
Agréable restaurant avec boiseries, tentures soyeuses et fauteuils de style
Louis-Philippe. Terrasse verdoyante.

   🏨   **Lac**
89 r . Gén. de Gaulle ℘ 01 39 34 11 00, *hoteldulac@lucienbarriere.com,*
Fax 01 39 34 11 01
🦢, ≼, 🛋 – 🛗 ↹ 🗐 📺 📞 ♿ 🚗 – 🏛 120. 🆎 ⓪ ☖ 🇯🇨🇧. 🕷 rest
Repas *(fermé sam. midi)* carte 35 à 52 ⴼ – 🖙 14
109 ch 175/215, 3 suites.
♦ Cet hôtel récent propose de confortables chambres modernes ; côté lac,
elles bénéficient d'une agréable vue, côté jardin, elles sont plus au calme.
Chaleureuse salle à manger dont le décor rappelle les brasseries 1930 ;
plaisante terrasse face au plan d'eau.

   ✕   **Auberge d'Enghien**
  🕿 32 bd d'Ormesson ℘ 01 34 12 78 36, *Fax 01 34 12 78 36*
🗐. 🆎 ☖
fermé août, dim. soir et lundi
Repas *(21)* - 26.
♦ Ce restaurant situé au centre-ville est apprécié principalement pour sa
cuisine au goût du jour mitonnée avec soin. Le décor est sagement rustique.
Accueil souriant.

Évry 🅿 *91000 Essonne* ▮▮▮ D4 ▮▮▮ ㉗ *G. Ile de France.*

Voir *Cathédrale de la Résurrection ★ – 5 mai-janv. Epiphanies (Exposition).*

Paris 32 – Fontainebleau 36 – Chartres 80 – Créteil 30 – Étampes 36 – Melun 23.

   🏨   **Mercure**
52 bd Coquibus (face cathédrale) ℘ 01 69 47 30 00, *h1986@accor-hotels.com,*
Fax 01 69 47 30 10
🛋 – 🛗 ↹ 🗐 📺 📞 ♿ 🚗 – 🏛 15 à 100. 🆎 ⓪ ☖
Repas *(fermé fériés le midi, sam. et dim.)* *(18)* - 22,50, enf. 9,20 🍸 – 🖙 12 –
114 ch 106/116.
♦ Sur un boulevard passant, face à l'étonnante cathédrale de la Résurrection,
hôtel dont les chambres, bien insonorisées, sont équipées d'un mobilier
design confortable. Ambiance "paquebot" dans la moderne salle à manger
aux lignes courbes.

Ibis
Z.I. Évry, quartier Bois Briard, 1 av. Lac ℘ 01 60 77 74 75, h0752@accor-hotels. com, Fax 01 60 78 06 03

🛖 – |🛗| ⇥ 📺 📞 ⅋ 🅿 – 🔦 60. 🆎 🅾 GB

Repas (12) - 18, enf. 6 ⅋ – ☕ 6 – **90 ch** 69.

◆ À l'écart de l'agitation citadine, immeuble contemporain dont les chambres fonctionnelles et bien insonorisées répondent aux dernières normes Ibis. Décor design au bar. Le restaurant propose une carte traditionnelle sans prétention.

à Courcouronnes – 13 954 h. alt. 80 – ✉ 91080 Évry-Courcouronnes :

XX **Canal**
31 r. Pont Amar (près hôpital) ℘ 01 60 78 34 72, Fax 01 60 79 22 70
☕⅋. 🆎 GB

fermé août, sam. et dim. – **Repas** (15) - 19/29 ⅋.

◆ À dénicher dans le tissu distendu de la ville nouvelle, un restaurant de cuisine traditionnelle mettant à l'honneur le pied de cochon.

à Lisses – 7 206 h. alt. 86 – ✉ 91090 :

🏨 **Espace Léonard de Vinci**
av. Parcs ℘ 01 64 97 66 77, contact@leonard-de-vinci.com, Fax 01 64 97 59 21
🛖, 🏋, ☘, 🏊, ✂ – |🛗| ☰ rest, 📺 📞 ⅋ 🅿 – 🔦 100. 🆎 🅾 GB
Repas (20) - 23/26 bc, enf. 10 ⅋ – ☕ 10 – **74 ch** 95/105 – ½ P 75.

◆ À la campagne mais à deux pas d'une zone d'activités, ce complexe hôtelier vous ouvre les portes de son centre de balnéothérapie et de ses chambres pratiques. Espace brasserie ou restaurant classique plus cossu animé par un piano.

Michelin n'accroche pas de panonceau aux hôtels et restaurants qu'il signale.

Fontenay-sous-Bois 94120 Val-de-Marne 🟥🟥🟥 D2 🟥🟥🟥 ⑰ – 50 921 h alt. 70.
🅱 Office de tourisme, 4 bis avenue Charles Garcia ℘ 01 43 94 33 48, Fax 01 43 94 02 93, otsi.fontenay@free.fr.
Paris 17 – Créteil 13 – Lagny-sur-Marne 24 – Villemomble 6 – Vincennes 4.

X **Musardière**
61 av. Mar. Joffre ℘ 01 48 73 96 13, Fax 01 48 73 96 13
☰. 🆎 GB

fermé 1er au 23 août, sam., dim. et fériés – **Repas** 26.

◆ Ce restaurant qui partage ses murs avec une brasserie sert une cuisine traditionnelle et multiplie les suggestions. Cadre déjà ancien, mais propre.

Gagny 93220 Seine-St-Denis 🟥🟥🟥 G7 🟥🟥🟥 ⑱ – 36 715 h alt. 70.
Paris 17 – Bobigny 11 – Raincy 3 – St-Denis 18.

XX **Vilgacy**
45 av. H. Barbusse ℘ 01 43 81 23 33, Vilgacy@wanadoo.fr, Fax 01 43 81 23 33
🛖 – GB

fermé 26 juil. au 18 août, 21 au 27 fév., dim. soir, mardi soir et lundi – **Repas** (18,30) - 22,60/30.

◆ Vous serez accueilli dans l'agréable décor contemporain des deux salles (tableaux en exposition-vente) ou dans le jardin-terrasse en été. Goûteuse cuisine traditionnelle.

Garches *92380 Hauts-de-Seine* ▓▓▓ J2 ▓▓▓ ⑭ – *18 036 h alt. 114.*
   Paris 15 – Courbevoie 9 – Nanterre 7 – St-Germain-en-Laye 11 – Versailles 9.

   ✗ **Tardoire**
   136 Grande Rue ℘ 01 47 41 41 59
   ⌷⌷
   fermé vacances de printemps, 7 au 31 août, dim. soir, lundi et mardi soir –
   Repas 17 (déj.)/30.
   ◆ La salle à manger de ce restaurant établi dans une petite rue de la cité résidentielle est décorée d'une kyrielle d'objets paysans. Cuisine traditionnelle sans prétention.

La Garenne-Colombes *92250 Hauts-de-Seine* ▓▓▓ J2 ▓▓▓ ⑭ – *24 067 h alt. 40.*
   🛈 *Syndicat d'initiative, 24 rue d'Estienne-d'Orves ℘ 01 47 85 09 90, Fax 01 42 42 07 17, syndicat.initiative@lagarennecolombes.fr.*
   Paris 13 – Argenteuil 7 – Asnières-sur-Seine 5 – Courbevoie 2 – Nanterre 4 – Pontoise 27.

   ✗ **L'Olivier**
   18 av. Gén. de Gaulle ℘ 01 47 85 81 48, Fax 01 46 52 15 41
   ▤. ⌷⌷
   fermé août, sam. midi, dim. soir et lundi – **Repas** 21/29,30.
   ◆ Décor provençal, miniterrasse couverte et cuisine, aux accents méridionaux, vagabondant chaque mois à travers les régions françaises : un séduisant restaurant de poche !

Gentilly *94250 Val-de-Marne* ▓▓▓ D3 ▓▓▓ ㉖ *G. Île de France – 16 118 h alt. 46.*
   Paris 6 – Créteil 14.

   🏨 **Mercure**
   51 av. Raspail ℘ 01 47 40 87 87, h1651@accor-hotels.com, Fax 01 47 40 15 88
   🍴 – 🛗 ⌷ ▤ 📺 📞 ♿ 🚗 – 🔏 40. 🆔 ⓪ ⌷⌷
   Repas *(fermé 30 juil. au 22 août, 24 déc. au 2 janv., vend. soir, sam., dim. et fériés)* (16) - 21,70/32, enf. 7,70 ♀ – ⌷ 12 – **88 ch** 118/140.
   ◆ À deux pas de la Maison Robert-Doisneau, immeuble moderne abritant des chambres fonctionnelles et bien insonorisées, plus petites et mansardées au dernier étage. Cuisine traditionnelle servie dans une salle à manger actuelle égayée de touches colorées.

Goussainville *95190 Val-d'Oise* ▓▓▓ F6 ▓▓▓ ⑦ – *27 356 h alt. 95.*
   🏌️ *à Gonesse ℘ 01 39 87 02 70, S : 8 km par D 47 ;* 🏌️ *de Plessis Bellefontaine à Bellefontaine ℘ 01 34 71 05 02, N : 11km.*
   Paris 29 – Chantilly 24 – Pontoise 34 – Senlis 33.

   🏨 **Médian**
   2 av. F. de Lesseps (par D 47) ℘ 01 39 88 93 93, goussainville@medianhotels.com, Fax 01 39 88 75 65
   🍴 – 🛗 ▤ 📺 📞 ♿ 🅿 – 🔏 30. 🆔 ⓪ ⌷⌷ 🉐
   Repas *(fermé août, sam., dim. et fêtes)* (20) - 25 ♨ – ⌷ 11 – **49 ch** 100/110, 6 suites – ½ P 124.
   ◆ Sur un rond-point au trafic soutenu et à proximité de l'aéroport de Roissy, hôtel bénéficiant d'une bonne isolation phonique. Chambres pratiques bien tenues. Le restaurant vous accueille dans un cadre actuel, autour d'un bon choix de plats traditionnels.

Gressy 77410 S.-et-M. 🗺️ F2 🔢 ⑩ – 813 h alt. 98.

Paris 32 – Meaux 20 – Melun 56 – Senlis 35.

🏰 **Manoir de Gressy**
    🕿 01 60 26 68 00, *information@manoirdegressy.com, Fax 01 60 26 45 46*
    🐾, 🍹, 🏊, 🌳 – 🛗 ✂, 🍽 rest, 📺 📶 ♿ 🅿 – 🔔 100. 🆎 ⓘ 🇬🇧 🇯🇨🇧
    fermé vacances de Noël – **Repas** 46 et carte 48 à 65, enf. 14 ♀ – ⊒ 15 – **85 ch**
    200/260.
    ◆ Ce manoir construit à la fin du 20ᵉ s. marie les styles avec bonheur. Chaque
    chambre possède son propre décor ; toutes s'ouvrent sur le jardin intérieur.
    Murs patinés, parquets et mobilier d'inspiration provençale dans la salle à
    manger.

Issy-les-Moulineaux 92130 Hauts-de-Seine 🗺️ J3 🔢 ㉘ *G. Île de France* –
52 647 h alt. 37.

Voir *Musée de la Carte à jouer★.*

🅾 *Office de tourisme, esplanade de l'Hôtel de Ville 🕿 01 41 23 87 00, Fax 01*
41 23 87 07, touristoffice@ville-issy.fr.

Paris 8 – Boulogne-Billancourt 3 – Clamart 4 – Nanterre 11 – Versailles 14.

🏨 **Campanile**
    213 r. J.-J. Rousseau 🕿 01 47 36 42 00, *issyslesmoulineaux@groupe-envergure*
    .fr, Fax 01 47 36 88 93
    🛗 ✂ 🍽 📺 📶 ♿ 🚗 🅿 – 🔔 15 à 40. 🆎 ⓘ 🇬🇧
    Repas *(12,50)* - 16,50/18,50, enf. 6 ♀ – ⊒ 6,50 – **164 ch** 89.
    ◆ Façade vitrée moderne proche du tramway Val-de-Seine (la Défense en
    22 mn !). Chambres conformes aux standards de la chaîne, rénovées et
    climatisées. La salle à manger a des allures d'auberge provinciale avec
    son décor rustique et ses tissus vichy.

🍴🍴 **River Café**
    Pont d'Issy, 146 quai Stalingrad 🕿 01 40 93 50 20, *Fax 01 41 46 19 45*
    🍹 – 🖥. 🆎 ⓘ 🇬🇧
    fermé sam. midi – **Repas** 31 ♀.
    ◆ Insolite restaurant aménagé dans une ex-barge pétrolière amarrée face à
    l'île St-Germain. Intérieur colonial, terrasse sur la berge, voiturier... À l'abor-
    dage, mille sabords !

🍴🍴 **L'Ile**
    Parc Ile St-Germain, 170 quai Stalingrad 🕿 01 41 09 99 99, *n.senecal@restaura*
    nt-lile.com, Fax 01 41 09 99 19
    🍹 – 🍽 🅿. 🆎 ⓘ 🇬🇧 🇯🇨🇧
    Repas 38 bc/51 bc, enf. 13.
    ◆ C'est la fleur au fusil que l'on rejoint cette caserne postée sur une île de la
    Seine : un restaurant "tendance" y a élu domicile, aussitôt investi par une
    armée de Robinson.

🍴🍴 **Manufacture**
    20 espl. Manufacture (face au 30 r. E. Renan) 🕿 01 40 93 08 98,
    Fax 01 40 93 57 22
    🍹 – 🍽. 🆎 🇬🇧
    fermé 1ᵉʳ au 15 août, sam. midi et dim. – **Repas** *(25)* - 30 ♀.
    ◆ Reconversion réussie pour l'ancienne manufacture de tabac (1904) qui
    abrite désormais logements, boutiques et ce restaurant design complété
    d'une belle terrasse.

Coquibus
16 av. République ✆ 01 46 38 75 80, *coquibus2@wanadoo.fr*, *Fax 01 41 08 95 80*
AE GB
fermé 30 juil. au 24 août, sam. et dim. – **Repas** *(20,50)* - 27/43 ♀.
◆ Boiseries, tableaux colorés et coqs en terre cuite donnent des airs de brasserie des années 1930 à ce restaurant du centre-ville. Cuisine traditionnelle et fruits de mer.

Square Meat'R
13 allée G. Eiffel ✆ 01 58 88 24 50, *squaremeatr@wanadoo.fr*, *Fax 01 58 88 24 52*
– ▤. AE GB
fermé lundi soir, mardi soir, sam. midi et dim. – **Repas** *(15)* - 24 bc (déj.)/27 ♀.
◆ Le concept de cette nouvelle adresse ? Un décor contemporain, une cuisine et sa rôtissoire visibles de la salle et des recettes actuelles souvent présentées en brochettes.

Ivry-sur-Seine *94200 Val-de-Marne 312 D3 101 ㉖ – 50 972 h alt. 60.*
Paris 6 – Créteil 10 – Lagny-sur-Marne 29.

L'Oustalou
9 bd Brandebourg ✆ 01 46 72 24 71, *Fax 01 46 70 36 86*
AE GB
fermé 30 juil. au 23 août, 24 déc. au 1er janv., sam. et dim. – **Repas** *(19,50)* - 29 ♀.
◆ La cuisine à l'accent chantant du Sud-Ouest et le cadre gentiment campagnard font le charme de ce modeste restaurant situé dans le quartier du port.

Janvry *91640 Essonne 312 B4 101 ㉝ – 530 h alt. 160.*
Paris 35 – Briis s/s Forges 4 – Dourdan 20 – Palaiseau 19.

Bonne Franquette
1 rue du Marchais ✆ 01 64 90 72 06, *info@bonnefranquette.fr*, *Fax 01 64 90 53 63*
AE GB
fermé 17 au 23 mai, 16 août au 12 sept., 20 déc. au 1er janv. sam. midi, dim. soir et lundi – **Repas** 30.
◆ Ex-relais de poste situé face au château (17e s.) d'un joli village francilien. Deux grandes ardoises annoncent la cuisine du jour servie dans un chaleureux décor rustique.

Joinville-le-Pont *94340 Val-de-Marne 312 D3 101 ㉗ – 17 117 h alt. 49.*
Syndicat d'initiative, 23 rue de Paris ✆ 01 42 83 41 16, Fax 01 49 76 92 98, OTSI.joinville-le-pont@wanadoo.fr.
Paris 12 – Créteil 7 – Lagny-sur-Marne 22 – Maisons-Alfort 5 – Vincennes 6.

Kyriad Prestige
16 av. Gén. Galliéni ✆ 01 48 83 11 99, *joinvillelepont@kyriadprestige.fr*, *Fax 01 48 89 51 58*
– – ▤ TV – 80. AE GB
Repas *(16)* - 25,50, enf. 7,50 ♀ – 10 – **91 ch** 110.
◆ Architecture contemporaine abritant des chambres spacieuses et insonorisées, agencées pour les loisirs (coin salon) ou pour le travail (bureau et fauteuil idoine). Agréable salle à manger moderne et repas proposés sous forme de buffets.

🏠 **Cinépole**
8 av. Platanes ℘ 01 48 89 99 77, Fax 01 48 89 43 92
🖐 sans rest – 🛗 📺 🕭 ⟷. 🆎 ⑮
⟳ 6 – **34 ch** 52.
◆ L'enseigne de l'hôtel évoque les anciens studios de cinéma de Joinville. Chambres pratiques et bien tenues. Minipatio où l'on sert les petits-déjeuners en été.

Le Kremlin-Bicêtre 94270 Val-de-Marne ⬚⬚⬚ D3 ⬚⬚⬚ ⑳ – 23 724 h alt. 60.
Paris 5 – Boulogne-Billancourt 11 – Évry 28 – Versailles 23.

🏠 **Campanile**
bd Gén. de Gaulle (pte d'Italie) ℘ 01 46 70 11 86, *parispoi@campanile.fr*, Fax 01 46 70 64 47
🏠 – 🛗 ⚡ 📺 🕭 ⟷ – 🅰 100. 🆎 ⓪ ⑮
Repas 16,50, enf. 6 ⚐ – ⟳ 6,50 – **151 ch** 70.
◆ La plupart des chambres ont été rénovées dans le style actualisé de la chaîne. Elles sont bien insonorisées ; préférez néanmoins celles tournant le dos au "périph". Pour une pause-repas à deux pas de la porte d'Italie, pensez aux formules buffets du Campanile.

Dans ce guide
un même symbole, un même mot,
*imprimé en **rouge** ou en **noir**, en maigre ou en **gras**,*
n'ont pas tout à fait la même signification.
Lisez attentivement les pages explicatives.

Lésigny 77150 S.-et-M. ⬚⬚⬚ E3 ⬚⬚⬚ ㉙ – 7 647 h alt. 95.
⬚⬚ du Réveillon ℘ 01 60 02 17 33, S : 2 km ; ⬚⬚ ASPTT Paris Golf des Corbuches ℘ 01 60 02 07 26, S : 2 km.
Paris 33 – Brie-Comte-Robert 9 – Évry 29 – Melun 27 – Provins 65.

au golf *par rte secondaire, Sud : 2 km ou par Francilienne : sortie n° 19 –* ✉ *77150 Lésigny :*

🏠 **Golf**
ferme des Hyverneaux ℘ 01 60 02 25 26, *reception@hotel-reveillon.com*, Fax 01 60 02 03 84
🛗 📺 🅿 – 🅰 80. 🆎 ⓪ ⑮
Repas *(fermé 20 déc. au 4 janv.)* 24 ⚐ – ⟳ 10 – **48 ch** 95/105.
◆ Dans les murs d'une abbaye du 12ᵉ s., gâtés par une construction moderne. Chambres actuelles, gaiement colorées et tenues à l'écart des bruits de la route par un golf. Charpente massive, pierres apparentes et mobilier moderne composent le cadre du restaurant.

Levallois-Perret 92300 Hauts-de-Seine ⬚⬚⬚ J2 ⬚⬚⬚ ⑮ – 54 700 h alt. 30.
Paris 9 – Argenteuil 8 – Nanterre 8 – Pontoise 27 – St-Germain-en-Laye 20.

🏠 **Evergreen Laurel**
8 pl. G. Pompidou ℘ 01 47 58 88 99, *parsls@evergreen.com.tw*, Fax 01 47 58 88 88
🛁 – 🛗 ⚡ ☰ 📺 📞 🕭 ⟷ – 🅰 150. 🆎 ⓪ ⑮ ⒿⒸⒷ. 🍴
Canton Palace *(fermé dim.)* **Repas** 28 et carte 40 à 60
Café Laurel *(déj. seul. sauf week-end)* **Repas** 30 – ⟳ 19 – **338 ch** 340.
◆ Luxe, élégance et luminosité : un hôtel tout neuf pensé pour la clientèle d'affaires. Les chambres, dotées d'un plaisant mobilier en bois de rose, sont spacieuses. Cuisine asiatique au Canton Palace. Plats traditionnels sous l'immense verrière du Café Laurel.

🏛 **Espace Champerret**

26 r. Louise Michel *ℰ* 01 47 57 20 71, *espace.champerret.hotel@wanadoo.fr*, *Fax 01 47 57 31 39*

sans rest – |ᇂ| 📺 📞 �&. ﭑ ⏻ ⏻ 🄹🄲🄱

🛏 7 – **39 ch** 68/75.

◆ Une cour, où l'on sert le petit-déjeuner en été, sépare les deux bâtiments de cet hôtel ; celui sur l'arrière est plus calme. Chambres rénovées, insonorisées et bien tenues.

🏛 **Parc**

18 r. Baudin *ℰ* 01 47 58 61 60, *Fax 01 47 48 07 92*

sans rest – |ᇂ| 📺 📞. ﭑ ⏻

🛏 8 – **52 ch** 90/98.

◆ Établissement abritant des chambres au mobilier fonctionnel ou de style ; trois d'entre elles sont de plain-pied avec une cour intérieure. Entretien suivi et accueil charmant.

🏛 **ABC Champerret**

63 r. Danton *ℰ* 01 47 57 01 55, *Fax 01 47 57 54 23*

sans rest – |ᇂ| 📺 �&. ﭑ ⏻ ⏻

39 ch 🛏 56/66.

◆ Pratique pour la clientèle d'affaires, hôtel disposant de chambres nettes, garnies de meubles façon "bambou". L'été, le petit-déjeuner est servi dans le patio fleuri.

🍴🍴 **Petit Jardin**

58 r. Kléber *ℰ* 01 47 48 10 91, *lepetitjardin@aol-com, Fax 01 47 48 11 28*

ﭑ ⏻

fermé 17 au 23 mai, 2 au 22 août, 23 au 29 fév., sam. et dim. – **Repas** *(16 bc)* - 19,90 bc.

◆ Ancien garage converti en restaurant. La salle, moderne et verdoyante, est éclairée par une verrière - ouverte aux beaux jours - et équipée d'un mobilier de style "jardin".

🍴 **Grain de Sel**

46 r. Villiers *ℰ* 01 40 89 09 21

⏻

fermé 1ᵉʳ au 15 août, sam. midi et dim. – **Repas** 32.

◆ Ce petit restaurant au sobre décor propose une cuisine ensoleillée d'inspiration provençale. Sur les tables, fioles d'huile d'olive de la propriété familiale.

🍴 **Mandalay**

35 r. Carnot *ℰ* 01 47 57 68 69

ﭑ ⏻

fermé août, 19 au 27 déc., dim. et lundi – **Repas** *(24)* - 30.

◆ Subtile inspiration ethnique tant dans le décor que dans l'assiette : la cuisine, inventive, emprunte parfums et épices aux cinq continents. Ambiance animée et conviviale.

Lieusaint 77127 S.-et-M. 🗓🗓🗓 E4 🗓🗓🗓 ㊳ – *6 365 h alt. 89.*

Paris 44 – Brie-Comte-Robert 11 – Évry 13 – Melun 17.

🏛 **Flamboyant**

98 r. Paris (près N 6) *ℰ* 01 60 60 05 60, *le-flamboyant2@wanadoo.fr, Fax 01 60 60 05 32*

🌤, 🏊, 🍴🍴 – |ᇂ|, 🍽 rest, 📺 📞 �&ᄆ – 🏛 45. ﭑ ⏻ ⏻

Repas *(fermé dim. soir)* *(12,20)* - 15,50/33,50 🍷 – 🛏 6,50 – **72 ch** 51/61.

◆ Construction cubique située en bordure de route. Les chambres, aménagées simplement (murs crépis et mobilier en bois stratifié), sont équipées d'un double vitrage. Sages recettes tradtionnelles servies dans une salle à manger au sobre décor actuel.

Livry-Gargan *93190 Seine-St-Denis* 〖〗 G7 〖〗 ⑱ – *37 288 h alt. 60.*

🛈 *Office de tourisme, 5 place François Mitterrand 𝒫 01 43 30 61 60, Fax 01 43 30 48 41, otsilivrygargan@nerim.net.*

Paris 19 – Aubervilliers 14 – Aulnay-sous-Bois 4 – Bobigny 8 – Meaux 26 – Senlis 42.

XX **Petite Marmite**
8 bd République 𝒫 01 43 81 29 15, *Fax 01 43 02 69 59*
🍽 – ▤. ⅁ℬ
fermé 3 août au 1er sept., dim. soir et merc. – **Repas** 30, enf. 16 ⅋.
◆ Ce restaurant sert une cuisine traditionnelle généreuse dans un cadre gentiment rustique. La terrasse installée dans la cour intérieure est prise d'assaut en été.

Les Loges-en-Josas *78350 Yvelines* 〖〗 I3 〖〗 ㉓ – *1 451 h alt. 160.*

🐎₉ *de St-Marc à Jouy-en-Josas 𝒫 01 30 97 25 25, E par D120 et N 446 : 6 km.*
Paris 21 – Bièvres 7 – Chevreuse 13 – Palaiseau 12 – Versailles 6.

🏨 **Relais de Courlande**
23 av. Div. Leclerc 𝒫 01 30 83 84 00, *relais.de.courlande@wanadoo.fr, Fax 01 39 56 06 72*
🐕, 🍽, ⅙, 🌳 – |🛗| ⅟⅟⅟ 📺 ☎ ⅙ 🅿. – 🅰 100. 🅰🅴 ⓪ ⅁ℬ 🄹🄲🄱
Repas *(fermé dim. soir hors saison)* 33/58 ⅋ – � 10 – **53 ch** 99/145 – ½ P 86,50/103.
◆ Ancienne ferme du 17e s. et tour de garde postée dans le jardin jouxtent un bâtiment plus récent qui abrite des chambres fonctionnelles ou rajeunies. Poutres, cheminée et mobilier Louis XIII agrémentent la salle à manger installée dans une étable restaurée.

Longjumeau *91160 Essonne* 〖〗 C3 〖〗 ㉟ – *19 957 h alt. 78.*

Paris 20 – Chartres 70 – Dreux 84 – Évry 15 – Melun 41 – Orléans 113 – Versailles 27.

XX **St-Pierre**
42 r. F. Mitterrand 𝒫 01 64 48 81 99, *saint-pierre@wanadoo.fr, Fax 01 69 34 25 53*
▤. 🅰🅴 ⓪ ⅁ℬ 🄹🄲🄱
fermé 11 au 18 avril, 25 juil. au 17 août, lundi soir, merc. soir, sam. midi et dim. – **Repas** 28/36, enf. 16 ⅋.
◆ Ce restaurant mitonne une cuisine nourrie des saveurs du Sud-Ouest, utilisant des produits en arrivage direct du Gers. Coquette salle à manger rustique.

à Saulx-les-Chartreux *Sud-Ouest par D 118 – 4 952 h. alt. 75 –* ✉ *91160 :*

🏨 **St-Georges**
rte de Montlhéry : 1 km 𝒫 01 64 48 36 40, *ducdidier@wanadoo.fr, Fax 01 64 48 89 48*
🐕, ≼, 🍽, 🍽, 🎱 – |🛗| 📺 🅿 – 🅰 150. 🅰🅴 ⅁ℬ
fermé mi-juil. à mi-août et dim. soir – **Repas** 26/42 – ⊏ 7 – **39 ch** 52/66.
◆ Ambiance champêtre à seulement 20 km de Paris, dans cette imposante bâtisse moderne dont les chambres donnent toutes sur le parc et la forêt. Au restaurant, cuisine traditionnelle et sobre décor rustique ; grande et agréable terrasse dressée face à la nature.

Maisons-Alfort *94700 Val-de-Marne* 🚼🟦 D3 🟦🟦 ㉗ *G. Île de France –* *51 103 h alt. 37.*

Paris 10 – Créteil 4 – Évry 34 – Melun 39.

XX **Bourgogne**
164 r. J. Jaurès 📞 01 43 75 12 75, *Fax 01 43 68 05 86*
🟦 🟦 🟦
fermé 4 au 25 août, sam. et dim. – **Repas** 28.
♦ Atmosphère d'auberge provinciale et solide cuisine traditionnelle sont les atouts de ce restaurant qui sert, comme le précise l'enseigne, des spécialités bourguignonnes.

Maisons-Laffitte *78600 Yvelines* 🚼🟦 I2 🟦🟦 ⑬ *G. Île de France – 21 856 h alt. 38.*

Voir *Château*★.

🟦 *Office de tourisme, 41 avenue de Longueil* 📞 *01 39 62 63 64, Fax 01 39 12 02 89, tourisme.maisons-laffitte@wanadoo.fr.*

Paris 21 – Mantes-la-Jolie 38 – Poissy 9 – Pontoise 17 – St-Germain-en-Laye 8 – Versailles 19.

🏠 **Ibis**
2 r. Paris (accès par av. Verdun) 📞 01 39 12 20 20, *h3437@accor-hotels.com, Fax 01 39 62 45 54*
🟦, 🟦 – 🟦 🟦 🟦 🟦 🟦 – 🟦 25. 🟦 🟦 🟦
Repas *(14)* - 17 ♀ – 🟦 6 – **68 ch** 71.
♦ À proximité du château et du champ de courses, hôtel aux chambres entièrement rénovées, éclairées par des lucarnes au dernier étage. Salon équipé d'un billard. Les atouts du restaurant : buffets à volonté, terrasse entourée de verdure, simplicité et prix doux.

XXX **Tastevin** (Blanchet)
❀ 9 av. Eglé 📞 01 39 62 11 67, *Fax 01 39 62 73 09*
🟦, 🟦 – 🟦. 🟦 🟦 🟦 🟦
fermé 2 au 25 août, 20 fév. au 8 mars, lundi et mardi – **Repas** 40 (déj.)/66 et carte 60 à 80 🟦.
♦ Accueillante maison de maître du "lotissement Laffitte". Service attentionné, cuisine classique et belle carte des vins : "tastez" donc ce restaurant mansonnin.
Spéc. Escalope de foie gras chaud au vinaigre de cidre et pommes confites. Saint-Jacques aux chicons et coulis de truffe (nov. à fév.). Sanciaux aux pommes (automne-hiver).

Marcoussis *91460 Essonne* 🚼🟦 C4 🟦🟦 ㉞ *G. Île de France – 7 226 h alt. 79.*

🟦 *Syndicat d'initiative, 13 rue Alfred-Dubois* 📞 *01 69 01 76 50, Fax 01 69 01 18 54, si.Marcoussis@wanadoo.fr.*

Paris 29 – Arpajon 9 – Évry 18.

X **Les Colombes de Bellejame**
97 r. A. Dubois 📞 01 69 80 66 47, *les.colombes.bellejame@wanadoo.fr, Fax 01 64 49 91 65*
🟦
fermé 10 au 30 juil., dim. soir, mardi soir et merc. – **Repas** *(14,50)* - 23/32 ♀.
♦ Après avoir parcouru la vallée maraîchère de la Salmouille, faites halte dans ce petit restaurant au cadre rustique pour vous attabler autour d'une cuisine traditionnelle.

Marly-le-Roi 78160 Yvelines ᴆᴉᴢ B2 ᴉᴏᴉ ⑫ – 16 759 h alt. 90.

🛈 *Office de tourisme, 2 avenue des Combattants* ℘ *01 30 61 61 35, Fax 01 39 16 16 01, officedetourisme@club-internet.fr.*

Paris 24 – Bougival 5 – St-Germain-en-Laye 5 – Versailles 9.

🏶🍴 Village

3 Grande Rue ℘ 01 39 16 28 14, Tomohirouido@aol.com, Fax 01 39 58 62 60
🍽. ᴬᴱ ⓞ ᴳᴮ ᴶᴄᴮ

fermé 8 au 31 août, sam. midi, dim. soir et lundi – **Repas** 28/60.

◆ Cette façade pimpante au coeur du vieux Marly abrite une sobre salle à manger où l'on propose une cuisine inventive qui panache recettes françaises et influences japonaises.

Marne-la-Vallée 77206 S.-et-M. ᴆᴉᴢ E2 ᴉᴏᴉ ⑲ G. Ile de France.

🛉₁₈ à Bussy-St-Georges ℘ 01 64 66 00 00; 🛉₂₇ Disneyland Paris à Magny-le-Hongre ℘ 01 60 45 68 90.

🛈 *Office de tourisme, place à Disneyland-Paris* ℘ *01 60 43 33 33, Fax 01 60 43 74 95.*

Paris 27 – Meaux 29 – Melun 40.

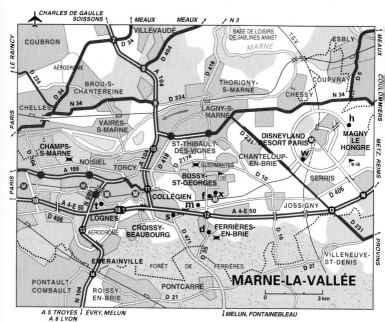

à Bussy-St-Georges – 9 194 h. alt. 105 – ✉ 77600 :

🏨 Holiday Inn

39 bd Lagny **(f)** ℘ 01 64 66 35 65, reception@hibussy.com, Fax 01 64 66 03 10
🍽, 🌅, 🏊 – 🛗 ↭ 🍽 ᴛᴠ 📞 ♿ 🚗 – 🔥 30 à 150. ᴬᴱ ⓞ ᴳᴮ
Repas (15) -27 – 🍽 13 – **120 ch** 173/250.

◆ En bordure d'une large avenue, chambres spacieuses à la tenue sans défaut, équipées d'un double vitrage. Agréable bar. La sobre salle à manger au cadre contemporain est prolongée d'une terrasse dressée autour de la piscine.

🏨 **Tulip Inn Paris Bussy**
44 bd A. Giroust **(x)** 🖉 01 64 66 11 11, *tulipreservations@wanadoo.fr,*
Fax 01 64 66 29 05
📶 ▤ 📺 ✆ 🅰 🚗 – 🅰 20 à 40. 🄰🄴 ⑩ ⒼⒷ ✗
Repas *(fermé sam. midi et dim.)* *(11)* - 15/18, enf. 10 ♀ – 🕳 10 – **87 ch** 99/129.
♦ Intégré à un grand ensemble immobilier, face à la station RER, hôtel aux chambres fonctionnelles et bien insonorisées. Bar décoré dans l'esprit "Louisiane". Salle à manger décorée de fresques évoquant l'Italie. Sur la carte, pâtes et pizzas.

🏨 **Campanile**
8 av. M. Curie 🖉 01 64 66 62 62, *Fax 01 64 66 62 63*
🍴 – 📶 ✗ ▤ ch, 📺 ✆ 🅰 🅿 – 🅰 7 à 60. 🄰🄴 ⑩ ⒼⒷ
Repas *(12,50)* - 16,50/18,50, enf. 6 – 🕳 6,50 – **97 ch** 69.
♦ Nouvelle unité de la chaîne Campanile située à proximité de l'A 4. Clientèle d'affaires et touristes désireux de rendre visite à Mickey et à ses amis y trouveront leur compte. Formules buffets.

à Collégien – *2 983 h. alt. 105* – ✉ 77615 :

🏨 **Novotel**
(s) 🖉 01 64 80 53 53, *h0385@accor-hotels.com, Fax 01 64 80 48 37*
🍴 , 🏊 , 🌳 – 📶 ✗ ▤ 📺 ✆ 🅰 🅿 – 🅰 30 à 250. 🄰🄴 ⑩ ⒼⒷ
Repas 20,50 ♀ – 🕳 12 – **197 ch** 94/107.
♦ Ce Novotel accueille visiteurs du parc Disneyland et hommes d'affaires en séminaire. Les prestations hébergement sont sans surprise : chambres fonctionnelles et bien tenues. Le restaurant ne déroge pas aux normes de la chaîne, mais son décor a été relooké.

à Disneyland Resort Paris *accès par autoroute A 4 et bretelle Disneyland.*

Voir *Disneyland Paris ★★★ (voir Guide Vert Disneyland Resort Paris)-Centrale de réservations hôtels :* 🖉 *(00 33)01 60 30 60 30, Fax (00 33)01 64 74 57 50 – Les hôtels du Parc Disneyland Resort Paris pratiquent des forfaits journaliers comprenant le prix de la chambre et l'entrée aux parcs à thèmes – Ces prix varient selon la saison, nous vous suggérons de prendre contact avec la centrale de réservation.*

à Ferrières-en-Brie – *1 655 h. alt. 108* – ✉ 77164 :

🏨 **St-Rémy**
24 r. J. Jaurès **(d)** 🖉 01 64 76 74 00, *rkhater@hotel-st-remy.fr, Fax 01 64 76 74 01*
🍴 – 📺 ✆ – 🅰 25 à 40. 🄰🄴 ⑩ ⒼⒷ ✗
Repas *(fermé sam. et dim.)* 24,40 ♀ – 🕳 7 – **25 ch** 61/75 – ½ P 56.
♦ Découvrez à l'étage de cette pimpante maison du 19ᵉ s. la jolie salle des fêtes créée par la famille Rothschild. Petites chambres redécorées dans un style très "tendance". Coquette salle à manger égayée de couleurs chaudes. Cuisine au goût du jour.

à Lognes – *14 215 h. alt. 97* – ✉ 77185 :

🏨 **Mercure**
55 bd Mandinet **(t)** 🖉 01 64 80 02 50, *h2210@accor-hotels.com, Fax 01 64 80 02 70*
🍴 , 🛋 – 📶 ✗ 📺 ✆ 🅰 🚗 🅿 – 🅰 20 à 60. 🄰🄴 ⑩ ⒼⒷ 🄹🄲🄱
Repas *(14,50)* - 19,50, enf. 10 ♀ – 🕳 11 – **57 ch** 86/184, 28 duplex.
♦ Dans un quartier résidentiel, établissement fonctionnel et bien tenu proposant des chambres au cadre actuel. Duplex pratiques pour les familles. L'ancienne usine des chocolats Meunier de Noisiel a inspiré le décor de la salle à manger-véranda.

à Magny-le-Hongre – *1 791 h. alt. 117* – ✉ *77700* .

 Holiday Inn
Val de France **(h)** ✆ 01 64 63 37 37, *valdefrance@holiday-inn.fr,*
Fax 01 64 63 37 38
🏊, 🏖, 👶, 🔲, 🌾 – 👔 ✂ 🖵 📺 🕻 👶 🅿 – 🚗 30 à 125
Repas *(18)* - 25, enf. 10 ♀ – ⌑ 21 – **396 ch** 268/308.
  ♦ L'univers du cirque compose le thème du décor intérieur haut en couleurs de ce nouvel hôtel construit près de Disneyland Paris. Au restaurant, piste centrale, colonnes et fresques évoquent l'atmosphère d'un chapiteau.

à Serris – *2 320 h. alt. 129* – ✉ *77700 Serris :*

 L'Élysée Val d'Europe
7 cours Danube (face gare RER) **(w)** ✆ 01 64 63 33 33, *info@hotelelysee.com,*
Fax 01 64 63 33 30
👔 ✂ 🖵 📺 🕻 🅿 – 🚗 30 à 120. 💳 ⑩ 🆖 🆑 🈂
Repas *(14,90)* - 18,90, enf. 6 ♀ – ⌑ 14,50 – **148 ch** 165, 4 suites.
  ♦ Belle architecture de style haussmannien dans un nouveau quartier. Salon cossu et jardin original coiffé d'une verrière façon Baltard. Chambres spacieuses et bien pensées. Brasserie au cadre actuel servant plats ad hoc et grillades. Formule rapide au bar.

Massy *91300 Essonne* 🗺🗺 C3 🗺🗺 ㉕ – *37 712 h alt. 78.*
Paris 19 – Arpajon 19 – Évry 20 – Palaiseau 4 – Rambouillet 45.

🏨 **Mercure**
21 av. Carnot (Gare T. G. V.) ✆ 01 69 32 80 20, *h1176@accor-hotels.com,*
Fax 01 69 32 80 25
🏖 – 👔 ✂ 🖵 👶 🚗 – 🚗 100. 💳 ⑩ 🆖
Repas *(20)* - 24 ♀ – ⌑ 12 – **116 ch** 116/126.
  ♦ Situation commode entre gares TGV et RER pour cet hôtel résolument contemporain. Chambres fonctionnelles bénéficiant d'une bonne isolation phonique. Salle à manger moderne et cuisine traditionnelle sensible au rythme des saisons.

🍴 **Pavillon Européen**
5 av. Gén. de Gaulle ✆ 01 60 11 17 17, *Fax 01 69 20 05 60*
🖵. 💳 🆖
fermé dim. soir – **Repas** 29/40.
  ♦ La salle à manger et les petits salons de ce restaurant au plaisant décor actuel disposent de baies vitrées largement ouvertes sur le lac. Cuisine dans l'air du temps.

Maurepas *78310 Yvelines* 🗺🗺 H3 🗺🗺 ㉑ – *19 586 h alt. 165.*
Voir France Miniature★ NE : 3km, G. Île de France.
Paris 40 – Houdan 29 – Palaiseau 35 – Rambouillet 17 – Versailles 21.

🏨 **Mercure**
N 10 ✆ 01 30 51 57 27, *h0378@accor-hotels.com, Fax 01 30 66 70 14*
🏖 – 👔 ✂ 🖵 📺 🕻 🅿 – 🚗 25 à 80. 💳 ⑩ 🆖 🆑
Repas *(16,50)* - 22 bc/30 ♀ – ⌑ 12 – **91 ch** 97/107.
  ♦ La petite route qui part de la N 10 vous conduira jusqu'à cet hôtel dont les chambres, spacieuses et bien insonorisées, sont peu à peu rénovées. Salle à manger sobrement aménagée et terrasse où la carte "Mercure" est également proposée aux beaux jours.

Le Mesnil-Amelot 77990 S.-et-M. 綴綴 E1 綴綴 ⑨ – 565 h alt. 80.
Paris 34 – Bobigny 25 – Goussainville 15 – Meaux 28 – Melun 67.

🏨 **Radisson**
rte Villeneuve 𝒫 01 60 03 63 00, *radisson.sas@hotels-res.com,*
Fax 01 60 03 74 40
🏡, 𝐿𝑎, 🔲, 🌣 – 🛗 ⓧ ▤ 📺 ✆ ও ⟷ 🅿 – 🏛 25 à 250. 🆎 ⓞ 🔘
Repas *(19)* - carte 35 à 42, enf. 12 ₤ – ☲ 18 – **240 ch** 185/290.
◆ Escale pratique à proximité de l'aéroport de Roissy : nombreux équipements de loisirs et de séminaires, vaste hall, salon-bar et chambres actuelles. Ambiance animée dans la grande brasserie au décor moderne ; les entrées y sont servies sous forme de buffets.

Meudon 92190 Hauts-de-Seine 綴綴 J3 綴綴 ㉔ G. Île de France – 43 663 h alt. 100.
Voir *Terrasse★* : ※★ – *Forêt de Meudon★*.
Paris 11 – Boulogne-Billancourt 4 – Clamart 4 – Nanterre 12 – Versailles 10.

au sud à *Meudon-la-Forêt* – ✉ 92360 :

🏨 **Mercure Ermitage de Villebon**
rte Col. Moraine 𝒫 01 46 01 46 86, *mercure.meudon@wanadoo.fr,*
Fax 01 46 01 46 99
🏡 – 🛗, ▤ ch, 📺 ✆ ও 🅿 – 🏛 15 à 90. 🔘
Repas *(fermé 11 au 17 août)* 35 (déj.), 40 bc/45 bc ₤ – ☲ 11,50 – **65 ch** 119/145.
◆ À l'orée de la forêt de Meudon et au bord de la voie rapide, hôtel bien insonorisé dont les chambres sont décorées dans un esprit Directoire. Salle à manger bourgeoise d'une maison de la fin du 19e s. et plaisante terrasse entourée d'un rideau de verdure.

Montmorency ⬀ 95160 Val-d'Oise 綴綴 E7 綴綴 ⑤ G. Île de France – 20 599 h alt. 82.
Voir *Collégiale St-Martin★*.
Env. *Château d'Écouen★★* : musée de la Renaissance★★ (tenture de David et de Bethsabée★★★).
🛈 Office de tourisme, 1 avenue Foch 𝒫 01 39 64 42 94, Fax 01 34 12 18 65, otsimcy@club-internet.fr.
Paris 19 – Enghien-les-Bains 4 – Pontoise 24 – St-Denis 9.

✗✗ **Au Coeur de la Forêt**
av. Repos de Diane et accès par chemin forestier 𝒫 01 39 64 99 19, Fax 01 34 28 17 52
🏡, 🌣 – 🅿. 🆎 🔘
fermé 5 au 29 août, jeudi soir, dim. soir et lundi – **Repas** 24,50/31.
◆ La romantique avenue du Repos de Diane vous conduira "Au Coeur de la Forêt", restaurant au cadre soigné aménagé dans une maison récente. Cuisine traditionnelle simple.

Montrouge 92120 Hauts-de-Seine 綴綴 J3 綴綴 ㉕ – 37 733 h alt. 75.
Paris 5 – Boulogne-Billancourt 8 – Longjumeau 18 – Nanterre 16 – Versailles 16.

🏨 **Mercure**
13 r. F.-Ory 𝒫 01 58 07 11 11, *h0374@accor-hotels.com,* Fax 01 58 07 11 21
🛗 ⓧ, ▤ rest, 📺 ✆ ও 🅿 – 🏛 15 à 100. 🆎 ⓞ 🔘
Repas *(fermé dim. midi et sam.)* *(23)* - 27,50 bc/31 bc – ☲ 13 – **181 ch** 190/200, 6 suites.
◆ En léger retrait du périphérique, vaste construction abritant des chambres fonctionnelles et bien insonorisées. La plupart, rénovées, présentent une décoration colorée. Salle à manger actuelle dont le décor évoque le passé maraîcher de la ville de Montrouge.

Morangis *91420 Essonne* ▨▨▨ *D3* ▨▨▨ ㉟ – *10 611 h alt. 85.*
Paris 21 – Évry 14 – Longjumeau 5 – Versailles 23.

XXX **Sabayon**
15 r. Lavoisier ℰ 01 69 09 43 80, *Fax 01 64 48 27 28*
🍽 AE GB
fermé 30 juil. au 30 août. , sam. midi, lundi soir, mardi soir, merc. soir et dim. –
Repas 32/70 et carte 40 à 53, enf. 20.
♦ Restaurant à dénicher dans une ZI. Dans la salle à manger aux couleurs "mode", oeuvres contemporaines, nombreuses plantes vertes et sièges de style Louis XVI.

Nanterre 🅿 *92000 Hauts-de-Seine* ▨▨▨ *J2* ▨▨▨ ⑭ – *84 281 h alt. 35.*
🛈 *Office de tourisme, 4 rue du Marché* ℰ *01 47 21 58 02, Fax 01 47 25 99 02,*
info@ot-nanterre.fr.
Paris 13 – Beauvais 81 – Rouen 124 – Versailles 15.

🏨 **Mercure La Défense Parc**
r. des 3 Fontanot ℰ 01 46 69 68 00, *h1982@accor-hotels.com,*
Fax 01 47 25 46 24 – 🛗 ⤧ 🍽 📺 ✆ ⚴ ⇔ – 🔬 130. AE ① GB JCB
Repas *(fermé le soir du 23 juil. au 22 août et du 24 déc. au 2 janv., dim. midi, vend. soir, sam. et fériés)* 28 (déj.), 32/35, enf. 13,50 ♀ – ⇆ 14 – **160 ch** 110/230, 25 suites.
♦ Immeuble moderne et son annexe situés à côté du parc André Malraux. Mobilier design, équipement complet : demandez une chambre rénovée. Cuisine du monde à déguster dans une chaleureuse et confortable salle à manger dotée d'une ligne de mobilier contemporain.

🏨 **Quality Inn**
2 av. B. Frachon ℰ 01 46 95 08 08, *quality.nanterre@wanadoo.fr,*
Fax 01 46 95 01 24 – 🛗 ⤧ 🍽 📺 ⚴ ⇔ – 🔬 30. AE ① GB JCB. ❊
Repas *(fermé août, vend. soir, sam. et dim.)* 25 ♀ – ⇆ 12 – **83 ch** 180/190.
♦ Construction de 1992 dont les chambres, plus ou moins spacieuses, sont joliment meublées et bénéficient d'un double vitrage. Chaleureuse et lumineuse salle de restaurant d'esprit colonial. Chaises cannées, tables rondes et cuisine traditionnelle.

XX **Rôtisserie**
180 av. G. Clemenceau ℰ 01 46 97 12 11
🍽 – AE GB – *fermé sam. et dim.* – **Repas** 29 ♀.
♦ Restaurant au cadre soigné coordonant tons ocre et mobilier contemporain. Terrasse agréable et calme sur l'arrière. Cuisine traditionnelle et viandes rôties à la broche.

Neuilly-sur-Seine *92200 Hauts-de-Seine* ▨▨▨ *J2* ▨▨▨ ⑮ *G. Île de France* –
59 848 h alt. 34.
Paris 9 – Argenteuil 10 – Nanterre 6 – Pontoise 29 – St-Germain-en-Laye 18 – Versailles 17.

🏨 **Courtyard**
58 bd V. Hugo ℰ 01 55 63 64 65, *cy.parcy.dom@courtyard.com,*
Fax 01 55 63 64 66
🍽 – 🛗 ⤧ 🍽 📺 ✆ ⚴ ⇔ – 🔬 140. AE ① GB JCB. ❊ ch
Repas 30 – ⇆ 18 – **173 ch** 200/310, 69 suites.
♦ Près de l'hôpital américain, établissement des années 1970 dont les chambres, joliment meublées, répondent aux exigences du confort moderne. Salons confortables et bar "cosy". Restaurant façon bistrot luxueux et convivial ; cuisine classique et repas à thème.

Paris Neuilly

1 av. Madrid ☎ 01 47 47 14 67, *h0883@accor-hotels.com*, *Fax 01 47 47 97 42*
sans rest – 🛗 ❄ 🗏 📺 📞 🕭. 🅐🅔 🅞 🇬🇧
☐ 14 – **74 ch** 180/230, 6 suites.

◆ Hôtel aux chambres diversement décorées. Petits-déjeuners servis dans le patio couvert orné d'une fresque représentant le château de Madrid bâti par François 1er en 1528.

Jardin de Neuilly

5 r. P. Déroulède ☎ 01 46 24 51 62, *hotel.jardin.de.neuilly@wanadoo.fr*, *Fax 01 46 37 14 60*
🏖 sans rest, ✿ – 🛗 🗏 📺 📞. 🅐🅔 🅞 🇬🇧
☐ 18 – **22 ch** 150/220, 8 suites.

◆ Hôtel particulier du 19e s. à 50 m du bois de Boulogne. Chambres personnalisées, dotées d'un mobilier chiné. Certaines donnent côté jardin : la campagne aux portes de Paris !

de la Jatte

4 bd Parc ☎ 01 46 24 32 62, *paris@hoteldelajatte.com*, *Fax 01 46 40 77 31*
sans rest – 🛗 ❄ 🗏 📺 📞 🕭. 🅐🅔 🅞 🇬🇧
☐ 10 – **68 ch** 106/166, 3 suites.

◆ Sur l'île de la Jatte, autrefois plébiscitée par les peintres, aujourd'hui lieu de résidence "branché". Décor design (couleurs "tendance", bois sombre), plaisante véranda.

Neuilly Park Hôtel

23 r. M. Michelis ☎ 01 46 40 11 15, *hotel@neuillypark.com*, *Fax 01 46 40 14 78*
sans rest – 🛗 📺 📞. 🅐🅔 🅞 🇬🇧 🇯🇨🇧
☐ 11 – **30 ch** 100/133.

◆ Cet hôtel du quartier des Sablons affiche peu à peu un nouveau visage : meubles de style Art nouveau et tissus tendus personnalisent les menues chambres. Accueil charmant.

Truffe Noire (Jacquet)

❀ 2 pl. Parmentier ☎ 01 46 24 94 14, *Fax 01 46 24 94 60*
🅐🅔 🇬🇧

fermé 5 au 12 mai, 1er août au 2 sept., sam. et dim. – **Repas** 36 et carte 55 à 94 ♀.

◆ Sablonneuses terres, Parmentier... Les premières pommes de terre françaises furent cultivées ici, mais la maison s'est, elle, prise de passion pour un tubercule plus rare !
Spéc. Foie gras de canard mariné au coteaux du Layon. Mousseline de brochet au beurre blanc. Beuchelle tourangelle aux champignons des bois (15 sept. au 15 déc.).

Riad

42 av. Ch. de Gaulle ☎ 01 46 24 42 61, *Fax 01 46 40 19 91*
🗏. 🅐🅔 🅞 🇬🇧
Repas 30 (déj.) et carte 48 à 60.

◆ Discret décor mauresque, fresques murales représentant la ville de Fès et cuisine marocaine (beau choix de tajines) offrent une suave échappée vers "L'île du Couchant".

Foc Ly

79 av. Ch. de Gaulle ☎ 01 46 24 43 36, *Fax 01 46 24 48 46*
🗏. 🅐🅔 🇬🇧
fermé août – **Repas** *(16)* - carte 31 à 49, enf. 12,20 ♀.

◆ Deux lions encadrent l'entrée de ce restaurant qui déploie en façade sa "terrasse-pagode". Intérieur sobrement aménagé, salle plus intime à l'étage. Cuisines thaï et chinoise.

※ **Les Feuilles Libres**
34 r. Perronet ℘ 01 46 24 41 41, restaurant@feuilles-libres.com,
Fax 01 46 40 77 61
🏠 – ▤. 🅰🅴 🇬🇧
fermé 10 au 17 août, sam. midi et dim. – **Repas** 27 (déj.)/39.
♦ Ici, tout est mini : terrasse-trottoir, salle principale et salon-bibliothèque
(réunions mensuelles d'un cercle littéraire). Décor sobre et chic ; carte au
goût du jour.

※ **Bistrot d'à Côté Neuilly**
4 r. Boutard ℘ 01 47 45 34 55, bistrot@michelrostang.com,
Fax 01 47 45 15 08
🅰🅴 ⓪ 🇬🇧
fermé 11 au 17 août, sam. midi et dim. – **Repas** 23 (déj.)/35.
♦ Service décontracté, boiseries, collection de moulins à café, ardoises de
suggestions du jour et vin servi "à la ficelle" (on paie ce que l'on boit) : un
"vrai-faux bistrot".

※ **A la Coupole**
3 r. Chartres ℘ 01 46 24 82 90
🅰🅴 🇬🇧
fermé août, dim. sam. et fériés – **Repas** 25 bc/35 bc (dîner) et carte 28 à 43.
♦ Voitures et camions miniatures réalisés à Madagascar à partir de métal de
récupération décorent la sobre salle à manger de ce restaurant familial.
Cuisine traditionnelle.

Les pages explicatives de l'introduction
vous aideront à mieux profiter de votre **Guide Michelin.**

Nogent-sur-Marne ⟨SP⟩ 94130 Val-de-Marne 🅱🅸🅲 D2 🅸🅾🅸 ㉗ G. Île de France –
28 191 h alt. 59.

🄱 Office de tourisme, 5 avenue de Joinville ℘ 01 48 73 73 97, Fax 01 48 73 75
90, OTnogent@free.fr.
Paris 14 – Créteil 10 – Montreuil 6 – Vincennes 6.

🏨 **Mercure Nogentel**
8 r. Port ℘ 01 48 72 70 00, h1710@accor-hotels.com, Fax 01 48 72 86 19
🏠 – 🛗 ✦, ▤ ch, 📺 ⇔ – 🕍 15 à 200. 🅰🅴 ⓪ 🇬🇧
Le Canotier (fermé 15 juil. au 15 août, dim. soir et lundi) **Repas** (30)- 35 –
☲ 12 – **60 ch** 98/115.
♦ Hôtel des bords de Marne proposant des chambres actuelles. L'esprit
de Nogent flotte encore sur la berge, le long de la promenade fleurie. La
spacieuse salle à manger du Canotier (décor marin) ouvre sur le port de
plaisance ; table traditionnelle.

🏨 **Campanile**
quai du port (Pt de Nogent) ℘ 01 48 72 51 98, Fax 01 48 72 05 09
🏠 – 🛗 ✦, ▤ ch, 📺 📞 ♿ ⇔ – 🕍 40. 🅰🅴 ⓪ 🇬🇧
Repas (12,50) - 16,50, enf. 6 – ☲ 8 – **84 ch** 69.
♦ Immeuble moderne situé sur un quai animé. La moitié des chambres,
équipées selon les standards de la chaîne et insonorisées, donnent sur la
Marne. Restaurant néo-rustique fidèle au style "Campanile" et repas sous
forme de buffets ; petite terrasse fleurie.

Noisy-le-Grand 93160 Seine-St-Denis 🅱🅾🅻 G7 🅸🅾🅸 ⑱ G. Île de France –
58 217 h alt. 82.

🄱 Office de tourisme, 167 rue Pierre Brossolette ℘ 01 43 04 51 55, Fax 01 43
03 79 48, office.tourisme.nlg@wanadoo.fr.
Paris 19 – Bobigny 17 – Lagny-sur-Marne 14 – Meaux 38.

Novotel Atria
2 allée Bienvenüe-quartier Horizon ✆ 01 48 15 60 60, h1536@accor-hotels.co
m, Fax 01 43 04 78 83
🍴, 🏊 – 🛗 ⛐ 🗐 📺 📞 🚐 🅿 – 🍽 400. 🆎 ⓪ 🅶🅱 🅹🅲🅱
Repas (15) - carte 25 à 37, enf. 10 ♀ – ☑ 12 – **144 ch** 105/115.
♦ Architecture contemporaine à deux pas de la station RER. Chambres bien
agencées et équipements complets séduiront familles et clientèle d'affaires.
Cuisines visibles depuis la spacieuse salle à manger que prolonge une terrasse
dressée autour de la piscine.

 Mercure
2 bd Levant ✆ 01 45 92 47 47, h1984@accor-hotels.com, Fax 01 45 92 47 10
🛏 – 🛗 ⛐ 🗐 📺 📞 🚐 – 🍽 250. 🆎 ⓪ 🅶🅱
Repas (fermé sam. midi et dim. midi) 16,90/21,40 – ☑ 12 – **192 ch** 102/112.
♦ Immeuble moderne dont la façade vitrée permet de suivre le ballet des
ascenseurs panoramiques. Chambres spacieuses et fonctionnelles, garnies de
meubles en bois clair.

 Amphitryon
56 av. A. Briand ✆ 01 43 04 68 00, Fax 01 43 04 68 10
🍴 – 🗐. 🆎 🅶🅱
fermé 5 au 28 août, sam. midi et dim. soir - **Repas** 22/38.
♦ Murs framboise et vaisselle multicolore donnent le ton de cette élégante
salle de restaurant. La cuisine, traditionnelle, est servie rapidement et avec le
sourire.

*Nos guides hôteliers, nos guides touristiques et nos cartes routières
sont complémentaires. Utilisez-les ensemble.*

Orgeval 78630 Yvelines 🔳🔳🔳 H2 🔳🔳🔳 ⑪ – 4 801 h alt. 100.
🏌 de Villennes à Villennes-sur-Seine ✆ 01 39 08 18 18, N : 2 km.
Paris 32 – Mantes-la-Jolie 28 – Pontoise 22 – St-Germain-en-Laye 11 – Versailles 22.

 Moulin d'Orgeval
r. Abbaye, Sud : 1,5 km ✆ 01 39 75 85 74, moulin.orgeval@wanadoo.fr,
Fax 01 39 75 48 52
🏊, 🍴, 🌳, ♨ – 🗐 rest, 📺 📞 🅿 – 🍽 30. 🆎 ⓪ 🅶🅱
Repas (fermé 19 déc. au 3 janv. et dim. soir) (30) - 39 ♀ – ☑ 14 – **14 ch** 119/140.
♦ Calme et détente dans ce vieux moulin entouré d'un parc arboré (5 ha)
baigné par un étang. Chambres personnalisées (parfois meublées d'ancien) ;
bar de style anglais. Salle de restaurant rustique et agréable terrasse au bord
de l'eau ; recettes classiques.

Orly (Aéroports de Paris) 94310 Val-de-Marne 🔳🔳🔳 D3 🔳🔳🔳 ㉖ –
21 646 h alt. 89.
✈ ✆ 01 49 75 15 15.
Paris 16 – Corbeil-Essonnes 24 – Créteil 14 – Longjumeau 15 – Villeneuve-
St-Georges 9.

 Hilton Orly
près aérogare, Orly Sud ✉ 94544 ✆ 01 45 12 45 12, oryhitwrm@hilton.com,
Fax 01 45 12 45 00
🛏 – 🛗 ⛐ 🗐 📺 🅿 – 🍽 280. 🆎 ⓪ 🅶🅱 🅹🅲🅱. ⛄
Repas (26) - 34 ♀ – ☑ 19 – **352 ch** 115/160.
♦ Cet hôtel des années 1960 abritant des chambres sobres et élégantes,
dispose d'équipements de pointe pour les réunions et de services adaptés à
la clientèle d'affaires. Décor actuel, plats de brasserie, formule buffet ou carte
gastronomique au restaurant.

🏨 **Mercure**

N 7, Z.I. Nord, Orlytech ⊠ 94547 🍃 01 49 75 15 50, *h1246@accor-hotels.com,* *Fax 01 49 75 15 51*

📶 ⛨ 🖃 📺 📞 🖐 🅿 – 🏄 40. 🖭 🔘 ⊜ ᴊᴄʙ

Repas *(fermé dim. midi et sam.)* *(19)* - 23,50, enf. 9,50 – 🖵 12 – **192 ch** 128/152.

◆ Adresse convenant particulièrement à la clientèle aéroportuaire qui trouve là un ensemble de services très pratiques entre deux avions. Chambres bien tenues. Cadre tendance bistrot, plats de brasserie et carte des vins "Mercure" dans ce restaurant de chaîne.

à Orly ville : – *20 470 h. alt. 71.*

🏨 **Kyriad - Air Plus**

⊜ 58 voie Nouvelle (près Parc G. Méliès) 🍃 01 41 80 75 75, *airplus@club-internet* *.fr, Fax 01 41 80 12 12*

🏡 – 📶 ⛨ 🖃 📺 🖐 🅿 🖭 🔘 ⊜

Repas *(fermé sam., dim. et fériés)* 14,80/24,40, enf. 10,50 – 🖵 6,80 – **72 ch** 68.

◆ Non loin de l'aéroport, un hôtel pensé pour votre bien-être. Ambiance "aéronautique" au pub anglais et allées du parc Méliès accueillantes aux adeptes du jogging. Le décor du restaurant est dévolu à l'avion. Les équipages entre deux vols apprécient l'adresse.

Voir aussi à **Rungis**

Écrivez-nous...
Vos louanges comme vos critiques seront examinées avec le plus grand soin.
Nous reverrons sur place les informations que vous nous signalez.
Par avance merci !

Ozoir-la-Ferrière *77330 S.-et-M.* 🖪🖫🖬 F3 🔟🔟🔟 ㉝ 🔟🔟🔟 ㉚ – *20 707 h alt. 110.*

🅱 *Syndicat d'initiative, 43 avenue du Gal de Gaulle* 🍃 01 64 40 10 20, Fax 01 64 40 09 91.

Paris 34 – Coulommiers 42 – Lagny-sur-Marne 22 – Melun 29 – Sézanne 84.

XXX **Gueulardière**

66 av. Gén. de Gaulle 🍃 01 60 02 94 56, *Fax 01 60 02 98 51*

🏡 🅿 – 🖭 ⊜

fermé 16 août au 6 sept., sam. midi, dim. soir et lundi – **Repas** *(30)* - 38/ 68 et carte 74 à 90, enf. 16.

◆ Cette auberge du centre-ville sert une cuisine classique dans deux élégantes salles à manger ou sur la terrasse d'été, dressée sous une pergola.

Palaiseau ⟨ℙ⟩ *91120 Essonne* 🖪🖫🖬 C3 🔟🔟🔟 ㉞ – *28 965 h alt. 101.*

🏌 *de Gif-Chevry à Gif-sur-Yvette* 🍃 01 60 12 40 33, S : 15 km par D 188.

🅱 *Syndicat d'initiative, 5 place de la Victoire* 🍃 01 69 31 02 67, *syndicinitiative-* *.palaiseau@wanadoo.fr.*

Paris 22 – Arpajon 20 – Chartres 69 – Évry 21 – Rambouillet 44.

🏨 **Novotel**

18 r. E. Baudot (Z.I. Massy) 🍃 01 64 53 90 00, *h0386@accor-hotels.com,* *Fax 01 64 47 17 80*

🏡 🏊 🎋 – 📶 ⛨ 🖃 📺 📞 🖐 🅿 – 🏄 15 à 180. 🖭 🔘 ⊜ ᴊᴄʙ

Repas *(18)* - carte 23 à 30, enf. 8 🖵 – 🖵 12 – **147 ch** 110/120.

◆ Ce Novotel proche d'un noeud autoroutier dispose de chambres actuelles et confortables. Nombreux équipements pour les séminaires. Spacieuse salle à manger actuelle ouverte sur la terrasse d'été installée au bord de la piscine. Carte de la chaîne.

Pantin 93500 Seine-St-Denis █████ F7 ███ ⑯ – 49 919 h alt. 26.

　　Voir *Centre international de l'Automobile*★, G. Île de France.

　　🛈 *Office de tourisme, 81 avenue Jean Lolive ℘ 01 48 44 93 72, Fax 01 48 44 18 51, officedetourismedepantin@wanadoo.fr.*

　　Paris 9 – Bobigny 5 – Montreuil 7 – St-Denis 8.

🏨 **Mercure Porte de Pantin**
　　25　r.　Scandicci　℘ 01 49 42 85 85,　　h0680@accor-hotels.com,
　　Fax 01 48 46 07 90

　　🛗 ⇖ ▤ 📺 📞 ₺ 🚗 – 🍴 25 à 100. 🆎 ⓞ 🆖 🄹🄲🄱

　　Repas *(fermé dim. midi, sam. et fériés) (20,20)* - 25,20, enf. 9,20 ♀ – 🖵 13 – **138 ch** 134/164.

　　◆ Hôtel dont les chambres s'équipent peu à peu d'un mobilier cossu. Les unes sont agencées pour recevoir des familles, les autres sont adaptées à la clientèle d'affaires. La salle de restaurant, plutôt chic, est aménagée à la façon d'une brasserie.

Le Perreux-sur-Marne 94170 Val-de-Marne █████ E2 ███ ⑱ – 30 080 h alt. 50.

　　🛈 *Office de tourisme, 75 avenue Ledru Rollin ℘ 01 43 24 26 58, Fax 01 43 24 02 10, otourisme.leperreux@wanadoo.fr.*

　　Paris 16 – Créteil 12 – Lagny-sur-Marne 23 – Villemomble 6 – Vincennes 7.

🍽 **Les Magnolias** (Chauvel)
　　48 av. Bry ℘ 01 48 72 47 43, Fax 01 48 72 22 28

　　▤. 🆎 ⓞ 🆖

　　fermé août, 2 au 10 janv., lundi midi, sam. midi et dim. – **Repas** *(34)* - 45/70.

　　◆ Cadre résolument moderne agrémenté de spots, boiseries et tentures rouges, abrité des regards de la rue par des stores vénitiens. Cuisine au goût du jour recherchée.

　　Spéc. Diablotin de boeuf au parfum de banane. Sorcellerie de frites de sandre cuites au four. "Temps et vitesse" de caramel au beurre salé.

🍽 **Les Lauriers**
　　5 av. Neuilly-Plaisance ℘ 01 48 72 45 75

　　☂ – 🆎 🆖

　　fermé 10 au 20 août, sam. midi, dim. soir et lundi – **Repas** *(21)* - 32 bc.

　　◆ Ce restaurant occupe un pavillon dans un quartier résidentiel. Décor contemporain assez clair et tables joliment dressées où l'on sert une cuisine traditionnelle.

Poissy 78300 Yvelines █████ I2 ███ ⑫ *G. Île de France* – 35 841 h alt. 27.

　　Voir *Collégiale Notre-Dame*★ – *Villa Savoye*★.

　　⛳ *Bethemont Chisan Country Club ℘ 01 39 75 51 13, par ④ : 5 km ;* ⛳ *de Villennes à Villennes-sur-Seine ℘ 01 39 08 18 18, par ⑤ : 6 km ;* ⛳ *à Feucherolles ℘ 01 30 54 94 94, par ④ : 13 km.*

　　🛈 *Office de tourisme, 132 rue du Général de Gaulle ℘ 01 30 74 60 65, Fax 01 39 65 07 00, webmaster.poissy@laposte.net.*

　　Paris 32 ③ – Mantes-la-Jolie 29 ④ – Pontoise 16 ② – St-Germain-en-Laye 6 ③.

Plan page suivante

🍽 **Bon Vivant**
　　30 av. É. Zola **(e)** ℘ 01 39 65 02 14, Fax 01 39 65 28 05

　　≼, ☂ – 🆎 🆖

　　fermé août, 23 fév. au 1er mars, dim. soir et lundi – **Repas** 35/60 bc.

　　◆ De la guinguette 1900, ce restaurant a conservé l'ambiance conviviale et la terrasse en bord de Seine. Cadre rustique et repas traditionnels.

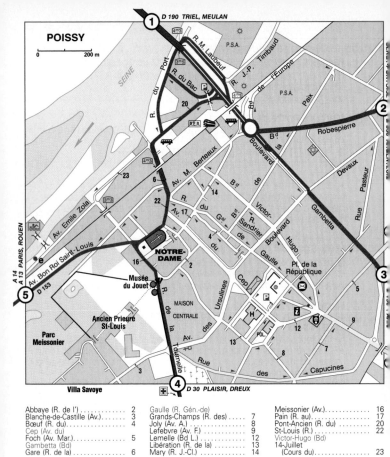

POISSY

0 ___ 200 m

*Donnez-nous votre avis sur les tables que nous recommandons,
sur leurs spécialités et leurs vins de pays.*

Pontault-Combault 77340 S.-et-M. 🖫🖫🖫 E3 🔲🔲🔲 ㉙ – *32 886 h alt. 94.*

🏌 *de La Marsaudière à Chevry-Cossigny ℘ 01 64 07 87 51, SE par N 4 : 11 km.*

🛈 *Office de tourisme, 16 rue de Bellevue ℘ 01 70 05 49 71, Fax 01 70 05 49 48, tourisme@mairie-pontault-clt.fr.*

Paris 29 – Créteil 25 – Lagny-sur-Marne 17 – Melun 32.

🏨 **Saphir Hôtel**
aire des Berchères sur N 104 ℘ 01 64 43 45 47, *saphirhotel@wanadoo.fr*, Fax 01 64 40 52 43
🍽, 🛐, 🔲, ❦ – 🕴 🔳 📺 ☎ 🔥 ⌂ 🅿 – 🔬 20 à 180. 🖭 ⓪ 🄖
Repas *(14)* - 20, enf. 8,40 ⅞ – ☲ 10,50 – **158 ch** 84/93, 21 suites.
♦ Architecture contemporaine au bord de la Francilienne. Les chambres, fonctionnelles et bien tenues, bénéficient d'une insonorisation parfaite. Deux salles à manger : l'une, d'esprit jardin d'hiver, l'autre, au cadre "rétro", réservée aux repas commandés.

Le Pré St-Gervais *93310 Seine-St-Denis* 📖 F7 📕 ⑯ – *16 377 h alt. 82.*
Paris 8 – Bobigny 6 – Lagny-sur-Marne 33 – Meaux 38 – Senlis 47.

🍴 **Au Pouilly Reuilly**
68 r. A. Joineau ☎ 01 48 45 14 59
🆎 ☒
fermé sam. midi et dim. – **Repas** carte 32 à 56.
♦ Décor de bistrot d'avant-guerre, joyeuse ambiance et cuisine roborative où les abats sont à l'honneur. Une adresse où se retrouve le "Tout-Paris".

Puteaux *92800 Hauts-de-Seine* 📖 J2 📕 ⑭ – *40 780 h alt. 36.*
Paris 11 – Nanterre 4 – Pontoise 30 – St-Germain-en-Laye 17 – Versailles 15.

🏨 **Syjac**
20 quai de Dion-Bouton ☎ 01 42 04 03 04, *h.syjac@wanadoo.fr,* Fax 01 45 06 78 69
sans rest – 📶 📺 ☎ – ⚓ 30. 🆎 ⓞ ☒
🛏 10 – **30 ch** 115/150, 3 duplex.
♦ Les chambres ont vue sur Seine en façade mais sont plus au calme sur l'arrière ; toutes sont personnalisées et joliment meublées. Élégants salons. Navette pour la Défense.

🏨 **Vivaldi**
5 r. Roque de Fillol ☎ 01 47 76 36 01, *vivaldi@hotelvivaldi.com,* Fax 01 47 76 11 45
sans rest – 📶 📺 ☎. 🆎 ⓞ ☒
🛏 9 – **27 ch** 99/105.
♦ Près de l'hôtel de ville où furent tournées des scènes de La Banquière, l'immeuble abrite des chambres rénovées, équipées d'un mobilier fonctionnel. Salon doté d'un piano.

🏨 **Princesse Isabelle**
72 r. J. Jaurès ☎ 01 47 78 80 06, *princesse.isa@wanadoo.fr,* Fax 01 47 75 25 20
sans rest – 📶 ▦ 📺 ☎ 🚗. 🆎 ⓞ ☒
🛏 10 – **29 ch** 88/127.
♦ Hôtel proposant des chambres actuelles, parfois habillées de boiseries. Le hall d'accueil abrite un coin salon agrémenté d'une cheminée et un bar animé d'un piano mécanique.

🍴🍴 **Chaumière**
127 av. Prés. Wilson - rd-pt des Bergères ☎ 01 47 75 05 46, *Fax 01 47 78 85 69*
▤ 🆎 ☒
fermé 6 au 28 août, dim. soir, lundi soir et sam. – **Repas** (25) - 30 ♀.
♦ La carte de cette auberge familiale met à l'honneur une cuisine de tradition, dont le fameux tournedos Rossini. Salle à manger rustique qu'une vaste véranda rend lumineuse.

🍴🍴 **Table d'Alexandre**
7 bd Richard Wallace ☎ 01 45 06 33 63, *Fax 01 41 38 27 42*
▤ 🆎 ☒
fermé 30 juil. au 22 août, sam. et dim. – **Repas** 22 et carte 35 à 50 ♀.
♦ À quelques foulées de la sportive île de Puteaux, cuisine traditionnelle actualisée servie dans un cadre sympathique : tons ocre, éclairage étudié et jolies chaises paillées.

Nos guides hôteliers, nos guides touristiques et nos cartes routières sont complémentaires. Utilisez-les ensemble.

La Queue-en-Brie *94510 Val-de-Marne* ▤▢▢ E3 ▢▢▢ ㉙ – *10 852 h alt. 95.*
Paris 22 – Coulommiers 50 – Créteil 11 – Lagny-sur-Marne 21 – Melun 33 – Provins 66.

🏚 **Relais de Pincevent**
av. Hippodrome   ℰ 01 45 94 61 61,   *osiris.management@wanadoo.fr,*
Fax 01 45 93 32 69
🍴 – 📺 ⅙ 🅿 – 🐕 60. 🆎 ⓪ ⑱ ⑯
Repas 19/56, enf. 11 ⓨ – ⌁ 6,10 – **57 ch** 55/70 – ½ P 58.
◆ En léger retrait de la route, chambres des années 1980 régulièrement rénovées, mais toujours équipées de leur mobilier d'origine. Bonne insonorisation. Restaurant sobrement agencé et petite terrasse donnant sur un îlot de verdure. Courte carte traditionnelle.

XXX **Auberge du Petit Caporal**
42 r. Gén. de Gaulle (N 4)   ℰ 01 45 76 30 06, *Fax 01 45 76 30 06*
▤. 🆎 ⑱
fermé 28 juil. au 24 août, vacances de fév., lundi soir, mardi soir, merc. soir et dim. – **Repas** 42 et carte 42 à 56 ⓨ.
◆ Dans les murs d'un ancien relais de poste, ce restaurant vous invite à découvrir l'ambiance conviviale de ses petites salles à manger et sa cuisine classique.

Quincy-sous-Sénart *91480 Essonne* ▤▢▢ E3 ▢▢▢ ㉘ – *7 426 h alt. 76.*
Paris 32 – Brie-Comte-Robert 7 – Évry 12 – Melun 23.

X **Lisière de Sénart**
33 r. Libération   ℰ 01 69 00 87 15
🍴 – ⑱
fermé 15 au 30 août, vacances de fév., dim. soir, mardi soir et merc. – **Repas** 25/52.
◆ Restaurant aménagé dans une discrète maison de banlieue qui abritait jadis une épicerie-buvette. Le décor, récemment rajeuni, est empreint de sobriété. Terrasse au calme.

Roissy-en-France (Aéroports de Paris) *95700 Val-d'Oise* ▤▢▢ G6 ▢▢▢ ⑧ – *2 367 h alt. 85.*
✈ *Charles-de-Gaulle ℰ 01 48 62 22 80.*
🛈 *Office de tourisme, 40 avenue Charles de Gaulle ℰ 01 34 29 43 14, Fax 01 34 29 43 33, office-tourisme@ville-roissy95.fr.*
Paris 26 – Chantilly 28 – Meaux 38 – Pontoise 39 – Senlis 28.

à Roissy-ville :

🏨 **Millenium**
allée du Verger   ℰ 01 34 29 33 33, *resa.cdg@mill-cop.com, Fax 01 34 29 03 05*
🍴, 🌊, 🔲 – 🛗 ☕ ▤ 📺 📞 ⅙ 🚗 – 🐕 150. 🆎 ⓪ ⑱ ⑯
Repas 28 bc/40 bc, enf. 10 – ⌁ 19 – **239 ch** 250/310.
◆ Bar, pub irlandais, fitness, belle piscine, salles de séminaires, chambres spacieuses et un étage spécialement aménagé pour la clientèle d'affaires : un hôtel bien équipé. Cuisine internationale et buffets à la brasserie, ou plats rapides servis côté bar.

🏨 **Courtyard Marriott**
allée du Verger   ℰ 01 34 38 53 53, *Fax 01 34 38 53 54*
🍴, 🌊 – 🛗 ▤ 📺 📞 ⅙ 🚗 🅿 – 🐕 500. 🆎 ⓪ ⑱ ⑯. ✂
Repas (21) - 26 et carte 36 à 55 ⓨ – ⌁ 17 – **296 ch** 169/300, 4 suites.
◆ L'un des derniers nés du parc hôtelier de Roissy, cet établissement offre des équipements modernes parfaitement adaptés à une clientèle d'affaires transitant par Paris. Cuisine classique servie dans un décor inspiré des brasseries de la Ville lumière.

Country Inn and Suites

allée du Verger *&* 01 30 18 21 00, *Fax 01 30 18 20 18*

🍽, *ƙ* – 🛗 ⵝ 🖿 📺 📞 🕭 🚗 🅿 – 🏌 15 à 95. 🅰🅴 ⓿ ⒢⒝ ⒿⒸⒷ

Repas *(fermé sam. midi, dim. midi et midi fériés)* (14) - 27, enf. 13 ⵛ – ⵜ 11 –
174 ch 195, 6 suites.

◆ Ce sobre bâtiment récent de forme hexagonale propose des chambres de
tailles diverses mais plutôt spacieuses et dotées d'un plaisant décor actuel.
Bar de style anglais. Cuisine française et plats d'outre-Atlantique font bon
ménage sur la carte du restaurant.

Mercure

allée des Vergers *&* 01 34 29 40 00, *h1245@accor-hotels.com,
Fax 01 34 29 00 18*

🍽 – 🛗 ⵝ 🖿 📺 📞 🕭 🅿 – 🏌 90. 🅰🅴 ⓿ ⒢⒝ ⒿⒸⒷ

Repas (18,50) - 23, enf. 10 ⵛ – ⵜ 12 – **203 ch** 188/252.

◆ Cet hôtel a fait peau neuve : cadre provençal dans le hall, zinc à l'ancienne
au bar et spacieuses chambres rénovées et bien insonorisées. La salle à
manger de ce Mercure a été entièrement relookée : elle offre un amusant
décor de boulangerie reconstituée.

Suitehotel

7 allée Vergers *&* 01 34 38 54 54, *h3336@accor-hotels.com,
Fax 01 34 38 54 44*

sans rest, *ƙ* – 🛗 ⵝ 🖿 📺 📞 🕭 🚗 🅿. 🅰🅴 ⓿ ⒢⒝ ⒿⒸⒷ

ⵜ 12 – **148 ch** 95.

◆ Adresse pratique : accueil non-stop, espace business (Internet gratuit),
distributeur de plats cuisinés, grande chambre moderne avec bar aménagé et
salon-bureau indépendant.

Campanile

Z.A. parc de Roissy *&* 01 34 29 80 40, *campanile-roissy@wanadoo.fr,
Fax 01 34 29 80 39*

🍽 – 🛗 ⵝ 📺 📞 🕭 🚗 🅿 – 🏌 100. 🅰🅴 ⓿ ⒢⒝

Repas 12,50/18,50, enf. 6 ⵛ – ⵜ 6,50 – **268 ch** 120.

◆ L'aéroport est tout près, de l'autre côté de l'A 1. Hôtel dont les chambres,
conformes aux normes de la chaîne, sont bien tenues et bénéficient d'un
double vitrage. Grande salle à manger dressée autour de buffets ; également,
repas express servis au bar.

Ibis

av. Raperie *&* 01 34 29 34 34, *h0815@accor-hotels.com, Fax 01 34 29 34 19*

🛗 ⵝ 🖿 📺 📞 🕭 🚗 🅿 – 🏌 70. 🅰🅴 ⓿ ⒢⒝

Repas (12) - 15 ⵛ – ⵜ 8 – **304 ch** 70/125.

◆ Cet établissement voisin de l'aéroport conviendra pour une escale :
chambres agencées suivant le nouveau concept Ibis et isolation phonique
correcte. Immense salle à manger meublée dans l'esprit bistrot et prolongée
d'une terrasse aménagée autour d'un patio.

Z. I. Paris Nord II – ✉ *95912 :*

Hyatt Regency

351 av. Bois de la Pie *&* 01 48 17 12 34, *cdg@paris.hyatt.com,
Fax 01 48 17 17 17*

🏊, *ƙ*, 🔲, 🎾 – 🛗 ⵝ 🖿 📺 📞 🕭 🅿 – 🏌 300. 🅰🅴 ⓿ ⒢⒝. 🚫 rest

Repas (21) - 53/81 ⵛ – ⵜ 22 – **383 ch** 385/460, 5 suites.

◆ Spectaculaire architecture contemporaine érigée à l'entrée de la zone
aéroportuaire : un vaste atrium relie les deux ailes qui abritent de grandes
chambres feutrées. L'espace restauration du Hyatt Regency est coiffé d'une
verrière ; buffets ou carte classique.

Suitehotel

335 r. Belle Etoile ✆ 01 48 63 88 88, *h3324@accor-hotels.com, Fax 01 48 63 86 87*

sans rest, **ℝ** – |‡| 🕸 🖃 📺 📞 ⅙ ⇐ **P**. ⅍ ⓞ ⒼⒷ ᴊⒸⒷ

🖼 12 – **174 ch** 95.

◆ Les avions passent au-dessus de l'hôtel mais l'insonorisation parfaite garantit une nuit paisible. Suites spacieuses et fort bien équipées.

à l'aérogare n° 2 :

Sheraton

✆ 01 49 19 70 70, *Fax 01 49 19 70 71*

🐾, ≼, **ℝ** – |‡| 🕸 🖃 📺 📞 ⅙ **P** – ▵ 110. ⅍ ⓞ ⒼⒷ ᴊⒸⒷ

Les Étoiles (fermé 31 juil. au 29 août, 20 déc. au 3 janv., sam., dim. et fériés) **Repas** 48,50 (déj.)/55,50

Les Saisons : **Repas** carte environ 42, enf. 27 – 🖼 25,50 – **254 ch** 395/650, 12 suites.

◆ Descendez de l'avion ou du TGV et montez dans ce "paquebot" à l'architecture futuriste. Décor d'Andrée Putman, vue sur le tarmac, calme absolu et chambres raffinées. Carte au goût du jour et beau cadre contemporain aux Étoiles. Plats de brasserie aux Saisons.

à Roissypole :

Hilton

✆ 01 49 19 77 77, *CDGHITWSAL@hilton.com, Fax 01 49 19 77 78*

🐾, **ℝ**, ◱ – |‡| 🕸 🖃 📺 📞 ⅙ ⇐ – ▵ 500. ⅍ ⓞ ⒼⒷ ᴊⒸⒷ. ⅏ rest

Gourmet (fermé juil.- août, sam. et dim.) **Repas** 39/42 ℗

Aviateurs - brasserie **Repas** 34 ℗

Oyster bar - produits de la mer *(fermé juil.-août, sam. et dim.)* **Repas** 38/55 – 🖼 24 – **379 ch** 495/564, 4 suites.

◆ Architecture audacieuse, espace et lumière sont les traits principaux de cet hôtel. Ses équipements de pointe en font un lieu propice au travail comme à la détente. Le Gourmet est la table gastronomique du Hilton. Côté Aviateurs, petite carte de brasserie.

Sofitel

Zone centrale Ouest ✆ 01 49 19 29 29, *h0577@accor-hotels.com, Fax 01 49 19 29 00*

⅏ – |‡| 🕸 🖃 📺 📞 ⅙ **P** – ▵ 60. ⅍ ⓞ ⒼⒷ ᴊⒸⒷ. ⅏ rest

L'Escale -produits de la mer **Repas** carte 40 à 50, ℗ – 🖼 20 – **342 ch** 370/551, 6 suites.

◆ Accueil personnalisé, atmosphère feutrée, salles de séminaires, bar élégant et chambres soignées sont les atouts de cet hôtel bâti entre les deux aérogares. Restaurant au cadre nautique et cuisine de la mer : une plaisante "Escale" entièrement vouée à Neptune.

Novotel

✆ 01 49 19 27 27, *h1014@accor-hotels.com, Fax 01 49 19 27 99*

|‡| 🕸 🖃 📺 📞 ⅙ **P** – ▵ 60. ⅍ ⓞ ⒼⒷ ᴊⒸⒷ

Repas *(16,10)* - 23 (dîner), 26/55, enf. 8 ℗ – 🖼 12 – **201 ch** 150.

◆ Face aux pistes de l'aéroport, Novotel dont la majorité des chambres, bien tenues et équipées d'un double vitrage, a adopté le nouveau style de la chaîne. Sobre salle à manger conçue dans l'esprit brasserie, avec mobilier moderne et mise en place simplifiée.

Les prix

Pour toutes précisions sur les prix indiqués dans ce guide, reportez-vous aux pages explicatives.

Romainville 93230 Seine-St-Denis █0█ F7 █0█ ⑰ – 23 779 h alt. 110.

Paris 11 – Bobigny 4 – St-Denis 12 – Vincennes 6.

XX **Chez Henri**

72 rte Noisy 𝒫 01 48 45 26 65, *Fax 01 48 91 16 74*

▤. 🅐🅔 ☒

fermé août, dim., lundi et fériés – **Repas** *(20)* - 28 ♈ ⊞.

♦ Mobilier de style Louis XVI et salle joliment dressée, dans une auberge égarée au milieu des usines. Cuisine classique, carte des vins étoffée (vieux millésimes).

Rosny-sous-Bois 93110 Seine-St-Denis █0█ F7 █0█ ⑰ – 39 105 h alt. 80.

🏌 *AS Golf de Rosny-sous-Bois* 𝒫 01 48 94 01 81.

Paris 14 – Bobigny 8 – Le Perreux-sur-Marne 5 – St-Denis 16.

🏨 **Quality Hôtel**

4 r. Rome 𝒫 01 48 94 33 08, *qualityhotel.rosny@wanadoo.fr,* *Fax 01 48 94 30 05*

☂ – 🛗 ⎙ ▤ 📺 ☎ ♿ ⇔ 🅿 – 🛋 15 à 100. 🅐🅔 ⓪ ☒ 🅹🅲🅱

Vieux Carré *(fermé août, 24 déc. au 4 janv., vend. soir, sam., dim. et fériés)* **Repas** *(18)*-24, enf. 10 – ⊇ 11,50 – **97 ch** 130/160.

♦ Adossé au golf, hôtel dont l'architecture et la décoration intérieure s'inspirent de la Louisiane. Chambres spacieuses et confortables. L'enseigne et le mobilier du restaurant le Vieux Carré sont des clins d'oeil à la Nouvelle-Orléans ; terrasse côté greens.

🏨 **Comfort Inn**

1 r. Lisbonne 𝒫 01 48 12 30 30, *confort.rosny@wanadoo.fr,* *Fax 01 45 28 83 69*

🛗, ▤ rest, 📺 ☎ ♿ ⇔ 🅿 – 🛋 30 à 70. 🅐🅔 ⓪ ☒. 🚫 rest

Repas *(fermé 30 août, 24 déc. au 3 janv., vend. soir, sam. et dim.)* *(13,50)* - 21/25 ♈ – ⊇ 9 – **100 ch** 90/100.

♦ Dans une zone commerciale, petites chambres au mobilier contemporain, régulièrement rafraîchies. Insonorisation satisfaisante. Ambiance feutrée au bar. Salle à manger fonctionnelle ouverte sur un espace verdoyant ; cuisine traditionnelle sans prétention.

Un automobiliste averti utilise le **Guide Michelin** *de l'année.*

Rueil-Malmaison 92500 Hauts-de-Seine █0█ J2 █0█ ⑭ *G. Ile de France* – 73 469 h alt. 40.

Voir Château de Bois-Préau★ – Buffet d'orgues★ de l'église – Malmaison : musée★★ du château.

🏌 *de Rueil-Malmaison* 𝒫 01 47 49 64 67.

🄱 *Office de tourisme, 160 avenue Paul Doumer* 𝒫 01 47 32 35 75, *Fax 01 47 14 04 48, rueil-tourisme@easynet.fr.*

Paris 16 – Argenteuil 12 – Nanterre 3 – St-Germain-en-Laye 9 – Versailles 12.

🏨 **Novotel Atria**

21 av. Ed. Belin 𝒫 01 47 16 60 60, *h1609@accor-hotels.com,* *Fax 01 47 51 09 29*

🛗 ⎙, ▤ rest, 📺 ☎ ♿ ⇔ – 🛋 20 à 180. 🅐🅔 ⓪ ☒ 🅹🅲🅱

Repas *(fermé dim. midi et sam.)* *(16)* - 21, enf. 8 ♈ – ⊇ 13 – **118 ch** 175/200.

♦ Imposant immeuble moderne du quartier d'affaires Rueil 2000, à deux pas de la gare RER. Chambres fonctionnelles. Centre de conférences. Le plaisant décor contemporain de la salle de restaurant évoque l'univers pictural de Matisse. Cuisine traditionnelle.

🏨 **Suitehotel**
17 r. F. Jacob ℰ 01 47 52 22 62, *h3326-gm@accor-hotels.com,*
Fax 01 47 52 22 60
sans rest – 🛗 cuisinette ⟷ 🗐 📺 📞 ⅙ 🚗. ᴁᴇ ɢʙ ᴊᴄʙ
⊑ 8 – **101 ch** 97/107.
◆ Hôtel moderne proche du quartier d'affaires de Rueil. Chaque suite comprend une chambre cloisonnable, un espace à vivre (salon-bureau-bar) et une salle de bains bien équipée.

🏨 **Cardinal**
1 pl. Richelieu ℰ 01 47 08 20 20, *hotelcardinal@wanadoo.fr,*
Fax 01 47 08 35 84
sans rest – 🛗 ⟷ 🗐 📺 📞 ⅙ 🅿 – 🍽 15. ᴁᴇ ⓞ ɢʙ
⊑ 12 – **64 ch** 185/210.
◆ Construction récente située à proximité des châteaux et parcs. Chambres actuelles ou de style rustique, certaines avec mezzanine pour les familles. Salon-bar confortable.

🍴 **Rastignac**
1 pl. Europe ℰ 01 47 32 92 29, *Fax 01 47 32 93 35*
🗐. ᴁᴇ ɢʙ
fermé 30 juil. au 26 août, sam. et dim. – **Repas** 30/35 ⅗.
◆ Au sein du nouveau quartier d'affaires, ce restaurant propose une cuisine au goût du jour dans une élégante salle à manger évoquant l'univers balzacien du Père Goriot.

🍴 **Bonheur de Chine**
6 allée A. Maillol (face 35 av. J. Jaurès) ℰ 01 47 49 88 88, *Fax 01 47 49 48 68*
🗐. ᴁᴇ ⓞ ɢʙ
fermé lundi – **Repas** 18 (déj.), 30/43.
◆ Mobilier et autres éléments de décor en provenance d'Extrême-Orient composent le cadre authentique de ce restaurant où confluent toutes les saveurs de la cuisine chinoise.

Rungis *94150 Val-de-Marne* 🔢 *D3* 🔢 ㉖ – *5 424 h alt. 80 Marché d'Intérêt National.*
Paris 14 – Antony 5 – Corbeil-Essonnes 30 – Créteil 13 – Longjumeau 12.

à Pondorly : *accès : de Paris, A6 et bretelle d'Orly ; de province, A6 et sortie Rungis*

🏨 **Holiday Inn**
4 av. Ch. Lindbergh ℰ 01 49 78 42 00, *hiorly.manager@alliance-hospitality.com, Fax 01 45 60 91 25*
🛗 ⟷ 🗐 📺 ⅙ 🅿 – 🍽 15 à 150. ᴁᴇ ⓞ ɢʙ ᴊᴄʙ. ⌦ rest
Repas *(19,70)* - 25,70, enf. 11 ⅗ – ⊑ 15 – **168 ch** 160/191.
◆ Au bord de l'autoroute, établissement de grand confort dont les chambres, équipées du double vitrage, sont spacieuses et modernes. La salle à manger présente un cadre contemporain rehaussé de discrètes touches Art déco ; plats traditionnels.

🏨 **Novotel**
Zone du Delta, 1 r. Pont des Halles ℰ 01 45 12 44 12, *h1628@accor-hotels.com, Fax 01 45 12 44 13*
🏊 – 🛗 ⟷ 🗐 📺 📞 ⅙ 🅿 – 🍽 15 à 150. ᴁᴇ ⓞ ɢʙ ᴊᴄʙ
Repas *(16)* - carte 22 à 29, enf. 8 ⅗ – ⊑ 12 – **181 ch** 137/159.
◆ Les chambres de ce Novotel sont aménagées selon les normes de la chaîne et équipées d'un double vitrage. Bar décoré sur le thème de la B. D. Le cadre de la spacieuse salle de restaurant évoque le "ventre de Paris" et les halles plus contemporaines de Rungis.

Le Guide change, changez de guide tous les ans.

Saclay *91400 Essonne* **312** C3 **101** ㉔ – *2 883 h alt. 147.*

Paris 27 – Antony 14 – Chevreuse 13 – Montlhéry 16 – Versailles 12.

 Novotel
r. Charles Thomassin ℰ 01 69 35 66 00, *h0392@accor-hotels.com,*
Fax 01 69 41 01 77
🏠, 🏊, 🌳, 🍴 – 🛗 🚫 ☰ 📺 ✆ 🚻 🅿 – 🎪 160. 🄰🄴 🄾 🄶🄱 🄹🄲🄱
Repas *(17)* - carte 24 à 33, enf. 8 🛇 – 🍽 12
136 ch 109/118.
◆ Cour pavée, maison bourgeoise du 19ᵉ s. et ancien corps de ferme : vous
êtes au Novotel Saclay ! Les chambres occupent une aile récente, conforme
aux standards de la chaîne. Bar réchauffé par une vieille cheminée et restaurant ouvert sur un espace verdoyant.

St-Cloud *92210 Hauts-de-Seine* **311** J2 **101** ⑭ *G. Ile de France* – *28 157 h alt. 63.*

Voir *Parc*★★ *(Grandes Eaux*★★*)* – *Église Stella Matutina*★.

🏌 *du Paris Country Club* ℰ 01 47 71 39 22, *(Hippodrome).*

Paris 12 – Nanterre 7 – Rueil-Malmaison 6 – St-Germain 16 – Versailles 10.

 Villa Henri IV
43 bd République ℰ 01 46 02 59 30, *villa-henri-4@wanadoo.fr,*
Fax 01 49 11 11 02
🛗 📺 🅿 – 🎪 25. 🄰🄴 🄾 🄶🄱
Bourbon *(fermé 22 juil. au 22 août et dim. soir)* **Repas** *(14)*-19/31 🛇 – 🍽 7 –
36 ch 78/99.
◆ Le charme de l'ancien dans cette villa clodoaldienne aux chambres garnies
de meubles de style ; toutes sont bien insonorisées. Une atmosphère d'auberge provinciale cossue émane de ce restaurant dont l'enseigne fait
référence au riche passé de St-Cloud.

 Quorum
2 bd République ℰ 01 47 71 22 33, *quorum@multi-micro.com,*
Fax 01 46 02 75 64
🛗 ☰ rest. 📺 ✆ 🚻 🚗 🅿 🄰🄴 🄾 🄶🄱
Repas *(fermé août, sam. et dim.)* *(16)* - carte 24 à 43 🍷 – 🍽 7
58 ch 80/100.
◆ Le beau parc de Saint-Cloud (450 ha) est à deux pas de ce bâtiment récent
qui abrite des chambres rénovées, fonctionnelles et équipées d'un double
vitrage. Salle à manger actuelle dotée de meubles en bambou et cuisine
traditionnelle sans prétention.

🍴 **Garde-Manger**
21 r. Orléans ℰ 01 46 02 03 66, *Fax 01 46 02 11 55*
🄶🄱
fermé dim.
Repas carte 26 à 36 🛇.
◆ Accueil souriant, service décontracté mais efficace et cuisine généreuse
sont les atouts de ce petit bistrot de quartier. On y mange au coude à coude.

St-Denis ⟨🆂🅿⟩ *93200 Seine-St-Denis* **305** F7 **101** ⑯ *G. Île de France* –
85 832 h alt. 33.

Voir *Basilique*★★★ – *Stade de France*★.

🛈 *Office de tourisme, 1 rue de la République* ℰ 01 55 87 08 70, *Fax 01 48 20
24 11, infos@stdenis-tourisme.com.*

*Paris 11 – Argenteuil 12 – Beauvais 70 – Bobigny 11 – Chantilly 31 – Pontoise 27
– Senlis 44.*

Suitehotel
31 r. Jules Rimet   ✆ 01 49 46 54 54,   *h3325@accor-hotels.com,*
Fax 01 49 46 54 55
sans rest, ⅃ᴓ – 🛗 ⤢ 🗏 📺 ✆ ♿ ⛽. AE ⑩ GB JCB
🖥 12 – **101 ch** 92.

♦ Votre suite à proximité du célèbre stade de France ? Un salon-bureau avec coin bar et, cloisonnable, une chambre habilement agencée ; le tout sur 30 mètres carrés.

Ibis Stade de France Sud
r. Coquerie ✆ 01 55 93 36 00, *Fax 01 55 93 36 36*
sans rest – 🛗 ⤢ 🗏 📺 ✆ ♿ 🅿. AE ⑩ GB JCB
🖥 6 – **95 ch** 62/105.

♦ Ibis récent proposant des chambres meublées dans le nouveau style de la chaîne, toutes bien insonorisées et équipées de doubles fenêtres côté boulevard.

St-Germain-en-Laye   ⟨SP⟩ 78100 *Yvelines* ▨▨▨ 12 ▨▨▨ ⑬ *G. Île de France* – *38 423 h alt. 78.*

Voir *Terrasse*★★ – *Jardin anglais*★ – *Château*★ *: musée des Antiquités nationales*★★ – *Musée Maurice Denis*★ .

🏌 *de Joyenval à Chambourcy* ✆ 01 39 22 27 50, par ④ *: 6 km par D 160.*

🛈 *Office de tourisme, 38 rue au Pain* ✆ 01 34 51 05 12, Fax 01 34 51 36 01, *saint.germain.en.laye.tourisme@wanadoo.fr.*

Paris 25 ③ – *Beauvais 81* ① – *Dreux 66* ③ – *Mantes-la-Jolie 36* ④ – *Versailles 13* ③.

Plan page ci-contre

Pavillon Henri IV   BYZ **t**
21 r. Thiers ✆ 01 39 10 15 15, *pavillonhenri4@wanadoo.fr, Fax 01 39 73 93 73*
⅋, ≤, 🌿 – 🛗 📺 ✆ 🅿 – 🔬 30 à 120. AE ⑩ GB. ⅋ rest
Repas *(fermé dim. soir, mardi et merc.)* (39) - 49/59 ⅀ – 🖥 12 – **42 ch** 110/220 – ½ P 140/170.

♦ Achevée en 1604 sous l'impulsion d'Henri IV, cette belle bâtisse vit naître le futur roi Louis XIV. Atmosphère bourgeoise et meubles de style dans les salons et les chambres. La salle à manger offre un superbe panorama sur la vallée de la Seine et Paris.

Ermitage des Loges   AY **x**
11 av. Loges   ✆ 01 39 21 50 90,   *hotel@ermitagedesloges.com,*
Fax 01 39 21 50 91
🌿, 🌳 – 🛗 📺 ✆ 🅿 – 🔬 30 à 150. AE ⑩ GB. ⅋ rest
Repas 19 bc (déj.)/29, enf. 12 ⅀ – 🖥 13 – **56 ch** 119/150.

♦ Hôtel situé à proximité du château de Saint-Germain. Chambres fonctionnelles réparties dans deux bâtiments ; l'annexe, plus récente, bénéficie du calme du jardin. Salle de restaurant d'esprit bistrot dont le décor actuel évoque l'épopée de l'aéronautique.

Top Model   AZ **v**
24 r. St-Pierre ✆ 01 34 51 77 78, *Fax 01 39 76 62 50*
AE GB. ⅋
fermé 3 au 23 août, 3 au 10 janv., dim. et lundi – **Repas** (nombre de couverts limité, prévenir) 12 (déj.), 23/27 ⅀.

♦ Murs, housses des chaises et nappage : tout est blanc dans ce minirestaurant au cadre contemporain. Cuisine traditionnelle et carte de caviar... pour top models ?

ST-GERMAIN-EN-LAYE

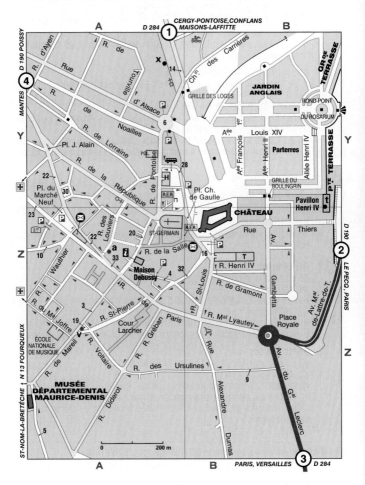

✗ **Feuillantine**   AZ **a**
10 r. Louviers ℘ 01 34 51 04 24, *Fax 01 34 51 49 03*
▤. ⒢⒝
Repas 27.
◆ Restaurant dans une rue piétonne commerçante. En salle, poutres anciennes, banquettes et ambiance "bonne franquette" ; on y mange au coude à coude.

par ① *et D 284 : 2,5 km –* ✉ *78100 St-Germain-en-Laye :*

🏛 **Forestière**
1 av. Prés. Kennedy ✆ 01 39 10 38 38, *cazaudehore@relaischateaux.com,*
Fax 01 39 73 73 88
🏊, 🐾 – 🔁, 🍴 rest, 📺 ♿ 🅿 – 🔥 30. AE ① GB JCB
voir rest. *Cazaudehore* ci-après – 🖵 15 – **25 ch** 160/200, 5 suites.
♦ Séduisante maison entourée d'un jardin en lisière de forêt. Le choix des
coloris et un mobilier de belle facture personnalisent les chambres, toutes
"cosy". Soirées jazz.

XXX **Cazaudehore** - Hôtel Forestière
1 av. Prés. Kennedy ✆ 01 30 61 64 64, *cazaudehore@relaischateaux.com,*
Fax 01 39 73 73 88
🍴, 🌳 – 🍴 🅿, AE ① GB JCB
fermé lundi sauf fériés et dim. soir de nov. à fév. – **Repas** *(40 bc)* - 50 bc (déj.)/
65 bc et carte 53 à 135, enf. 22 🍴.
♦ Les Cazaudehore reçoivent en cette grande demeure depuis 1928. Élégante et chaleureuse salle à manger ; délicieuse terrasse ombragée par des
acacias. Carte des vins étoffée.

St-Leu-la-Forêt *95320 Val d'Oise* 🔲🔲🔲 *E6* 🔲🔲🔲 ④ *– 15 127 h alt. 120.*

🛈 *Office de tourisme, 1 rue Barrelier* ✆ *02 62 34 63 30, Fax 02 62 34 96 45,*
info@stleu-tourisme.com.
Paris 27 – Nanterre 22 – Beauvais 59 – Chantilly 31 – L'Isle-Adam 15 – Pon-
toise 20.

XX **Au Lévrier**
36 bis r. Paris ✆ 01 39 60 00 38, *Fax 01 39 60 08 51*
🍴. AE GB
fermé 10 au 25 août, 26 déc. au 5 janv., sam. midi et dim. sauf fériés – **Repas**
(22) - 30/47, enf. 15 🍴.
♦ Salles à manger fraîches, aux tons pastel, garnies de chaises drapées ; l'une
d'elles est agrémentée d'une petite verrière. Cuisine au goût du jour.

X **Petit Castor**
68 r. Paris ✆ 01 39 32 94 13, *Fax 01 30 40 85 52*
🍴. AE GB
fermé août, dim. soir, lundi soir et merc. – **Repas** 16/39 🍴.
♦ Proche du centre, restaurant proposant une cuisine traditionnelle. Murs
crépis, poutres apparentes et cheminée président au décor rustique de la
salle à manger.

St-Mandé *94160 Val-de-Marne* 🔲🔲🔲 *D2* 🔲🔲🔲 ㉗ *– 19 697 h alt. 50.*
Paris 7 – Créteil 10 – Lagny-sur-Marne 29 – Maisons-Alfort 6 – Vincennes 2.

XX **Ambassade de Pékin**
GB 6 av. Joffre ✆ 01 43 98 13 82, *Fax 01 43 28 31 93*
🍴. AE GB
Repas 12 (déj.) et carte 20 à 30 🍴.
♦ Adresse appréciée avant tout pour l'originalité de sa cuisine vietnamienne
et thaïlandaise, servie avec courtoisie et efficacité dans un sobre cadre actuel.

Si vous cherchez un hôtel tranquille,
consultez d'abord les cartes de l'introduction
ou repérez dans le texte les établissements indiqués avec le signe 🏊

St-Maur-des-Fossés *94100 Val-de-Marne* 🗺️ D3 📖 ㉗ – *73 069 h alt. 38.*

🛈 *Office de tourisme, 70 avenue de la République* ℘ *01 42 83 84 74, Fax 01 42 83 84 74.*

Paris 12 – Créteil 6 – Nogent-sur-Marne 6.

XX **Auberge de la Passerelle**

37 quai de la Pie ℘ 01 48 83 59 65, *Fax 01 48 89 91 24*

▤. 📧 ⦿

fermé août, mardi soir, dim. soir et merc. – **Repas** 24 (déj.), 29/39,90, enf. 10.

◆ Salle à manger aménagée dans une véranda flanquant un pavillon des bords de Marne. Décor simple et cuisine traditionnelle privilégiant poissons et crustacés.

XX **Gourmet**

150 bd Gén. Giraud (quartier de la Pie) ℘ 01 48 86 86 96, *Fax 01 48 86 86 96*

🌳 – ⦿

fermé 16 août au 7 sept., 3 au 10 janv., dim. soir et lundi – **Repas** *(20)* - 30/45 ⌀.

◆ Petite atmosphère Belle Époque en ce restaurant où le chef concocte une cuisine gorgée de soleil. L'été, la terrasse fleurie est très demandée.

à La Varenne-St-Hilaire – ✉️ *94210 :*

🏨 **Winston**

119 quai W. Churchill ℘ 01 48 85 00 46, *winston.hotel@online.fr, Fax 01 48 89 98 89*

sans rest – 📺 🅿️ 📧 ⓪ ⦿ 🔲

⌂ 6,50 – **23 ch** 55/80.

◆ Dans un secteur résidentiel, grande chaumière moderne abritant des chambres meublées en bois cérusé, bien tenues et régulièrement rafraîchies.

XXX **Bretèche**

171 quai Bonneuil ℘ 01 48 83 38 73, *labreteche@cyber-club.org, Fax 01 42 83 63 19*

🌳 – ▤. 📧

fermé vacances de fév., dim. soir et lundi – **Repas** 27 et carte 46 à 59 ⌀.

◆ Adresse estimée pour son décor élégant et sa cuisine au goût du jour. La terrasse en bord de Marne devient agréable aux heures où les RER se raréfient.

X **Gargamelle**

23 av. Ch. Péguy ℘ 01 48 86 04 40, *sarl.la.deviniere@wanadoo.fr*

🌳 – 📧 ⓪ ⦿

fermé 16 août au 1er sept., dim. soir et lundi – **Repas** 26/45 ⌀.

◆ Cuisine simple et goûteuse, service tout sourire et plaisante terrasse fleurie sont les atouts de ce restaurant par ailleurs modeste : on s'y bouscule !

St-Ouen *93400 Seine-St-Denis* 🗺️ F7 📖 ⑯ – *39 722 h alt. 36.*

🛈 *Office de tourisme, place de la République* ℘ *01 40 11 77 36, Fax 01 40 11 01 70, ot-saint-ouen@wanadoo.fr.*

Paris 9 – Bobigny 12 – Chantilly 46 – Meaux 49 – Pontoise 26 – St-Denis 5.

🏨 **Manhattan**

115 av. G. Péri ℘ 01 41 66 40 00, *reservation@hotel-le-manhattan, Fax 01 41 66 40 66*

🔼 ⤢ ▤ 📺 📞 ♿ 🅿️ 📧 ⓪ ⦿ 🔲

Repas *(fermé 30 juil. au 23 août, sam. dim. et jours fériés)* *(19)* - 21/23 ⌀ – ⌂ 12 – **126 ch** 175.

◆ Architecture de verre et de béton de taille bien plus modeste que les tours de Manhattan. Les chambres, claires et pratiques, bénéficient d'une bonne insonorisation. Salle de restaurant-véranda perchée au 8e étage de l'hôtel ; carte traditionnelle.

XX **Coq de la Maison Blanche**

37 bd J. Jaurès *01 40 11 01 23, Fax 01 40 11 67 68*

☆ – 🖵 📱 midi. AE ① ⑤ JCB

fermé week-ends du 14 juil. au 15 août et dim. – **Repas** 30.

♦ Allure de brasserie cossue et cuisine traditionnelle sont les traits principaux de ce restaurant aménagé dans un ancien relais de poste. Service décontracté et efficace.

X **Soleil**

109 av. Michelet *01 40 10 08 08, lesoleil2@wanadoo.fr, Fax 01 40 10 16 85*

AE ⑤

fermé soirs de dim. à merc. – **Repas** carte 38 à 48.

♦ Sympathique bistrot dont l'amusant décor éclectique (meubles et bibelots chinés) rappelle la proximité du Marché aux Puces. Table généreuse, répertoire traditionnel.

St-Pierre-du-Perray *91280 Essonne* 312 D4 101 ㊳ – *5 801 h alt. 88.*

Paris 39 – Brie-Comte-Robert 16 – Évry 7 – Melun 20.

🏨 **Novotel**

golf de Greenparc *01 69 89 75 75, h1783@accor-hotels.com, Fax 01 69 89 75 50*

☆, 🛏, 🔲 – 📱 🖫 🖵 TV 📞 🕭 🅿 – 🔏 120. AE ① ⑤ JCB

Repas *(17,50)* - 30 bc, enf. 8 – ☲ 12 – **78 ch** 100/115.

♦ Cet hôtel dispose de chambres du modèle "dernière génération" de la chaîne. La moitié d'entre elles offrent une vue sur le golf ; certaines disposent même d'un balcon. Sobre salle à manger contemporaine où l'on propose la carte "Novotel" traditionnelle.

Si le coût de la vie subit des variations importantes,
les prix que nous indiquons peuvent être majorés.
Lors de votre réservation à l'hôtel, faites-vous préciser le prix définitif.

St-Quentin-en-Yvelines *78 Yvelines* 311 H3 101 ㉑ *G. Île de France.*

🖪36 *Blue Green Golf St-Quentin-en-Yvelines à Trappes 01 30 50 86 40;* 🖪45 *National à Guyancourt 01 30 43 36 00.*

Paris 33 – Houdan 33 – Palaiseau 28 – Rambouillet 21 – Versailles 14.

Montigny-le-Bretonneux – *35 216 h. alt. 162* – ✉ *78180 :.*

🏨 **Mercure**

9 pl. Choiseul *01 39 30 18 00, h1983@accor-hotels.com, Fax 01 30 57 15 22*

☆ – 📱 🖫 🖵 TV 📞 🕭 🚗 – 🔏 20 à 70. AE ① ⑤

Repas *(fermé vend. soir, dim. midi et sam.)* *(17,50)* - 25/45 et carte 30 à 35, enf. 10 – ☲ 12 – **74 ch** 116/126.

♦ Intégré à un ensemble immobilier, hôtel dont les chambres sont d'une discrète élégance : sobriété du cadre et harmonie des couleurs. Salon-bar feutré. Le restaurant est décoré sur le thème aéronautique (photos anciennes, fresque et maquettes).

🏨 **Auberge du Manet**

61 av. Manet *01 30 64 89 00, mail@aubergedumanet.com, Fax 01 30 64 55 10*

🛏, ☆ – 🖫 TV 🕭 🅿. AE ① ⑤ JCB

Repas 30/37 ♀ – ☲ 10 – **31 ch** 80/120, duplex.

♦ Propriété de l'abbaye de Port-Royal-des-Champs au 17ᵉ s., domaine agricole sous la Révolution, et aujourd'hui auberge à l'atmosphère chaleureuse. Chambres confortables. Salle à manger-véranda et plaisante terrasse champêtre au bord d'une mare aux canards.

Holiday Inn Garden Court

r. J.-P. Timbaud (rte Bois d'Arcy sur D 127) ℰ 01 30 14 42 00, *higcsaintquentin @alliance-hospitality.com, Fax 01 30 14 42 42*

🛋 – 📶 ✦ 📺 ☎ ᵫ 🅿 – 🛗 20 à 60. AE ⓄⒹ GB JCB

Repas *(fermé vend. soir, dim. midi et sam.) (18,50)* - 25,50/33 ⊊ – ⊑ 10 – **81 ch** 135.

♦ Dans le quartier du Pas-du-Lac, établissement moderne dont les chambres, plutôt petites et de style actuel (avec couettes de lit), sont régulièrement rafraîchies. Salle à manger-véranda agréablement rénovée, terrasse d'été et plats traditionnels.

Voisins-le-Bretonneux – *12 153 h. alt. 163 – ⊠ 78960* .

Voir *Vestiges de l'abbaye Port-Royal des Champs★ SO : 4 km.*

Novotel St-Quentin Golf National

au Golf National, Est : 2 km par D 36 ⊠ 78114 Magny-lès-Hameaux ℰ 01 30 57 65 65, *h1139@accor-hotels.com, Fax 01 30 57 65 00*

🏊 , ≤ , 🛋 , 🏋 , 🏊 , 🎾 , 🛥 – 📶 ✦ ☰ 📺 ☎ ᵫ 🅿 – 🛗 15 à 180. AE ⓄⒹ GB

Repas 27/73,40, enf. 8 ⊊ – ⊑ 12 – **131 ch** 110/120.

♦ Environnement calme du golf, chambres modernes parfois dotées d'un balcon et nombreux équipements destinés à la clientèle d'affaires caractérisent cet hôtel. Lumineuse salle à manger et terrasse d'été ; espace restauration plus simple côté club-house.

Relais de Voisins

av. Grand-Pré ℰ 01 30 44 11 55, *Fax 01 30 44 02 04*

🏊 , 🛋 – 📺 ☎ ᵫ 🅿 – 🛗 40. GB

fermé 18 juil. au 16 août – **Repas** *(fermé dim. soir)* 13,50/25 – ⊑ 6 – **54 ch** 59/69.

♦ Dans un secteur résidentiel et juste à côté du jardin botanique, adresse proposant des chambres très simplement meublées. Restaurant fonctionnel, sobre et coloré, où l'on sert une cuisine traditionnelle.

Port Royal

20 r. H. Boucher ℰ 01 30 44 16 27, *Fax 01 30 57 52 11*

🏊 sans rest, 🛥 – ✦ 📺 ☎ ᵫ 🅿. GB

fermé 7 au 19 août et 27 déc. au 2 janv.

⊑ 6,50 – **40 ch** 58/62.

♦ Accueil familial et nuits paisibles en cet hôtel qui abrite des chambres régulièrement entretenues, sobrement meublées et agréablement lambrissées.

Ste-Geneviève-des-Bois *91700 Essonne* 🔟🔟 *C4* 🔟🔟🔟 ⊛ *G. Île de France – 32 125 h alt. 78.*

🛈 *Office de tourisme, 8 avenue du Château* ℰ 01 60 16 29 33, *Fax 01 60 15 56 78.*

Paris 27 – Arpajon 10 – Corbeil-Essonnes 18 – Étampes 30 – Évry 10 – Longjumeau 9.

Table d'Antan

38 av. Gde Charmille du Parc, près H. de Ville ℰ 01 60 15 71 53, *table-antan@w anadoo.fr, Fax 01 60 15 71 53*

☰ AE GB 🚫

fermé 3 au 31 août, mardi soir, merc. soir, dim. soir et lundi – **Repas** 26/46 ⊊.

♦ Atmosphère chaleureuse dans cet aimable restaurant égaré dans un ensemble résidentiel. Cuisine classique et spécialités du Sud-Ouest. Carte de whiskies et cave à cigares.

---

*Les principales voies commerçantes figurent en **rouge** dans la liste des rues des plans de villes.*

Savigny-sur-Orge 91600 Essonne 302 D3 101 ⑯ – 36 258 h alt. 81.

🅸 *Office de tourisme, place Davout ℘ 01 69 24 17 52, Fax 01 69 05 58 28, otsi.savigny@free.fr.*

Paris 22 – Arpajon 20 – Corbeil-Essonnes 17 – Évry 11 – Longjumeau 6.

🗙🗙 Au Ménil
24 bd A. Briand ℘ 01 69 05 47 48, Fax 01 69 44 09 44
▤. 🄰🄴 🇬🇧
fermé 20 juil. au 20 août, 20 au 27 janv. – **Repas** 27/44 ♈.
◆ Cadre agréable, mise en place soignée, bon accueil, service attentionné et copieuse cuisine classique caractérisent ce restaurant. Il n'est pas rare qu'on s'y bouscule !

Sucy-en-Brie 94370 Val-de-Marne 312 E3 101 ㉘ – 24 812 h alt. 96.

Voir *Château de Gros Bois★ : mobilier★★ S : 5 km,* G. Ile de France.
Paris 21 – Créteil 6 – Chennevières-sur-Marne 4.

quartier les Bruyères *Sud-Est : 3 km :*

🏨 Tartarin
carrefour de la Patte d'Oie ℘ 01 45 90 42 61, *tartarin@9online.fr,* Fax 01 45 90 52 55
🐾, 🌳 – 📺 🄲 – 🚗 30. 🇬🇧
fermé août – **Repas** *(fermé mardi soir, merc. soir, jeudi soir et lundi)* 19,50/45 – 🍽 6 – **12 ch** 48/53.
◆ Depuis trois générations, la même famille vous reçoit dans cet ancien rendez-vous de chasse posté à l'orée de la forêt. Il y règne une chaleureuse atmosphère campagnarde. La salle à manger a un petit air provincial et la terrasse ouvre côté centre hippique.

🗙🗙 Terrasse Fleurie
1 r. Marolles ℘ 01 45 90 40 07, Fax 01 45 90 40 07
🌳 – 🅿. 🇬🇧
fermé 2 au 26 août, le soir (sauf vend. et sam.) et merc. – **Repas** 24/36, enf. 12.
◆ Aménagé dans un pavillon, restaurant dont la cuisine, simple et généreuse, se savoure dans la salle à manger rustique ou sur l'agréable terrasse fleurie.

Suresnes 92150 Hauts-de-Seine 311 J2 101 ⑭ G. Ile de France – 39 706 h alt. 42.

Voir *Fort du Mont Valérien (Mémorial National de la France combattante).*

🅸 *Office de tourisme, 50 boulevard Henri Sellier ℘ 01 41 18 18 76, Fax 01 41 18 18 78, MCAMUS-OTSI@wanadoo.fr.*

Paris 12 – Nanterre 4 – Pontoise 32 – St-Germain-en-Laye 13 – Versailles 14.

🏨 Novotel
🚗 7 r. Port aux Vins ℘ 01 40 99 00 00, *h1143@accor-hotels.com,* Fax 01 45 06 60 06
🕴 ⤧ ▤ 📺 🄲 🕭 🚗 – 🚗 25 à 100. 🄰🄴 ⓞ 🇬🇧
Repas *(13,50)* - 15/17 ♈ – 🍽 14 – **107 ch** 180/195, 3 suites.
◆ Hôtel construit en 1990 dans une rue calme proche des quais. Chambres fonctionnelles insonorisées et bien tenues. Salon-bar lumineux agrémenté de plantes vertes. Petit "plus" du restaurant : la cuisine se démarque des prestations habituelles "Novotel".

Astor

19 bis r. Mt Valérien 🖉 01 45 06 15 52, *info@hotelastor.fr*, Fax 01 42 04 65 29
sans rest – 📶 📺 📞. 🆎 ☺
🛏 7 – **50 ch** 70.

◆ À 200 m du Mont Valérien - lieu de mémoire de la Résistance - établissement familial aux petites chambres sans luxe, propres et équipées d'un double vitrage efficace.

Les Jardins de Camille

70 av. Franklin Roosevelt 🖉 01 45 06 22 66, *les-jardins-de-camille@wanadoo.fr*, Fax 01 47 72 42 25
🔭, 🍴 – 🆎 ☺ 🇯🇨🇧
fermé dim. soir – **Repas** 32,50 ☨ 🍷.

◆ Magnifique vue sur Paris et la Défense depuis la salle et l'une des terrasses de cette ancienne ferme transformée en restaurant. Belle carte de vins bourguignons.

Tremblay-en-France 93290 Seine-St-Denis 🗺 G7 🗾 ⑱ – 33 885 h alt. 60.

Paris 24 – Aulnay-sous-Bois 7 – Bobigny 13 – Villepinte 4.

Relais Gourmand

2 rte Petits Ponts 🖉 01 48 60 87 34, *relais9@club-internet.fr*, Fax 01 49 63 85 47
📖. 🆎 ☺
fermé sam. midi, dim. soir et lundi – **Repas** 34/65 et carte 50 à 65 ☨.

◆ À 10 mn de l'aéroport de Roissy, dégustez une cuisine classique renouvelée chaque saison dans cette salle d'esprit années 1980. Bon choix de gibier en automne.

au Tremblay-Vieux-Pays :

Cénacle

1 r. Mairie ✉ 93290 🖉 01 48 61 32 91, Fax 01 48 60 43 89
📖. 🆎 ☺
fermé août, sam et dim. – **Repas** 38/61, enf. 19 ☨.

◆ La façade, pimpante avec ses stores rouges, abrite une petite salle à manger élégante et cossue : poutres peintes, tons ocre, tableaux, sièges cannés et vivier à crustacés.

Triel-sur-Seine 78510 Yvelines 🗺 I2 🗾 ⑩ G. Île de France – 11 097 h alt. 20.

Voir *Église St-Martin*★.

Paris 39 – Mantes-la-Jolie 27 – Pontoise 18 – Rambouillet 55 – St-Germain-en-Laye 12.

St-Martin

2 r. Galande (face Poste) 🖉 01 39 70 32 00
☺
fermé 5 au 29 août, 23 déc. au 2 janv., merc. et dim. – **Repas** (nombre de couverts limité, prévenir) 21/38 ☨.

◆ À côté d'une jolie église gothique du 13ᵉ s., restaurant proposant une cuisine traditionnelle actualisée dans un coquet décor d'inspiration rustique.

Dans ce guide
un même symbole, un même mot,
*imprimé en **rouge** ou en **noir**, en maigre ou en gras,*
n'ont pas tout à fait la même signification.
Lisez attentivement les pages explicatives.

Vanves *92170 Hauts-de-Seine* ▦ J3 ▦ ㉕ – *25 414 h alt. 61.*

🛈 *Syndicat d'initiative, 2 rue Louis Blanc ℘ 01 47 36 03 26, Fax 01 47 36 06 63, siaw@wanadoo.fr – Paris 7 – Boulogne-Billancourt 5 – Nanterre 13.*

Mercure Porte de la Plaine

36-38 r. Moulin ℘ 01 46 48 55 55, *h0375@accor-hotels.com*, *Fax 01 46 48 56 56*

🛗 ✳️ 🖥 📺 📞 ♿ 🚗 – 🍴 20 à 180. 🅰🅴 ⓪ ᴳᴮ ᴶᶜᴮ

Repas *(19)* - 23, enf. 10 🍷 – ⌧ 14 – **384 ch** 200/210, 4 suites.

◆ Face au parc des expositions, bâtiment des années 1980 abritant des chambres bien insonorisées. Peu à peu rénovées, elles adoptent un décor actuel. Restaurant-atrium fonctionnel, idéal pour un repas rapide (carte "Mercure" traditionnelle et banc d'écailler).

Ibis

43 r. J. Bleuzen ℘ 01 40 95 80 00, *h1827@accor-hotels.com*, *Fax 01 40 95 96 99*

sans rest – 🛗 ✳️ 📺 📞 ♿ 🚗. 🅰🅴 ⓪ ᴳᴮ – ⌧ 6 – **71 ch** 79.

◆ Près de la station de métro Malakoff-Plateau de Vanves. L'hôtel est tranquille, les chambres sont pratiques et bien tenues. Préférez celles donnant sur l'arrière.

Pavillon de la Tourelle

10 r. Larmeroux ℘ 01 46 42 15 59, *pavillontourelle@wanadoo.fr*, *Fax 01 46 42 06 27* – �-, 🌳 – 🅿. 🅰🅴 ⓪ ᴳᴮ ᴶᶜᴮ

fermé 26 juil. au 23 août, 21 au 28 fév., dim. soir et lundi – **Repas** *(28,50)* - 34/82 bc et carte 51 à 76, enf. 23.

◆ Bordant le parc municipal, ce pavillon surmonté d'une tourelle abrite un élégant restaurant : tons pastel, sièges de style Louis XVI et bouquets de fleurs fraîches.

Vaucresson *92420 Hauts-de-Seine* ▦ I2 ▦ ㉓ – *8 141 h alt. 160.*

Voir *Étang de St-Cucufa★ NE : 2,5 km – Institut Pasteur - Musée des Applications de la Recherche★ à Marnes-la-Coquette SO : 4 km,* G. Île de France.

▶ *Stade Francais ℘ 01 47 01 15 04, N : 2 km – Paris 18 – Mantes-la-Jolie 44 – Nanterre 11 – St-Germain-en-Laye 11 – Versailles 5.*

voir plan de Versailles

Auberge de la Poularde   ᵘ ᵃ

36 bd Jardy (près autoroute) D 182 ℘ 01 47 41 13 47, Fax 01 47 41 13 47

🌂 – 🅿. 🅰🅴 ᴳᴮ ᴶᶜᴮ – *fermé août, vacances de fév., dim. soir, mardi soir et merc.* – **Repas** 30 et carte 32 à 52.

◆ Accueil aimable et service impeccable distinguent cette auberge à la charmante atmosphère provinciale. La carte, classique, met la poularde de Bresse à l'honneur.

Vélizy-Villacoublay *78140 Yvelines* ▦ J3 ▦ ㉔ – *20 342 h alt. 164.*

Paris 19 – Antony 12 – Chartres 81 – Meudon 8 – Versailles 6.

Holiday Inn

av. Europe, près centre commercial Vélizy II ℘ 01 39 46 96 98, *hivelizy@alliance-hospitality.com, Fax 01 34 65 95 21*

🏋, 🔲 – 🛗 ✳️ 🖥 📺 📞 ♿ 🅿 – 🍴 170. 🅰🅴 ⓪ ᴳᴮ. ⌀ rest

Repas *(30)* - 33/38 – ⌧ 15 – **182 ch** 248/283.

◆ Les chambres de cet hôtel sont confortables et régulièrement rajeunies ; le sixième étage attend une rénovation. Préférez celles tournant le dos à l'autoroute. Des poutres apparentes coiffent la confortable salle à manger de l'Holiday Inn.

Suitehotel
1ter r. du Petit Clamart ✆ 01 40 83 75 15, Fax 01 40 83 75 16
sans rest, 𝄞 – 📶 ⟨⟩ ▤ 📺 ☎ 🅿. 🄰🄴 🅶🅱 🄹🄲🄱
⌨ 12 – **125 ch** 75/92.

❖ Cet hôtel flambant neuf est d'accès un peu difficile. L'espace et les équipements disponibles dans ses "suites" de 30 mètres carrés remportent en revanche tous les suffrages.

Versailles 🅿 78000 Yvelines 🞵🞵🞵 I3 🞵🞵🞵 ⑳ G. Île de France – 85 726 h alt. 130.

Voir Château★★★ – Jardins★★★ (Grandes Eaux★★★ et fêtes de nuit★★★ en été) – Ecuries Royales★ – Trianon★★ – Musée Lambinet★ Y **M**.

Env. Jouy-en-Josas : la "Diège"★ (statue) dans l'église, 7 km par ③.

🞵9 du Stade Français à Vaucresson ✆ 01 47 01 15 04, par ⑩ : 7 km ; 🞵18 à St-Aubin ✆ 01 69 41 25 19, par ④ : 17 km ; 🞵18 à Feucherolles ✆ 01 30 54 94 94, par ⑦ : 17 km.

🅱 Office de tourisme, 2 bis avenue de Paris ✆ 01 39 24 88 88, Fax 01 39 24 88 89, tourisme@ot-versailles.fr.

Paris 22 ① – Beauvais 94 ⑨ – Dreux 59 ⑥ – Évreux 90 ⑧ – Melun 65 ④ – Orléans 129 ④.

Plans pages suivantes

 Trianon Palace X r
1 bd Reine ✆ 01 30 84 50 00, trian@westin.com, Fax 01 30 84 50 01
🞵, ≤, 𝄞, 🞵, ✕, 🞵 – 📶 ⟨⟩, ▤ ch, 📺 ☎ 🞵 🅿 – 🔏 15 à 200. 🄰🄴 🅾
🅶🅱 🄹🄲🄱, 🞵 rest
voir rest. **Les Trois Marches** ci-après
Café Trianon : Repas carte 52 à 70, enf. 15, ☕ – ⌨ 30 – **166 ch** 286/616, 26 suites.

❖ L'architecture classique de ce luxueux hôtel situé en lisière du parc du château s'accorde avec un élégant décor du début du 20ᵉ s. Bel espace de remise en forme. Le Café Trianon séduit les Versaillais par sa cuisine au goût du jour et sa jolie verrière.

 Sofitel Château de Versailles Y a
2 bis av. Paris ✆ 01 39 07 46 46, h1300@accor-hotels.com, Fax 01 39 07 46 47
🞵, 𝄞 – 📶 ⟨⟩ ▤ 📺 ☎ 🞵 🞵 – 🔏 120. 🄰🄴 🅾 🅶🅱 🄹🄲🄱
Repas (fermé 23 juil. au 23 août, vend. et sam.) 30/50 bc, enf. 15 ☕ – ⌨ 20 – **146 ch** 380, 6 suites.

❖ Des anciens manèges d'artillerie, il n'a été conservé que le portail. Vastes chambres rénovées, agrémentées de meubles de style et de lithographies. Salle à manger moderne ornée de lambrequins en toile de Jouy et cuisine associant saveurs d'ici et d'ailleurs.

 Versailles Y p
7 r. Ste-Anne ✆ 01 39 50 64 65, info@hotel-le-versailles.fr, Fax 01 39 02 37 85
🞵 sans rest – 📶 📺 ☎ 🞵 🅿 – 🔏 25. 🄰🄴 🅾 🅶🅱 🄹🄲🄱
⌨ 11 – **46 ch** 86/115.

❖ Chambres spacieuses, mobilier d'inspiration Art déco, calme, jolie terrasse et accueil attentif : autant de raisons expliquant le succès de ce plaisant hôtel. Clients fidèles.

 Résidence du Berry Z s
14 r. Anjou ✆ 01 39 49 07 07, resa@hotel-berry.com, Fax 01 39 50 59 40
sans rest – 📶 ⟨⟩ 📺 ☎ 🞵. 🄰🄴 🅾 🅶🅱 🄹🄲🄱
⌨ 12 – **39 ch** 115/140.

❖ Entre carrés St-Louis et potager du Roi, ce bel immeuble du 18ᵉ s. abrite des petites chambres intimes et joliment personnalisées. Espace bar-billard élégant et "cosy".

VERSAILLES

Bellevue (Av. de) . . . . **U** 2
Coste (R.) . . . . **V** 9
Dr-Schweitzer (Av. du) . . **U** 12
Franchet-d'Esperey
  (Av. du Mar.) . . . . **U** 15

Glatigny (Bd de) . . . . **U** 19
Leclerc (Av. du Gén.) . . . **U** 22
Marly-le-Roi (R. de) . . . . **U** 26
Mermoz (R. Jean) . . . . . . **V** 27
Moxouris (R.) . . . . **U** 29
Napoléon-III (Rte) . . . . . . **U** 30
Pelin (R. L.) . . . . **U** 32

Porchefontaine
  (Av. de) . . . . **V** 33
Pottier (R.) . . . . **U** 35
Rocquencourt (Av. de) . . **U** 39
St-Antoine (Allée) . . . . . . **V** 40
Sports (R. des) . . . . **U** 43
Vauban (R.) . . . . **V** 45

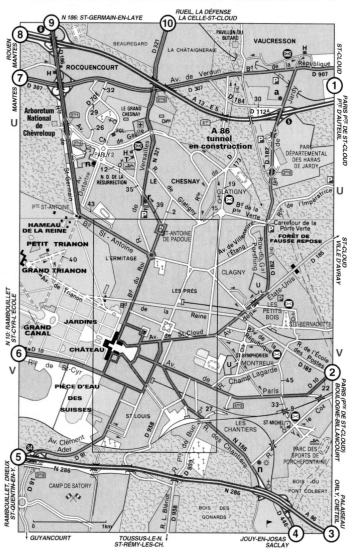

Si le coût de la vie subit des variations importantes,
les prix que nous indiquons peuvent être majorés.
Lors de votre réservation à l'hôtel, faites-vous préciser le prix définitif.

VERSAILLES

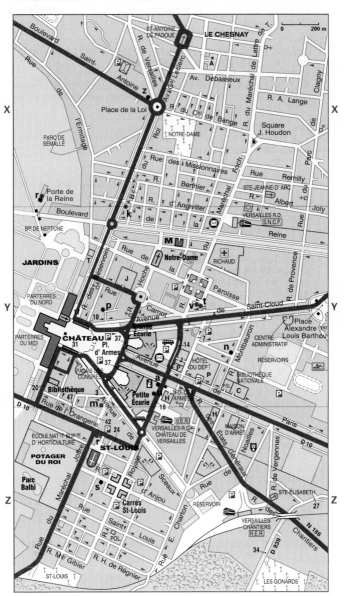

335

Mercure   Y n
19 r. Ph. de Dangeau 🖉 01 39 50 44 10, *hotel@mercure-versailles.com*,
Fax 01 39 50 65 11
sans rest – 🛗 📺 📞 ⟵ – 🏄 35. AE ① GB JCB
🍽 8 – **60 ch** 91/99.

◆ Dans un quartier calme, établissement dont les chambres sont avant tout
pratiques. Hall d'accueil bien meublé, ouvrant sur une agréable salle des
petits-déjeuners.

Ibis   Y u
4 av. Gén. de Gaulle 🖉 01 39 53 03 30, *Fax 01 39 50 06 31*
sans rest – 🛗 ✤ 📺 📞 ⅗ ⟵. AE ① GB
🍽 6 – **85 ch** 82.

◆ L'hôtel partage les murs de cet immeuble avec le Sofitel. Aucune chambre
ne donne directement sur l'avenue ; réservez-en une relookée dans le nouvel
esprit de la chaîne.

Les Trois Marches - Hôtel Trianon Palace   x r
1 bd Reine 🖉 01 39 50 13 21, *gerard.vie@westin.com*, *Fax 01 30 21 01 25*
≼, 🏡 – 🔳 🅿. AE ① GB JCB
fermé août, dim. et lundi
Repas 58 (déj.), 145/200 ♀ 🕭.

◆ Cuisine raffinée, riche carte des vins, élégante salle à manger s'ouvrant sur
le parc et le jardin à la française : ah, si Sacha Guitry nous contait Versailles
aujourd'hui !
Spéc. Foie gras de canard dans son consommée de cuisson en gelée. Saint-
Pierre au lard caramélisé. Fondant de boeuf à la Rossini.

Valmont   Y v
20 r. au Pain 🖉 01 39 51 39 00, *levalmont@wanadoo.fr*, *Fax 01 39 49 98 29*
🏡 – 🔳. AE ① GB JCB
fermé dim. soir et lundi – **Repas** *(19,50)* - 29,50 ♀.

◆ Façade engageante, sièges de style Louis XVI, peintures de paysages
franciliens : une sympathique adresse où vous savourerez une cuisine personnalisée.

Marée de Versailles   Y t
22 r. au Pain 🖉 01 30 21 73 73, *mareedeversailles@tiscali.fr*,
Fax 01 39 49 98 29
🏡 – 🔳. AE GB
fermé dim. et lundi – **Repas** carte 38 à 54 ♀.

◆ On mange au coude à coude une cuisine orientée produits de la mer dans
ce restaurant décoré sur le thème nautique. En été, la terrasse est prise
d'assaut.

Potager du Roy   z r
1 r. Mar.-Joffre 🖉 01 39 50 35 34, *Fax 01 30 21 69 30*
AE GB
fermé dim. et lundi – Repas *(25 bc)* - 32/47.

◆ Cadre gentiment "rétro" et cuisine traditionnelle mettant à l'honneur les
légumes : l'enseigne elle-même insiste sur la proximité du potager du Roi !

Étape Gourmande   v n
125 r. Yves Le Coz 🖉 01 30 21 01 63
🏡 – GB
fermé août, 29 déc. au 5 janv., dim. soir, mardi soir et merc. – **Repas** (nombre
de couverts limité, prévenir) 39 ♀ 🕭.

◆ Selon la saison, attablez-vous près de l'âtre dans la salle à manger rustique
ou sur la charmante et verdoyante terrasse. Cuisine personnalisée et joli choix
de savennières.

✗ **Cuisine Bourgeoise**   XY **k**
10   bd   Roi   ℘ 01 39 53 11 38,   *la.cuisine.bougeoise@wanadoo.fr*,
Fax 01 39 53 25 26
GB

fermé lundi midi, sam. midi et dim. – **Repas** 29,50 (déj.), 50/90 bc.
♦ Un joli décor actuel égaye ce restaurant versaillais : murs blancs rehaussés
de tableaux et boiseries, tissus orangés et chaises drapées. Cuisine au goût du
jour.

✗ **Le Falher**   Y **m**
22   r.   Satory   ℘ 01 39 50 57 43,   *restaurant-le-falher@wanadoo.fr*,
Fax 01 39 49 04 66
GB. ✗

fermé sam. midi, dim. et lundi – **Repas** 28/38.
♦ Nappes colorées, petites lampes sur les tables et reproductions de
tableaux agrémentent cette salle de restaurant au cadre rustique assez
simple. Accueil familial.

au Chesnay – *28 530 h. alt. 120* – ✉ *78150* :

🏨 **Novotel Château de Versailles**   X **z**
4   bd   St-Antoine   ℘ 01 39 54 96 96,   *h1022@accor-hotels.com*,
Fax 01 39 54 94 40
📶 ✕ ▤ TV ✆ ♿ ⬛ – 🏊 90. AE ⓪ GB
Repas *(16)* - 21, enf. 8 ⌧ – ⌧ 12 – **105 ch** 109/133.
♦ Établissement récent situé sur un rond-point. Un atrium aménagé en
salon (nombreuses plantes vertes) dessert des chambres fonctionnelles,
rajeunies et bien insonorisées. Au restaurant, intérieur moderne de style
bistrot, carte de la chaîne et service non-stop.

🏨 **Ibis**   U **n**
av. Dutartre, centre commercial Parly II ℘ 01 39 63 37 93, *h0939@accor-hotel
s.com, Fax 01 39 55 18 66*
sans rest – 📶 ✕ ▤ TV ✆ ♿. AE ⓪ GB JCB
⌧ 6 – **72 ch** 49/75.
♦ Ibis intégré dans un vaste centre commercial. Deux types de chambres :
celles rénovées bénéficient d'un décor "new look" ; moquettes murales et
crépis pour les autres.

Le Vésinet *78110 Yvelines* ⬛⬛⬛ I2 ⬛⬛⬛ ⑬ – *15 921 h alt. 44.*
🅱 *Office de tourisme, 60 boulevard Carnot ℘ 01 30 15 47 00.*
*Paris 19 – Maisons-Laffitte 9 – Pontoise 23 – St-Germain-en-Laye 4 – Ver-
sailles 12.*

🏨 **Auberge des Trois Marches**
15 r. J. Laurent (pl. Église) ℘ 01 39 76 10 30, *Fax 01 39 76 62 58*
📶, ▤ rest, TV ✆. AE ⓪ GB
Repas *(fermé dim. soir et lundi)* *(23)* - 28 – ⌧ 8 – **15 ch** 75/110.
♦ Discrète auberge située dans un quartier à l'ambiance villageoise (église,
marché). Chambres fonctionnelles, refaites par étapes. Tenue sans reproche
et accueil sympathique. Une fresque évoquant les années 1930 décore la salle
de restaurant.

Ecrivez-nous...
Vos louanges comme vos critiques seront examinées avec le plus grand soin.
Nous reverrons sur place les informations que vous nous signalez.
Par avance merci !

Ville d'Avray 92410 Hauts-de-Seine 🏙🏙🏙 J3 🏙🏙🏙 ㉔ – 11 415 h alt. 130.

Paris 14 – Antony 16 – Boulogne-Billancourt 5 – Neuilly-sur-Seine 10 – Versailles 6.

🏨 **Les Étangs de Corot**
53 r. Versailles 🖉 01 41 15 37 00, *reception.corot@sodexho-prestige.fr*, Fax 01 41 15 37 99
🍴, 🐎 – 🛗 ⇆ 🖥 📺 📞 ♿ 🚗 – 🅰 110. 🖭 ⓪ 🖼 🗺
Cabassud- Les Paillotes 🖉 01 41 15 37 80 *(fermé dim. soir et lundi)* **Repas** *(29)*- 35, enf. 6, 🍷
Café des Artistes et des Pêcheurs 🖉 01 41 15 37 90 **Repas** *24* (déj.), 29/44, enf. 6 – 🍽 19 – **49 ch** 160/240.
♦ Ce ravissant hameau bâti au bord d'un étang inspira le peintre Camille Corot. Restauré et agrandi, il abrite aujourd'hui un bel hôtel et une galerie d'art. Carte au goût du jour et élégant décor au Cabassud. Esprit bistrot au Café des Artistes et des Pêcheurs.

Villeneuve-la-Garenne 92390 Hauts-de-Seine 🏙🏙🏙 J2 🏙🏙🏙 ⑮ – 22 349 h alt. 30.

Paris 13 – Nanterre 14 – Pontoise 23 – St-Denis 3 – St-Germain-en-Laye 24.

🍴🍴 **Les Chanteraines**
av. 8 Mai 1945 🖉 01 47 99 31 31, Fax 01 41 21 31 17
≤, 🍴 – 🅿. 🖭 🖼
fermé 6 au 27 août, sam. et dim. – **Repas** 29 🍷.
♦ Comptoir en marqueterie chiné aux "puces", collection de grenouilles (clin d'oeil à l'enseigne) et vue sur le parc (70 ha) et le plan d'eau font le charme de ce restaurant.

Villeneuve-le-Roi 94290 Val-de-Marne 🏙🏙🏙 D3 🏙🏙🏙 ㉖ – 18 292 h alt. 100.

Paris 20 – Créteil 9 – Arpajon 29 – Corbeil-Essonnes 21 – Évry 16.

🍴🍴 **Beau Rivage**
17 quai de Halage 🖉 01 45 97 16 17, *ariana@ariana-hotel.fr*, Fax 01 49 61 02 60
≤ – 🖭 ⓪ 🖼
fermé 13 au 31 août, merc. soir, mardi soir, dim. soir et lundi – **Repas** 32.
♦ Comme son nom l'indique, le Beau Rivage borde la rivière ; attablez-vous près des baies vitrées pour jouir de la vue sur la Seine. Cadre moderne et cuisine traditionnelle.

Villeparisis 77270 S.-et-M. 🏙🏙🏙 E2 🏙🏙🏙 ⑲ – 21 296 h alt. 72.

Paris 26 – Bobigny 15 – Chelles 10 – Tremblay-en-France 5.

🏨 **Relais du Parisis**
2 av. Jean Monnet 🖉 01 64 27 83 83, *parisis@chez.com*, Fax 01 64 27 94 49
sans rest – 📺 📞 🅿. 🖼
fermé 1ᵉʳ au 7 janv. et dim. soir
🍽 7 – **44 ch** 52.
♦ Situé dans un quartier affairé proche d'une rocade, hôtel hébergeant de petites chambres fonctionnelles et meublées simplement.

🍴🍴 **Bastide**
15 av. J. Jaurès 🖉 01 60 21 08 99, Fax 01 60 21 08 99
🖼
fermé 4 au 26 août, sam. midi, dim. soir et lundi soir – **Repas** (dim. prévenir) *(17)* - 21/36, enf. 12 🍴.
♦ Il règne en ce discret restaurant du centre-ville une sympathique ambiance d'auberge provinciale. Cadre rustique avec poutres et cheminée. Cuisine traditionnelle.

Vincennes *94300 Val-de-Marne* ▐▌▐ D2 ▐▐ ⑰ – *43 595 h alt. 51.*

Voir *Château*★★ – *Bois de Vincennes*★★ : *Zoo*★★, *Parc floral de Paris*★★, *Musée des Arts d'Afrique et d'Océanie*★ , G. Paris.

🛈 *Office de tourisme, 11 avenue de Nogent* ℘ *01 48 08 13 00, Fax 01 43 74 81 01, otsivincennes@free.fr.*

Paris 7 – Créteil 11 – Lagny-sur-Marne 26 – Meaux 47 – Melun 45 – Senlis 48.

St-Louis
2 bis r. R. Giraudineau ℘ 01 43 74 16 78, *mail@hotel-paris-saintlouis.com, Fax 01 43 74 16 49*
sans rest – ▐▐ ▐ ✆ ⅙ – ▲ 25. ▐▐ ▐ ▐ ▐
☏ 12 – **25 ch** 101/233.
◆ À deux pas du château, immeuble abritant de plaisantes chambres modernes. Quelques-unes, de plain-pied avec le jardinet, ont leur salle de bains en sous-sol.

Daumesnil Vincennes
50 av. Paris ℘ 01 48 08 44 10, *info@hotel-daumesnil.com, Fax 01 43 65 10 94*
sans rest – ▐▐ ▐ ▐ ✆ ▐▐ ▐ ▐ ▐
☏ 10 – **50 ch** 86/160.
◆ Une jolie décoration d'inspiration provençale égaye cet hôtel situé sur une avenue passante. Salle des petits-déjeuners aménagée dans une véranda ouverte sur un minipatio.

Donjon
22 r. Donjon ℘ 01 43 28 19 17, *Fax 01 49 57 02 04*
sans rest – ▐▐ ▐. ▐
fermé 21 juil. au 24 août
☏ 6 – **25 ch** 50/68.
◆ Établissement du centre-ville proposant des chambres assez exiguës, mais proprettes. Salle des petits-déjeuners et salon agréablement meublés.

Rigadelle
26 r. Montreuil ℘ 01 43 28 04 23, *Fax 01 43 28 04 23*
▐▐ ▐ ▐
fermé août, dim. et lundi – **Repas** (nombre de couverts limité, prévenir) *(19,50)* - 27.
◆ La salle de restaurant, coquette, est minuscule mais judicieusement agrandie par des miroirs. Vous y découvrirez une cuisine au goût du jour privilégiant les poissons.

Viry-Châtillon *91170 Essonne* ▐▌▐ D3 ▐▐ ㊱ – *30 257 h alt. 34.*
Paris 26 – Corbeil-Essonnes 15 – Évry 8 – Longjumeau 10 – Versailles 29.

Dariole de Viry
21 r. Pasteur ℘ 01 69 44 22 40, *Fax 01 69 96 88 87*
▐. ▐
fermé sam. midi et dim. – **Repas** 40.
◆ Dans une rue commerçante, discrète façade dissimulant une salle à manger contemporaine dont les tables s'agrémentent de nappes en dentelle. Cuisine classique.

Marcigny
27 r. D. Casanova ℘ 01 69 44 04 09
▐. ▐
fermé 1ᵉʳ au 15 août, sam. midi, dim. soir et lundi – **Repas** 18 (déj.)/28, enf. 13.
◆ L'enseigne évoque un petit village bourguignon et la cuisine traditionnelle est escortée de spécialités charolaises. Ambiance conviviale et service attentionné.

Transports

SNCF - RER ————————————
MÉTRO - TAXI ——————————

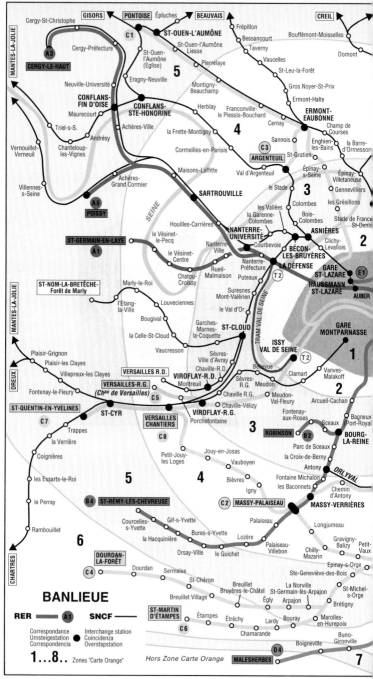

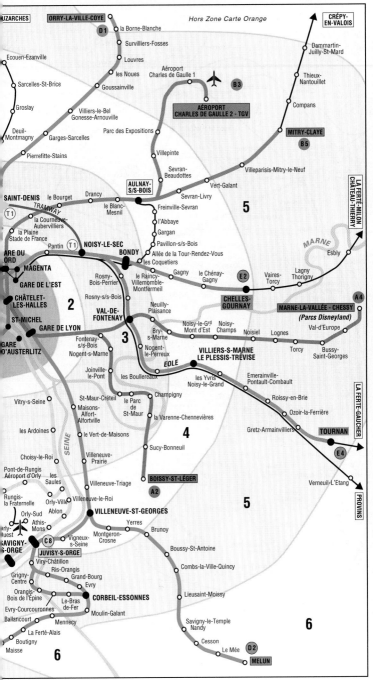

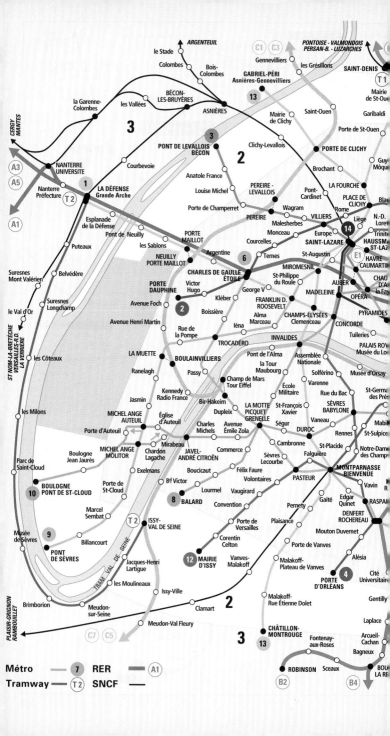

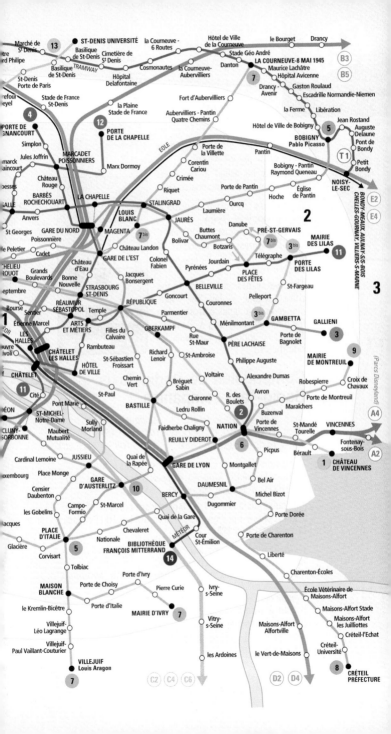

Taxis

Un taxi est libre lorsque le lumineux placé sur le toit est éclairé.

Taxis may be hailed in the street when showing the illuminated sign.

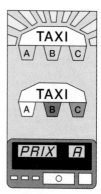

Le prix d'une course varie suivant la zone desservie et l'heure.

Les voyants lumineux A, B ou C (blanc, orange ou bleu) et le compteur intérieur indiquent le tarif en vigueur.

The rate varies according to the zone and time of day. The white, orange or blue lights correspond to the three different rates A, B and C. These also appear on the meter inside the cab.

Compagnies de Radio-Taxis
Radio-Taxi companies

Taxis Bleus (01.49.36.10.10)   *Alpha-Airport*
Taxis G7 Radio (01.47.39.47.39)   *(01.45.85.45.45)*
Alpha Taxis (01.45.85.85.85)   *Artaxi (08.91.70.25.50)*

Les stations de taxis sont indiquées ☉ sur les plans d'arrondissements. Numéros d'appels : Consulter les plans MICHELIN de Paris nº 🔢 *ou* 🔢.

Taxi ranks are indicated by a ☉ on the arrondissement maps. The telephone numbers are given in the MICHELIN plans of Paris n[os] 🔢 or 🔢.

Outre la somme inscrite au compteur, l'usager devra acquitter certains suppléments :
– *au départ d'une gare parisienne ou des terminaux d'aéroports des Invalides et de l'Avenue Carnot.*
– *pour des bagages de plus de 5 kg.*
– *pour le transport d'une quatrième personne ou d'un animal domestique.*

A supplementary charge is made:
– for taxis from the forecourts of Parisian railway stations and the Invalides or Avenue Carnot air terminals.
– for baggage over 5 kilos or unwieldy parcels.
– for a fourth person or a domestic animal.

Zones de tarification
Taxi fare zones

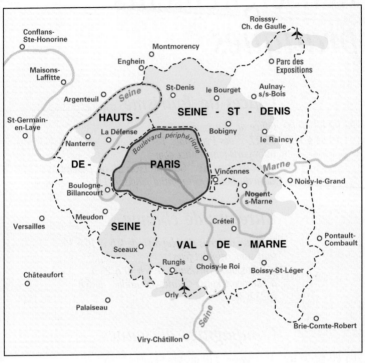

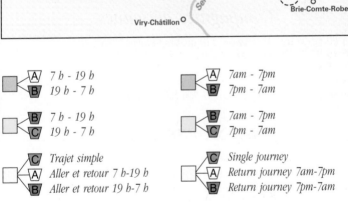

Renseignements pratiques

Offices de Tourisme _____

08 92 68 30 00   *Office de Tourisme de Paris :*
(0,34 €/mn)   *25/27, r. des Pyramides 1er*
info@paris-touristoffice.com
Bureaux Annexes : Gare de Lyon 20 bd Diderot,
Gare du Nord, Opéra-grand magasin 11 bis r. Scribe 9^e

Bureaux de change _____

Banques ouvertes (la plupart), de 9 h à 16 h 30
sauf sam., dim. et fêtes
à l'aéroport d'Orly-Sud : de 6 h 30 à 23 h
à l'aéroport Roissy-Charles-de-Gaulle : de 6 h
à 23 h 30

Compagnies aériennes _____

08 20 82 08 20   *Air France : 119 av. des Champs-Élysées, 8e*
08 10 87 28 72   *American Airlines : 109 r. du Fg St-Honoré, 8e*
08 25 82 54 00   *British Airways : 13-15 bd de la Madeleine*
08 00 35 40 80   *Delta Airlines : 119 av. des Champs-Élysées, 8e*
08 10 72 72 72   *United Airlines : 106 bd Hausmann, 8e*

Police-Secours _____

17   *Paris et banlieue*

Pompiers _____

18   *Incendies, asphyxies, y compris en banlieue*
01 55 76 20 00   *Laboratoire Central de la Préfecture de Police*
(Explosifs, intoxications)

Santé

15	*SAMU (Paris)*
01 47 07 77 77	*S.O.S. Médecin*
01 53 94 94 94	*Urgences médicales de Paris* (24 h/24)
01 40 35 49 16	*Ambulances Assistance Publique*
01 47 07 37 39	*Port-Royal Ambulances*
01 46 25 24 96	*Centre anti-brûlures (hôpital Foch)*
01 45 74 00 04	*Centre anti-drogue (hôpital Marmottan)*
01 40 05 48 48	*Centre anti-poison (hôpital Fernand-Widal)*
01 43 37 51 00	*S.O.S. Dentaire* (tous les jours après 20 h 30 et de 10 h à 19 h les samedis, dimanches et jours fériés et vacances scolaires)
08 92 68 99 33	*S.O.S. Vétérinaire Paris* (nuits après 19 h et après 16 h les samedis et veilles de fêtes, toute la journée les dimanches et jours fériés)

Pharmacies

01 45 62 02 41	*84 av. des Champs-Élysées (galerie Les Champs), 8e* (24 h/24)
01 42 82 91 04	*6, pl. Clichy, 9e* (24 h/24)
01 44 24 19 72	*Angle av. Italie/r. de Tolbiac, 13e* (tous les jours de 8 h à 2 h du matin)
01 43 35 44 88	*106 bd du Montparnasse, 14e* (tous les jours sauf le dimanche de 9 h à 24 h)
01 46 36 67 42	*6 r. de Belleville, 20e* (tous les jours sauf dim. de 8 h à 21 h 30)
01 43 43 19 03	*6 pl. Félix-Eboué, 12e* (24 h/24)

Circulation - Transports

01 53 90 20 20	*SNCF Informations, horaires et tarifs (Ile de France)*
08 92 68 77 14	*RATP – Renseignements – 54 Quai de la Rapée, 12e*
01 40 28 73 73	*Allô information. Voirie* (de 9 h à 17 h du lundi au vend.)
01 40 28 72 72	*Voirie (Fermeture du boulevard périphérique et des voies sur berge)*
01 42 20 12 34	*F.I.P. (FM 105,1 – circulation à Paris)*
08 26 02 20 22	*Centre Régional d'Information Routière de l'Ile-de-France*
01 47 07 99 99	*S.O.S. Dépannage 24 h/24, 66, bd Auguste-Blanqui, 13e*
01 53 71 53 71	*Préfecture de Police, 9 bd du Palais, 4e*

Salons - Foires - Expositions

01 46 92 11 11	Centre National des Industries et des Techniques (CNIT) – La Défense
08 92 68 30 00	Office de Tourisme de Paris, 25/27, r. des Pyramides, 1er
01 49 09 60 00	Comexpo Paris – Boulogne-Billancourt (92) – 55 quai Alphonse Le Gallo
01 53 94 60 70	Espace Austerlitz – 32, quai d'Austerlitz, 13e
01 43 95 10 10	Espace Champerret – pl. Porte de Champerret, 17e
01 40 03 75 00	Grande Halle de la Villette – 211, av. Jean-Jaurès, 19e
01 48 00 20 20	Drouot-Richelieu (hôtel des ventes) – 9 r. Drouot, 9e
01 48 00 20 80	Drouot-Montaigne (hôtel des ventes) – 15 av. Montaigne, 8e
01 40 68 22 22	Palais des Congrès – 2 pl. de la Pte-Maillot, 17e
01 43 95 37 00	Paris-Expo – 1 pl. de la Porte-de-Versailles, 15e
01 48 63 30 30	Parc d'expositions de Paris-Nord – Villepinte (93) – Z.A.C. – Paris-Nord II

Divers

01 40 28 76 00	La Poste Paris Louvre RP (Recette Principale), 52 r. du Louvre, 1er (24 h/24)
01 55 76 20 20	Objets trouvés, 36 r. des Morillons, 15e
08 92 69 08 80	Perte ou vol Carte Bleue (Visa) (7 jours/7, 24 h/24)
01 47 77 72 00	Perte ou vol Carte American Express (7 jours7, 24 h/24)

Calendrier des vacances scolaires

Voir pages suivantes

School holidays calendar

See next pages

ACADÉMIES ET DÉPARTEMENTS

Zone A

Caen (14-50-61), Clermont-Ferrand (03-15-43-63), Grenoble (07-26-38-73-74), Lyon (01-42-69), Montpellier (11-30-34-48-66), Nancy-Metz (54-55-57-88), Nantes (44-49-53-72-85), Rennes (22-29-35-56), Toulouse (09-12-31-32-46-65-81-82).

Zone B

Aix-Marseille (04-05-13-84), Amiens (02-60-80), Besançon (25-39-70-90), Dijon (21-58-71-89), Lille (59-62), Limoges (19-23-87), Nice (06-83), Orléans-Tours (18-28-36-37-41-45), Poitiers (16-17-79-86), Reims (08-10-51-52), Rouen (27-76), Strasbourg (67-68).

Zone C

Bordeaux (24-33-40-47-64), Créteil (77-93-94), Paris-Versailles (75-78-91-92-95).

Nota : La Corse bénéficie d'un statut particulier.

2004 MARS

1	L	s Aubin
2	M	s Charles le B.
3	M	s Guénolé
4	J	s Casimir
5	V	sᵉ Olive
6	S	sᵉ Colette
7	D	sᵉ Félicité
8	L	s Jean de Dieu
9	M	Carême
10	M	s Vivien
11	J	sᵉ Rosine
12	V	sᵉ Justine
13	S	s Rodrigue
14	D	sᵉ Mathilde
15	L	sᵉ Louise de M.
16	M	sᵉ Bénédicte
17	M	s Patrice
18	J	s Cyrille
19	V	s Joseph
20	S	PRINTEMPS
21	D	sᵉ Clémence
22	L	sᵉ Léa
23	M	s Victorien
24	M	s Cath. de Suède
25	J	s Humbert
26	V	sᵉ Larissa
27	S	Mi-Carême
28	D	s Gontran
29	L	s Gladys
30	M	s Amédée
31	M	s Benjamin

AVRIL

1	J	s Hugues
2	V	sᵉ Sandrine
3	S	s Richard
4	D	Rameaux
5	L	s Irène
6	M	s Marcellin
7	M	s J.-B. de la S.
8	J	sᵉ Julie
9	V	s Gautier
10	S	s Fulbert
11	D	Pâques
12	L	Lundi de Pâques
13	M	sᵉ Ida
14	M	s Maxime
15	J	s Paterne
16	V	ss Benoît/José
17	S	s Étienne H.
18	D	s Parfait
19	L	sᵉ Emma
20	M	sᵉ Odette
21	M	s Anselme
22	J	s Alexandre
23	V	s Georges
24	S	s Fidèle
25	D	Jour du Souv.
26	L	sᵉ Alida
27	M	sᵉ Zita
28	M	sᵉ Valérie
29	J	sᵉ Catherine de Sienne
30	V	s Robert

MAI

1	S	FÊTE DU TR.
2	D	s Boris
3	L	ss Phil., Jacq.
4	M	s Sylvain
5	M	sᵉ Judith
6	J	sᵉ Prudence
7	V	sᵉ Gisèle
8	S	VICTOIRE 45
9	D	s Pacôme
10	L	sᵉ Solange
11	M	F. Jeanne d'Arc
12	M	s Achille
13	J	sᵉ Rolande
14	V	s Matthias
15	S	sᵉ Denise
16	D	s Honoré
17	L	s Pascal
18	M	s Éric
19	M	s Yves
20	J	Ascension
21	V	s Constantin
22	S	s Émile
23	D	s Didier
24	L	s Donatien
25	M	sᵉ Sophie
26	M	s Bérenger
27	J	s Auguste de C.
28	V	s Germain
29	S	s Aymard
30	D	PENTECÔTE
31	L	Visitation

JUIN

1	M	s Justin
2	M	sᵉ Blandine
3	J	s Kévin
4	V	sᵉ Clotilde
5	S	s Igor
6	D	Fête des Mères
7	L	s Gilbert
8	M	s Médard
9	M	sᵉ Diane
10	J	s Landry
11	V	s Barnabé
12	S	s Guy
13	D	s Antoine
14	L	s Élisée
15	M	sᵉ Germaine
16	M	s J.-Fr. Régis
17	J	s Hervé
18	V	s Léonce
19	S	s Romuald
20	D	Fête des Pères
21	L	ÉTÉ
22	M	Fête Dieu
23	M	sᵉ Audrey
24	J	s Jean-Bapt.
25	V	s Prosper
26	S	s Anthelme
27	D	Sacré Cœur
28	L	s Irénée
29	M	ss Pierre, Paul
30	M	s Martial

JUILLET

1	J	s Thierry
2	V	s Martinien
3	S	s Thomas
4	D	s Florent
5	L	s Antoine-Marie
6	M	sᵉ Marietta
7	M	s Raoul
8	J	s Thibaut
9	V	sᵉ Amandine
10	S	s Ulrich
11	D	s Benoît
12	L	s Olivier
13	M	ss Henri, Joël
14	M	FÊTE NAT.
15	J	s Donald
16	V	N.-D. Mt-Carmel
17	S	sᵉ Charlotte
18	D	s Frédéric
19	L	s Arsène
20	M	sᵉ Marina
21	M	s Victor
22	J	sᵉ Marie-Mad.
23	V	sᵉ Brigitte
24	S	sᵉ Christine
25	D	s Jacques
26	L	sᵉ Anne
27	M	sᵉ Nathalie
28	M	s Samson
29	J	sᵉ Marthe
30	V	sᵉ Juliette
31	S	s Ignace de L.

AOÛT

1	D	s Alphonse
2	L	s Julien
3	M	sᵉ Lydie
4	M	s J.-M. Vianney
5	J	s Abel
6	V	Transfiguration
7	S	s Gaëtan
8	D	s Dominique
9	L	s Amour
10	M	s Laurent
11	M	sᵉ Claire
12	J	sᵉ Clarisse
13	V	s Hippolyte
14	S	s Evrard
15	D	ASSOMPTION
16	L	s Armel
17	M	s Hyacinthe
18	M	sᵉ Hélène
19	J	s Jean-Eudes
20	V	s Bernard
21	S	s Christophe
22	D	s Fabrice
23	L	sᵉ Rose de Lima
24	M	s Barthélemy
25	M	s Louis de F.
26	J	sᵉ Natacha
27	V	sᵉ Monique
28	S	s Augustin
29	D	sᵉ Sabine
30	L	s Fiacre
31	M	s Aristide

2004 SEPTEMBRE

1	M	s Gilles
2	J	sᵉ Ingrid
3	V	s Grégoire
4	S	sᵉ Rosalie
5	D	sᵉ Raïssa
6	L	s Bertrand
7	M	sᵉ Reine
8	M	Nativité de Marie
9	J	s Alain
10	V	sᵉ Inès
11	S	s Adelphe
12	D	s Apollinaire
13	L	s Aimé
14	M	Sᵗᵉ Croix
15	M	s Roland
16	J	sᵉ Édith
17	V	s Renaud
18	S	sᵉ Nadège
19	D	sᵉ Émilie
20	L	s Davy
21	M	s Matthieu
22	M	AUTOMNE
23	J	s Constant
24	V	sᵉ Thècle
25	S	s Hermann
26	D	ss Côme, Dam.
27	L	s Vinc. de Paul
28	M	s Venceslas
29	M	s Michel
30	J	s Jérôme

2004 OCTOBRE

1	V	sᵉ Th. de l'E.-J.
2	S	s Léger
3	D	s Gérard
4	L	s Fr. d'Assise
5	M	sᵉ Fleur
6	M	s Bruno
7	J	s Serge
8	V	sᵉ Pélagie
9	S	s Denis
10	D	s Ghislain
11	L	s Firmin
12	M	s Wilfried
13	M	s Géraud
14	J	s Juste
15	V	sᵉ Thérèse d'Avila
16	S	sᵉ Edwige
17	D	s Baudouin
18	L	s Luc
19	M	s René
20	M	sᵉ Adeline
21	J	sᵉ Céline
22	V	sᵉ Élodie
23	S	s Jean de C.
24	D	s Florentin
25	L	s Doria
26	M	s Dimitri
27	M	sᵉ Émeline
28	J	s Simon
29	V	s Narcisse
30	S	s Bienvenue
31	D	s Wolfgang

NOVEMBRE

1	L	TOUSSAINT
2	M	Défunts
3	M	s Hubert
4	J	s Charles
5	V	sᵉ Sylvie
6	S	sᵉ Bertille
7	D	sᵉ Carine
8	L	s Geoffroy
9	M	s Théodore
10	M	s Léon
11	J	ARMIST. 1918
12	V	s Christian
13	S	s Brice
14	D	s Sidoine
15	L	s Albert
16	M	sᵉ Marguerite
17	M	sᵉ Élisabeth
18	J	sᵉ Aude
19	V	s Tanguy
20	S	s Edmond
21	D	Prés. de Marie
22	L	s Cécile
23	M	s Christ-Roi
24	M	sᵉ Flora
25	J	sᵉ Catherine
26	V	sᵉ Delphine
27	S	s Séverin
28	D	s Jacq. de la Marche
29	L	s Saturnin
30	M	Avent

DÉCEMBRE

1	M	sᵉ Florence
2	J	sᵉ Viviane
3	V	s François-Xavier
4	S	sᵉ Barbara
5	D	s Gérald
6	L	s Nicolas
7	M	s Ambroise
8	M	Im. Conception
9	J	s Pierre Fourier
10	V	s Romaric
11	S	s Daniel
12	D	sᵉ Chantal
13	L	sᵉ Lucie
14	M	sᵉ Odile
15	M	sᵉ Ninon
16	J	sᵉ Alice
17	V	s Judicaël
18	S	s Gatien
19	D	s Urbain
20	L	s Théophile
21	M	HIVER
22	M	sᵉ Franc.-Xavière
23	J	s Armand
24	V	sᵉ Adèle
25	S	NOËL
26	D	s Étienne
27	L	s Jean Apôtre
28	M	Sainte Famille
29	J	s David
30	V	s Roger
31	S	s Sylvestre

2005 JANVIER

1	S	J. DE L'AN
2	D	s Basile
3	L	sᵉ Geneviève
4	M	sᵉ Épiphanie
5	M	s Édouard
6	J	s Mélaine
7	V	s Raymond
8	S	s Lucien
9	D	sᵉ Alix de Ch.
10	L	s Guillaume
11	M	s Paulin
12	M	sᵉ Tatiana
13	J	sᵉ Yvette
14	V	sᵉ Nina
15	S	s Rémi
16	D	s Marcel
17	L	sᵉ Roseline
18	M	sᵉ Prisca
19	M	s Marius
20	J	s Sébastien
21	V	sᵉ Agnès
22	S	s Vincent
23	D	s Barnard
24	L	s Fr. de Sales
25	M	Conv. s. Paul
26	M	sᵉ Paule
27	J	sᵉ Angèle
28	V	s Th. d'Aquin
29	S	s Gildas
30	D	sᵉ Martine
31	L	sᵉ Marcelle

FÉVRIER

1	M	sᵉ Ella
2	M	Prés. Seigneur
3	J	s Blaise
4	V	sᵉ Véronique
5	S	sᵉ Agathe
6	D	s Gaston
7	L	sᵉ Eugénie
8	M	Mardi-Gras
9	M	sᵉ Apolline
10	J	s Arnaud
11	V	N.-D. Lourdes
12	S	s Félix
13	D	sᵉ Béatrice
14	L	s Valentin
15	M	s Claude
16	M	s Julienne
17	J	s Alexis
18	V	sᵉ Bernadette
19	S	s Gabin
20	D	sᵉ Aimée
21	L	s Pierre
22	M	sᵉ Isabelle
23	M	s Lazare
24	J	s Modeste
25	V	s Roméo
26	S	s Nestor
27	D	sᵉ Honorine
28	L	s Romain

2005 MARS

1	M	s Aubin
2	M	s Charles
3	J	s Guénolé
4	V	s Casimir
5	S	sᵉ Olive
6	D	sᵉ Colette
7	L	sᵉ Félicité
8	M	s Jean de Dieu
9	M	sᵉ Françoise
10	J	s Vivien
11	V	sᵉ Rosine
12	S	sᵉ Justine
13	D	s Rodrigue

Parution de votre nouveau Guide 2005.

Issue of your new Guide 2005.

Découvrir

PERSPECTIVES CÉLÈBRES ET PARIS VU D'EN HAUT

≼★★★ depuis l'Obélisque de la place de la Concorde : Champs-Élysées, Arc de Triomphe, Grande Arche de la Défense. La Madeleine, Assemblée nationale. - ≼★★★ depuis la terrasse du Palais de Chaillot : Tour Eiffel, École Militaire, Trocadéro. - ≼★★ depuis le pont Alexandre III : Invalides, Grand et Petit Palais - Tour Eiffel★★★ - Tour Montparnasse★★★ - Tour Notre-Dame★★★ - Dôme du Sacré-Cœur★★★ - Plate-forme de l'Arc de Triomphe★★★

QUELQUES MONUMENTS HISTORIQUES

Le Louvre★★★ (cour carrée, colonnade de Perrault, la pyramide) - Tour Eiffel★★★ - Notre-Dame★★★ - Sainte-Chapelle★★★ - Arc de Triomphe★★★ - Invalides★★★ (Tombeau de Napoléon) - Palais-Royal★★ - Opéra★★ - Conciergerie★★ - Panthéon★★ - Luxembourg ★★

Églises

Notre-Dame★★★ - La Madeleine★★ - Sacré-Coeur★★ - St-Germain-des-Prés★★ - St-Étienne-du-Mont★★ - St-Germain-l'Auxerrois★★

Dans le Marais

Place des Vosges★★★ - Hôtel Lamoignon★★ - Hôtel Guénégaud★★ - Palais Soubise★★

QUELQUES MUSÉES

Le Louvre★★★ - Orsay★★★ (milieu du 19e s. jusqu'au début du 20e s.) - Art moderne★★★ (Centre Pompidou) - Armée★★★ (Invalides) - Arts décoratifs★★ (107, rue de Rivoli) - Musée National du Moyen Âge et Thermes de Cluny★★ - Rodin★★ (Hôtel de Biron) - Carnavalet★★ (Histoire de Paris) - Picasso★★ - Cité des Sciences et de l'Industrie★★★ (La Villette) - Marmottan★★ - Orangerie★★ (des Impressionnistes à 1930) - Jacquemart-André★★ - Musée Guimet - Musée des Arts et Métiers

MONUMENTS CONTEMPORAINS

La Défense★★ (C.N.I.T., la Grande Arche) - Centre Georges-Pompidou★★ - Forum des Halles - Institut du Monde Arabe★ - Opéra-Bastille - Bibliothèque Nationale de France à Tolbiac (BNF)

QUARTIERS PITTORESQUES

Montmartre★★★ - Le Marais★★★ - Île St-Louis★★ - les Quais★★ (entre le Pont des Arts et le Pont de Sully) - St-Germain-des-Prés★★ - Quartier St-Séverin★★

Assistance automobile
des principales marques :

*Cette nouvelle édition propose une liste des principales
marques automobiles qui ont un Service d'Assistance
avec un numéro de téléphone «vert» gratuit et accessible 24 h/24.*

Helpline for main marques of car :

*Included in this edition is a list of the main car dealers who have
a "green" emergency helpline, free of charge and available 24 hours.*

CONSTRUCTEURS FRANÇAIS :

CITROËN
62 bd Victor-Hugo, 92200 NEUILLY
– *Numéro Vert 0800 05 24 24*

PEUGEOT Automobiles
siège et services commerciaux : 75 av. Gde-Armée, 75116 PARIS
– *Numéro Vert 0800 44 24 24*

RENAULT
13 quai Alphonse le Gallo, 92100 BOULOGNE-BILLANCOURT
– *Numéro Vert 0800 05 15 15*

IMPORTATEURS :

BMW
3 av. Ampère, Montigny-le-Bretonneux, 78886 ST-QUENTIN-EN-YVELINES CEDEX
– *Numéro Vert 0800 00 16 24*

DAEWOO
33 av du bois de la Pie, ZAC Paris-Nord II, BP 50069, 95947 ROISSY CDG CEDEX
– *Numéro Vert (véhicules avant 02.2000) 0800 25 21 34*
– *Numéro Vert (véhicules après 02.2000) 0810 32 39 66*

DAIHATSU
1 av. du Fief ZA Les Béthunes, BP 479, 95005 CERGY-PONTOISE CEDEX
– *Numéro Vert 01 40 25 51 26*

DAIMLER - CHRYSLER (Jeep - Chrysler) SMART
Parc de Roquencourt, BP 100, 78153 LE CHESNAY CEDEX
– *MERCEDES : Numéro Vert 00 800 1 777 77 77*
– *CHRYSLER : Numéro Vert 0800 77 49 72*
– *SMART : Numéro Vert 0810 02 80 28*

FERRARI - MASERATI

Etablissement Charles Pozzi, 109 rue Aristide Briand, 92300 LEVALLOIS-PERRET
– *Numéro Vert 0810 80 80 82*

FIAT AUTO France (Alfa Roméo, Lancia)

6, rue Nicolas-Copernic, 78190 TRAPPES
– *ALFA ROMEO : Numéro Vert 0800 61 62 63*
– *FIAT : Numéro Vert 0800 34 35 36*
– *LANCIA : Numéro Vert 0800 54 55 56*

FORD France

Siège Social, 344 av. Napoléon Bonaparte, BP 307, 92506 RUEIL MALMAISON CEDEX
– *Numéro Vert 0800 00 50 05*

GENERAL MOTORS France - OPEL France (Chevrolet, Buick, Cadillac)

19 av. du Marais, Angle quai de Bezons, BP 84,95100 ARGENTEUIL
– *OPEL, BUICK, CADILLAC, CHEVROLET : Numéro Vert 0800 04 04 58*

HONDA

Parc des Activités de Pariest
Allée du 1er Mai, BP 46, CROISSY-BEAUBOURG, 77312 MARNE-LA-VALLEE CEDEX 2
– *Numéro Vert 01 41 85 84 70*

HYUNDAI

1 av. du Fief, ZA Les Bethunes, BP 479, 95005 CERGY-PONTOISE CEDEX
– *Numéro Vert 01 41 85 86 87*

ISUZU

6 rue des Marguerites, 92737 NANTERRE CEDEX
– *Numéro Vert 01 40 25 57 36*

JAGUAR

231 rue du 1er Mai, BP 309, 92003 NANTERRE CEDEX
– *Numéro Vert 01 40 25 58 00*

LADA France

10 bd des Martyrs-de-Chateaubriand, BP 140, 95103 ARGENTEUIL CEDEX
– *Numéro Vert 0800 50 25 15*

LAND-ROVER

Rue Ambroise-Croizat, BP 71, 95101 ARGENTEUIL CEDEX
– *Numéro Vert 01 49 93 72 72*

MAZDA

ZI Moimont 2, 95670 MARLY-LA-VILLE
– *Numéro Vert 01 40 25 51 19*

MITSUBISHI

Mitsubishi Motor sales Europe BV, 15 rue Cortambert, 75116 PARIS
– *Numéro Vert 01 41 85 84 23*

NISSAN

Siège Social, 13 av. d'Alembert, Parc de Pissaloup, BP 123, 78194 TRAPPES CEDEX
– *Numéro Vert 0800 81 58 15*

PORSCHE

122 av. du Général Leclerc, 92514 BOULOGNE-BILLANCOURT CEDEX
– *Numéro Vert 0810 22 92 29*

ROLLS-ROYCE-BENTLEY

Etablissement Jacques Savoye, 237 bd Pereire, 75017 PARIS
– *Numéro Vert 01 40 25 58 80*

SAAB

Siège Social, 12 rue des Peupliers, BP 701, 92007 NANTERRE CEDEX
– *Numéro Vert 0800 06 95 11*

SUBARU

41 rue des Peupliers, 92752 NANTERRE CEDEX
– *Numéro Vert 01 40 25 57 55*

TOYOTA-LEXUS

20 bd de la République, 92423 VAUCRESSON CEDEX
– *Numéro Vert 0800 80 89 35*

VOLKSWAGEN-AUDI-SKODA-SEAT

Siège Social et Administratif, 11 av. de Boursonne, BP 62, 02601 VILLERS COTTERETS CEDEX
– *Numéro Vert 0800 00 24 24*

VOLVO

55 av. des Champs Pierreux, 92757 NANTERRE CEDEX
– *Numéro Vert 0800 40 09 60*

D'où vient cette auto?

Where does that car come from?

Voitures françaises :

Le régime normal d'immatriculation en vigueur comporte :
– un numéro d'ordre dans la série (1 à 3 ou 4 chiffres)
– une, deux ou trois lettres de série (1ʳᵉ série : A, 2ᵉ série : B,... puis AA, AB,... BA,...)
– un numéro représentant l'indicatif du département d'immatriculation.

Exemples : 854 BFK 75 : Paris – 127 HL 63 : Puy-de-Dôme.

Voici les numéros correspondant à chaque département :

01 *Ain*	32 *Gers*	64 *Pyrénées-Atl.*
02 *Aisne*	33 *Gironde*	65 *Pyrénées (Htes)*
03 *Allier*	34 *Hérault*	66 *Pyrénées-Or.*
04 *Alpes-de-H.-Pr.*	35 *Ille-et-Vilaine*	67 *Rhin (Bas)*
05 *Alpes (Hautes)*	36 *Indre*	68 *Rhin (Haut)*
06 *Alpes-Mar.*	37 *Indre-et-Loire*	69 *Rhône*
07 *Ardèche*	38 *Isère*	70 *Saône (Hte)*
08 *Ardennes*	39 *Jura*	71 *Saône-et-Loire*
09 *Ariège*	40 *Landes*	72 *Sarthe*
10 *Aube*	41 *Loir-et-Cher*	73 *Savoie*
11 *Aude*	42 *Loire*	74 *Savoie (Hte)*
12 *Aveyron*	43 *Loire (Hte)*	75 *Paris*
13 *B.-du-Rhône*	44 *Loire-Atl.*	76 *Seine-Mar.*
14 *Calvados*	45 *Loiret*	77 *Seine-et-M.*
15 *Cantal*	46 *Lot*	78 *Yvelines*
16 *Charente*	47 *Lot-et-Gar.*	79 *Sèvres (Deux)*
17 *Charente-Mar.*	48 *Lozère*	80 *Somme*
18 *Cher*	49 *Maine-et-Loire*	81 *Tarn*
19 *Corrèze*	50 *Manche*	82 *Tarn-et-Gar.*
2A *Corse-du-Sud*	51 *Marne*	83 *Var*
2B *Hte-Corse*	52 *Marne (Hte)*	84 *Vaucluse*
21 *Côte-d'Or*	53 *Mayenne*	85 *Vendée*
22 *Côtes d'Armor*	54 *Meurthe-et-M.*	86 *Vienne*
23 *Creuse*	55 *Meuse*	87 *Vienne (Hte)*
24 *Dordogne*	56 *Morbihan*	88 *Vosges*
25 *Doubs*	57 *Moselle*	89 *Yonne*
26 *Drôme*	58 *Nièvre*	90 *Belfort (Ter.-de)*
27 *Eure*	59 *Nord*	91 *Essonne*
28 *Eure-et-Loir*	60 *Oise*	92 *Hauts-de-Seine*
29 *Finistère*	61 *Orne*	93 *Seine-St-Denis*
30 *Gard*	62 *Pas-de-Calais*	94 *Val-de-Marne*
31 *Garonne (Hte)*	63 *Puy-de-Dôme*	95 *Val-d'Oise*

Voitures étrangères :

Des lettres distinctives variant avec le pays d'origine, sur plaque ovale placée à l'arrière du véhicule, sont obligatoires (F pour les voitures françaises circulant à l'étranger).

A	*Autriche*	FIN	*Finlande*	NL	*Pays-Bas*
AL	*Albanie*	FL	*Liechtenstein*	P	*Portugal*
AND	*Andorre*	GB	*Gde-Bretagne*	PL	*Pologne*
B	*Belgique*	GR	*Grèce*	RL	*Liban*
BG	*Bulgarie*	H	*Hongrie*	RO	*Roumanie*
BIH	*Bosnie-Herzégovine*	HR	*Croatie*	RUS	*Russie*
CDN	*Canada*	I	*Italie*	S	*Suède*
CH	*Suisse*	IL	*Israël*	SK	*Slovaquie*
CZ	*République Tchèque*	IRL	*Irlande*	SLO	*Slovénie*
D	*Allemagne*	L	*Luxembourg*	TN	*Tunisie*
DK	*Danemark*	LT	*Lituanie*	TR	*Turquie*
DZ	*Algérie*	LV	*Lettonie*	UA	*Ukraine*
E	*Espagne*	MA	*Maroc*	USA	*États-Unis*
EST	*Estonie*	MC	*Monaco*	V	*Vatican*
F	*France*	N	*Norvège*	YU	*Yougoslavie*

Immatriculations spéciales :

CMD *Chef de mission diplomatique
      (orange sur fond vert)*

CD *Corps diplomatique ou assimilé
     (orange sur fond vert)*

C *Corps consulaire
    (blanc sur fond vert)*

K *Personnel d'ambassade ou de consulat
    ou d'organismes internationaux
    (blanc sur fond vert)*

TT *Transit temporaire
     (blanc sur fond rouge)*

W *Véhicules en vente ou en réparation*

WW *Immatriculation de livraison*

Indicatifs Téléphoniques Internationaux

de/from \ vers/to	(A)	(B)	(CH)	(CZ)	(D)	(DK)	(E)	(FIN)	(F)	(GB)	(GR)
A Autriche		0032	0041	00420	0049	0045	0034	00358	0033	0044	0030
B Belgique	0043		0041	00420	0049	0045	0034	00358	0033	0044	0030
CH Suisse	0043	0032		00420	0049	0045	0034	00358	0033	0044	0030
CZ République Tchèque	0043	0032	0041		0049	0045	0034	00358	0033	0044	0030
D Allemagne	0043	0032	0041	00420		0045	0034	00358	0033	0044	0030
DK Danemark	0043	0032	0041	00420	0049		0034	00358	0033	0044	0030
E Espagne	0043	0032	0041	00420	0049	0045		00358	0033	0044	0030
FIN Finlande	0043	0032	0041	00420	0049	0045	0034		0033	0044	0030
F France	0043	0032	0041	00420	0049	0045	0034	00358		0044	0030
GB Royaume Uni	0043	0032	0041	00420	0049	0045	0034	00358	0033		0030
GR Grèce	0043	0032	0041	00420	0049	0045	0034	00358	0033	0044	
H Hongrie	0043	0032	0041	00420	0049	0045	0034	00358	0033	0044	0030
I Italie	0043	0032	0041	00420	0049	0045	0034	00358	0033	0044	0030
IRL Irlande	0043	0032	0041	00420	0049	0045	0034	00358	0033	0044	0030
J Japon	00143	00132	00141	001420	00149	00145	00134	001358	00133	00144	00130
L Luxembourg	0043	0032	0041	00420	0049	0045	0034	00358	0033	0044	0030
N Norvège	0043	0032	0041	00420	0049	0045	0034	00358	0033	0044	0030
NL Pays-Bas	0043	0032	0041	00420	0049	0045	0034	00358	0033	0044	0030
PL Pologne	0043	0032	0041	00420	0049	0045	0034	00358	0033	0044	0030
P Portugal	0043	0032	0041	00420	0049	0045	0034	00358	0033	0044	0030
RUS Russie	81043	81032	81041	810420	81049	81045	81034	810358	81033	81044	81030
S Suède	0043	0032	0041	00420	0049	0045	0034	00358	0033	0044	0030
USA	01143	01132	01141	001420	01149	01145	01134	011358	01133	01144	01130

*Pas de sélection automatique

Important : Pour les communications internationales le zéro (0) initial de l'indicatif interurbain n'est pas à composer (excepté pour les appels vers l'Italie).

International dialling codes

(H)	(I)	(IRL)	(J)	(L)	(N)	(NL)	(PL)	(P)	(RUS)	(S)	(USA)	
0036	0039	00353	0081	00352	0047	0031	0048	00351	007	0046	001	**Autriche A**
0036	0039	00353	0081	00352	0047	0031	0048	00351	007	0046	001	**Belgique B**
0036	0039	00353	0081	00352	0047	0031	0048	00351	007	0046	001	**Suisse CH**
0036	0039	00353	0081	00352	0047	0031	0048	00351	007	0046	001	**République CZ Tchèque**
0036	0039	00353	0081	00352	0047	0031	0048	00351	007	0046	001	**Allemagne D**
0036	0039	00353	0081	00352	0047	0031	0048	00351	007	0046	001	**Danemark DK**
0036	0039	00353	0081	00352	0047	0031	0048	00351	007	0046	001	**Espagne E**
0036	0039	00353	0081	00352	0047	0031	0048	00351	007	0046	001	**Finlande FIN**
0036	0039	00353	0081	00352	0047	0031	0048	00351	007	0046	001	**France F**
0036	0039	00353	0081	00352	0047	0031	0048	00351	007	0046	001	**Royaume Uni GB**
0036	0039	00353	0081	00352	0047	0031	0048	00351	007	0046	001	**Grèce GR**
	0039	00353	0081	00352	0047	0031	0048	00351	007	0046	001	**Hongrie H**
0036		00353	0081	00352	0047	0031	0048	00351	*	0046	001	**Italie I**
0036	0039		0081	00352	0047	0031	0048	00351	007	0046	001	**Irlande IRL**
00136	00139	001353		001352	00147	00131	00148	001351	*	001146	0011	**Japon J**
0036	0039	00353	0081		0047	0031	0048	00351	007	0046	001	**Luxembourg L**
0036	0039	00353	0081	00352		0031	0048	00351	007	0046	001	**Norvège N**
0036	0039	00353	0081	00352	0047		0048	00351	007	0046	001	**Pays-Bas NL**
0036	0039	00353	0081	00352	0047	0031		00351	007	0046	001	**Pologne PL**
0036	0039	00353	0081	00352	0047	0031	0048		007	0046	001	**Portugal P**
81036	81039	810353	81081	810352	81047	81031	81048	810351		81046	8101	**Russie RUS**
0036	0039	00353	0081	00352	0047	0031	0048	0035	007		001	**Suède S**
01136	01139	011353	01181	011352	01147	01131	01148	011351	*	011146		**USA**

Direct dialing not possible

Note: When making an international call, do not dial the first «0» of the city codes (except for calls to Italy).

Index

A

W

Y - Z